예수님의 비유 강해

하나님의 나라

곽선희 목사

장로회 신학대학 졸업
프린스턴 신학석사
풀러신학 선교신학박사
인천제일교회 목사
장로회 신학대학 교수 역임
숭의여자전문대학 학장 역임
서울장로회신학교 교장 역임
소망교회 목사

예수님의 비유 강해 ● 상
하나님의 나라

인쇄	• 2001년 3월 15일
발행	• 2001년 3월 20일
지은이	• 곽선희
펴낸이	• 김종호
펴낸곳	• 계몽문화사
등록일	• 1993년 10월 11일
등록번호	• 제16-765호
전화	• (02)917-0656
정가	• 17,000원
총판	• 비전북/(031)907-3927

ISBN 89-950560-7-X 04230
ISBN 89-950560-6-1 (전3권)

* 잘못 만들어진 책은 바꾸어드립니다.

예수님의 비유 강해

하나님의 나라

곽선희 지음

계몽문화사

책 머리에

"말씀이 육신이 되어 우리 가운데 거하시다"란 이 말씀은 성경 전체의 주제라고 보아서 크게 잘못이 없을 것으로 생각된다. 우리가 믿는 하나님은 창조주 하나님이심과 동시에 계시의 하나님이시다. 따라서 초월적 존재와 내재적 사역의 만남의 관계, 즉 인격적 관계는 곧 계시 안에서 이해되어진다.

계시의 하나님, 그는 곧 예수 그리스도이시다. 성경은 계시의 역사성과 그 인격성을 계속적으로 증거하고 있는바, 그 종합적이고 실제적인 계시의 본체가 예수 그리스도 자신이신 것이다.

이에 그리스도의 말씀은 다시한번 "말씀이 육신이 되는 사건"을 통하여 생명적인 능력으로 나타나게 된다. "말씀"은 언어수단적 말이 아니다. "말씀"은 단순한 논리적 지식이 아님은 물론 철학이나 윤리, 도덕적 계율도 아니다. "말씀"은 곧 생명이며 그 생명은 능력이다. "말씀"이 우리 안에 오시며, 거하시며, 살아 역사하시어, 살아 있는 능력으로 그 사역을 이루신다. 이를 위하여 또한번 성육신(Incarnation)되는 큰 사건을 통하며 소중한 희생을 지불해야 한다. 그것이 비유이다.

인간은 자기 문화와 세계관 속에 갇혀 있다. 그 때문에 자기의 경험과 지식의 전 이해의 한계와 자기 세계관의 탈을 스스로 벗어나지 못한다. 그리하여 결국은 말씀 자신이 또한번 비하되어서 그들의 세계관과 경험, 그리고 저들의 문화 속에서 만남의 관계를 이룰 수밖에 없는 것이다. 이렇게 하여 말씀이 전달되고 또한 이 과정을 통하면서 말씀 그 자체의 높은 뜻은 엄청난 희생을 치르게 된다.

그러나 이것이 하나님께서 택하신 지혜요 능력이며 가장 효과적이고 실제적인 방법이다. 이 때문에 예수님께서는 "비유가 아니면 아무것도 말씀하시지 아니하셨다." 이 비유라는 그릇에 담아서 하나님의 나라를 설명하신 것이다. 이는 땅의 언어를 빌어서 하나님의 말씀을 전하신 것이다.

  그러기 때문에 예수 그리스도의 말씀을 이해하기 위해서는 그 비유들을 바르게 이해하여야만 한다. 따라서 그 비유는 그 당시의 문화로 되돌아가는 노력이 있어야만 바른 이해가 가능하다. 2천여년 전의 히브리, 헬라문화권으로 되돌아가 그 비유의 사건과 뜻을 들어야 하고, 그 당시로 거슬러올라가 그 참뜻을 만나야 하는 것이다. 이것이 곧 비유강해이다.

  본서는 저자가 시무하는 소망교회에서 삼일기도회 시간에 계속 강해한 것을 정리하여 출판하게 된 것이다. 이를 계기로 특별히 이 강단을 위하여 기도하여주신 여러 성도들께 감사를 드리며, 또한 이 책이 나오기까지 원고정리를 위해 수고하신 분과 출판사, 그리고 한평생 나를 위하여 기도해주신 어머님과 정성을 다하여 도와주신 분들께 깊은 감사를 드리는 바이다.

2001. 2.
소망교회 곽선희

차례

책머리에 —— 4
서론 —— 9
씨뿌리는 비유(1) —— 24
씨뿌리는 비유(2) —— 39
가라지 비유 —— 53
겨자씨 비유 —— 65
누룩 비유 —— 76
감추인 보화 —— 87
값진 진주 비유 —— 98
그물 비유 —— 110
무자비한 종 —— 122
포도원 농부 비유 —— 135
두 아들 비유 —— 147
악한 농부 —— 158
왕의 잔치 비유 —— 169
열 처녀 비유 —— 181
달란트 비유 —— 193

비밀히 자라는 씨앗 ─────── 205
두 빚진 자 ─────── 217
밤에 찾아온 손님 ─────── 230
선한 사마리아인 ─────── 241
어리석은 부자 ─────── 253
열매 없는 무화과 ─────── 265
큰 잔치 비유 ─────── 277
잃은 양 비유 ─────── 290
잃어버린 은전 ─────── 303
제 일의 탕자 ─────── 316
제 이의 탕자 ─────── 331
불의한 청지기 ─────── 347
부자와 나사로 ─────── 359
무익한 종 ─────── 371
불의한 재판관 ─────── 383
바리새인과 세리 ─────── 396

서론

　그날에 예수께서 집에서 나가사 바닷가에 앉으시매 큰 무리가 그에게로 모여들거늘, 예수께서 배에 올라가 앉으시고 온 무리는 해변에 섰더니, 예수께서 비유로 여러 가지를 저희에게 말씀하여 가라사대, "씨를 뿌리는 자가 뿌리러 나가서 뿌릴새, 더러는 길가에 떨어지매 새들이 와서 먹어버렸고, 더러는 흙이 얇은 돌밭에 떨어지매 흙이 깊지 아니하므로 곧 싹이 나오나 해가 돋은 후에 타져서 뿌리가 없으므로 말랐고, 더러는 가시떨기 위에 떨어지매 가시가 자라서 기운을 막았고, 더러는 좋은 땅에 떨어지매 혹 백 배, 혹 육십 배, 혹 삼십 배의 결실을 하였느니라. 귀 있는 자는 들으라" 하시니라.
　　　　　　(마태복음 13:1~9)

서 론

　　하나님의 말씀인 성경 66권이 갖는 방대함과 다양함, 그리고 그 난해함이 적지 않지만 성경 전체의 중심은 오직 예수 그리스도라는 이 사실 앞에 이제는 더 다른 설명이 필요치 않습니다.
　　이처럼 성경이 하나님의 말씀되는 첫번째 이유는 예수 그리스도를 증거하기 때문입니다. 다음 두번째로는 성경의 기록이 성령의 역사로 기록되었을 뿐만 아니라 성령이 이 말씀으로 하여금 곧 내게 향한 말씀이 되게 하는 까닭입니다. 여러가지 복잡한 이야기들이 많지만 근본적으로는 이 두 가지 실제적인 이유에 의해서 성경은 하나님의 말씀이 되는 것입니다.
　　성경의 중심은 예수 그리스도입니다. 이를 재미있게 표현하고 있는 루터의 말에 의하면 성경은 마치 아기 예수가 구유에 누워 있는 것과 같다는 것입니다. 그러니까 하나의 마구간이 있는데 거기에는 구유가 있고 지푸라기도 있으며 강보와 기저귀 등 필요한 것은 다 갖추어 두었을 것입니다. 그리고 구유는 돌로 만든 것일 수도 있고 나무로 된 것일 수도 있을 것입니다. 돌이든 나무든 중요한 것은 바로 아기 예수가 그 위에 누워 있기 때문에 소중한 구유가 되었다는 것입니다. 그 냄새 나던 마구간이 이제는 소중한 마구간이 되는 것입니다. 발 아래 짓밟혔던 지푸라기 하나라 할지라도 예수님이 누우셨던 곳의 것이라면 이것 역시 굉장한 것이 아닐 수 없습니다. 이렇듯 예수 그리스도께서 그 중심에 계시기 때문에 그 관계된 모든 것들이 다 중요해지는 것입니다. 성경에는 문학이 있는가 하면 역사와 기록도 있고, 이런 저런 사람에 대한 이야기뿐만 아니라 다른 동물의 이야기까지 실려 있습니다. 그러면서도 그 중심에는 예수 그리스도가 있기 때문에 소중한 것입니다. 그러므로 우리는 구약을 대하거나 신약을 보거나간에 성경은 언제든지 중심부에 의해서 볼 수 있어야 합니다. 보아야 할 중심은 못본 채 쓸데없는 것을 보고 있어서는 안될 것입니다. 사람을 보는 데 있어서도 양화점에 다니는 사람은 구두만 보려 하고, 양복일 하는 사람은 바지 저고리에만 시선을 보냅니다. 제가 아는 집사님 한 분이 구두를 만드시는 분인데 1년에 한 번씩 구두를 만들어다 주시고는 하였습니다. 그런데 사실은 그 구두가 좋지를 않아서 발이 아프고 신기가 고통스러웠습니다. 그래도 그 분은 그 구두를 신었나 안 신었나 하고 인사할 때마다 구두만 보는 것입니다. 그래서 저는 속으로 이 사람은 내 얼굴은 안보고 구두만 보나 하고 생각했더랬습니다.

여러분은 사람을 어디에서부터 보십니까? 사람은 역시 얼굴을 보아야 합니다. 옷을 보아도 안되고 헤어스타일을 볼 것도 아니며 유행하는 언어처럼 각선미나 보는 그런 것이어서는 안됩니다. 사람의 얼굴, 얼굴 중에서도 특별히 눈을 보아야 합니다. 똑바르게 눈을 못보겠거든 그를 보았다고 하지도 말 것이며 더는 보려고도 않아야 합니다. 이미 바로 본 것이 아니지 않습니까? 그러므로 사람을 대할 때는 먼저 중심인 얼굴을 본 후에라야 지엽적인 관심거리가 될 수도 있는 넥타이나 신발 등을 보아야 하는 것입니다. 언제나 중심부터 보고 그 중심에 의해서 지엽적인 면이 관찰되어야 한다는 점을 잊지 말아야 합니다. 그러니까 그 얼굴이 내가 존경하는 사람이었을 경우는 얼굴을 보고, 보니까 넥타이도 멋있고 뭐든지 마음에 들고 좋게만 보입니다. 그러나 내가 싫어하는 사람이라면 그가 입은 옷까지도 미워지고 나빠집니다. 이러한 견지에서 성경은 반드시 중심부에 의해서 보아야 한다는 그 점을 잊지 말아야 합니다.

성경의 중심은 예수 그리스도이십니다. 어디를 보아도 예수를 볼 수 있어야 합니다. 제사드리는 장면을 대할 때에도 예수를 보아야 하고 아브라함이 이삭을 낳은 이야기, 모리아 산의 긴장과 제물을 보면서도 예수를 보아야 하는 것입니다. 아브라함이 이삭을 데리고 모리아 산에 가서 제사를 드렸다는 자체가 그렇게 중요한 것이 아닙니다. 문제는 그 속에서 예수를 만나니까 중요한 것이 되는 것입니다. 하나하나의 사건마다에서 예수를 찾아야 하고 예수를 만나야 합니다.

이러한 입장에서 우리가 성경을 대하고자 할 때 예수의 얼굴이 가장 밝히 비춰진 부분이 복음서라는 것을 쉽게 발견하게 됩니다. 따라서 성경을 하나의 유기체에 비교하여 한 몸이라고 한다면 얼굴은 바로 복음서인 것입니다. 성경의 얼굴은 복음서인데, 이 얼굴인 복음서부터 보지 않고 지엽적인 것부터 먼저 대하기 때문에 문제가 많아지는 것입니다. 이단들은 하나같이 복음서를 소홀히 여깁니다. 참으로 이상하지 않습니까? 어느 이단이라도 연구해보면 복음서를 멀리할 뿐만 아니라 "예수 가라사대"는 아예 쳐다보지도 않습니다. 그러고는 요한계시록, 다니엘서, 에스겔서 등에 관심을 쏟으며 분분한 이야기들을 하고 있는데 이것이 모두 이단입니다. 그것은 다음에 보아도 되는 것입니다. 신 구약 성경을 골고루 다 보아야 되겠지만 제일 중요한 것이 복음서인 만큼 복음서를 많이 읽고 보아야 합니다. 무엇보다도 "예수 가라사대" 이것이 제일 중요한 것입니다. 비록 사도 바울이 방대한 로마서를 썼다 하더라도 복음서에 비할 것은 아닌 것입니다. 그럴 수가 없는 것은 예수님의 말씀을 이해하는 데서 로마서가 중요한 것이지 로마서가 결코 복음서의 먼저는 아니기 때문입니다. 이렇게 볼 때 다시 한 번 말씀드려서 성경의 중심은 복음서이며, 예수님의 사건과 얼굴이 가장 밝히 비춰지는 곳이 복음서입니다. 그러고보면 그 외의 구약성경은 예수 그리스도에 대한 역사성을 증명하는 예언서이고, 사도행전은 복음서의 세계성을 설명하는 책이며, 로마서를 비롯한 서신들은 복음에 대한 변증서인 것입니다. 이처럼 복음서를 통하여 성경 전체를 종합해 볼 수 있는 까닭에 중심이 되는 것입니다. 그런데 그 복음서 중에서도 더 중요한 부분이 있음에 주의를 기울여야 합니다. 마태, 마가, 누가, 요한 4복음서 모두가 하나같이 중요하지만 그 중에서도 더욱 중요한 것은 어떠한 기적이나 치유보다도 "예수 가라사대"라는 말씀입니다. 다 중요한 가운데서도 역시 더욱 중요함이 있음입니다. 이를 우리의 몸에 비유한다면 손가락 하나를 다쳐도 고통스럽고 머리카락 하나를 뽑아도 아파하게 되는 것처럼 우리는 몸 어느 한 부분도 중요치 않은 것이 없습니다. 그러나 필요에 따라서는 오른손을 자를 수도 있고 중요하지만 다리를 끊을 수도 있습니다. 자르고 끊어 버릴 수 있다는 것은 그만큼은 덜 중요하다는 것입니다. 그러나 어떠한 상황에서도 목은 자를 수가 없습니다. 이는 그 중요함의 절대성 때문입니다.

성경 66권은 한 절도 빼버릴 수 없는 하나님의 귀한 말씀입니다. 그러나 그 중에서도 더욱 중요한 말씀은 "예수 가라사대"입니다. 이를 강조하기 위하여 "예수 가라사대"는 모두 빨간 글자로 하여 다른 부분의 검정 글씨와 구분되게 한 영어 성경도 찾아볼 수 있습니다. 아무튼 예수 그리스도께서 친히 말씀하신 것이 제일 중요한 것입니다.

여기에서 또 하나, 예수님의 말씀 중에서도 더 중요한 것이 있는데, 곧 비유의 말씀입니다. 예수님은 자기 자신에 대한 이야기를 주로 비유로 말씀하셨고 천국에 대한 설명도 비유로 말씀하셨습니다. 그러기에 비유는 가장 중요한 말씀 중의 말씀이 되는 것입니다. 그래서 신학자들 중에는 예수님의 비유를 바로 이해하는 것이 곧 예수를 바로 이해하는 것으로 생각하는 분들이 많습니다. 이처럼 성경의 가장 중요한 중심부가 예수님의 비유라는 일관된 생각을 가지고 예수님의 비유를 대하며 공부할 수 있기를 바랍니다.

마태복음 13장 34절에 의하면 예수님께서는 비유가 아니면 아무것도 말씀하지 아니하셨다고 했습니다. 그러면 먼저 예수님께서는 왜 비유라는 방법을 통하여 말씀하셨는지를 생각해 보겠습니다.

첫째로는, 알게 하기 위해서입니다. 대단히 쉬운 이야기이지만 참으로 중요한 문제가 아닐 수 없습니다. 들어도 이해할 수 없는 말은 아니한 것만 못한 결과를 가져오게 마련입니다. 때문에 잘 알아들을 수 있는 말이 되기 위해서는 말하는 자는 듣는 자의 편에서 하여야 하고, 듣는 자는 말하는 자의 편에서 들을 수 있어야 합니다. 그리하여 가정에 어린애 하나가 있으면 온 집안 식구의 말이 어린아이처럼 되고 맙니다. 그래서는 엄마, 아빠, 맘마, 하다가 자기 남편을 보고도 아빠라고 하잖아요? 이것이 철없는 짓입니다. 말하려면 차라리 똑바로 아버지라고 하든지 해야지 왜 이렇게 되었느냐는 것입니다. 어린아이에게 쓰는 말을 같이 쓰다보니까 전부 어린아이가 되어버립니다. 그러기에 가정에 어린이가 하나 있으면 전체가 어린애가 된다는 말을 하는 것입니다. 그 어린아이가 알아듣도록 하기 위하여 모든 것을 그 아이가 알아들을 수 있는 쉬운 말로 낮추어서 하게 되니 다 같아지고 만다는 것입니다. 참으로 중요한 이야기입니다. 그러므로 말이라는 것은 언제든지 듣는 자를 소중히 여기어야 합니다. 자주 하는 이야기이지만 비유 서론에서는 매우 중요한 예가 되겠기에, 개와 고양이 이야기를 한번 더 상기해봅니다. 개와 고양이는 서로 만날 때마다 싸웁니다. 싸우는 이유는 결코 마음이 나빠서 싸우는 것은 아닙니다. 그것은 서로의 신호가 다르기 때문이라는 것입니다. 신호가 다르다는 것은 굉장히 중요한 의미를 갖는 것입니다. 그것은 언어가 다르고 문화가 다르며 족보가 다르다는 것입니다. 그들 사이에 무슨 신호가 어떻게 다른가를 보면, 개는 기분이 좋을 때는 꼬리를 올립니다. 그리고 흔듭니다. 개는 입으로 웃지는 않습니다. 아무리 사랑스러운 개라 할지라도 개가 웃으면 얼마나 징그럽겠습니까? 개는 입으로 웃는 대신 꼬리로 웃습니다. 꼬리를 위로 흔들면 기분이 좋다는 뜻입니다. 꼬리를 들고 짖는 개는 그 발음이 좀 이상해서 그렇지 반갑다는 소리입니다. 개의 말귀를 알아들으려면 꼬리만 보면 됩니다. 기분이 꼬리에 달렸기에 꼬리가 내려가면 기분이 나쁘다는 뜻입니다. 꼬리가 두 발 사이로 하여 속으로 들어가면 임전 태세로서 "이제는 물겠습니다"라고 하는 것임을 알아야 합니다. 그래서 어떤 이가 재미있는 이야기를 했습니다. 사람이 개처럼 꼬리가 하나 있으면 좋겠는데, 그러면 저녁에 들어오는 남편의 기분을 알아보기가 쉽지 않겠느냐는 것입니다. 그렇지요. 꼬리를 들고 들어오면 "아, 기분이 좋구나!"로 될 터이고, 내리고 들어오는 날에는 "아, 기분이 좋지 않으니 요주의!"라고 하면 되겠는데 사람은 이같은 꼬리가 없어서 거짓말을 잘합니다. 뿐만 아니라 상대방을 알아볼 수가 없습니다. 그래서 사람은 그 얼굴빛이 중요하고 또한 그 얼굴빛을 읽기가 매우 어렵습니다. 때문에 마음을 알아보기란 참으로 어려운 일입니다. 그런데 고양이는 어떤가 하면 꼭 반대의 신호를 가졌습니다. 고양이는 기분이 좋으면 꼬리가 밑으로 내려갑니다. 싸울 때엔 "야옹" 하는 소리에 앞서 꼬리가 위로 올라갑니다. 이렇다면 이 두 짐승이 서로 사랑할 수가 있겠습니까? 만약 개가 기분이 좋아서 고양이에게 "아이 러브 유(I love you)" 한다면 어떻게 되겠습니까? 개의 꼬리는 위로 올라갑니다. 그것을 보고 고양이는 무엇이라 말하겠습니까? 고양이 왈, "왜 나만 보면 싸우자느냐?"가 되는 것입니다. 이건 마음이 나빠서가 아닙니다. 신호가 다르기 때문이지요. 그것을 알아야 합니다. 본래부터 다른 종자라는 것을 모르고 같은 줄로 아는데 결단코 그렇지를 않습니다. 달라도 상당히 다릅니다. 그러고보면 남녀간에도 신호가 다릅니다. 그렇다면 어떻게 해야 서로가 통하고 하나가 될 수가 있겠습니까? 여기에 중요한 원리 하나가 있습니다. 그 이치는 간단한데 그렇게도 실천하기가 힘이 듭니다. 그 원리인즉, 나의 신호를 버리고 상대방의 신호를 택하는 것입니다. 개로서는 기분이 좋을 때에 꼬리를 올리는 법이지만, 고양이를 위해서는 꼬리를 낮추고 만나야 합니다. 모든 가정이 이것에만 정통하면 만사가 편안해질 것입니다. 나의 신호를 버리고 저의 신호를 택하는 거기에 이야기가 통하고 대화가 이루어집니다. 대화가 안된다고 하면서 대화의 채널을 맞출 수가 없다면 이는 끝난 이야기입니다. 어떻게 해서라도 채널을 맞추지 않으면 문제는 계속되는 것입니다. 우리는 여기서 생각하여야 합니다. 예수님께서는 하나님의 아들이십니다. 그런데 사람과 더불어 이야기하자니 사람의 말을 할 수밖에 없습니다. 저들이 아는 말, 경험하는 것, 저들이 사는 세계를 말해야 합니다. 뜬구름 같은 이야기는 할 수도 없겠고 하늘나라를 설명한대도 알아듣지 못하는 것입니다. 인간은 누구나 예외 없이 자기 세계, 자기가 경험한 세계 외의 이야기는 전혀 통하지 않는 법입니다. 그 때문에 하늘의 이야기를 땅에서 말하려고 할 때에 땅의 이야기를 들어서 말씀하실 수밖에 없었습니다. 영원한 이야기를 시간적인 것으로 말씀하고, 초월적인 것을 내재적인 것으로, 경험 못한 사건을 이미 저들이 경험한 것으로 말씀하게 됩니다. 못본 사람에겐 본 것을 들어서 설명할 수밖에 없지 않습니까? 예수님께서도 전혀 모르는 세계를 설명하시기 위하여 이미 아는 이야기들을 들추어 말씀하실 수밖에 없었습니다. 이것이 비유요, 비유의 원천이 여기에 있습니다. 뿐만 아니라 이것이 효과적 대화 기술이며, 효과적 교육이요, 효과적 인식이기 때문입니다. 공동의 인간 경험, 그 현실, 그 현재의 것, 누구나 다 아는 것, 평범한 것, 아주 평범한 것, 바로 그것들을 들어서 말씀하십니다. 그래서 비유가 되는 것입니다. 그 소재 또한 참으로 자유 자재롭습니다. 꽃을 보면 "자, 꽃을 보라", 새를 보면 "자, 새를 보라", 들녘을 향해서는 "자, 저 씨 뿌리는 것을 보라." 바로 그것입니다. 눈에 보이는 대로, 듣는 대로 소재를 삼아 그 속에 전할 말씀을 담아서 말씀하고 계십니다. 그러니까 알게 하기 위해서, 보다 잘 알게 하기 위해서 이러한 비유의 방법을 썼다는 것입니다.

  두 번째로는, 알게 하기 위한 것만이 아니라 한편으로는 또 모르게 하기 위한 것입니다. 마태복음 13장 14절을 보면 "너희가 듣기는 들어도 깨닫지 못할 것이요 보기는 보아도 알지 못하리라……깨달아 돌이켜 내게 고침을 받을까 두려워함이라"는 말씀이 있습니다. 이 말씀은 마음이 열린 사람에게는 알게 하고 마음이 완악한 자에게는 모르게 하기 위함이라는 것입니다. 비유란 묘한 것입니다. 예수님께서 어느날 "여우에게 가서 말하라"고 하신 적이 있습니다. 이 여우가 무엇입니까? 왜? 누구를 가리키는 여우입니까? 이것은 비유입니다. 알 만한 사람들은 다 알아봅니다. 헤롯 왕의 별명이 여우인데 어려울 게 없지요. 그런데도 예수님께서는 여우에게 가서 말하라고 하셨습니다. 만약에 헤롯 왕에게 가서 말하라고 하면 정치적인 문제에 걸리게 됩니다. 따라서 시끄러워집니다. 그러나 여우에게 가서 말하라는 것은 알 만한 사람은 다 알고 그럼에도 책잡을 수는 없습니다. 이것이 바로 비유라는 것입니다. 비유란 이처럼 언제나 은유적인 의미를 지니고 있습니다. 그렇기 때문에 예수를 책잡고자 하고 올무를 씌우려는 원수들에게는 이 비유는 약이 됩니다. 그들은 결국 끝까지 알아듣지 못하고 말 것입니다. 그런 의미에서 예수님의 말씀은 다시 한 번 심판적인 의미가 있습니다. 알아듣고자 하는 자에게는 알게 하기 위함이고 마음이 삐뚤어지고 완악한 자에게는 모르게 하기 위함이라는 그 자체가 심판인 것입니다. 본문 11절에 의하면 "천국의 비유를 아는 것이 너희에게는 허락되었으나 저희에게는 아니되었나니"라고 하십니다. 너희에게는 허락되어 알게 되지만 저들에게는 허락되지 않았고 모르게 될 뿐이라는 말씀입니다. 또 16~17절에서는 "그러나 너희 눈은 봄으로 너희 귀는 들음으로 복이 있도다. 내가 진실로 너희에게 이르노니 많은 선지자와 의인이 너희 보는 것들을 보고자 하여도 보지 못하였고 너희 듣는 것들을 듣고자 하여도 듣지 못하였느니라" 하셨습니다. 그러므로 심판적 의미가 분명하게 나타나 있음을 명심해야 합니다.

다음 세 번째 이유는 진리를 구체화하기 위한 것입니다. 일반적으로 사람들은 진리를 추상화하기를 좋아합니다. 되도록 어려운 말로, 둥둥 뜬 이야기로, 하늘의 이야기로, 신화적인 이야기로, 철학적인 이야기로 추상화하려고 합니다. 그리고서는 보통 사람이 "그게 무슨 말이냐?"고 하면 "자네는 몰라"라는 식으로 유식한 체합니다. 그러나 사실 진리란 그렇게 어려운 것이 아닙니다. 우리가 사는 생활 그 자체가 진리인 것입니다. 어른과 아이의 간격도 없이 그 누구라도 받아들여지고 알 수 있어야 진리입니다. 그러기에 진리는 아주 쉬운 것이고, 쉬워야 진리입니다. 제가 알고 있는 로저스라는 유명한 교수는 교회학교에서 수십 년 동안 초등학교 3, 4학년 정도의 학생들을 가르쳤습니다. 유명한 신학박사이고 명교수인데도 한 해도 쉬지 않고 교회학교의 어린 학생들을 가르치는 것이었습니다. 그래서 제가 한번은 무엇 때문에 그렇게 열심히 가르치느냐고 물어보았습니다. 그는 말하기를 "저 아이들이 못 알아듣는 진리는 진리가 아닙니다. 저 아이들이 못 알아듣는 복음은 복음이 아닙니다"라는 것입니다. 이 얼마나 중요한 이야기입니까? 대체로 교만한 사람들이 진리를 이상하게 추상화하면서 얽어놓고 아리송하게 만들어 자기만 잘난 척하는 것입니다. 그런다고 진리가 되는 것은 아닙니다. 진리는 우리 손, 우리 생활 속에 있는 것입니다. 의식하지 못했을 뿐이지 매일 손으로 만지고 시시각각 몸으로 부딪치며 사는 것입니다. 그러기에 예수님께서는 진리는 멀고, 높게 그리고 하늘의 이야기로 말씀하시지 않고 아주 쉬운 이야기, 살아가는 이야기, 보여지는 이야기, 매일같이 경험하는 이야기 속에서 구체화하고 있습니다. 현실 속에서 이해하고 현실 안에서 진리와 함께 살기를 바라는 그런 의도가 여기 포함되고 있습니다. 철학을 전공하고 학, 박사가 되어야 논할 수 있는 이야기거리가 결코 진리는 아니란 말씀입니다. 사는 자체가 지혜요 진리이기 때문입니다.

　네 번째로는, 재미있게 하기 위해서입니다. 말이란 역시 재미가 좀 있어야 합니다. 설교를 하더라도 우선 졸지 않도록 해야 합니다. 비몽사몽간에 은혜받는 것은 아니니까 좌우간 들어야 되지 않겠습니까? 그러므로 설교자나 가르치는 사람은 일단은 듣도록 해야 할 책임이 있습니다.

듣는 사람이 조는 것을 이쪽에서 책임져야 한다는 것은 도대체 어떻게 말했길래 졸고 있느냐는 것입니다. 그러니까 재미있게 말하여 우선 관심을 갖도록 해야 함이 중요합니다. 관심이 있고 매력에 끌려야 듣는 것이지 그렇지 않으면 안 듣는 것입니다. 그저 들어줄 수는 없는 것이니까요. 이 때문에 예수님께서는 특별히 재미있게 말씀하셨습니다.

비유란 마음속에 그림을 그리게 하는 것입니다. 그 그림은 선명하고 구체적일수록 좋습니다. 그러면서도 중요한 것은 친절하고 재미있게 구사해 나갈 때 듣는 사람은 그림의 손길처럼 따라가면서 흥미있게 듣게 되는 것입니다. 예를 들어 어떤 사람이 인천을 다녀온 이야기를 한다고 할 때 "나 인천 왕복했소" 하면 간단히 유식한 말 한마디로 끝날 것입니다. 그러나 그래가지고서야 무슨 재미와 관심을 갖게 하겠습니까? 표현을 달리 하여 "터미널에서 차표를 사가지고 자리에 앉았는데 옆자리에는 곱게 늙은 칠순 노인이 앉았고 차창에는 무엇무엇이 지나가는데 어디쯤에서는 무슨 일이 벌어지고 있더라. 인천에 도착하여 부두에 나가니 공기도 맑고 바람도 참 시원한데 살아 있는 것으로 만든 생선회를 먹고나니 피곤이 싹 가시는 것같더라. 혼자 먹고나니 집안 식구들 생각에 큰 놈으로 세 마리를 사서 얼음 상자에 넣어 가지고 해질 무렵에 돌아왔다"고 말하면 듣는 사람은 선명한 상을 가지고 마치 자신이 행동하는 것처럼 일체감과 흥미를 가지게 되는 것입니다. 음식으로 말하면 영양가가 얼마나 더 높으냐 하는 것은 그 다음 이야기이고, 우선 맛이 있어야 하는 것입니다. 맛이 있고 맛있게 먹을 만한 분위기가 있어야지, 싫은 것을 억지로 먹을 수야 없지 않습니까? 그러기에 예수님께서는 재미있게, 관심있게 하여 그들 심중에 진리가 심어지게 하고 있습니다.

다섯 번째로는, 깊이 생각케 하기 위함입니다. 그저 굳은 마음이다 하면 끝나버릴 말을 "돌밭과 같다" 함으로써 "그렇지, 돌밭" 하고 간단히 지나쳐버리는 것이 아니라 "돌밭은 어떨까? 그것도 밭의 구실을 할까?

어떤 돌들이 어떻게 모여 있을까?" 등 생각이 깊어지게 하고 이어지게 하는 것입니다. 또 "나는 선한 목자다"라고 하신 예수님의 말씀이 이제는 목장에 가서도 예수님을 생각케 하고 양은 물론 푸른 초원만 보아도 목자 예수를 깊이 연상케 합니다. 빛이다, 소금이다, 목자다 하는 말들이 전부 그런 것입니다. 깊이 인상될 뿐더러 두고두고 회생하면서 생각하게 하여 그때마다 이 진리가 점점 더 깊이 깨달아지는 것입니다.

다음 여섯 번째로는, 잊어버리지 않도록 하기 위함입니다. 비유는 잊어버리지를 않습니다. "아멘" 하면서 받아들인 설교는 다 잊어버려도, 비유로 말한 예화들은 잊어버리지를 않습니다. 설교자는 이 때문에 또 한번 힘이 들고 때론 반복한 후에 작은 수난을 겪게도 됩니다. 아무튼 예화는 오래오래 기억이 되기에 예수님은 비유로 말씀하신 것입니다.

일곱번째로는, 실천하게 합니다. 단순히 마음으로 깨닫게 할 뿐만 아니라 실천하는 가능성까지도 함께 보여주는 것입니다. 예수님께서 선한 사마리아 사람의 이야기를 하실 때에 보면 율법사에게 다 들려주신 다음에 말씀하시기를, "네 의견에는 누가 강도 만난 사람의 이웃이겠느냐?"고 물으십니다. 이때에 그 율법사는 자비를 베푼 자, 곧 그 선한 사마리아인을 가리키게 됩니다. 그 때 예수님의 결론은 간단하게 "너도 가서 그렇게 하라"고 말씀하십니다. 이미 어떻게 해야 할 것까지를 가르쳐준 것입니다. 그 비유를 통하여 어떻게 해야 할 것까지를 구체적이고 현실적으로 다 말씀해 주셨습니다. 이런 의미에서 비유는 진리를 깨닫게 하는 데에만 의미가 있는 것이 아니라 진리 그대로 살아갈 수 있도록 인도하게 됩니다. 이처럼 비유는 실천 혹은 실현성을 더 가까이 주기 때문에 좋은 것입니다.

이제 마지막 여덟 번째로는, 계시적인 의미가 있습니다. 마태복음 13장 34~35절에 의하면 "예수께서 이 모든 것을 무리에게 비유로 말씀하시고 비유가 아니면 아무것도 말씀하지 아니하셨으니 이는 선지자로 말씀하신 바 내가 입을 열어 비유로 말하고 창세부터 감추인 것들을 드러내리라 함을 이루려 하심이니라"고 하셨습니다. 창세부터 감추인 것을 비유를 통하여 드러내셨다 함은 여기에 계시적 중요한 의미가 있음을 말함입니다. 이처럼 중요한 계시적 의미를 본래대로 전달하기 위해서는 가장 효과적인 방법을 선택하지 않으면 안됩니다. 그래서 예수께서는 가장 효과적인 방법으로서 비유가 아니면 말씀하시지 않았다는 것입니다. 현실 생활 속에서 매일 보고 들으며 삶으로 경험하는 그것들을 소재로 하여 하늘의 진리를 우리에게 계시하신 것입니다.

지금까지 우리는 비유가 성경 말씀의 중심부로 소중한 의미를 지니고 있으며 가장 효과적인 방법으로 우리에게 주어진 말씀임을 생각해 왔습니다. 이제는 예수님의 비유를 이해하기 위해 필요한 우리들의 자세를 살펴보아야겠습니다.

먼저는 믿음과 존경으로 대하여야만 합니다. 믿음과 존경으로 대할 때에만 마음의 문이 열리면서 이 비유를 이해할 수 있게 됩니다.

다음으로는 나의 경험, 곧 자신의 경험 속으로 들어와야 한다는 말씀입니다. 두더지를 못본 사람에게 아무리 두더지 설명을 한들 무슨 소용이 있겠습니까? 개처럼 싸우지 말라고 했지만 개가 싸우는 것을 한 번도 본 적이 없다면 개가 싸우는 것을 볼 때까지는 소용없는 이야기인 것입니다. 이렇듯 자신의 경험 속에서만 이해가 가능한 것이기 때문에 같은 경험의 공감대를 이룰 때 비유는 비로소 그 뜻이 전달되게 되는 것입니다. 여기에서 밝혀지는 바는 기독교는 결코 명상의 종교가 아니라는 점입니다. 따라서 예수님의 비유를 실감나게 다 알려면 농사꾼도 되어보고, 보석상도 해보고, 물고기도 잡아보아야 합니다. 산에 올라 수십 년간 명상을 하더라도 물고기 비유를 알 리가 없고 농사지어보지 않은 사람이 씨뿌리는 비유를 실감나게 이해할 수는 없는 것입니다. 그러므로 자신의 생활 현장에서 다양하고 풍부한 경험을 쌓으며 수고해본 사람이라야 예수님의 말씀을 실감나게 이해할 수가 있고, 자신과 밀착된 말씀으로 받아들이게 되는 것입니다. 예수님의 말씀은 책상머리에 앉아서 배우게 되어 있지 않은 특별함이 있습니다. 예수님께서는 장사 이야기를 많이 하셨는가 하면 심지어는 강도 이야기까지 하셨습니다. 이를 위해서는 장사를 해보고 강도를 만나보면 실감나게 알아질 것입니다. 이처럼 예수님의 비유는 생활 속의 풍부한 경험을 암시하고 있습니다. 그러므로 자신이 그와 같은 풍부한 경험 속에 들어가게 될 때에 하나하나가 자기의 것으로 실감나게 이해되어진다는 것입니다. 기독교는 생활 경험을 떠나서는 결코 이해할 수가 없습니다. 따라서 명상적인 사고로 이해될 수 있는 종교가 아님을 명심해야 합니다.

이번에는 자기 경험을 깊이 관찰할 줄 알아야 한다는 점입니다. 시시각각, 하루하루의 생활 속에서 보는 것, 듣는 것, 부딪히는 그 모두에 대한 경험을 소중히 여기며 주의 깊게 관찰하는 태도가 필요합니다.

그리고 네번째는 현상에 담겨진 의미를 생각할 줄 알아야 합니다. 겉으로 나타난 것만 볼 것이 아니라 속을 보자는 말씀입니다. 세수를 할 때는 얼굴만 씻을 것이 아니라 마음 씻을 생각을 먼저하고, 음식을 대할 때는 영의 양식은 있느냐고 물어보아야겠습니다. 언제나 영적인 세계, 깊은 세계를 생각하는 지혜가 있어야만 비유를 이해할 수 있게 됩니다.

마지막으로 중요한 것은 비유 속에서 그리스도를 만나도록 힘써야 합니다. 이 비유들은 모두 그리스도를 가리키며, 그리스도를 중심으로 말씀하는 것들이기 때문에 사건마다, 경험마다, 모든 현상마다에서 주어지는 하나님의 말씀임을 알고, 바로 거기에서 그리스도를 만나도록 힘써야 합니다. 그리하여 꽃을 볼 때에는 "하나님이 입히신다", 새를 보면 "하나님이 먹이신다"로 될 수 있어야 하는 것입니다. 언제든지 그리스도 중심적으로 하나님께서 내게 향하신 귀한 말씀으로 받아들일 때에 그 사건 속에서 그리스도의 음성을 들을 수 있게 됩니다. 그런 자세가 될 때에 비로소 비유를 알게 됩니다. 그러고보면 예수님께서 하신 말씀만이 비유는 아닙니다. 오늘 우리가 살고 있는 모든 생활 그대로가 다시 한 번 우리에게 주시는 비유가 될 것입니다. 그래서 믿음의 눈으로 보며, 믿음의 귀로 들으며, 믿음의 마음으로 받으면 하나님의 귀한 말씀 그대로를 들을 수 있을 것입니다.

씨뿌리는 비유 (1)

예수께서 비유로 여러가지를 저희에게 말씀하여 가라사대 "씨를 뿌리는 자가 뿌리러 나가서 뿌릴새, 더러는 길가에 떨어지매 새들이 와서 먹어 버렸고, 더러는 흙이 얇은 돌밭에 떨어지매 흙이 깊지 아니하므로 곧 싹이 나오나 해가 돋은 후에 타져서 뿌리가 없으므로 말랐고, 더러는 가시떨기 위에 떨어지매 가시가 자라서 기운을 막았고, 더러는 좋은 땅에 떨어지매 혹 백 배, 혹 육십 배, 혹 삼십 배의 결실을 하였느니라."

(마태복음 13:3~8)

씨뿌리는 비유 (1)

씨뿌리는 비유는 예수님께서 말씀하신 모든 비유 중에서도 가장 대표적인 비유가 됩니다. 왜냐하면 이 비유는 어떤 경우에는 사람과 사람과의 관계를 가리키는가 하면 때로는 하나님과 우리와의 관계를 표현하고 있기 때문입니다. 우리가 한 질문을 던져 "비유 중에서도 가장 높은 가치의 비유는 어떤 것일까?"고 묻는다면 그 해답은 바로 "예수님 자신을 가리키심"이라 할 것입니다. 가까운 관계라 하여 부부간에 어떠하다든지, 형제간이 어떻다든지 혹은 교회가 어떠하다는 등의 그러한 문제보다는, 비교의 차원을 넘어 가장 중요한 것은 예수님 자신이며 또한 그 예수님 자신과 우리와의 관계의 문제를 말씀한 비유가 가장 값비싼 비유라 생각됩니다. 그런데 이 씨뿌리는 비유는 예수님 자신과 우리와의 관계를 직선적으로 표현하여 말씀하는 그런 내용을 지니고 있습니다. 그 때문에 가장 귀한 비유이며 더욱이 인간 궁극의 관심사요 목적인 하늘나라에 대한 설명과, 나아가서는 복음의 문제 그리고 우리들 자신이 받지 않으면 안될 구원의 문제에 이르기까지 깊고도 폭넓은 진리가 담긴 비유의 말씀인 것입니다.

이제 본문에 주어진 씨뿌리는 비유를 개괄적으로 보면 예수님께서 말씀하시던 당시의 상황을 생각하게 됩니다. 주어진 본문을 보면 예수님께서는 배에 올라 육지와는 조금 떨어진 거리에 앉으셨는데, 그러고보면 예수님이 계시는 뱃전은 강단이 되는 셈입니다. 따라서 이쪽을 바라보면서 사람들은 바닷가에 죽 늘어섰습니다. 이제 조용한 가운데 예수님의 음성이 울려 퍼지기 시작합니다. 육지쪽을 향하여 서 있는 무리들을 보시며 말씀하십니다. 생각해 보면 아마도 예수님의 음성은 대단히 컸을 것 같습니다. 왜냐하면 요즈음처럼 좋은 마이크 시설이나 음향 효과, 방음 시설도 안된 틔여진 자연 환경 속에서 육성으로 수천의 무리들에게 말씀을 하시자면 얼마나 힘이 들고 음성인들 얼마나 컸겠느냐는 것입니다. 그러나 다행히 그 당시는 지금처럼 시끄러운 소리들이 별로 없는 조용한 시대였을 뿐만 아니라 그런 장소였기에 무슨 말씀을 하시든지 멀리 뒷자리까지 그 소리가 전달될 수 있었다고 생각됩니다. 지금 예수님께서는 바닷가의 뱃전에서 말씀을 하시고 무리들은 바닷가 언덕에 죽 둘러서서 그 말씀을 듣고 있는 것입니다. 이제 예수님께서 보시면 예수님의 시야에 늘어서 있는 군중이 있고, 그 군중들의 저 뒤에서는 농사하는 많은 사람들이 지금 씨를 뿌리고 있는 것입니다. 예수님은 언제 어디서나 소재가 풍부할 뿐더러 아주 실재적이었습니다. 그러기에 보시고 들으시는 전부가 말씀의 소재가 되는 것입니다. 여기서도 예수님께서는 멀리 씨뿌리는 농부의 모습을 바라보시면서 "씨를 뿌리는 사람이 나가서 씨를 뿌리고 있다. 자, 보라! 저렇게 뿌리고 있지 않느냐? 그런데 씨앗을 뿌린다고 다 결실이 되는 것이냐? 어떤 것은 길가에 뿌려져서 새가 주워먹고, 어떤 것은 돌밭이나 가시밭에 떨어져 이렇게 저렇게 없어지고 말고 그런데 꼭 옥토에 떨어진 것만은 결실하지 않느냐?" 는 이 이야기는 시작도 끝도 없이 이것으로 끝을 내고 있습니다. 그러나 알고 보면 이것은 방법론적으로 볼 때 순전히 히브리적인 것입니다. 논리적이거나 추상적인 것이 아닙니다. 관념적이고 형이상학적인 것이 아니라 아주 실제적인 생활 속에서 생각하고 발견해 보라는 것입니다. 한 해 두 해 씨뿌리는 모습을 보아온 그들이 아니겠지만 형식만을 보며 "아, 씨를 뿌리는구나! 금년에는 농사가 잘 되려나!" 하는 정도로 스쳐가고 말았을 것입니다. 아니면 무슨 씨앗을 뿌리는가를 궁금해하며 경제적인 생각이나 사회적인 유익을 생각해 볼 수 있는 것에 비해, 예수님은 보여지는 그 자체에서 이것을 상징적으로 바꾸어 주시는 것입니다. 그리하여 이 사건 속에서 하늘나라의 진리를 보며, 하늘나라의 진리를 설명하십니다. 동일한 사건을 다같이 함께 보지만 예수님은 그 속에서 하늘나라의 진리를 보았고 무리들은 이 진리를 보지 못했습니다. 그러나 이제 보지 못한 자에게 보게 하시고 깨닫게 깨우쳐 주시는 분인 그 예수님의 안목과 관점, 그리고 생각하는 방법을 배워야 합니다. 이것을 익히면 모든 것이 비유요 모든 것이 말씀이 될 수 있다고 생각합니다. 그런데 먼저 주의를 기울여야 할 점은 예수님께서 씨를 뿌리는 장면을 직접 보시면서 말씀하셨다는 점입니다. 그리고 이제는 우리가 보고 듣는 모든 사건 속에서 하나님의 음성을 들을 줄 아는 지혜로운 귀와 지혜로운 눈, 지혜로운 판단력을 가져야 하겠습니다. 결국은 영적인 안목이 있어야 한다는 말씀입니다. 따라서 아침에 세수를 할 때면 "마음도 씻어주시옵소서!", 음식을 대할 때는 "영적인 양식도 주시옵소서!", 가다가 넘어질 뻔 했으면 "내가 넘어져 다리는 부러질지라도 내 영혼은 넘어지지 않게 해주시옵소서!"라고 할 것입니다. 순간순간 당하는 모든 사건에서 우리는 하나님의 음성을 들으며 깨달을 줄 알아야 한다는 말씀입니다.

다음으로 생각할 것은 씨뿌리는 방법에 관한 것인데 이게 대단히 재미있습니다. 당시 이 사람들이 도대체 어떻게 씨를 뿌렸기에 길가에 나가 떨어지는가 하면, 엉뚱하게도 가시덤불이나 돌밭에까지 뿌려졌는지 생각해 보면 그 무모함이 적지가 않습니다. 아무래도 2천여 년 전의 농사법이라 원시적일 수밖에 없었겠다고 이해하면 되겠습니다. 요즈음 같으면 비닐 하우스에서 싹을 낸 후 옮겨 심거나, 처음부터 정교하게 씨를 뿌린 후 흙을 덮어야 되겠지요. 당시 이스라엘 사람들이 씨를 뿌리는 방법에는 두 가지가 있었다고 합니다. 그 하나는 씨앗을 가지고 나가 바람에 날리면서 확하고 뿌리는 것입니다. 그렇게 하면 바람에 날려가서 어떤 씨앗은 길가에도 떨어지고 또 어떤 것은 아주 날아가 버리기도 하고 더러는 가시덤불이나 돌밭에 떨어지는 경우도 있겠지요. 이는 지금도 쉽게 상상할 수가 있는 것입니다. 지금은 씨앗을 뿌릴 때 대부분 하나씩 집어넣지만 아직도 훨훨 뿌리는 경우가 많이 있습니다. 또하나의 방법은 조금 게으른 것이나 대단히 재미있는 방법입니다. 나귀 등에 씨앗 자루를 실어 놓고 그 자루의 밑에 구멍을 뚫은 후 나귀를 때리면 그 나귀가 돌아다니는 대로 씨앗이 뿌려진다는 것입니다. 이 방법은 그렇게 흔하게 사용되지는 않았다고 하는데 아무튼 좀 원시적인 방법으로 훨훨 넓게 뿌렸던 것 같습니다. 그러다보면 바람에 날아가 버리기도 하고 더러는 목적하지 아니한 길가나 돌밭, 가시덤불에도 떨어지는 것이 있었다는 그런 말씀입니다. 여기에서 우리가 생각하여야 할 것이 있습니다. 그건 다름아닌 말씀의 선포적 의미입니다. 말씀의 선포, 말씀은 교육의 내용만은 아닙니다. 말씀은 선포되어져야 하는 것입니다. 이는 프로클러메이션(Proclamation), 케리그마(Kerygma) 등에 해당되는 말로서 "말씀을 퍼뜨린다" "말씀을 선포한다"는 뜻을 가지고 있습니다. 널리 전한다는 말입니다. 현대적 표현을 빌리면 '광고한다' 는 것입니다. 텔레비전의 광고나 벽보에 게재된 광고, 혹은 삐라를 뿌리는 것처럼 활활 뿌린다는 뜻입니다. 그렇게 하여 모든 사람이 말씀에 접하도록 기회를 제공하는 그것이 곧 복음 전파인 것입니다. 말씀은 선포하는 것입니다. 한 사람을 붙들고 그 사람의 마음속에 복음을 집어넣어 그로 하여금 예수 믿지 않고는 견딜 수 없게 하기 위한 씨름을 하는 것이 아니라, 복음은 널리 선포하는 것이라는 말씀입니다. 그러므로 복음은 모든 사람이 들을 수 있도록, 그리고 본인 스스로에 의해 받아들여지도록 기회를 주는 것입니다. 그러므로 에스겔서나 예레미야서에 기록된 대로 일단은 먼저 복음을 전하고, 그 이후에 일어나는 문제 곧 복음을 듣고 회개하거나 안하거나의 문제는 들은 자의 책임이라는 것입니다. 만약 듣고도 회개치 않는다면 이제는 회개치 않는 그 자의 잘못이지 복음을 전한 사람의 잘못은 아니라는 것입니다. 그러나 만에 하나 복음을 전하지 않아 듣지 못해서 구원받지 못했다고 하면 이는 복음을 전하지 않은 사람의 책임이니 그에게 화가 있을 것이라고 하였습니다. 참으로 두려운 말씀으로 "내가 그 피값을 네 손에서 찾을 것이라"고 경고하셨습니다. 저 사람 망한 책임을 내가 지라는 말씀입니다. 그러므로 복음은 일단 모두 들어야 합니다. 다 듣도록 종자를 훨훨 뿌려야 한다는 그런 말씀이 되겠습니다. 그리하여 어느 누구도 복음을 듣는 기회로부터 제외되어 못 듣는 자가 있어서는 안된다는 말씀입니다. 거기에는 선교적으로 상당히 중요한 의미가 있습니다. 복음은 내가 교육하고 내가 책임질 그런 성질의 것이 아닙니다. 이를 위해 하나님께서 역사하시기를 기도하고 내가 할 부분만 내가 하는 것입니다. 선포하고 씨를 뿌리는 것까지만 내가 하고 그 다음부터는 하나님이 하실 일입니다. 그런데 이 말씀에서 중요한 부분은 무엇보다도 씨를 뿌리는 자에게 있습니다. 씨를 뿌리는 자인 그는 바로 예수 그리스도 자신이며 지금으로 말하면 전도자라고 볼 수 있습니다. 그러니까 종자와 밭, 그 옥토 사이에 씨뿌리는 자의 수고를 필요로 하게 됩니다. 씨앗이 있고 밭이 준비되었다 하더라도 누군가가 이 씨앗을 뿌려 주지 않는다면 이 씨앗은 결단코 싹을 내거나 결실할 수가 없는 것입니다. 때문에 전도자가 필요한 것입니다. 여기에 귀한 생명의 복음이 있습니다. 저기에 아무리 좋은 마음밭이 있어도 누군가가 전도하지 아니하면 구원의 역사는 이루어지지 않습니다. 우리 속담에 "부뚜막의 소금도 집어넣어야 짜다"는 말이 있지 않습니까? 참으로 옳은 말입니다. 아무리 큰 소금뭉치라 하더라도 부뚜막에 두면 뭘하고 식탁 위에 두었다고 맛을 내지는 않습니다. 이렇게 저렇게 뿌려 녹아져야 맛이 나는 것입니다. 씨앗이 좋고 밭이 좋아도 전도자가 없으면, 씨앗을 뿌리는 자가 없으면 생명의 역사는 일어날 수가 없는 것입니다. 우리 모두는 이 전도자적인 사명을 지니고 있음을 잊지 말아야겠습니다.

우리는 이 본문 말씀을 대할 때마다 마음밭에 대해서 생각을 하게 됩니다. 옥토와 같은 마음, 가시덤불과 같은 마음, 돌밭같은 마음, 길가와 같은 마음들을 상상하고 구분하며 많은 관심을 가지게 됩니다. 그러나 여기서 주의깊게 생각하여야 될 것은 종자가 보다 더 중요하다는 점입니다. 마음밭이 아무리 좋더라도 종자가 없으면, 씨앗이 뿌려지지 않는다면 거기에서 무슨 결실을 기대할 수가 있겠습니까? 여기에서 우리는 중대한 진리를 발견하고 생각하여야 합니다. 구원이란 자기 스스로의 수양이나 도덕, 윤리적 생활의 향상과 차원에서 이루어지는 것이 결코 아니라는 것입니다. 고도의 윤리, 도덕적 인간이 된다는 자체도 불가능한 일이지만, 아무리 애쓰고 정결히 자신을 가꾼다 할지라도 나 스스로에 의해서 구원이 이루어지지는 않는다는 말씀입니다. 예컨대 내가 물에 빠진 사람이라고 가정했을 때 물에 빠진 사람이 자기 머리카락을 자기 손으로 잡아당긴다 해서 물에서 나와지는 것은 아닙니다. 혼자서는 아무리 허우적거려 보아도 아무 소용이 없는 것입니다. 밖에서 밧줄을 던져 주어야 하고 그것을 붙들어야 하는 것입니다. 밖에서 구원의 손길을 펴 주어야 살 길이 있는 것이지 그 안에서 혼자 허우적거린다고 될 일이 아닌 것입니다. 허우적거리면 허우적거릴수록 점점 기운만 더 빠지고 그리고 깊이 들어가게 됩니다. 여기에 인간적 종교와 계시적 종교와의 차이가 있는 것입니다. 인간이 아무리 깨끗하고, 인간이 아무리 애쓰며, 아무리 도를 닦고 참선을 하며 온갖 노력을 기울인다 해도 그것 가지고 구원이 이루어지는 것은 아닙니다. 아무튼 밭이 아무리 좋아도 씨앗이 있어야 합니다. 밭이 옥토요, 즉 사람이 좋고 그 인간의 도덕성이 어떻고, 아무리 이야기해 보아도 그것 가지고는 안된다는 것입니다. 씨앗이 뿌려지는 객관적인 생명의 역사, 다르게 표현하면 객관적인 계시의 역사가 있고서야 구원의 역사는 이루어지는 것입니다.

그런데 이 복음을 전하는 사역을 맨투맨(man to man) 식으로 하나씩 개별적으로 만나지 않고, 오늘 본문에서 활활 뿌렸다는 점에서 문제를 발견하게 됩니다. 이는 듣는 편에서의 수용성 여부와 그 정도에 대한 책임을 지금 복음을 받아들이고 있는 그 자신에게 묻겠다는 것입니다. 전하는 것은 전하는 대로의 책임이 있고 받아들이는 자는 받아들이는 대로의 책임이 있는 것입니다. 따라서 거기에는 언제나 자유 선택의 요소를 지니고 있습니다. 선택은 자유입니다. 그러므로 복음은 이유 없이 일단 전하여야 하고 전한 이후에 받아들이고 안 받고의 책임은 이쪽에 있는 것입니다. 이제는 전한 자의 책임이 아니라 다만 받지 아니한 자에게 심판이 있을 뿐입니다. 이러고 보면 결국은 그 마음밭에 따라서 생명의 효력이 좌우된다는 것입니다.

다시 한 번 거론하면, 먼저는 복음을 전하여야 하고 그 복음은 곧 예수 그리스도 자신이라는 점입니다. 그런데 이 복음이 전해진 이후의 결과는 똑같지를 않습니다. 우리의 경험을 통하여 알 수 있듯이 동일한 내용으로 한 장소에서 전도를 하여도 어떤 이는 받아들이고 어떤 사람은 믿지를 않습니다. 어떤 사람은 지나가는 길에 한 마디 듣고도 구원을 받게 되고, 어떤 사람은 죽을 때까지 권고하고 부탁해도 믿지를 않습니다. 그러기에 어려운 것이며 마음대로 못하는 것입니다. 다만 전도자가 된 우리들은 우리의 사명을 다하기 위하여 최선의 노력을 다할 뿐입니다. 그러나 그 결과는 반드시 내가 수고한대로 되는 것이 아니라는 점을 명심해야 합니다. 저쪽은 돌밭입니다. 결실이 없는 것입니다. 이 편은 길가입니다. 거기에도 결실은 없을 것입니다. 이러한 점들을 동시에 알고 있어야 합니다.

이제는 맨 처음 반응인 길가와 같은 마음을 생각해 보십시다. 길가와 같다는 것이 어떤 것이냐?에 대해서 예수님께서는 19절 말씀에서 해설하고 계십니다. "아무나 천국 말씀을 듣고 깨닫지 못할 때는 악한 자가 와서 그 마음에 뿌린 것을 빼앗나니 이는 곧 길가에 뿌린 자요"라고 하셨습니다. 길가에 뿌린 씨앗은 새가 와서 주워 먹어 버린다는 것입니다. 옥토에 떨어져서 흙으로 잘 덮여진 씨앗이라면 새가 먹을 수가 없었겠는데, 반들

반들한 길가에 떨어져서 환하게 눈에 보이므로 쉽게 새가 주워먹고 만다는 것입니다. 이러한 처지에서 무슨 결실을 기대할 수가 있겠습니까? 길가와 같다는 말은 굳은 땅을 말하는 것이며 많은 사람들이 지나 다녀서 닳고 닳은 땅을 말합니다. 예나 지금이나 흔히들 이러한 경우가 있는 것을 보게 됩니다. 논이나 밭이 있을 때 조금 돌아가면 제 길이 있음에도 불구하고 지름길로 가기 위하여 기어이 가운데를 밟고 지나들 갑니다. 그렇게 되면 그 자리는 반들반들하게 굳어지고 마는데 바로 그 자리를 말합니다. 여기에 뿌려진 씨앗은 새들이 주워 먹게 되어 있습니다. 이미 결실은 기대할 수 없는 땅인 것입니다. 많은 사람이 지나가는 땅, 굳은 땅, 닫힌 땅, 닫혀진 마음, 굳은 마음, 고집스러운 마음, 교만한 마음들을 가리켜서 예수님께서는 이처럼 알기 쉽고 부드럽게, 그리고 두고두고 생각이 되살아날 귀한 비유를 들어 말씀하십니다. 길가와 같은 마음은 언제까지나 우리의 생각에서 지워 버릴 수 없는 마음입니다. 복음은 이미 뿌려졌습니다. 듣기도 하고 보기도 하였는데 듣고도 모르고 보고도 모른다는 것입니다. 아무리 돕고자 하여도 복음이 들어가지를 않습니다. 예수 믿는 사람하고 평생을 같이 살아도 복음을 안 받아들인다면 어떻게 해야 되겠습니까? 이처럼 끝까지 복음의 씨앗을 받아들이지 않는 사람이 있다는 사실을 잊지 말아야 합니다. 계속되는 그 많은 죄로 인해, 혹은 그 악한 마음 때문에, 마음문이 굳게 닫혀져 있기 때문에 복음이 들어가지를 못합니다. 이것이야말로 문제의 마음입니다. 인간에게 있어서 가장 불쌍하고 괴로운 것이 무엇이냐고 하면 바로 이처럼 마음의 귀가 어두워진 상태라고 합니다. 그러기에 사람이 망할 때는 먼저 귀부터 멀고 그 다음에 망한다고 합니다. 귀가 열려 있는 동안에는 망하지 않습니다. 하여간 들을 수 있는 귀가 있으면 망하지는 않는다는 것입니다. 그럼에도 전혀 남의 말이라고는 듣지 않고, 양심의 소리에는 귀를 막고, 아예 누구의 말도 안 듣기로 결심한 사람이 있는데 이야말로 끝난 인생입니다. 참으로 불쌍한 인간이 아닐 수 없습니다. 이처럼 닫혀진 마음이란 대단히 위험한 것입니다.

　다음으로 생각할 것은 이토록 마음이 굳게 닫혀진 이유가 어디에 있겠느냐는 것입니다. 그 원인은 다름아닌 그 사람 자신의 경험 때문입니다. 많은 경험이 반복되면서 그 반복되는 행위가 경험을 낳고, 그 경험이 다시금 반복되어 나갈 때에 자기 나름대로의 세계관이 형성되게 됩니다. 인간에게 있어서 경험이란 필요하고 참으로 중요하며 좋은 것이지만, 한 번 경험을 하고 나면 생각은 어두워지기가 쉽습니다. 가끔 보게 되는 경우인데 젊은 남녀 사이에서 중매를 할 때입니다. 중간에서 이야기를 하노라면 처음에는 그렇게도 묻는 것이 많습니다. 키는 얼마나 되고 취미는 무엇이고 등등. 이 정도 되면 저로서는 더 아는 것이 없고 말하기도 귀찮으니까 아예 만나보라고 하여 만나게 해주고는 맡겨버립니다. 그 후에 둘이 좋아 지내게 될 때에 "나한테 묻던 것 한 번 물어보자" 하고 일부러 물어봅니다. 그 사람 성격은 어떻고, 취미는 무엇이며, 장래 희망은? 하고 묻노라면 아무것도 모르고 있습니다. 그리고는 이제 결혼하겠다는 것입니다. 여기에서 알아두어야 할 것은 진정 그 사람을 알고 싶으면 만나지를 않고 알아보아야 한다는 점입니다. 만나서 얼굴과 얼굴을 마주 대하게 되면 객관적인 판단력보다는 감정이 앞서서 풍덩 빠지게 되고 따라서 정신이 몽롱해지고 마는 것입니다. 어떻게 생각하면 같이 사는 이 사람을 더 잘 알 것 같지요? 그래서 내 남편, 내 아내를 내가 잘 알 것 같지만 그건 어림없는 이야기입니다. 오히려 더 모른다는 사실입니다. 내 자식을 내가 더 모르고 내 사람을 내가 더 모른다는 것입니다. 왜냐하면 이는 반복되는 경험 속에서 벌써 주관화되어버렸기 때문입니다. 객관화되지 않는 것은 진실에서 멀어지게 됩니다. 그러므로 사람이 경험을 갖는다는 것은 참 좋은 것 같으나 그 경험을 하면서 판단 의식이 흐려진다는 것입니다. 따라서 한쪽으로 치우치게 됩니다. 자기가 이미 거기에 동화되고 변질되어 있다는 것을 모르고 있습니다. 자신이 얼마나 멍청해졌는지를 알지 못합니다.

　이처럼 경험한 일에 대해서는 생각이 둔해지고 판단이 흐려질 뿐만 아니라 나아가서는 고집만 남게 됩니다. 모르면서 안다고 하는 것이 바로 이러한 경험에서 비롯되는 것입니다. "내가 다 경험해보았는데" 하는 식 말입니다. 경험했으니까 오히려 모른다는 그 점을 알아야 합니다. 그 좋은 예로서 아이 낳은 경험이 있다고 모두가 산부인과 의사가 되는 것은 아니지 않습니까? 아이 낳아보지도 못한 사람이 의사가 됩니다. 내가 경험을 했건만 아무것도 모른다는 말입니다. 그래서 경험은 안했어도 알고는 있는 의사를 찾아가게 됩니다. 이렇듯이 경험하므로 안다고 생각하는 것은 오히려 어리석은 일입니다. 그런데 이러한 경험이 점차 확대되면서 마지막에는 자기 나름대로의 고집이 생기고 그 후에는 이 고집이 과장되게 마련입니다. 그래서 지난날의 이야기를 하는 사람치고 줄여서 말하는 사람이 없는 것입니다. 한 번 보았으면 열 번 본 것처럼, 어느 조그만 부분을 접하고도 전부를 만난듯이 신나게 이끌어 갑니다. 이러한 현상이 나타나는 것은 다름아닌 경험의 우상화 작용 때문입니다. 그러기 때문에 사람이 자기 경험에 집착하게 되면 점점 자기 고집만 생기게 되고, 어떤 경우에는 아주 몹쓸 사람이 되어버립니다. 결국은 닳고 닳아서 자기 우상에 빠진다는 사실을 알아야 합니다. 그래서 한 번 속아본 사람들이 곧잘 하는 말에 "세상 사람들 다 못 믿겠다"는 말이 있지요. 한번 속아보고는 다 못믿고 믿을 것은 자신뿐이라는 이야기인데, 이게 믿을 만한 이야기가 되는 것이겠습니까? "남자들은 다 나쁘다"고 말하는 여자가 있다면 도대체 몇 명의 남자에게 얼마나 속았길래 이 세상 남자들이 다 나쁘다고 할 수 있느냐는 것입니다. 그렇지 않습니까? 어떤 때 보면 무슨 이야기를 하는 도중에 "다 그렇더라"고 하여 보편화시키려고 하는데 그럴 때면 "언제 통계 내어보았느냐?"고, 그리고 "몇 사람이나 만나보고 하는 소리냐?"고 묻고 싶은 것입니다. 이와 같이 보편화라고 하는 것은 대단히 나쁜 것입니다. 우리들의 언어 생활 속에서 "다 그럽니다. 다들 그렇다고 합니다" 하는 말은 아예 사용하지 않는 것으로 해야 합니다. 그 말은 100퍼센트 거짓말이니까요. 그렇게 되면 믿을 말도 안믿게 되는 것입니다. 저에게 누가 와서 "다 그럽니다" 하면 그 말은 믿지 않습니다. 알아보나마나 그 말은 거짓말이니까요. 뿐만 아니라 "누가 뭐라고 합니다" 하는 것도 믿지 않습니다. 그것에 관한 한 고집이 대단합니다. 그저 "저는 이렇게 생각합니다"라는 말만 믿습니다. "다"라는 표현은 말도 되지 않는 소리입니다. 어느 누가 "다"라고 말할 수 있겠습니까? 이것이 바로 과장이라는 것입니다. 자기의 조그만 경험을 이렇게도 과장합니다. 한두 사람에게 속았다고 해서 세상 사람들 다 못믿겠다는 것이지요. 몇 사람 좋다고 세상 사람들 다 좋다는 생각, 그런 것을 소아병이라고 합니다. 결코 우리는 이러한 고집에 빠져서는 안되겠습니다. 이는 곧 길가와 같은 마음입니다. 지금까지 많은 사람에게 속아 왔으니 예수님의 말씀도 못믿겠다는 것입니다. 마가복음 9장 14절 이하의 말씀을 보노라면 벙어리 귀신 들린 사내아이의 아버지가 아들을 데리고 예수님을 찾아왔습니다. 그런데 그때 마침 예수님께서는 변화산에 올라가시고 계시지를 않았습니다. 그래서 제자들이 그 귀신을 쫓아내겠다고 무척 애를 쓴 모양입니다. 어쩌면 나사렛 예수의 이름으로 명하노니 썩 나가라 했을 법도 합니다. 그런데 이 귀신이 이러나 저러나 나가주지를 않습니다. 그러자니 얼마나 창피했겠습니까? 핀잔 섞인 말들이 오가며 야단이 났습니다. 이 때에 예수님께서 오셔서 왜들 이렇게 모여 무엇을 변론하느냐고 물으십니다. 그러자 그 아이의 아버지가 예수님께 나와서 큰 실례를 합니다. '내가 이 귀신들린 내 아들을 데리고 와서 당신의 제자들에게 귀신 쫓아줄 것을 부탁했지만 그들은 하지를 못했습니다. 그러나 당신은 선생님이시니 무엇을 좀 하실 수 있거든 고쳐주십시오"라고 나옵니다. 이 말을 들으신 예수님께서는 크게 책망하십니다. "할 수 있거든이 무슨 말이냐? 믿는 자에게는 능치 못할 일이 없느니라." 이 사람은 다 못믿었습니다. 예수님의 제자는 못믿었어도 예수님은 믿었어야 할 것 아니겠습니까? 안믿고, 못믿었으니까 예수도 못믿는다는 것입니다. 이것이 곧 길가와 같은 마음입니다. 반들반들 닳고 굳어서 자기만 옳고, 그래서 누구의 말도 듣지를 않습니다. 이러한 마음에는 복음의 씨가 들어가지를 못합니다.

또 한 가지 길가와 같다는 말은 편견을 뜻합니다. 선입관으로 꽉 차 있는 자기 고집에 집착하여 다른 사람의 의견이나 새로운 지식을 믿지 않겠다는 것입니다. 요한복음 1장에서 나다나엘은 대단히 지혜로운 사람으로 나타납니다. 빌립이 나다나엘에게 와서 예수님에 대하여 전도할 때에 그는 말하기를 "나사렛에서 무슨 선한 것이 날 수 있느냐?" 하고 일단은 거부를 합니다. 그러나 "와 보라" 할 때에 그는 예수님께로 나옵니다. 이 사람 나다나엘은 선입관을 버릴 줄 아는 그러한 지혜가 있었습니다. 우리는 이러한 점을 잊지 말아야 합니다. 바리새인, 서기관들의 결정적인 실수가 바로 자기들이 가지고 있는 편견이었습니다. 이미 가지고 있는 지식만을 절대화하고 있었습니다. 이것 때문에 길가와 같은 마음이 되어 버리고 마는 것입니다.

길가와 같다는 말은 또한 무관심을 뜻합니다. 자기 고집에 집착한 나머지 이제 그 외의 일들에는 하나같이 무관심하게 대하고 맙니다. 누가복음 13장에 보면 예수님께서 하신 이러한 말씀이 있습니다. 천국문이 닫힌 다음에 많은 사람들이 몰려와 문을 두드리며 열어줄 것을 요청하면서 "우리는 주 앞에서 먹고 마셨으며 주는 또한 우리 길거리에서 가르치셨나이다" 하면서 아는 체 해주실 것을 바랄 것이라는 것입니다. 그러나 그들을 향한 예수님의 말씀은 단호하게 "나는 너희를 모른다", "나를 떠나가라" 하시겠다는 것입니다. 한 상에서 먹고 마셨으면 무얼하고 길거리에서 가르치셨으니 어쩌란 말입니까? 이제 와서 그것이 무슨 상관이겠습니까? 성경 66권을 모두 외워도 소용이 없고, 종교적 의식을 다 행했어도 소용이 없습니다. 문제는 그 진리와 나와의 관계입니다. 서자서아자아(書自書我自我)라는 말이 있듯이 그는 그대로, 나는 나대로 있다면 무슨 소용이 있겠습니까? 다른 사람 아닌 바로 내가 이 말씀을 믿고 그 말씀 안에 살아야지요. 그럴 때에 그 말씀이 내게 주시는 구원의 말씀이 되는 것입니다. 역사적 예수를 안다고 해서 그것으로 구원받을 수 있는 것이 아닙니다. 이러한 사실을 분명히 알고 무관심에 대하여 관심을 돌려야 하겠습니다. 결코 무관심에 의한 길가와 같은 마음이 되어서는 안되겠습니다.

이제 좀더 나아가서 생각하면 길가와 같다는 것은 습관화를 말합니다. 이는 형식화, 습관화, 요즈음 말하는 문화화된 상태의 신앙생활을 이야기하는 것입니다. 신앙생활이 하나의 습관으로 되어 아무런 느낌이나 생각도 없이 그저 들락날락합니다. 그래서 으레 주일과 수요일 저녁이면 교회를 찾아오는데 별다른 생각은 나지를 않습니다. 마치 자동기계처럼 왔다갔다할 뿐입니다. 자동이라는 것은 감정이나 생각이 없는 것 아니겠습니까? 그저 왔다갔다하면서 길가와 같이 반질반질 닳아 습관만 남았습니다. 이와 같이 종교적 의식과 습관에 매이게 될 때 거기에는 구원의 역사가 이루어지지 않습니다. 그러므로 길가와 같은 마음, 그 마음이 되지 않도록 계속 갈고 부수어야 합니다.

이제 하나 더 생각할 것은 이 길가와 같은 마음에 씨앗이 뿌려진다면 "악한 자가 와서 그 마음에 뿌리운 것을 빼앗는다"고 하셨습니다. 대단히 위험한 말씀입니다. 무서운 경고의 말씀이 아닐 수 없습니다. 믿음을 갖지 아니하면 불신의 요인이 생긴다는 말입니다. 더욱 두려운 것은 믿음으로 받아들이지 않는 경우는 아예 복음을 듣지 못한 사람보다 더 악해진다는 것입니다. 복음을 들을 기회조차 없었더라면 좋았겠는데 듣기는 들었습니다. 가만히 보면 한때 교회를 다녔었다고 하는 사람, 기독교 학교에서 성경을 많이 배웠다면서도 교회에는 나오지 않는 사람, 이런 사람들이 예외 없이 핍박자 제1호입니다. 이런 사람에게 전도 한 번 하려면 그렇게도 힘이 듭니다. 자기 나름대로 아는 것이 너무 많아서 이러쿵저러쿵 굳은 논리를 고집하며 나옵니다. 정말 골치 아픈 사람입니다. 분명히 알아야 할 것은 복음은 받아들여 믿을 때에 구원에 이르는 것이지 듣고도 믿지 아니할 때에는 더욱 악해지는 것입니다. 악한 자가 와서 빼앗아간다는 그 점을 우리는 동시에 생각하지 않으면 안되겠습니다. 이러한 결과에서 복음을 왜곡하며 핍박자가 되고 방해자가 되는 것입니다.

그럼, 마지막으로 생각할 것은 이처럼 길가와 같이 굳은 마음을 어떻게 처리할 것인가 하는 문제입니다. 이는 깨뜨려버려야 합니다. 부수고 깊이 갈아 씨앗이 머물 수 있게 해야 된다는 말씀입니다. 내가 깨뜨리지 못하면 하나님께서 깨뜨리십니다. 내가 겸손하지 못할 때에 하나님께서 나로 하여금 겸손할 수밖에 없도록 인도하십니다. 그것이 시험입니다. 무서운 시련을 당하게 됩니다. 그리하여 감당키 어려운 시련을 겪은 후에야 비로소 손을 들고 하나님 앞에 나오게 되는 것을 보게 됩니다. 길가와 같은 그 마음 그대로는 차라리 없는 것만 못합니다. 다 깨뜨리고 잘게, 곱게 부수어 정리된 옥토와 같은 겸손의 그 자리에서 말씀의 효력은 생명으로 나타나게 됩니다.

길가와 같은 마음은 버려질 수밖에 없는 마음입니다. 그러나 이렇게 굳어진 마음밭이라 할지라도 옥토로 바꿀 수 있는 길이 있고 계속하여 기다리시는 하나님의 인내가 있다는 사실을 기억하며 그 크신 사랑과 은혜를 생각할 수 있어야 합니다. 그러므로 우리는 언제이고 이 옥토와 같은 마음밭을 보존키 위해 영적 밭갈이를 게을리하지 않아야 되겠습니다.

씨뿌리는 비유 (2)

"그런즉 씨뿌리는 비유를 들으라 아무나 천국 말씀을 듣고 깨닫지 못할 때는 악한 자가 와서 그 마음에 뿌리운 것을 빼앗나니 이는 곧 길가에 뿌리운 자요 돌밭에 뿌리웠다는 것은 말씀을 듣고 즉시 기쁨으로 받되 그 속에 뿌리가 없어 잠시 견디다가 말씀을 인하여 환난이나 핍박이 일어나는 때에는 곧 넘어지는 자요 가시떨기에 뿌리웠다는 것은 말씀을 들으나 세상의 염려와 재리의 유혹에 말씀이 막혀 결실치 못하는 자요 좋은 땅에 뿌리웠다는 것은 말씀을 듣고 깨닫는 자니 결실하여 혹 백 배, 혹 육십 배, 혹 삼십 배가 되느니라" 하시더라.

(마태복음 13:18~23)

씨뿌리는 비유 (2)

 앞 장에서 우리는 씨앗을 통한 객관적인 생명의 역사가 우선적임과 아무리 좋은 씨앗이 있더라도 뿌려줄 사람이 없으면 무익하다는 사실을 생각해왔습니다. 그리고 이제는 이 씨앗을 잘 받아들여줄 좋은 밭의 필요성을 강조하게 됩니다. 씨앗은 좋은 밭을 만나야 열매를 맺을 수가 있습니다. 만일에 그렇지 못할 경우에는 유산되고 마는 것입니다. 아예 그 씨앗 자체마저 빼앗기고 없어지게 되는 것입니다. 그러한 관계로 일단 이 마음밭이 잘 받아주어야 한다는 말씀입니다. 씨를 뿌릴 때에 더러는 길가에 뿌려졌는가 하면 더러는 옥토에 뿌려진다면 이는 반타작은 한 셈이며, 완전치는 못해도 열심히 뿌리기만 한다면 그 중 얼마는 거두게 될 것입니다. 옥토만을 가려가며 뿌리지 않더라도 열심히 뿌리는 그 중에 옥토에 떨어지는 씨앗은 결실하게 되는 것입니다.
 여기서 생각케 되는 말씀의 진리는 "열심히 뿌리라"는 것입니다. 내가 씨앗을 만드는 것은 아닙니다. 다만 씨앗을 가져다가 뿌리라는 것입니다. 내가 복음을 창작하는 것은 아닙니다. 성경에 있는 복음 그대로를 가감 없이, 순수하고 깨끗하게 열심히 뿌려야 한다는 말씀입니다. 그리고 다음에는 "기다리라"는 것입니다. 오늘 그렇게 뿌리고 내일 당장 나지 않는다고 조급해 해서는 안됩니다. 농사하는 이치 중 가장 중요한 것이 바로 인내입니다. 기한이 찰 때까지 기다리고 기다려야 합니다. 요즈음은 만사가 1분 라면으로 통하기 때문에 걱정입니다. 무엇이든 빨리 되기만을 바랍니다. 그 '전자자'라는 것이 좋은 것이 못됩니다. 왜냐하면 옛날 같으면 남편이 마루에 앉아 음식을 빨리 가져오라고 재촉을 하여도 아내는

"뜸들어야 먹지요, 기다리세요" 합니다. 음식이야 만들어지고 익혀져야 먹는 것이지 서두른다고 입에 넣을 수 있는 것은 아니지 않습니까? 그런데 요즈음은 3분이다, 1분이다, 게다가 전자자, 속전속결 하면서 집안에 앉아서까지 괜히 조급해 합니다. 그래도 옛날에는 남편들의 성미는 급해도 부인들은 급하지 않았는데, 요즈음은 전자자 때문에 부인들까지 급해지고 말았습니다. 그러나 아직도 한 가지만은 속성하지 못합니다. 그것은 무엇이겠습니까? 좌우간 열 달은 채워야 아이를 낳는다는 사실입니다. 아무리 과학이 무어라 해도 그것까지 어떻게 하겠다는 말은 아직 못하고 있는 것입니다.

아무튼 생명에는 시간이 걸립니다. 생명에 관계된 모든 것이 시간을 필요로 합니다. 특별히 인격적 관계나 신앙의 성장이 더욱 그러합니다. 복음을 전할 때 "예, 예수 믿겠습니다" 하고 쉽게 나와준다면 얼마나 반갑고 좋겠습니까? 그러나 그것도 문제는 있고 믿을 것이 못된다는 것입니다. 이는 예수님 말씀에 의하면 돌밭과 같아서 냄비처럼 쉬 뜨거워지고 쉽게 식어버릴지 모른다는 것입니다. 이처럼 빨리 난다고 안심해도 좋다는 보장이 있는 것도 아닙니다. 그러므로 그저 부지런히 뿌려두면 언젠가는 거두게 된다는 것입니다.

어린이들을 가르쳐보면 도대체 가만히 앉아 듣지를 못하고 장난을 치며 말썽을 부립니다. 그런데도 나중에 물어보면 다 잘 알고 있습니다. 여기에 비해 어른들은 좋은 자세로 머리를 끄덕이며 알았다는 사인(sign)을 보내고는 앉았는데, 뒤에 물어보면 아무것도 모릅니다. 어느 편이 효력이 있고 어느 편이 옥토와 같은 것이겠습니까? 그런데 여기에는 시간이 걸리게 됩니다. 뿐만 아니라 당장 무엇을 어쩌라고 말하지도 못합니다. 오로지 자주 들으며 계속 참여하는 길밖에 다른 지름길이 없는 것으로 생각합니다. 이는 한 시간 참여하고 당장 해결될 일이 아닙니다. 나오고 또 나와 우선 듣는 기회, 만나지는 기회를 끊이지 않게 갖는 것입니다.

예수 믿는다는 것이 특별한 것이 아닙니다. 자주, 그리고 부지런히 나오는 것입니다. 그러다보면 깨닫게 되고 자기도 모르는 사이에 성장, 변화되어가게 되는 것입니다. 그러기 때문에 내가 오늘부터 당장 변화되겠다고 하여 손가락을 자르며 혈서를 쓰고 맹세를 하는 일들은 다 부질없는 짓입니다. 그렇게 별나고 야단스럽게 예수 믿는 것이 아닙니다. 구원의 역사는 마치 씨앗이 자라는 그것처럼 조용히 이루어지는 것입니다. 이것이 예수님의 씨 뿌리는 비유의 배경에 비추어진 복음에 대한 이해요 철학이라고 생각합니다.

이제 두번째로는 돌밭과 같다는 것에 관하여 생각해봐야겠습니다. 주의할 점은 내 마음대로 돌밭을 상상하고 생각해버려서는 안된다는 것입니다. 말씀하신 예수 그리스도가 지적하시는 그 내용이 무엇이냐 하는 것을 생각해야 된다는 말씀입니다. 지금 예수님께서 말씀하시는 의도는 깊이가 없다는 것입니다. 깊이가 없다는 것은 뿌리가 내려 머무를 곳이 없다는 것을 의미합니다. 싹이 빨리 나기는 하는데 깊이가 없어서 빨리 나고, 더구나 돌 때문에 뜨거워서 빨리 나는 것입니다. 그런데 이렇게 하여 빨리 나온 이 싹이 곧 시들고 말라버리더라는 것입니다. 이는 말씀을 받아들일 때에 전인격을 가지고 전적으로 위탁한 가운데서 받아들이는 것이 아니라 어느 부분적인 입장에서 받아들이기 때문입니다.

예를 들면 말씀을 감정적으로만 받아들이는 사람이 있습니다. 그래서는 예수 믿고 "아멘, 할렐루야" 하고 즉각적으로 받아들이며 좋아라고 뛰었는데 그 후에 "왜 좋으냐?"고 물으면 "글쎄" 하고 잘 모르겠다고 합니다. 이는 감정적으로만 받아들인 신앙이어서 지적으로는 아무것도 아는 게 없는 상태입니다. 한쪽으로만 받는 것입니다. 가슴으로만 받았지 머리로, 의지로 받는 것이 없다는 증거입니다. 아무리 뜨거운 가슴으로 받아들인다 할지라도 이는 부분적일 수 밖에 없는 것입니다

또 어떤 사람들은 지적으로 받아들여 만족해합니다. 그리하여 성경

을 공부하며 합리적으로 이해하여 "옳은 말씀, 좋은 말씀"으로 찬사를 보내며 지적인 매력을 느끼면서 끌려갑니다. 그러나 이것도 문제가 있습니다. 가슴이 싸늘한 것입니다. 아무런 열매도 맺혀지질 않습니다. 잠깐잠깐은 무엇인가 깨달음이 있는 듯하지만 생활 속에 진정한 복음적 변화가 이루어지지를 않습니다.

　이 때문에 지적으로만 받아들이는 신앙도 문제가 되는 것입니다. 그런가 하면 의지적인 사람도 있습니다. 이들은 도덕적으로 받아들이는 것입니다. 예수님의 말씀을 성현의 말씀으로, 기독교의 진리를 하나의 도덕률로 받아들이려는 것입니다. 선하게 살고 희생, 봉사하며 사랑으로 산다면 얼마나 좋은 일이겠는가! 하는 식입니다. 그러나 도덕률로 감탄하고 있음에도 그 생활은 움직이지 않습니다. 이는 그 심령의 깊은 곳으로부터 생명적 변화가 이루어지질 않는다는 말입니다. 이것 또한 문제이며 역시 부분적인 상태에 있는 것입니다. 이처럼 단편적인 교인이 적지 않습니다. 세계적으로 말하면 참으로 부끄러운 교리가 하나 있는데 그것은 한국 교회에만 있는 학습 교인이라는 것입니다. 세계 어느 곳에도 없는 제도를 왜 한국 교회는 만들어야 했을까요?

　예수 믿는 것을 쉽게 감정적으로 받아들였고 세례도 가벼운 흥분 속에 받았다가는 곧잘 달아나버리고 맙니다. 어찌된 영문인지 어떤 책임 의식이나 죄의식 같은 것도 전혀 보이지를 않습니다. 이렇게 되고보니 아무래도 안되겠다 생각하여 적어도 6개월은 기다리라는 것에서 학습제도가 나온 것입니다. 성경적으로는 예수 믿겠다고 손들고 나오면 그 자리에서 당장 세례받아도 잘못될 것이 없습니다. 그런데 왜 6개월을 기다리라고 했겠습니까? 너무나도 즉흥적이고, 너무나도 감정적입니다. 너무나도 깊이가 없습니다. 마치 돌밭과 같습니다. 좀더 두고 보지 않고는 믿을 수가 없습니다. 그래서 6개월을 기다린 다음에 보자는 것이 학습제도가 나온 이유인 것입니다.

선교사들이 한국 교인들을 향하여 이 제도를 만들었다는 것은 우리 편에서 생각해 보면 얼마나 부끄러운 일인지 모르겠습니다. 얼마나 변덕쟁이였으면 그렇게 했을까 하는 것입니다. 인도나 파키스탄 쪽에 가면 세례받는 것이 얼마나 힘든 일인지 모릅니다. 방글라데시 같은 곳에서는 한 사람 세례받고 한 사람 세례주는 데서 받는 사람도 쫓겨나고 선교사도 쫓겨나야 했습니다. 세례 받음으로 인하여 그 족속, 그 가문, 그 가정에서 쫓겨났고 선교사는 그 나라에서 추방당한 것입니다. 한 사람 세례주었는데 이토록 큰 문제가 야기되는 것입니다. 이것은 순교나 다를 바 없는 일입니다. 세례 한 번 받는다는 것은 이처럼 생명을 거는 일인데, 우리는 그렇게 심각하거나 깊이 생각하지 않고 쉽게 대함으로 돌밭과 같이 되고 마는 것입니다.

물론 여기에도 일시적인 기쁨은 있습니다. 따라서 돌밭은 현재적이고 찰나적입니다. 하나님의 자녀된 기쁨, 감격해서 즐거워지는 첫째의 기쁨은 죄 사함받은 그 기쁨입니다. 내가 하나님의 자녀 되면서 모든 죄를 사함받았다는 사실, 과거에 지은 죄와 죄책감, 저주 의식으로부터 해방된다고 하는 이 사실은 참으로 엄청난 감격과 기쁨이 아닐 수 없습니다. 그런데 그 다음에 문제가 있습니다. 내가 죄 사함을 받았다면 이제는 남의 죄를 사하여주어야 하고 남을 용서하여야 합니다. 내가 용서받았으니 남도 용서를 하여야지요. 그런데 내가 용서받은 기쁨만 가지고 뛰며 좋아했지 남은 용서할 줄 모른다는 것입니다. 이것이 바로 돌밭과 같은 마음인 것입니다.

어떤 때는 축복의 감격을 생각합니다. 그런데 알아야 할 것은 축복을 받았으면 이제는 또 사명이 있다는 것입니다. 축복은 사명으로 통하는 것입니다. 돈을 복으로 받았으면 돈으로 일해야지요. 누가 은행에 묶어두며, 누가 땅 사놓으라 했습니까? 그것으로 무엇인가 일을 해야 합니다. 그런가 하면 내가 받은 건강이 있다면 그 건강을 가지고 열심히 일해야지요. 방탕하라고 주신 건강이 아니란 말씀입니다. 내가 남달리 좋은 환경에서 은혜로 공부할 수 있는 기회가 있었다면 그 쌓은 지식 갖고 더 많은 일을 해야 합니다. 맑은 총명을 가졌다면 일하는 데 쓰여야 합니다. 그 좋은 목소리를 가지고 찬송을 불러야 합니다.

이처럼 모든 축복은 사명 자체입니다. 사명을 알지 못하는 축복에 대한 감격이란 돌밭과 같은 것입니다. 그것은 결코 오래 가지를 못합니다. 사명의 열매를 맺지 못하는 축복관이란 안개처럼 곧 뒤이어 사라지는 것을 보게 됩니다. 우리는 현재적이고 찰나적이며 순간적인 기쁨만 생각하는 가벼움에 빠져서는 안되겠습니다. 저 앞에는 희생을 요구하는 기다림이 있습니다. 믿음을 지켜 나가기 위해서는 많은 희생을 지불하지 않으면 안될 것입니다. 고통스러운 수고를 치러야 하고 핍박도 받아야 합니다. 이것이 곧 그리스도인이란 말입니다.

예수님께서 하신 말씀 가운데 "다 팔아 주라"고 하신 말씀이 있는데 무슨 뜻이겠습니까? 진정 내가 하나님 앞에 나아와 하나님의 자녀가 되려거든 내 가치를 그리스도 중심적으로, 영생 중심적인 새로운 세계관을 가지라는 것입니다. 그런 중심에서 나머지 중요한 모든 것을 팔아 주라면 주는 것입니다. 그것은 문제가 안되니까요. 다 없앨 수가 있고 다 버릴 수도 있을 만큼의 소중함과 행동적 감격이 있어야 합니다. 마음에만 있고 기분만 가지고는 안됩니다. 저는 잃은 양의 비유를 대할 때면 가끔 짓궂은 생각을 하며 웃어보기도 합니다. 양 한마리를 잃어버렸다가 애쓴 끝에 찾게 됩니다. 주인은 잃은 양을 찾은 것이 너무 기뻐서 어깨에 메고 집으로 돌아와서는 친구와 이웃 사람들을 다 모아놓고 잔치를 했다는 것입니다.

그런데 그 잔치하면서 무엇을 잡아 먹었는지 그것이 궁금하지 않습니까? 그들은 음식의 주가 양이고보면 분명히 양을 잡아 먹었을 터인데 그 잃어버린 양 한 마리 찾았다고 몇 마리의 양이 죽었는지 모를 일입니다. 어쨌든 초점은 여기에 있습니다. 그저 기쁘고 감사할 때에는 거기에 합당한 또 다른 희생과 봉사가 지불되게 마련인데 그것이 생산적이라는 말씀입니다. 이처럼 행동화되고 생산화되지 못하는 감격은 가슴에 맴돌다 식어버리는 죽은 감격일 뿐입니다. 어쩌다 한 번씩 입술로 표현하다 닳아버리는 정도의 감격 가지고는 며칠 가지를 못합니다. 조금 전 "할렐루야" 해놓고 지금은 저주하고 앉아 있습니다. 이는 비생산적이기 때문입니다. 받은 바 은혜가 깊이 들어가지 못했기 때문입니다. 돌밭과 같고 깊이가 없어서 입술에서 맴돌다 끝나고 마는 것입니다. 손발을 움직여주지 않으니 뿌리가 내려가지를 않습니다. 우리의 은혜가 단순히 가슴에서 입으로 이어져 끝나는 정도의 얕은 감상적 은혜가 되어서는 안될 것입니다. 돌밭처럼 얕고 냄비처럼 쉬 끓어 넘치는 변덕스러움이 있는 한 마음의 뿌리는 내리지 못합니다.

다음으로 지적되는 바는 핍박을 이기지 못하는 나약한 믿음을 말합니다. 생명이라는 것은 존재(being)의 문제입니다. 요즈음 심리학에서는 흔히 "비잉(being)이냐? 비컴(become)이냐?"라는 말들을 하고 있습니다. 비잉(being)은 존재이며 비컴(become)은 되어진 바라는 말이 되겠습니다. 달리 표현하면 본래적인 것과 환경적인 것으로 말할 수 있겠습니다. 인간을 환경적 존재라고 말할 때에는 좋은 환경에서 생활하면 좋은 사람되고 나쁜 환경에서 지내다보면 나쁜 사람 된다는 것입니다. 그러나 그것만이 전부는 아닙니다. "개천에서 용난다"는 말은 무슨 뜻이겠습니까? 인간은 역설적인 존재입니다. 생명 또한 역설적인 데가 많습니다. 비바람을 맞음으로 오히려 강해지며, 역경 속에서 더욱 강인하고 순수하게 그리고 크게 자라는 것을 볼 수 있습니다. 좋은 환경에서만 좋은 사람 난다고 말하지 마십시다. 좋은 여건만 가지고 되는 것은 아닙니다.

이것이 생명의 이치요 근원입니다. 동물도, 식물도, 인간도, 인격도, 신앙도 마찬가지입니다. 그렇게 순탄한 환경 속에서 언제나 순탄하게 나아가는 것은 아닙니다. 더구나 인간은 환경의 열매로만 존재하는 것이 아닙니다. 오히려 역설적일 때가 많습니다. 핍박이 있으므로 복음 전파가 더 잘 되고, 환난이 있고 고난을 당하므로 더욱 순수한 믿음이 생겨납니다. 이것은 분명 역설적인 것입니다. 결코 환경을 따라가거나 끌려가고 있는 것이 아닙니다. 진실로 믿음도 그러한 것입니다. 그러므로 핍박을 이기지 못한다는 것은 죽었다는 것입니다. 버틸 만한 생명, 그 자체가 없다는 말씀입니다. 우리는 살아 있는 믿음을 가지고 다가오는 핍박과 환난을 오히려 역이용함으로써 역설적으로 그것들을 넘어설 수가 있고, 그리하여 더욱 강하고 온전하며 많은 열매를 맺게 되는 그것이 곧 바른 신앙이라 믿어집니다.

이제 세 번째로 생각하게 되는 밭이 있습니다. 그것은 가시떨기, 가시덤불입니다. 여기는 흙이 있는 곳입니다. 흙이 있고 옥토인데 함께 자라는 잡초들이 많다는 것입니다. 그 때문에 한마디로 말하면 영양을 다른 데로 다 빼앗기게 됩니다. 우리는 그런 경우를 많이 볼 수 있습니다. 김매는 이유가 무엇입니까? 옥토에 알곡이라지만 잡초가 우거지면 영양을 빼앗겨서 자랄 수가 없습니다. 비실비실 자라다가 마는 것입니다. 그러므로 김을 맨다는 것은 알곡만 남기고 주위의 모든 잡초를 뽑아버리는 작업입니다. 그 뜨거운 햇볕 아래서 어떤 밭은 네 번, 다섯 번까지 김매기를 해야 합니다. 요즈음 같으면 제초제라도 뿌리면 쉽겠지만 옛날에는 얼마나 고생을 하면서 김을 맸는지 모릅니다.

이제 여기 가시덤불이 있다는 것은 그 좋은 말씀의 영양을 잡초들이 다 빼앗아감으로 영양실조가 되어 제대로 자랄 수가 없다는 말씀입니다. 쓰러질 듯 허약한 상태입니다. 이는 또한 복음 아닌 다른 영향권 안에 있다는 것입니다. 그리하여 복음이 온전하게 자라지를 못하고 가시에 찔리며 잡초에게 영양을 빼앗기게 되고, 그것들에 가려서 햇볕도, 바람도 제대로 못받게 되는 것입니다. 순수하게 자랄 수 없는 환경이 되어버렸다는 것입니다.

그래서 예수님께서는 "말씀이 막혀 결실치 못한다"고 22절에서 해설하고 계십니다. 말씀 그대로를 생각해보면 세상 염려와 근심이 그것을 말해줍니다. 예수는 믿었는데 걱정거리는 여전히 많습니다. 끊지 못한 과거가 있고 버리지 못한 습관 때문에 문제는 계속 남아 있습니다. 아직도 세상 염려와 근심을 하나님 앞에 완전히 맡겨버리지 못하고 예수는 예수대로 믿으면서 걱정은 걱정대로 하고 있는 형편입니다. 이러자니 교회에 왔을 때는 은혜 안에 있고, 집에 돌아가면 또 걱정거리입니다. 그래서 천당과 지옥을 왔다갔다하는 것입니다. 누가 시킨 것도 아닌, 아무 쓸모도 없는 걱정으로 병적인 습관에 젖어 있습니다.

심리학자의 말에 의하면 걱정 가운데 50퍼센트는 전혀 있을 수 없는 걱정이랍니다. 그리고 나머지 50퍼센트 중 40퍼센트는 있을지 없을지 모르는 걱정이라고 합니다. 그러면 나머지 10퍼센트는 꼭 그렇다는 것이 되겠는데 거기에 대한 보장은 10퍼센트도 없다고 합니다. 그러니까 결국은 1퍼센트도 안되는 어떤 불투명한 가능성의 걱정을 하고 있는 것입니다. 걱정한다고 안될 일이 되는 것이겠습니까? 이 세상에 걱정에 매여 사는 사람처럼 바보같은 사람은 없습니다. 이것은 참으로 정력 낭비이며 인생 낭비입니다. 때문에 이것은 하나님 앞에 큰 죄가 되는 것입니다. 그 많은 시간, 좋은 건강, 많은 물질, 어떤 가능성, 많은 정력을 다 낭비하고 있으니 말입니다.

돈을 허비하는 것만 낭비하는 일은 아닙니다. 이것은 얼마나 엄청난 낭비이며 큰 죄가 되는지 알 수 없습니다. 걱정이 지나쳐 습관이 되고 이제는 병적으로 젖어들어 끊을 수 없는 단계에서 여전히 걱정하고 있는 것입니다. 예수를 믿는다는 것은 어떤 것입니까? 도대체 무엇을 믿고 있는 것입니까? 아무리 신앙 생활을 오래 한다 할지라도 이처럼 끊지 못한 걱정에 그대로 머물러 있는 사람은 문제를 안고 다니는 사람입니다. 대체로 이런 사람들의 기도는 길어지게 마련입니다. 걱정을 다 보고해야 하니까요. 그래서 예수님께서는 이러한 사람들을 위해서 "구하기 전에 다 아시느니라"고 말씀하셨습니다. 사돈 팔촌의 이름까지 열람식으로 다 보고해야 하는 걱정 타입의 기도 형식은 아직도 그 굴레에서 벗어나지 못하고 있다는 증거입니다. 꼭 그렇게 말을 해야 될 것 같다면 이것은 참으로 문제가 아닐 수 없습니다. 세상 염려와 근심 때문에 신앙이 바로 설 수가 없습니다. 언제 얼굴 한 번 제대로 펴고 밝게 웃을 수가 없으며, 단 한 번만이라도 "하나님 정말 감사합니다" 하는 말을 못해보는 것입니다. 어떻게 해서 신앙 생활이 이 모양이 되었는가요? 그것은 잡초가 우거졌기 때문입니다. 가시덤불 속에 뿌려진 것입니다.

그런가하면 재리의 유혹에 말씀이 막혔다고 하셨습니다. 예나 지금이나 유혹 가운데 가장 큰 것이 돈이어서 이 돈 때문에 문제입니다. 이 말씀의 중요한 뜻은 순수하지 못한 동기가 문제된다는 것입니다. 처음부터 교회에 나오는 동기가 좋지 않았고 뿐만 아니라 중간에 동기가 변했으니 이것이 문제가 아닙니까? 처음에는 깨끗한 마음으로 나왔는데 어쩌다가 예수 믿는 것이 돈벌고 복 받는 것으로 마음이 변해버리고 말았습니다. 처음에는 겸손한 마음으로 출발하였는데 명예를 좋아하게 되고, 칭찬을 좋아하며, 안 알아준다고 뒤로 물러서도 봅니다. 도대체 누구를 위하여 종은 울렸던 것입니까? 목적이 순수하지 못합니다. 여기 잡스러운 동기가 끼어 있어서는 안됩니다.

교회는 친구를 만나러 오는 곳이 아니며, 명예를 얻으러 오는 곳도 아니요, 돈을 벌기 위한 곳도 아닙니다. 오직 구원받으려 온 것입니다. 하나님 앞에 예배드리며, 기도하고, 말씀듣고 그리고 능력을 얻어서 전도하면 이것으로 다입니다. 교회는 친교 단체가 아닙니다. 그렇다고 구제 단체도 아닙니다. 가끔 교회를 찾아와 무리하게 도와달라는 부탁을 하는 이들이 있습니다. 그럴 때에 저는 분명하게 말하는 것이 있습니다. 교회는 예배드리는 곳이지 당신들 도와주는 곳이 아니라고 말입니다. 교회 존재의 목적은 오직 복음에 있습니다.

하나님 앞에 나왔는데 누가 알아주든 말든 무슨 상관이 있겠습니까? 저같은 경우는 교역자이지만 워낙 건망증이 심해서 무엇이든 기억을 잘 못합니다. 그러기 때문에 제직도 다 알지 못할 뿐만 아니라 매주일 헌금 봉사하러 나온 분들을 보면서 저분이 언제 우리 교회 교인이었던가 하는 생각을 가질 정도입니다. 그래서 가끔 "목사님, 저 모르시지요?" 하고 묻는 분들에게 모르겠다는 말을 하고는 한가지 자신 있는 변명을 합니다. "제가 알면 무엇하겠습니까. 하나님이 아시면 되지요." 사실은 그렇습니다. 목사가 개인적으로 알아주는 이것이 무슨 소용이 있습니까? 저도 한때는 심방갈 때 그 집 아이 이름을 외워가서 "아무개 있느냐?"고 불러 주기도 했습니다. 그런데 실은 그날 아침에야 교적부를 보고 외워간 것입니다. 생각해 보면 이 무슨 가소로운 일이며, 알면 어떻고 모르면 어떻습니까? 여러분, 순수한 동기와 깨끗한 마음으로 나오십시오. 그래야 실망이 없으며 그래야 알곡이 되는 것입니다.

그리스도 외에 그 누구로부터도 더 이상 사랑을 받으려고 하지 마십시오. 이는 참으로 중요한 이야기입니다. 사랑을 주는 것은 좋으나 받으려고 하는 것만은 일찍이 잊어버려야 합니다. 우리의 생각은 오로지 구원, 오로지 복음, 그것뿐이어야 합니다. 그런데 순수치 못한 동기에서 명예, 재리 등에 대한 생각들이 가시덤불처럼 우거져 신앙생활을 바로 할 수 없다는 것입니다.

두려운 것은 모든 유혹의 뿌리는 나 자신에게 있다는 점입니다. 돈에 대한 욕심이 없는데 물질이 시험이 되겠습니까? 식욕이 없는데 무엇 때문에 음식이 시험이 되겠습니까? 우리는 이 점을 알아야 합니다. 그러기에 야고보서 1장 14절은 "오직 각 사람이 시험을 받는 것은 자기 욕심에 끌려 미혹됨이니 욕심이 잉태한즉 죄를 낳고 죄가 장성한즉 사망을 낳느니라"고 기록되어 있습니다. 보십시오. 시험 자체는 객관적인 것이라 하더라도 시험을 받고 그 시험에 대처하는 것은 어디까지나 나 자체에 있는 것입니다. 그러기 때문에 내 마음에 담겨진 동기가 순수하고, 하나님과 나 사이의 관계가 복음을 받아들이려는 깨끗한 마음으로만 나온다면 시험될 것은 아무 것도 없습니다. 거기에 무엇인가 가시덤불 같은 것이 도사리고 앉아 있으니까 문제가 되는 것입니다.

한국 교회를 어떻게 보고 계십니까? 한국 교회는 분명히 옥토입니다. 그런데 그 옥토에 가시덤불이 우거져 있습니다. 여기에 무속적인 종교가 있고, 샤머니즘(shamanism)이 있으며, 유교적인 것이 있는가 하면 불교적인 것이 있습니다. 몇 가지만 말씀드리자면 샤머니즘같은 것이 있기 때문에 정말 무당끼가 많습니다. 이 우거진 잡초, 이 가시덤불 때문에 신앙이 바로 자라지 못하고 조금만 비끗하면 벌써 가시에 찔리고 맙니다.

또한 불교적인 세계관에 있어서 세상을 부정적으로 보는 것입니다. 그래서 어두운 사바 세계로 보고 언제나 세상을 긍정적으로 보지 못하는 기독교인들을 많이 보게 됩니다. 그러면서 이들은 기독교를 명상 종교로 생각하려 합니다. 그런가하면 유교적인 영향에서 비롯된 귀족적인 것이 적지 않습니다. 게다가 선민적인 것까지 덧붙여져서 심지어는 장로, 권사, 집사 하는 교회의 직분까지도 무슨 귀족의 서열로 아는 그러한 문제가 있다는 말씀입니다. 그리고 물질주의의 계층사회 속에서 그러한 유혹을 받고 있습니다. 이 때문에 우리 마음 깊은 곳에 알게 모르게 이 의식이 스며들어 있습니다.

이와 같은 가시덤불을 불살라버리고 다시 기경하기 전에는 바른 신앙생활을 기대할 수 없습니다. 무당과 예수를 비슷하게 믿는가 하면 석가의 철학을 따름인지, 공자의 사상을 따름인지 도무지 알 수가 없습니다. 이는 가시덤불이기 때문입니다. 옥토는 옥토인데 가시가 우거져 있다는 말씀입니다.

마지막 네 번째는 좋은 땅, 옥토와 같은 마음을 설명하게 됩니다.

옥토는 부드럽습니다. 돌이 없으니 흙이 부드럽고, 잡초와 가시덤불이 없으니 순수하고 깨끗합니다. 그리고 흙이 깊어서 깊이 받아들입니다. 이제는 전인격을 가지고 전적으로 위탁하여 받아들입니다. 이러한 신앙, 이러한 수용성이 필요합니다. 그래서 이 옥토라는 말은 수용적 자세를 뜻하는 말입니다. 잘 받아들이는가 하면, 믿음으로 받아들이고, 전적으로 믿으며, 전적으로 위탁하는 것입니다.

마태복음 8장에 있는 백부장처럼 "가라면 가고 오라면 오겠습니다. 다만 말씀으로만 하옵소서." 이 얼마나 좋은 믿음입니까? 이 믿음을 보시고 예수님께서 칭찬하시기를 "온 이스라엘 중 아무에게서도 이만한 믿음을 만나보지 못하였다"고 하셨습니다. 이런 믿음이야말로 적극적이고 긍정적이며 전적으로 위탁하는 믿음입니다. 나아가서는 순종하는 믿음이기에 아브라함의 믿음처럼 네 아들을 바치라 하여도 순종하며, 고향을 떠나라 하면 떠나는 것입니다. 이는 믿음으로 보고, 믿음으로 들으며, 믿음으로 순종합니다. 그럴 때의 말씀의 씨앗이 구원의 열매를 맺게 됩니다. 된다, 안된다 말하지 마십시오. "오직 믿음으로" 하라 하셨으니 되는 것입니다. 예수님이 말씀하셨으니 가능한 것입니다. "가라" 하면 갈 수 있기 때문에 가라는 것이고, "하라" 하면 할 수 있기 때문에 하라는 것입니다. 그러므로 오직 말씀입니다. 이 말씀을 전적으로 믿고 받아들여 순종하면 그 말씀 자체에 능력이 있어서 30배, 60배, 100배의 결실을 보게 되는 것입니다. 씨앗은 옥토에서만 계속 자랄 수가 있고 그리고 열매를 맺습니다. 마찬가지로 우리의 마음밭도 옥토가 되고서야 구원의 열매를 맛보게 되는 것입니다.

가라지 비유

예수께서 그들 앞에 또 비유를 베풀어 가라사대, "천국은 좋은 씨를 제 밭에 뿌린 사람과 같으니 사람들이 잘 때에 그 원수가 와서 곡식 가운데 가라지를 덧뿌리고 갔더니 싹이 나고 결실할 때에 가라지도 보이거늘 집 주인의 종들이 와서 말하되, '주여, 밭에 좋은 씨를 심지 아니하였나이까? 그러면 가라지가 어디서 생겼나이까?' 주인이 가로되, '원수가 이렇게 하였구나', 종들이 말하되, '그러면 우리가 가서 이것을 뽑기를 원하시나이까?' 주인이 가로되, '가만 두어라 가라지를 뽑다가 곡식까지 뽑을까 염려하노라 둘 다 추수 때까지 함께 자라게 두어라.' 추수 때에 내가 추숫군들에게 말하기를, '가라지는 먼저 거두어 불사르게 단으로 묶고 곡식은 모아 내 곳간에 넣으라' 하리라."

(마태복음 13:24~30)

이에 예수께서 무리를 떠나사 집에 들어가시니 제자들이 나아와 가로되, "밭의 가라지의 비유를 우리에게 설명하여 주소서." 대답하여 가라사대, "좋은 씨를 뿌리는 이는 인자요, 밭은 세상이요, 좋은 씨는 천국의 아들들이요, 가라지는 악한 자의 아들들이요, 가라지를 심은 원수는 마귀요, 추수때는 세상 끝이요, 추숫군은 천사들이니, 그런즉 가라지를 거두어 불에 사르는 것같이 세상 끝에도 그러하리라. 인자가 그 천사들을 보내리니 저희가 그 나라에서 모든 넘어지게 하는 것과 또 불법을 행하는 자들을 거두어 내어 풀무불에 던져 넣으리니, 거기서 울며 이를 갊이 있으리라. 그때에 의인들은 자기 아버지 나라에서 해와 같이 빛나리라. 귀 있는 자는 들으라."

(마태복음 36~43)

가라지 비유

　가라지 비유를 공부함에 있어서 먼저 알아두어야 할 몇 가지가 있습니다.
　그 첫째로 여기에서의 주제는 하나님의 나라라고 하는 것입니다. 그 이외의 다른 방향에서 본문을 생각해서는 안되겠습니다. 사회학적이라든가 정치, 경제, 혹은 심리학적이라는 식의 접근으로 이 비유를 설명하고자 해서는 안된다는 말씀입니다. 주제는 오직 "하나님의 나라"이며 그 하나님의 나라를 알기 위한 마음으로 이 비유를 대하여야 하고, 그것을 위하여 예수님은 하나님의 나라를 설명하시면서 이 비유를 말씀하신 것입니다.
　다음으로 이 가라지 비유는 씨뿌리는 비유의 연속이라는 점입니다. 앞서 우리는 예수님께서 친히 말씀하신 비유에서 씨앗을 뿌렸는데 더러는 길가에, 더러는 돌밭에, 더러는 가시덤불에, 더러는 옥토에 떨어졌다고 하셨습니다. 그런데 이 네 가지 마음밭 중에서 문제는 옥토에 있다는 것입니다. 왜냐하면 씨앗이 옥토에 떨어졌다고 해서 이제는 무사히 다 끝나는 것이 되겠느냐는 것입니다. 그런데 그게 그렇지를 않습니다. 옥토에 무사히 떨어졌으니 이제 시작은 되었습니다. 그러나 문제는 여기서부터 또 있습니다. 분명히 좋은 씨앗이 좋은 땅에 뿌려졌지만 가라지라고 하는 만만찮은 장애물이 등장하는 한 문제는 주어져 있습니다. 그러기 때문에 이 가라지 비유는 씨뿌리는 비유의 후편이라 볼 수 있습니다.
　이제 본문의 주제로 돌아가 "하나님의 나라"라 했을 때에 우리가 먼저 총론적으로 생각할 것은 이 가라지 비유를 통하여 설명하는 교리적 배경이 무엇이냐? 하는 것입니다. 그 의도하는 바의 배경을 놓고 이 비유의 교훈을 생각하지 않으면 안됩니다. 그런데 이 비유를 통하여 말하고 있는 근본적 교리는 "하나님의 나라는 말씀과 함께 임한다"고 하는 것입니다. 하나님의 나라는 밭에서 자연히 이루어지는 것이 아님은 물론 생태계의 진화로 되는 것도 아니며 도덕이나 교양, 수양으로 이루어지는 것이 아닙니다. 하나님의 나라는 밖으로부터 말씀의 씨앗이 떨어져서 그 말씀의 임함과 함께 이루어지는 것입니다. 우리는 이 말씀과 함께 하나님의 나라가 이루어진다는 사실을 놓쳐서는 안되겠습니다.

다음으로 하나님의 나라는 마음밭에 씨앗이 받아들여져서 이루어진다는 것입니다. 이 씨앗이 옥토와 같은 마음밭에 뿌려져서 깊이 심겨져야 한다는 것입니다. 가령 길가와 같이 씨앗이 떨어졌으나 새가 와서 곧장 먹어버려서는 안되겠습니다. 옥토와 같이 흙이 부드러운 밭이 되어서 씨앗이 온전히 뿌리를 내리고 자랄 수 있게 해야 합니다. 다시 말하면 성령의 역사로 말미암아 이 말씀이 우리 마음속에 수용되어야 한다는 것입니다. 그리하여 그 말씀이 믿어지고, 받아지고, 순종되어져야 합니다. 말씀을 향하여 마음 문이 열려지고 또한 성령이 마음 문을 열게 하셔서 이 씨앗이 우리 마음속에 들어와 깊이 심겨지게 해야 합니다. 이렇게 될 때에 생명의 역사가 이루어지게 되고 이것이 곧 중생입니다. 이 작은 씨앗이 들어가서 싹을 내고 점점 자라게 되는 것처럼, 곧 생명이 들어가서 시작하는 그것을 우리는 중생이라고 합니다. 중생이라는 말의 원뜻은 위로부터 출생한다는 것입니다.

생명의 근원은 땅에 있는 것이 아니라 위에 있는 것입니다. 땅에서 나는 것은 땅의 것이고 위에서 나는 것은 위의 것입니다. 그러므로 하늘로부터 주어지는 말씀의 생명 역사가 우리 안에 들어와지고, 받아들여지는 여기에서 생명이 시작되는 것입니다. 참으로 미미한 것같지만 생명은 거기에서부터 시작됩니다. 조금은 억지같은 이야기가 될지 모르지만 가끔 서양 사람들과 이야기할 때 이런 말을 해봅니다.

서양사람들은 나이를 계산할 때 태어난 날을 기준으로 하여 만으로 치고 심지어는 어린아이를 계산할 때는 몇 달 며칠까지 말합니다. 이런 것에 비해 우리는 태어난 날에다 1년을 더하고 들어갑니다. 그래서 서양 사람들이 나이를 물으면 한 살 뺀 후에 이야기를 해야 합니다. 그런 계산을 할 때마다 나는 너희들 계산 방법보다는 우리가 훨씬 과학적이라고 농담을 합니다. 그러나 사실이 그렇지 않습니까? 언제부터가 시작인데요? 비록 세상에 나오지 않은 어머니 뱃속의 생명이지만 생명은 생명이니 거기서부터 생일을 계산하는 것은 과학적인 것입니다. 생각하면 중생은 그러한 것입니다. 마치 바람이 불어도 어디서 왔다가 어디로 가는지 모르는 것처럼 자신도 잘 의식하지 못한 상태에서 이루어지기도 합니다. 이처럼 생명의 역사는 보이든 보이지 않든, 의식하든 의식 못하든 이루어집니다. 그러다가 어느 시간에 가서 싹이 나면서 생명체가 나타나는 것을 볼 수 있습니다. 복음의 씨, 그 생명의 역사는 이처럼 신비롭고 소중한 것입니다.

다음 세 번째로 생각할 것은 씨앗은 싹을 내는데 머물지 않고 계속 성장한다는 것입니다. 이 자람은 주어지는 은총 속에서만 가능합니다. 씨앗은 자라기 위해서는 비가 와야 하고 햇볕이 비추어 주어야 합니다. 이는 다 위로부터 오는 것입니다. 생각해보면 농사는 땅에서 되는 것이 아니라 하늘의 조화에 달려 있습니다. 한 알의 작은 씨앗이 자라가기에 필요한 이슬과 단비와 바람과 햇빛 등, 이 모든 것이 알맞게 주어져서 비로소 성장을 하게 됩니다. 우리의 신앙, 우리 안에 있는 하나님의 나라도 이와 같은 과정을 통하여 자라나는 것입니다. 아주 조금씩 성장을 하지만 그것이 중요하고 점점 인격적 존재로 성장해가게 됩니다. 그러나 이 성장은 언제까지나 계속되는 것은 아니며 추수 때까지만 자랄 수 있습니다.

이제 네 번째로 생각할 것은 자라야 할 기한이 지나면 추수하게 된다는 것입니다. 이것이 마지막 완성의 단계입니다. 여름 동안에 충실하게 자라면 산들바람이 불 때에 좋은 알곡을 맺을 수가 있고 그렇지 못하면 그래도 계절따라 불가불 열매는 맺어야 하겠으니 조그맣게 맺힐 수밖에 없습니다.

추수할 때 보면 탐스럽고 참 충실한 이삭이 있는가 하면, 어떤 것은 조그마한 것이 가엾게 몇 개 달려 있는 것을 보게 됩니다. 어쨌든 가을이 되면 여름 동안에 자란 대로 길가에 마른 풀도 열매는 맺습니다. 상처나고 비틀어진 것이라도 열매는 맺게 되어 있다는 말입니다. 그런데 그것은 가을이 되었을 때 스스로 결정하는 것이 아니며 우연사는 더더욱 아닙니다. 그 뜨거운 긴긴 여름 날에 충실하게 자랐으면 크고 좋은 것으로 맺고, 잘못 자랐으면 보잘것없이 작은 것으로 맺힐지언정 열매는 맺어야 하는, 이것이 바로 심판입니다.

우리는 하나님 앞에서 심판을 받아야 하고 또 거두어들여야 하는데, 이때가 완성이 되는 때입니다. 이것을 신학적으로 다시 한 번 정리를 하면 하나님의 나라는 예수 그리스도께서 이 세상에 오심으로 이루어지고 교회와 함께, 복음 전파와 더불어 확장되어 나가며 마지막 때 주의 재림과 함께 완성되는 것입니다. 이것이 신학적 의미에서 본 하나님 나라의 과정입니다. 이토록 중요한 교리를 본문 말씀은 간단한 비유를 통하여 아주 쉽게 설명해주고 있습니다. 우리는 구약 성서 속에서도 이와 같은 역사적 예표를 찾아보게 됩니다.

이스라엘 백성들이 애굽의 죄악된 세상에서 홍해를 건너며 탈출하는 이것이 하나님 나라의 시작입니다.

40년 동안의 광야 생활과 그 많은 시련 속에서 이스라엘 백성들은 성장을 합니다. 십계명을 받고, 환난을 당하고 전쟁을 겪으며, 만나를 먹고, 여러가지 기적을 보는가하면 질병과 죽음을 목격하게 되고, 엎치락뒤치락하면서 성장을 하게 되는데 이것이 하나님 나라의 확장입니다. 이제 그

긴 고통의 여정에서 마지막으로 요단강을 건너 가나안 땅에 들어가는 이 것이 하나님 나라의 완성입니다. 이러한 전개는 개인적으로나 우주적으로나 혹은 교회적으로 동일한 입장에서 같은 설명을 할 수 있습니다.

그런데 이러한 교리를 놓고 오늘 본문은 하나님 나라를 받아들여서 추수할 때까지의 성장 과정, 이른바 교회론적 의미를 가지고 있습니다. 예수를 믿고 하늘나라에 들어갈 때까지 그 사이에 처해 있는 우리는 이 받아들여진 하나님의 나라를 어떻게 지켜나가야 하는가? 또한 우리는 이 세상에서 한 번 예수를 믿고 하나님 나라에 들어간 심령으로 이 세상 떠날 때까지 어떤 모습으로 살아가야 하는가?를 설명하는 것이 바로 이 가라지 비유의 주제입니다. 오늘 본문을 대할 때 반드시 잊지 말아야 할 것은 본문이 말하고자 하는 것은 나타난 사실 그대로이지 결코 형이상학적 이론이나 추상적 논리를 말하고자 함이 아니라는 점입니다.

비유를 생각할 때에는 언제나 하나의 초점만을 생각해야 합니다. 간혹 탕자의 비유처럼 두 개의 초점이 있는 것도 없지는 않지만 보통은 하나로 집약되어 있습니다. 그러므로 그 이외에 이 모양 저 모양으로 돌려서 생각하려고 하면 그 비유의 뜻을 잘못 생각하게 됩니다. 오늘 본문에서도 잘못 생각하기 쉬운 것은 마귀가 와서 가라지를 뿌렸다는 점입니다. 그리하여 도대체 마귀는 어디에 있으며 그 존재는 무엇이냐?고 생각의 다리를 놓기 시작하면 이원론 사상에 빠지기 쉬울 뿐만 아니라 엉뚱한 함정으로 빠져들어가게 됩니다. 따라서 여기서는 그런 문제들을 생각할 필요가 없습니다.

오늘 본문의 경우 가라지를 말씀하고 계시지만 초점은 알곡에 있지 가라지가 아닙니다. 그러므로 이 비유는 알곡에 중심을 두고 생각할 것이지 가라지가 어디로부터 왔느냐?는 것은 깊이 생각할 문제가 아니라는 말입니다.

이제 본문을 살펴보면 가라지가 곡식처럼 곡식과 함께 자란다는 것입니다. 이 세상에 알곡과 가라지가 함께 뿌려져 계속 같이 자라고, 선과 악이 함께 자란다는 이것은 기독교의 중요한 역사관입니다. 참으로 이 세상은 점점 악해지고만 있는 것입니까? 아니면 선해지고 있는 것이겠습니까? 밝아지고 있는 것입니까? 혹은 어두워지고 있는 것이겠습니까? 우리가 세상이 밝아지고 있다고 보는 관점을 흔히 유토피아니즘(Utopianism)이라고 합니다. 이러한 낙천적인 세계관에 반해 세상은 더욱 어두워지고 인간의 죄악과 타락상이 극한 상황에 이르렀다고 생각하여 세상을 부정적으로만 보는 염세적 세계관, 즉 페시미즘(pessimism)이 있습니다. 그러면 이 둘 중 어느 것이 옳은 것입니까? 이들은 그것이 아니고 이것이라고 말하려 합니다만 기독교의 역사관은 그렇지를 않습니다.

"밤이 깊고 낮이 가까웠으니…… 어두움의 일을 벗고 빛의 갑옷을 입자"(롬 13:12)는 말씀은 악은 점점 더 악해지고 선은 더욱 선해져서 극과 극의 양상을 띠게 된다는 말씀입니다. 그러므로 주님의 재림이 가까워 올수록 악은 더욱 극렬해지고, 반면에 하나님의 사람들은 그 속에서 더 진실해지며 바른 신앙을 지켜나갈 것입니다. 이처럼 빛과 어두움은 언제나 함께하는 것입니다. 바로 이것이 문제입니다. 오늘 주어진 본문에도 알곡이 자라고 있는가 하면 가라지가 자라고, 그리하여 둘이 함께 자라겠다는 것입니다. 알곡만도 아니고 가라지만도 아닙니다. 뿌리가 다르고 근원이 다르며 본질이 다릅니다. 그런데도 같이 모여 함께 자라가고 있는 것입니다. 이는 결코 어두움이 변하여 빛이 되고 빛이 변하여 어두움이 되겠다는 것이 아닙니다. 처음부터 씨앗이 다르고 뿌리가 다릅니다. 선은 선대로, 악은 악대로, 그러면서도 공존하는 것이 오늘 성경이 말하는 역사관입니다.

악한 자는 점점 더 악해져서 자기의 악한 것을 드러내게 될 것입니다. 아무리 위선을 부리며 선한 척하여도 소용없는 일입니다. 언젠가는 본색을 드러내고야 마는 것입니다. 또한 선한 사람은 비록 악한 사람들

틈바구니에 숨겨져 있는 것같아도 그 선은 반드시 나타나게 될 것입니다. 뿌리가 다르기 때문입니다. 하나님의 사람은 어디까지나 하나님의 사람입니다. 비록 미약하고 비실비실한 것같아도 근본적인 종자는 다릅니다. 이것이 바로 기독교의 역사관입니다.

이처럼 알곡과 가라지가 함께 자라므로 그 구별이 힘이 듭니다. 벼를 심을 때는 돌피가 있고 조를 심을 때는 가라지가 있는데 이것들을 구분하기가 대단히 힘이 듭니다. 자라는 것은 오히려 돌피와 가라지가 더 잘 자랍니다. 자라는 동안의 구별은 뿌리를 보지 않고는 잘 알 수가 없습니다. 벼의 뿌리는 붉은가 하면 돌피의 뿌리는 하얗습니다. 그러니까 가라지를 제거하려면 뿌리를 보아야 알 수 있고, 뿌리를 보려면 뽑아야 하는데 그러다간 잘못 알곡을 뽑아버리기가 쉽습니다. 이처럼 자라는 동안에는 아슬아슬함이 있습니다. 가라지를 뽑는다는 것이 알곡을 뽑을 정도로 비슷하고 똑같아 보입니다. 오히려 더 보기 좋고 충실하게 자랍니다. 그러니까 양의 탈을 쓴 이리, 이것이 보다 큰 문제입니다. 현상은 비슷한데 본질은 다르다는 것입니다.

선한 일의 경우도 충심으로 행하는 선행이 있는가 하면 목적이 다른 데 있는 것도 많이 있습니다. 예를 들면 국회의원에 출마하기 위해 길도 닦아주고 가로등도 달아주고 별일을 다 합니다. 그러나 그것은 목적이 다른 데 있기 때문에 선한 일이 될 수 없습니다. 어쨌든 밖으로 보아 좋은 일은 얼마든지 있습니다. 그래서 심지어는 도덕적 향락주의란 말까지 있습니다. 즉 선한 일이 기분이 좋기 때문에 한다는 것인데, 이는 선한 동기보다 자기 만족을 위한 극단적 이기주의가 아닐 수 없습니다. 그런데 좋은 목적도 되고 나쁜 목적도 되는 경우가 있습니다.

미국이 인디언들의 땅을 빼앗고난 후 미안한 마음에서 그들에게 얼마나 잘했는지 모릅니다. 그래서는 아메리칸 인디언 명부에 등록만 하게 되면 땅을 주고, 집을 주며, 월급과 생활비, 은퇴비 등 그저 가만히 앉아서 놀고 먹을 수가 있습니다. 이처럼 많은 혜택을 주며 잘 해줍니다. 그런데도 똑똑한 인디언들은 이 명부에 등록을 하지 않고 그 편안한 조건들을 다 포기하고 나와 직접 벌어먹습니다. 왜냐하면 그러한 정책은 백인들이 자기들을 죽이는 작업으로 생각하기 때문입니다. 할 일이 없으니 먹고 마시고 아편하고 그러자니 알코올 중독, 아편 중독, 싸움 등 생활이 엉망이 되고 맙니다. 그러므로 구제하는 일에도 신중을 기해야 합니다. 사실은 미운 사람에게 계속 돈을 주면 망하는 것입니다. 이 점을 알아야지 준다고 해서 좋은 것만은 아닙니다. 뿌리, 즉 목적이 다르니 도리가 없습니다. 언제나 가짜는 아름답게 마련이고 위선자는 더 열심을 냅니다. 뿐만 아니라 귀한 일에는 언제나 가짜가 있게 마련이고, 가짜는 진짜보다 더욱 찬란하게 보입니다. 그러므로 구별하기가 힘이 듭니다. 그러나 언젠가는 정한 시간에 하나님의 심판이 있을 것입니다. 그러므로 조급히 생각할 것이 없이 때가 오기를 기다려야 합니다.

이 때문에 사도 바울은 "배가 이르기 전 곧 주께서 오시기까지 아무 것도 판단치 말라"(고전 4:5)고 하였습니다. 시시비비 하면서 지나치게 판단할 것이 아닙니다. 따지고 보면 그 누구도 판단할 자격이 없습니다. 진정 잘 믿는다는 것은 죽을 때 보면 안다고들 합니다만 그것은 하나님 앞에 가보아야 아는 것입니다. 누가 감히 옳고 그름을 판단할 수 있겠습니까? 판단하실 이는 오직 하나님 한 분뿐이십니다. 그러므로 심판은 하나님께 맡기고 조급해하지 말아야 합니다. 나의 판단은 나의 주관, 나의 기분에 치우칠 뿐만 아니라 흑백 논리에 빠지기가 쉽습니다. 그러므로 판단은 언제나 삼가 조심할 것입니다.

그러면 이와 같이 가라지와 알곡이 공존해야 하는 이유가 어디에 있는가? 하는 것입니다. 왜 하나님께서는 당장 벼락이라도 쳐서 악을 멸하지 않고 그대로 봐주시는가요? 계속 벼락을 치면 가능은 할지 모르겠습니다. 그러나 문제는 살아남을 사람이 없을 것같아 걱정입니다. 또한 바꾸어 생각해 볼 때 선한 일을 하였는데도 당장 복을 안 주신다고 원망을 하면 아마 하나님께서는 조건을 거실 것입니다. "그래, 네가 선한 일을 하자마자 내가 복을 주겠다. 대신 잘못 악을 행하면 벼락을 치마." 이렇게 나오시면 어떻게 될 것 같습니까? 그저 복 받는 것 연기해 주는 편이 훨씬 낫지 않겠습니까? 미련하고 둔한 듯이 선하게 살아가노라면 언젠가는 다 주실 것입니다. 그렇게 서두르고 원망하는 것이 아닙니다. 알곡과 가라지가 공존하는 이유는 하나님은 어디까지나 알곡을 사랑하시기 때문입니다. 가라지를 뽑으려다 알곡을 뽑아서는 안되기 때문입니다.

하나님은 악마같은 인간 만 명보다 의인 한 사람 상하는 것을 더 염려하시는 것입니다. 그러기에 "가만 두어라. 가라지를 뽑다가 곡식까지 뽑을까 염려하노라" 하셨습니다. 가라지 열 개를 뽑는다 하더라도 알곡이 하나라도 다쳐지면 안된다는 것입니다. 보여지는 악인 모두를 그대로 심판해 버리는 동안 선한 사람 하나라도 다치게 해서는 안된다는 말입니다. 이와 같이 하나님은 넓고 크신 사랑으로 의인과 악인의 밭에 골고루 비를 내려주십니다. 그럼에도 하나님의 원하시는 결국은 택한 백성, 구원 얻은 백성이지 가라지 살찌게 하자는 것이 아니라는 사실입니다. 지금은 영양을 빼앗기고 손해를 보는 억울함과 불편이 있지만, 그것을 겪더라도 알곡은 다치게 할 수 없다는 것이 주님의 마음입니다.

다음으로 생각할 것은 하나님께서 이 과정을 통하여 의인을 연단하셨다는 것입니다. 가라지와 함께 한다는 것은 괴롭고 어려운 일입니다. 그러나 함께 있음으로써 서로 견제가 된다는 사실을 알아야 합니다. 긍정적이고 유익한 면에서 받아들여야 할 것입니다. 가라지와 같은 악한 사람들 틈바구니에서 살아가고 있기 때문에 오히려 순수하게 믿음을 지켜 나갈 수 있고 환난을 통하여 강하게 되며 참된 지혜를 배우게 됩니다. 이것이 다름아닌 성장입니다. 안일 무사하여 평안한 여건이 좋을 것만 같지만 그렇지를 않습니다. 이런 경우를 본 적이 있습니다.

어느 교인의 아들인데 너무 귀하게 자라서 한 번도 매를 맞아본 적이 없고 때려본 적도 없습니다. 게다가 공부도 잘하고 성품도 착하여 주위로부터 칭찬만 받으면서 자랐습니다. 그런데 군대에 가보니 말이 말이 아니고 거친 욕지거리와 매 맞는 일이 다반사가 되자 급기야는 인생무상이라 하여 약을 먹고 스스로 목숨을 끊어버렸습니다. 세상에 이러한 인생이 있는 줄 몰랐다는 것이지요. 이 때문에 적당한 욕도 먹고 매도 맞아 보아야 좋은 공부가 되는 것입니다. 저도 군대에 처음 갔을 때는 뭐 이런 데가 다 있느냐는 생각을 했습니다. 어느 날은 밤중에 장교가 내게 담배를 사오라고 하기에 "예" 하고 서 있는데 또다시 "담배 사와" 하는 것이었습니다. 그래서 "돈을 주셔야지요" 했더니 "이 놈아, 돈이 있으면 누구는 못 사와" 하지 않겠습니까? 이러한 훈련을 받으면서 처음에는 나쁘게만 생각을 하였고 사실이 그러했습니다. 그러나 언젠가 한 번 깨달은 바가 있었습니다.

총알이 비오듯이 핑핑 하고 쏟아지는데 "돌격" 하는 것이었습니다. 이때는 가라면 가야 하는 것이지, 왜 가느냐?는 이유가 없습니다. 그때 가서 "장교님, 지금은 곤란합니다" 했다가는 죽습니다. 뛰라면 뛰어야 하고 후퇴하라면 후퇴하는 것입니다. 명령대로 따를 뿐, 이치 따질 그 무엇도 없습니다. 그런데 그것이 그토록 중요하고, 그 모두가 다 훈련입니다.

일제 시대의 일본 군인 수첩에 보면 "군인은 요령을 본분으로 한다"는 말이 기록되어 있습니다. 사실이 그러하기 때문에 그것을 다 배우고 익혀야 합니다. 그러므로 매도 맞아보고, 욕도 먹으며, 배신도 당하고, 누명도 쓰면서 곤욕을 치러보아야 하는 것입니다. 이렇게 하여 우리가 가라지와 함께 살아가는 것입니다. 그러나 그 속에서 강하게 되며 지혜로와지고 또한 성장해 간다는 사실입니다. 그리고는 마지막에 하나님의 추수가 있다는 것입니다.

이것은 종말적이기도 하고 현재적이기도 합니다. 그러나 그것은 하나님의 정하신 바요, 전적으로 하나님께 달린 것입니다. 현재에도 하나님의 심판은 정한 시간에, 정한 사람에게, 정한 장소에서, 정한 방법으로 계속되고 있습니다. 그러나 그 일에 대해서는 우리가 무어라 말할 수 없습니다. 하지만 마지막 심판, 종말적 심판은 분명합니다. 왜냐하면 마지막 때에는 열매가 맺히기 때문입니다. 추수기가 되면 알곡은 고개를 숙이는데, 가라지는 빳빳하게 고개를 들고 있습니다. 이제야 도리가 없습니다. 뿌리가 다른 결과가 여기에 나타난 것입니다. 교만하게 들고 있는 가라지의 빳빳한 고개가 이제는 잘라버리기에 편리해진 것입니다. 어느 결정적인 시간에 이르면 다 드러나게 되어 있습니다. 우리가 주님 앞에 서게되면 누가 지옥에 가라고 해서가 아니라 저절로 가게 되어 있습니다. 마지막 모습이 드러나고 그 열매가 다르기 때문에 이제는 함께 거할 수가 없는 것입니다. 이것이 바로 종말적인 심판입니다.

그러므로 오늘 우리가 당하는 모든 고난과 모순에 대한 최종 해결은 두 가지의 길밖에 없습니다. 하나는 종말적인 것, 따라서 하나님 앞에 가서 심판을 받고 하나님 나라에서 그 결과가 나올 것입니다. 다른 하나는 선교적 의미입니다. 고난 속에서 하나님의 백성은 훈련을 받게 되고 지혜로워지며 꾸준히 성장하게 됩니다. 그리하여 하나님의 나라와 그 뜻은 보다 더 크고 온전하게 확장되어 나갈 것입니다. 그러므로 이제 우리는 서두르지도 말고 불평도 말 것이며 우리가 당한 이 처지에서 인내하며 바르게 성장해 나가야 할 것입니다. 이미 우리 마음속에 심겨진 하나님의 말씀이 그대로 잘 자라서 꽃이 피고 열매를 맺어야 하며, 그 열매는 추수 때가 오기 전에 충실하고 탐스러운 모습을 갖추게 해야 할 것입니다.

겨자씨 비유

또 비유를 베풀어 가라사대, "천국은 마치 사람이 자기 밭에 갖다 심은 겨자씨 한 알 같으니, 이는 모든 씨보다 작은 것이로되 자란 후에는 나물보다 커서 나무가 되매, 공중의 새들이 와서 그 가지에 깃들이느니라."

(마태복음 13:31~32)

겨자씨 비유

성경 말씀을 읽을 때에는 그 말씀이 가르치고자 하는 주제가 무엇인가 하는 것을 항상 마음에 두고 생각하며 읽어야 합니다. 이것이 교리적인 것인지, 윤리적인 것인지, 아니면 우리들의 행할 바를 말씀하신 것인지, 그 주제를 정확하게 파악하여야 합니다. 그런 이후에 그 주제를 중심으로 본문을 이해하여야 주어진 본문에 빗나가지 않습니다.

본문의 주제는 천국입니다. 지금 예수께서는 "천국은 이와 같으니" 하는 제목으로 설교하고 계십니다. 설교하는 사람도 주제를 중심으로 초점이 분명하게 전해야 되겠지만 말씀을 듣는 사람도 바르게 들을 줄 아는 지혜가 있어야 합니다. 다른 것이라면 몰라도 하나님의 말씀은 주어진 의미의 주제를 떠나 아무렇게나 맞추어 나가서는 아니됩니다. 어떤 말씀이든지 그 말씀의 중심이 있고 가르치는 바가 있습니다. 이에 오늘 본문은 천국, 곧 하나님의 나라를 설명하고 있습니다. 이는 단순한 일반의 교육적인 이야기가 아니며 또한 윤리적 강해도 아닙니다. 이것은 "말씀과 하나님의 나라"라고 하는 궁극적인 관심에 대한 예수 그리스도 자신의 말씀입니다.

앞 장에서 잠깐 말씀드린 바대로 하나님의 나라는 예수 그리스도의 오심과 함께 이 땅에 임하여 말씀의 선포로 확장되며 주님의 재림과 함께 완성됩니다. 이것을 농사에 비하면 마치 씨앗을 뿌리고, 자라며, 거두어 들이는 것과 같습니다. 또한 신학에서 말하는 좀 어려운 용어를 빌린다면 과거의 구원, 현재의 구원, 미래의 구원으로 삼분하여 말할 수 있습니다. 따라서 다시 한번 강조하는 것은 하나님의 나라는 말씀과 함께 임한다는 것입니다. 씨앗과 같이, 생명체로, 밖으로부터, 객관적으로 임한다는 사실입니다. 더구나 이는 땅에서 나는 것이 아니고 하늘에서 오는 것입니다. 따라서 하나님의 나라는 위에서 임하는 것이며, 말씀으로부터 오는 것입니다. 이미 임한 하나님의 나라는 역시 말씀의 전파로 확장되어 나갑니다. 하나님의 나라는 하나님이 다스리시는 세계, 하나님의 완전한 주권 행사로서 하나님의 뜻이 이루어지는 세계입니다. 하나님의 뜻이 씨앗과 같이 작은 것으로 임하여서, 그러나 그 세력이 점점 확장되어 온 세계를 다스리게 된다는 것입니다. 이와 같은 것이 곧 하나님의 나라인데 지금까지의 본문을 놓고 보면 비유끼리에도 비슷하거나 서로 상통하는 관계성 같은 것을 발견하게 됩니다. 씨뿌리는 비유와 가라지 비유는 한 쌍이라고 할 만큼 동시적이고 유사성이 많습니다. 또한 오늘 본문의 겨자씨 비유와 다음 차례의 누룩 비유가 역시 한 쌍이 되어 공통점을 가지고 있습니다.

이제 겨자씨 비유를 생각하면서 상대적이면서도 재미있는 표현 둘을 발견하게 되는데, 그것이 바로 말씀의 내용을 집약시키고 있습니다. 가장 작은 것과 큰 것, 가장 작은 것으로부터 가장 큰 것으로 자란다는 것인데, 그러기 위하여 이 "작다"는 것을 대단히 강조하고 있습니다. 겨자씨는 바로 그런 의미에서 당시에 가장 좋은 예가 될 수 있었습니다. 그러나 식물학상으로는 겨자씨보다 더 작아 먼지같은 편백이라는 씨앗이 있다고 합니다. 아무튼 눈으로 보아 아주 작은 씨앗들이 많이 있지만 2천여년 전 예수님이 사시던 당시의 팔레스타인 지방에서는 겨자씨가 가장 작은 씨앗이었던 것입니다. 그래서 그들은 가장 작은 것에 대해서 말할 때에는 겨자씨같다고 한 것입니다. 우리는 작은 것을 말할 때나 혹은 속이 좁은 사람을 가리켜 바늘 구멍같다고 합니다. 무엇이나 그렇듯이 이 "작다"고 하는 표현도 나라마다 다른데 이스라엘 사람들이 제일 작은 것을 말할 때는 겨자씨같다고 했다는 것입니다.

그래서 그들의 고사 중에는 한 방울의 피도 희생하지 않는 인색한 사람을 가리켜 겨자씨만큼도 피흘리지 않는 사람으로 표현한다는 것입니다. 그리고 까다로운 종교의식, 즉 옷고름 매고 푸는 것을 포함하여 안식일에 대한 것만 해도 7백 가지나 되는 무척이나 까다로운 상태를 말하여 겨자씨같이 까다롭다고 했다는 것입니다.

예수님께서도 마태복음 17장에서 대단히 작은 상태를 말씀하시면서 "믿음이 한 겨자씨만큼만 있어도" 하셨습니다. 겨자씨만큼만 있어도 하신 것은 이것도 작다는 뜻인데, 아무튼 당시의 팔레스타인 사람들은 작은 것을 표현하는 보편적인 비유로서 겨자씨를 들었던 것같습니다. 그런데 이 겨자씨 나무가 얼마만큼 자라느냐 하면 본문에 "다 자란 후에는 나물보다 커서"라고 하였습니다. 나무가 아니고 나물이라 하였는데 이는 나무같지가 않고 채소같다는 것입니다. 그래서는 풀처럼 나와서 자라면서 점점 숲처럼 올라와 둥그렇게 퍼져 그 크기가 말 탄 사람이 지나가면 보이지 않을 정도로 크게 자라는 것입니다. 이 높이가 수치로 12피트 정도 되니까 약 4미터로서 꽤 높은 것이 됩니다. 이 작은 겨자씨 한 알이 이처럼 높게 숲을 이룬 것입니다. 이 때문에 가장 작은 것으로 가장 크게 자란다는 것을 표현하고 있습니다.

그러나 숲같다고 하여 우리가 보통으로 생각하는 아름드리처럼 그렇게 크게 자라는 나무는 아닙니다. 물론 나물도 아니지요. 그러면서도 둥그렇게 12피트나 되는 꽤 큰 숲을 이룹니다. 그렇다면 본문을 통하여 말씀하시는 예수님의 의도는 어디에 있었겠습니까? 그 의도는 가장 작은 것이 가장 크게 자란다는 거기에 중심이 있는 줄 압니다. 가장 작은 것, 사실이 그러합니다.

기독교는 가장 작게 시작하여 가장 큰 것이 되었습니다. 우리의 복음 증거도 그렇습니다. 한 사람으로부터 시작되어 온 가정, 온 마을, 온 민족, 온 세계에 복음이 전파되어가는 것입니다. 종교개혁이 그런가하면 문명도 그렇고, 생각해보면 참으로 모든 것이 한 사람 혹은 작은 일로부터 시작되고 발전해갑니다. 크고 작은 수많은 교회들이 있지만 처음부터 그렇게 크고 웅장했던 것은 아니지요. 돌이켜보면 가장 작은 것의 의미를 실감할 수 있을 것입니다.

한국 교회의 놀라운 발전상은 기독교 세계사에 불가사의라고 합니다만 그 시작은 참으로 미미했던 것입니다. 그 일면으로 이 땅의 개신교 첫 선교사인 언더우드 박사와 아펜젤러 목사가 부활절 아침 제물포 항에 도착하여 처음으로 한국 땅을 밟게 되었을 때 누가 먼저 내리느냐 하는 것이 궁금했다고 합니다. 그래서 가만히 있다가 언더우드 박사가 "내가 먼저 내린다" 하고는 냉큼 먼저 내렸다고 합니다. 한 사람, 내가 먼저 내린 것입니다. 어쨌든 시작은 다 이렇게 이루어지는 것입니다.

복음의 역사는 미미하게 시작되었지만 이제는 상상할 수 없었던 엄청난 역사를 이루어갑니다. 복음의 역사는 굉장한 무엇이 있거나 요란하게 떠들면서 되는 것이 아닙니다. 구원의 역사가 그렇고 선교의 역사가 더욱 그러합니다. 여의도 광장에 모여 한 번씩 크게 떠든다고 뭐가 되는 것이 아닙니다. 거기에 한 번 모일 때마다 엄청난 경비가 드는 일인데, 한 번씩 모여 어떻게 하겠다는 것인지 알 수가 없습니다. 몇년에 한 번쯤은 필요한 행사인지 모르지만 해마다 하려고하니 걱정입니다.

복음의 역사란 조용하게 겨자씨처럼 자란다는 것이 예수님의 말씀입니다. 작은 마을 베들레헴에서 시작하여 갈릴리에서, 예루살렘에서 그리고 골고다에서 죽으시는 예수, 이 모두가 다 겨자씨입니다. 인류 역사의 현장에서 본다면 그 사건은 하나같이 미미한 겨자씨와 같은 것입니다. 생각해보면 신통치도 못한 제자 열둘을 놓고 이야기를 하는 것도 한심한 일입니다. 그 중에는 가롯 유다가 있는가 하면, 성미 급한 베드로가 있지 않습니까? 인간적으로 열두 제자를 분석하면 하나도 시원치를 않습니다. 한번은 예수님께서 저들을 앞에 놓고 말씀을 하시는 중에 "적은 무리여 무서워 말라"(눅 12:32) 고 하셨는데, 제자들을 보시니 한심해서 그러셨는지 아니면 위로하시느라고 그러셨는지 잘은 모르지만 여기서는 꼭 서로를 위로한 것같습니다. "적은 무리", 그러니까 아주 적게, 미미하게 시작하여 큰 역사를 이루어나가는 이것이 복음이며 또한 교회입니다.

다음으로 생각할 것은 생명입니다. 이렇게 작아도 겨자씨는 생명입니다. 지금 우리 앞에 한 줌의 콩과 금시계 하나가 있다면, 우리는 쉽게 금시계를 값비싼 것으로 말할 것입니다. 그러나 그것은 교환 가치에 의한 선택이고, 생명적 차원에서 볼 때에는 한 줌의 콩이 귀한 것입니다.

만일 사람이 살지 않는 외딴 섬에서 지내게 되었을 경우, 금시계를 가진 사람과 한 줌의 콩을 가진 이 두 사람 중 누가 승자가 되겠습니까? 이처럼 생명이 중요한 것입니다. 생명! 이 생명체라고 하는 것은 무궁무진한 신비가 있고, 무궁무진한 능력이 있는 것입니다. 그러므로 여기에 생명의 소중함, 생명의 능력, 생명의 위대함을 말해주는 진리가 있습니다.

복음은 생명이며, 교회가 생명이며 이는 살아 있는 것이라는 말씀입니다. 그러므로 생명의 소중함은 살아 있는 그 자체입니다. 따라서 첫째는 생명이 있느냐 없느냐?의 문제요, 두번째는 죽었느냐 살았느냐?의 문제입니다. 아무리 작은 것이라도 살아 있기만 하면 크게 보아야 합니다. 생명이 있는 것은 어쨌든 아주 큰 것입니다.

제가 대만에 갔을 때의 일입니다. 하루는 타이쭝이라는 곳에 갔었는데 산위에 있는 연못가에 삼국지에 나오는 관운장을 모셔놓은 사당을 구경하게 되었습니다.

이것은 순전히 관광객을 위하여 근간에 만든 것인데 그 규모가 어마어마하고 화려한 것이었습니다. 그런데 가만히 보니까 장사꾼들만 와글거릴 뿐 그 앞에 가서 경배하는 사람은 하나도 없었습니다. 그래서 보고 있다가 관운장께서 노하시겠다고 했더니 옆에 있던 사람이 "뭐 귀신이 오나요" 하고 대답해 왔습니다. 아무리 화려하고 웅장하게 만들어 놓았지만 거기엔 생명이 없습니다. 거기엔 경건도 없고 두려움도 없습니다. 물론 구원이 있을 수도 없습니다. 그러나 잊지 말아야 할 것은 생명의 진리는 조그만 어느 골방에서 성경책을 읽고 있어도 그 속에서 놀라운 생명의 역사가 나타나는 것입니다. 이와 같은 놀라운 생명의 신비를 잊지 말아야 합니다. 그러므로 예수님께서 하시는 말씀은 이 복음 진리가 사람이 보기에는 겨자씨같아도 이것은 분명 살아 있는 생명이라는 것입니다. 그러므로 차원이 다른 것입니다. 이것은 현상의 문제가 아니고 물질의 문제도 아니며, 크다 작다의 문제도 아닙니다. 많으냐 적으냐의 문제도 아닙니다. 오직 생명의 문제, 살았느냐 죽었느냐, 생명이냐 아니냐의 문제입니다.

생명의 신비는 아무리 죽어있는 것같아도 다시 살아나고, 미미한 것 같으나 엄청난 역사를 이루고 있는 것입니다. 그런데 이어지는 본문 말씀 중에 해석상 문제되는 것이 있어서 잠깐 언급하고 지나가야겠습니다. 겨자씨가 자랐는데 새가 와서 깃들었다는 것에 쓸데없는 해석을 붙이는 이들이 있는데 이것은 다 부질없는 생각입니다. 이들은 예수님께서 씨뿌리는 비유를 말씀하실 때에 길가에 뿌린 씨를 새들이 와서 먹어버렸다고 하시면서 이 새를 악한 자, 곧 마귀로 설명하신 것에 따라, 여기 겨자씨 비유에서도 새를 마귀로 비교하여 교회가 커지면 그 속에 마귀가 깃들이는 것으로 해석하려 합니다. 씨뿌리는 비유에서 새가 마귀를 의미한다고 해서 아무데서나 새만 보면 마귀로 해석해서는 안되는 것입니다.

다시 본문의 주제로 돌아가 생명의 신비를 소중히 여기라는 것입니다. 때로는 눈에 들어오지 않고 의식도 되지 않으며 아무런 응답도 없는 것 같습니다. 겨자씨같이 작은 씨앗은 흙 위에 떨어져도 먼지 하나가 떨어지는 것처럼 눈에 보이지도 않습니다. 씨앗이 뿌려졌는지 안뿌려졌는지조차 알 수가 없습니다. 이렇게 작은 씨앗을 하나 뿌려놓고 이것을 뿌렸나 안 뿌렸나, 정말 날 것인가 안 날 것인가 하고 궁금해집니다. 그러나 뿌린 것은 뿌린 것이고 생명은 생명으로 역사되어지는 것입니다.

　어떤 이가 낮 예배에 출석하는 많은 교인들을 가리키면서 "알곡은 얼마나 될까요?"하고 물어 왔습니다. 저의 대답은 "그거야 하나님 앞에 가 보아야 알지 누가 알겠어요?" 그러나 한 가지 잊지 말아야 할 것은 교회란 처음부터 한 시간도 빠지지 않고 잘 나오면 좋기야 좋겠지만, 한 번만 왔다 가도 될 수 있다는 것입니다. 언제 가서라도 열매는 맺힐테니까 말입니다. 언젠가 일생 동안 예수 믿지 않던 분이 임종을 맞았던 적이 있습니다. 아들의 요청이 있어서 임종을 보게 되었는데 가서는 물어보았습니다. "당신은 일생 동안 예수를 믿지 않았는데 왜 나를 오라고 불렀습니까?" 했더니 답답한 숨길로 어린 시절의 이야기를 하는 것이었습니다. 자기가 초등학교 3,4학년 되었을 때 교회에 가면 연필을 준다기에 교회에 몇번 가서 "예수 사랑하심은" 찬송을 듣고 배웠는데 그 후로도 마음속에서 항상 예수 사랑하심은 그 찬송이 나오고 종탑을 볼 때마다 이상하게도 좋게만 보였답니다. 그리고는 언젠가는 자신이 교회에 나가게 될 것같은 예감이 들고는 했으며, 교회에 대한 나쁜 이야기를 하는 것을 들으면 언제든지 교회편을 들어서 말하고 싶었다는 것입니다. 그런데 이제 임종이 가까와오니 시간이 없지만 부득불 목사님을 불렀다는 것입니다. 그래서 세례를 베풀고 임종을 보았습니다. 이 사람을 보십시오. 초등학교 3학년 때에 몇번 교회에 나가서 무엇을 배웠겠습니까? 장난만 하다가 연필 한 자루 받으면 좋아하고 즐거웠겠지요. 그러나 "예수 사랑하심은" 이것이 마음 속에 겨자씨와 같이 쏙 들어가 이 사람을 60년 동안 따라다닌 것입니다. 그리하여 마침내 임종의 순간에 "예수 사랑하심은" 그 찬송을 부르고 하나님 나라로 간 것입니다. 이것이 겨자씨입니다. 그러므로 한 번이라도 좋으니 교회에 왔다가게 해야 합니다. 일단 겨자씨만 들어가면 되는 것이니까요. 씨만 뿌려지면 큰 역사가 이루어지게 되어 있습니다.

　미국의 링컨 대통령을 보아도 그렇습니다. 그는 학교 교육이라고는 1

년도 못받았다고 하지 않습니까. 인간적으로 말하면 참으로 불행한 처지였습니다. 가난해서 통나무 집에서 살아야 하고 게다가 여덟 살 때는 어머니까지 돌아가시고 말았습니다. 그런데 고맙게도 계모가 좋은 사람이라서 링컨에게 성경을 가르쳐주었습니다. 링컨은 이 계모의 노력으로 성경과 셰익스피어를 읽었을 뿐 다른 책을 계통적으로 읽은 것이 거의 없습니다. 링컨의 불행은 열네 살 때 또다시 계모가 돌아가심으로 갖은 고생을 해가며 살아야 했습니다. 그러나 그는 놀랍게도 대통령이 되었고, 미국의 역대 대통령 가운데 가장 훌륭한 대통령일 뿐만 아니라 세계적으로도 가장 존경받는 인물이 되었습니다. 그는 대통령 취임식 때에 조그만 포켓 성경을 들어 보이며 내가 오늘 대통령이 된 것은 이 성경 때문이며, 나의 어머니가 나에게 준 것이라고 말했습니다. 어려운 환경 속에서 열네 살 때까지 성경을 배웠다면 얼마나 배웠겠습니까? 어떻게 생각하면 유치할 정도입니다. 그러나 그 겨자씨가 에이브러햄을 대통령되게 하였고 미국 역사에 오점을 남겨온 노예제도를 폐지시키고 노예해방이라는 찬란한 업적을 남기게 한 것입니다. 참으로 역사의 새로운 장을 열게한 것이 아니겠습니까? 이것이 겨자씨입니다. 그러므로 눈에 보이지 않는다고 희미하게 자신 없이 볼 것이 아닙니다. 당장 알아듣지 못해도 말씀을 전하고, 읽어주며, 가르쳐야 합니다. 어쨌든 부지런히 전하면서 생명 중심의 가치관을 세워야 합니다. 금덩어리만 좋아할 것이 아닙니다. 생명이 중요한 것입니다. 생명, 곧 복음의 큰 힘과 신비로움을 볼 줄 알아야 합니다. 된다, 안된다 말할 것이 아닙니다. 하나님의 말씀에는 생명의 능력이 있음을 항상 새롭게 간증할 수 있어야 합니다. 그리고 나아가서는 환상을 볼 줄 알아야 합니다. 가장 작은 것에서 가장 큰 것을 보는 환상 말입니다.

시인의 말 가운데 씨앗을 손에 들고 새 소리를 들을 줄 알아야 한다는 말이 있습니다. 얼마나 멋있는 이야기입니까? 심어 놓으면 싹이 날 것이고, 그리고 자라고 자라면 새들이 올 것입니다. 그만한 환상이 있어야 합니다. 씨앗을 보면서 새 소리를 들을 수 있을 만큼, 겨자씨를 보면서 새 소리를 들으시던 주님의 말씀과 그 놀라운 신앙을 배워야 합니다. 비록 우리가 전한 복음에 아무런 반응도 없는 것 같지만 조금만 두고 보면 언젠가는 역사를 바꾸어 놓는 일이 생길 것입니다. 예수님께서 3년 동안 돌아다니시면서 뿌린 씨앗이 무엇이었습니까? 그것이 바로 겨자씨였다는 말씀입니다. 보이는 것이 없었고 아무 것도 되는 일이 없는 것같았습니다. 그러나 그것을 통하여 세계의 역사는 바꾸어진다는 것을 알아야 합니다. 크나큰 생명의 역사, 우주적인 생명의 역사가 이루어지는 것이 아니겠습니까? 우리에게는 진정으로 겨자씨에서 숲을 보고 새 소리를 들으시던 주님의 놀라운 환상과 그 믿음, 그 안목이 필요합니다.

이제 한 가지 더 생각할 것은 성장이 없는 것은 죽은 것이라는 점입니다. 내 안에 있는 복음의 역사는 계속 성장하여야 하고 교회 또한 성장하여야 합니다. 성장을 멈출 수는 없습니다. 하나님의 나라는 계속 확장되어야 합니다. 어느 교회든지 문제가 생길 때는 일을 하지 않을 때입니다. 열심히 일하고 계속 성장을 하며는 교회는 조용한 것입니다. 원인이 여기에 있는 것입니다. 인격이나 지식도 마찬가지이지만 우리의 영적 생명, 내 안에 있는 복음적 생명의 역사가 계속 성장하여야만 비로소 온전한 생명을 이룰 수가 있는 것입니다. 그리고 다시 한 번 잊지 말아야 할 것은 복음의 위대한 능력을 항상 새롭게 간증하여야 한다는 것입니다. 심령 속에 뿌려질 때에는 미미한 것 같으나 큰 역사로 나타날 것입니다. 자신의 변화는 물론 가정의 변화, 사회의 변화가 다 여기에서 이루어집니다. 나 스스로의 힘으로 되리라고 생각해서는 안됩니다. 복음 자체의 능력으로 가능한 것입니다.

우리 나라 야사에 이런 이야기가 있습니다. 지혜롭다고 소문난 한 어린아이를 놓고 어른들이 놀리느라고 동네 가운데 있는 커다란 바위를 가리키며 "이 바위를 굴릴 수 있겠느냐?"고 물었다는 것입니다. 그랬더니 그 아이가 쉬운 표정으로 할 수 있다고 하니까, 어른들은 겁없는 녀석이라면서 내기를 약속 했습니다. 엄청난 내기를 걸어놓은 이 아이는 그 바위 밑을 파고는 마른 콩을 집어넣은 다음 자꾸만 물을 줍니다. 그러니 물 먹은 콩은 싹을 내며 부풀어 오르게 마련이지 않습니까? 이렇게 부풀어 오르면서 땅이 계속 밀리게 되니까 이 바위가 굴렀다는 것입니다. 이것을 본 어른들이 그 아이를 훌륭히 높였다는 이야기입니다.

　생명의 힘이란 참으로 놀라운 것입니다. 우리는 겨자씨로부터 시작해서 이루는 신비하고 놀라운 그 능력을 믿어야 하고, 그럴 때에 복음의 능력으로 새로워지는 우주적인 환상을 보게 됩니다. 이를 위해서 복음의 생명, 그 위대한 능력을 순간순간 새롭게 고백하고 그 능력 안에서 성장되어지는 삶을 살아가야 할 것입니다.

누룩 비유

또 비유로 말씀하시되, "천국은 마치 여자가 가루 서말 속에 갖다 넣어 전부 부풀게 한 누룩과 같으니라."
(마태복음 13:33)

또 가라사대, "내가 하나님의 나라를 무엇으로 비할꼬? 마치 여자가 가루 서말 속에 갖다 넣어 전부 부풀게 한 누룩과 같으니라" 하셨더라.
(누가복음 13:20~21)

누룩 비유

　　예수님께서는 계속해서 하나님의 나라를 설명하고 계십니다. 이 하나님의 나라는 시간적이기도 하고 공간적이기도 합니다. 그러나 가장 중요한 것은 하나님의 주권과 말씀입니다. 이는 거듭 반복되는 말씀이지만 그리스도가 이 땅에 오심으로 하나님의 나라가 임한 것이며, 그리스도의 말씀이 전파되는 것은 하나님의 나라가 확장되는 것이고, 그리스도의 재림하시는 시간이 하나님의 나라가 완성되는 때입니다.

　　그러므로 먼저 하나님의 나라가 이 땅에 이미 왔다고 하는 사실에서 오늘 본문의 출발이 있고 또한 우리들의 전도 방향이 그러해야 합니다. 예수님께서 말씀하신 대로 "회개하라 천국이 가까웠다." 즉, 지금 하나님의 나라가 여기 임했다는 말씀입니다. 그리고 예수님께서 하나님 말씀을 전파하고 계시고 그 말씀이 다시 제자들을 통하여 전파되어갑니다. 이렇게 하여 전파되는 말씀의 소식은 들려지는 곳마다 구원의 역사가 나타나게 되는 것입니다. 그러므로 말씀은 단순한 지시나 이야기거리가 아닌 곧 능력 자체입니다. 그리하여 이 말씀이 전해지는 곳에는 어두움이 밀려나고 밝은 빛의 세계, 하나님의 세계가 이루어진다는 것입니다.

　　마태복음 12장에 보면 예수님께서 귀신들려 눈멀고 벙어리된 사람을 고치신 후에 "내가 하나님의 성령을 힘입어 귀신을 쫓아내는 것이면 하나님의 나라가 이미 너희에게 임하였느니라"고 하셨습니다. 벌써 여기 임했다는 말씀입니다. 귀신에 붙들려 허우적거리던 사람이 말씀의 능력이 들어가면서 귀신이 물러가고 온전한 정신이 될 때에 거기 하나님의 나라가 임한다는 것입니다. 빛이 없는 곳에 어두움이 있고 빛이 있음과 동시에

누룩 비유 77

어두움은 물러갑니다. 예수님께서는 마치 빛이 켜지는 장면처럼 하나님의 나라가 임하여 말씀과 함께 확장되어 나가는 그러한 나라의 권세를 말씀하시면서, 쉽게 깨닫지 못하는 사람들을 위해 비유로 말씀하고 계시는 것입니다.

오늘 본문의 누룩 비유는 겨자씨 비유와 공통점을 가지고 있는 비유입니다. 그 공통점은 작고, 적은 것으로부터 점점 크게 확장되어 나간다는 점입니다. 권세의 처음 시작은 작고 미미하지만 다가오는 날에 크나큰 능력으로 역사하게 될 것을 말씀하고 계시는 것입니다. 이는 곧 능력있는 성장, 권세있는 확장을 뜻합니다. 그런데 겨자씨 비유와 누룩의 비유에는 중요한 차이점이 있습니다. 우리가 쉽게 발견할 수 있는 대로 겨자씨 비유는 자체의 성장을 의미합니다만, 누룩의 비유는 밀가루를 변질시켜 누룩되게 합니다. 다시 말하면 자체의 확장만이 아니라 다른 세계에 영향을 주어 저들로 하여금 나와 같게 만드는 것입니다. 이러한 변화를 일으키는 것이 오늘 본문의 누룩 비유입니다. 굳이 상대적인 설명이 필요하다면 겨자씨는 질적인 성장과 확장이라 볼 수 있겠고, 반면에 누룩의 비유는 양적인 성장과 확장을 뜻한다 하겠습니다.

여기 적은 양의 누룩이 주위의 밀가루 모두를 변질시켜 누룩으로 만든다는 이 사실은 양적인 성장을 말하고 있습니다. 이는 곧 이 세상을 그리스도의 세계로, 믿지 않는 사람을 믿는 사람으로 변화시켜 나아가는 상태를 의미합니다.

사도 바울은 사도행전 26장 29절에서 "오늘 내 말을 듣는 모든 사람도 다 이렇게 결박된 것 외에는 나와 같이 되기를 하나님께 원하노이다"라고 말하고 있습니다. 우리는 우리의 자녀이거나 그 누구에게라도 "나와 같게 되기를 바란다", 혹은 "나만큼만 행복해다오"라고 말할 수가 있겠습니까? 어쩌면 대부분이 그 반대로 "제발 나는 닮지 말아다오" 하거나 "나 같이 살아서야 무엇하겠느냐?"로 말하고 있지는 않은지 모르겠습니다.

이처럼 인생을 억지로 사는 것처럼 말하는 것은 잘못된 이야기입니다. 다른 세상살이는 몰라도 적어도 예수 믿는 것, 내 영적인 생활 안에서는 "나와 같기를 바란다"는 이 말을 할 수 있어야 합니다.

전도라는 것이 무엇입니까? 어렵게들 설명하지만 특별한 것은 아닙니다. 다른 사람에게 예수 믿는 나를 닮으라는 것이 전도입니다. 내가 믿는 예수를 당신도 믿고, 내가 구원받았으니 당신도 구원받고, 내가 행복하니 당신도 행복하라는 것이 전도의 내용입니다. 전도는 그렇게 복잡하게 하는 것이 아닙니다. "나를 닮으라"는 그것이 전도의 내용이요 설명이며 방법입니다. 그럴 만한 자신이 없으면 전도는 못하는 것입니다. 이런 경우는 해 보았자 오히려 "당신을 보니 믿을 마음이 생기지 않는다"는 핀잔만 듣게 될 것입니다.

어른들이 실수하는 것 중에 자기는 먹지 않으면서 아이들더러 "너 먹어라", "더 먹어라" 한다든가, 자기는 텔레비전 보고 있으면서 아이들더러는 공부하라는 것입니다. 아이들에게 공부하게 하려면 어른은 잡지라도 들고 있어야 되지 않겠습니까? "나 닮으라", "나와 같이 되기를 바란다"는 이것이 누룩의 비유입니다. 누룩의 본질이 거기에 있습니다. 보이지 않는 것처럼 적은 것이 일단 밀가루 속에 들어가면 부풀어오르기 시작하고, 끝내는 밀가루 전체를 누룩화하게 되는 것입니다.

이와 같이 보이지 않게, 숨겨진 역사로 확장되어가는 것이 복음의 역사요, 하나님의 나라입니다. 이 가루 속에 숨겨진 듯 모르게 들어가서 비밀리에 점점 확장되어 나가는 것입니다. 이 때문에 지난날 기독교를 박해하는 사람들에 대한 기록을 보면 이상한 공통점이 하나 있는데, 그것은 "기독교는 염병과 같다"고 표현한 점입니다. 그래서 대원군 시절에도 기독교를 뿌리 뽑기 위해 갖은 애를 썼던 것입니다. 즉 예수쟁이를 이대로 놔두면 염병처럼 번져 성한 사람이 없게 된다는 것입니다. 만약 예수님께서 그런 장면을 보신다면 "그래 그것이 바로 내가 예언한 그 '누룩'이다"

라고 말씀하실 것입니다. 이런 전염병은 제발 좀 걸렸으면 좋겠습니다. 참으로 만연했으면 좋지 않겠습니까? 비밀리에 조용히 소리 없이 들어가는 이 복음이 큰 역사를 이룬다는 말씀입니다.

지금도 우리는 공산 세계에 전도를 하려고 여러가지로 애를 쓰고 있습니다. 그래서 전도지를 고무풍선에 넣어 띄우기도 하고 돈을 주면서까지 여행자들의 가방 속에 전도지를 넣고 있는가하면, 세계적으로 유명한 기드온 협회에서는 어느 나라에서든지 큰 호텔에는 성경책이 비치될 수 있도록 하고 있습니다. 이것이야말로 누룩과 같은 것입니다. 이에 대한 좋은 예는 얼마든지 있습니다. 놓여 있는 성경책을 읽은 후에 사업상 고민으로 좌절되었던 사람이 용기를 얻게 되고, 자살을 꾀하든 사람이 구원을 체험하며 주어진 생을 감격스러워하게 됩니다. 작은 전도지 한 장, 성경책 한 권으로 말씀이 스며들어서 복음의 역사는 이루어지는 것입니다. 생각하면 이 얼마나 신비로운 일입니까? 참으로 놀라운 일이 아닐 수 없습니다.

언젠가 미국 역사에 관한 책을 읽는 가운데 그들 조상에 대한 기록을 보면서 크게 느낀 바가 있습니다. 미국인들의 조상은 청교도(Puritan)입니다. 뭐니뭐니해도 청교도 정신은 참 훌륭한 것이었습니다. 오늘의 미국이 저렇게까지 번영하게 된 것도 다름아닌 청교도들의 신앙과 경건한 행위에서 비롯되었다고 생각을 합니다. 그렇다면, 이 청교도들의 조상은 누구인가? 하는 것입니다. 그런데 놀랍게도 그들의 조상은 해적의 대명사였던 바이킹(Viking)이라고 합니다. 그런데 이들 해적들은 바다와도 싸우면서 해적질을 하기 때문에 노젖는 것을 비롯해서 매사에 생각을 많이 하고 머리가 대단히 우수하다는 것입니다. 그래서 이 머리 좋은 해적들이 해적의 후예를 어떻게 훌륭하게 이어나갈 것인가를 생각한 끝에 가장 깨끗한 여자를 찾아 결혼을 하는 길이라고 생각하게 되었습니다.

당시 그 주위의 여자들은 방탕하고 병이 많아 위험해서 결혼하기가 두렵고 그러한 결혼을 통해 자식을 기대할 수가 없었습니다. 그러면 "깨끗한 여자가 누구냐?" 했을 때, 기독교인들이 깨끗하기 때문에 이제는 이 나라 저 나라 다니면서 기독교 여성들을 마구 붙잡아다가 강제로 결혼을 하였습니다. 그리고는 깨끗하고 좋은 자식을 낳겠다는 것이었습니다. 이제 자식을 낳게 되면 해적은 해적의 길로 가버리고 그 아이를 키우는 것은 어머니입니다. 비록 억지로 끌려와 해적의 아내가 되었지만 이 아이만은 신앙으로 키우는 것입니다. 그래서는 성경을 들려주고 기도를 가르치며 깨끗하게 키우느라고 온갖 정성을 다 기울였던 것입니다. 이렇게 하여 자라온 이들이 청교도의 조상이 된 것입니다. 그러고보면 바이킹이 아무리 큰 소리로 칼을 휘두른다 해도 가문은 완전히 여자에게 빼앗긴 것입니다. 이것이 청교도입니다.

여기 나약한 한 여성이 강제로 끌려가 눈물을 흘리며 마지못해 살지만 이것이 누룩이 됩니다. 해적의 자식을 낳고 그러나 그를 말씀으로 양육시켜, 마침내 그가 청교도가 되며 그 청교도가 미국의 조상이 되고, 오늘의 미국은 세계 역사의 선봉장이 되었다 생각할 때, 역사의 처음 시작에 울면서 끌려가던 나약한 한 여성, 그는 분명 누룩입니다. 차마 죽지 못해 해적의 소굴까지 끌려갔었는데 그것이 이런 결과를 가져올 줄 누가 알았겠습니까? 이것이 누룩이란 말입니다.

구약성경에서도 보면 시리아의 군사령관인 나아만 장군의 집에 포로되어 갔던 이스라엘의 어린 소녀인 하녀 하나가 문둥병 환자인 주인 나아만으로 하여금 하나님의 사람인 엘리사 앞에 서게하고 치유받게 하며 결국은 "이제부터는 종이 번제든지 다른 제든지 다른 신에게는 드리지 아니하고 다만 여호와께 드리겠나이다"(왕하 5:17)라는 결단을 하게 합니다. 이리하여 시리아에 하나님의 큰 역사가 이루어지는 것을 보게 됩니다. 이 적은 누룩이 이름 없이 빛도 없이 조용하게 던져졌지만 마침내는 이처럼 놀라운 결과를 이루어 온 것입니다. 이것이 하나님의 나라요, 말씀의 능력인 것입니다. 그러나 성경에는 좋은 비유로서의 누룩이 아닌 악의 상징으로 표현된 곳이 대부분입니다. 악한 생각, 악한 행위가 영향을 끼쳐 자꾸만 번져나가는 것을 누룩으로 묘사하고 있습니다.

누가복음 12장 1절에 보면 예수님께서도 "바리새인들의 누룩 곧 외식을 주의하라"고 하셨는데, 이는 외식주의로 전염된다는 뜻입니다. 한 사람이 외식주의자가 되면 율법주의자로 굳어지게 되고 그 영향을 다른 사람도 입게 됩니다. 그러므로 바리새인들의 외식주의, 이 누룩을 삼가라는 말씀입니다.

또한 사도 바울도 고린도전서 5장 6~8절에서 나쁜 영향이 퍼져나가는 것을 비교하여 "적은 누룩이 온 덩어리에 퍼지는 것을 알지 못하느냐?"고 하였습니다. 교회도 그러합니다. 좋지 못한 한 사람으로 인하여 말썽이 생기고 오해들이 오고가며 없어야 할 행동, 나쁜 버릇, 나쁜 사상들이 퍼져나가는 것을 볼 수 있습니다. 그런데 우리가 기억하고 넘어가야 할 것은 구약성경에 의하면 제물에는 누룩을 섞지 못하게 되어 있다는 점입니다. 그러기 때문에 누룩을 섞지 않고 발효되지 아니하는 무교병을 하나님께 드리게 되어있는 것을 출애굽기 13장 3절, 레위기 2장 11절, 아모스 4장 5절 등에서 말씀하고 있습니다. 그런가하면 예수님께서는 악한 것들을 통하여도 배울 것이 있으면 배우라고 하십니다. 그러기에 마태복음 10장에 보면 악의 상징인 뱀을 가리키며 뱀같이 지혜롭기를 부탁하십니다. 악의 영향력은 대단합니다. 이것이야말로 전염병처럼 무섭게 번져나갑니다. 이러한 사실을 전제하고 악으로부터 몇 가지 배울 것이 있다는 점입니다.

그 첫째로 악의 지혜가 뛰어나다는 것입니다. 사람은 배우지 않고도 거짓말하는 지혜가 있지 않습니까? 어린아이들을 보면 어디에서 배웠는지 어른들이 속아넘어갈 정도로 거짓말을 잘합니다. 이처럼 좋은 일에 지혜롭기보다는 나쁜 일에 지혜가 더 많은 것을 보게 됩니다. 사회에 펼쳐지는 사건 속에서도 악으로 돌아가는 머리는 놀랍게 돌아가고 뛰어납니다. 언젠가 경주에 집회차 갔다가 문화고등학교 교장이신 장로님으로부터 들은 이야기입니다. 경주에는 왕릉들이 많이 있고 그 왕릉을 발굴하기 위하여 학계의 권위있는 교수들이 오랜 연구를 거쳐 발굴 작업에 들어가게 되는데, 아무리 이론에 맞추어 연구 결과를 비교하며 파헤친다 하더라도 잘 나오지를 않는다고 합니다. 그런데 도굴자들은 대학 문전에도 못가 보았지만 막대기로 쓱 찔러 보고는 여기 있다고 하는데 거기를 파보면 나온다는 것입니다. 그래서 도굴자들의 괴수를 데려다가 발굴을 시키는 것이 훨씬 빠르고 경제적이라는 것입니다. 그 좋은 두뇌를 좋은 일에 쓰면 얼마나 좋겠습니까? 이처럼 악에는 지혜가 있고 그 정도가 놀랍고 무섭습니다.

다음으로 하나는 악인은 다른 사람도 자기와 같기를 바란다는 것입니다. 우리가 교회를 나오는 일에 있어서도 어떤 경우 지각을 하게 되었을 때 자기보다 더 늦게 오는 이를 보면 그렇게 반갑고 그분이 장로님이라도 되면 더욱 반갑다는 것이지요. 이는 나처럼 모두가 다 늦기를 바라는 마음 때문입니다. 죄인은 죄인을 반가워하고 모든 사람이 나와 같은 죄인이기를 바라며, 가능하면 나보다 더 죄인이기를 바랍니다. 그러기 때문에 소문을 내는 것입니다. 남이 실수한 이야기를 즐겨 소문내는 사람은 그가 바로 나쁜 사람이라는 것을 말하고 싶어서인 것입니다. 그래야 다른 사람은 나빠지고 자기는 제자리에 앉아서도 좋은 사람이 되는 것이니까요. 이와 같이 인간에게는 묘한 보상심리가 있어서 나쁜 이야기가 잘 퍼져 나가게 됩니다. 그런가 하면 남 좋은 이야기를 하고나면 나는 낮아지는 것같아서 차마 그가 좋다는 이야기를 못하고 마는 교만이 있습니다. 아무튼 악은 대단한 동료의식을 가지고 있습니다.

우리가 다 잘 아는 대로 세상의 인심 중에 술 인심이 제일 좋다고 하지 않습니까? 그 비싼 술을 앞에 놓고는 서로 먹으라고 "딱 한 잔만 더"를 되풀이하고 있습니다. 이 모두가 다 죄인의 동료의식에서 비롯되는 것입니다. 이처럼 세상 모든 악한 사람들이 다 나와 같이 악해지기를 바라고 있는데, 어찌하여 예수 믿는 사람은 다른 사람이 다 나와 같아지기를 바라지 않느냐는 것입니다. 악한 사람들의 악을 위한 노력, 그 바라는 마음, 그 때문에 누룩과 같은 것입니다.

　공산당들은 어디를 가나 특별하고도 획일적인 방법이 하나 있습니다. 그것은 공산당들은 어디에고 들어가자마자 맨 먼저 하는 일이 탁아소를 세우는 일입니다. 이것은 레닌 때부터 시작하였고 레닌의 부인은 전적으로 탁아소를 경영하였습니다. 하나님을 믿던 아이들에게 빵을 주기 전 빈 식탁을 앞에 놓고 하나님께 빵을 주십사고 기도하게 합니다. 그러나 그렇게 기도한다고 빵이 나올 리가 없는데, 그 다음에는 레닌에게 빵을 달라는 기도를 하게 하고 그러는 동안에 빵을 갖다놓아주었습니다. 이것이 언뜻 보기에는 우스운 사기극 같지만 아이들에게는 굉장한 영향을 주었다는 것입니다. 뿐만 아니라 남북회담시에도 우리측 대표가 북한에 갔을 때 제일 먼저 보여준 것이 탁아소였답니다. 그리고는 북한 대표들이 남한에 왔을 때 역시 탁아소를 보겠다는데 보여줄 곳이 있어야지요. 저들에게 비하면 우리 것은 너무 시시해서 보여줄 탁아소 하나가 제대로 없다는 말씀입니다.

　공산화를 위한 저들의 노력과 준비는 대단한 것입니다. 그러기 때문에 공산주의자를 만들려면 어려서부터 훈련되어져야 한다는 신념으로 규모있는 탁아소를 대대적으로 꾸려가는 것입니다. 그렇다면, 우리는 어떻습니까? 구원을 얻는다고 하는 예수를 믿으면서, 자녀들과 후손들에게 그리스도에 대한 신앙을 넣어주기 위해 얼마나 노력을 하였느냐는 말씀입니다. 바로 여기에 문제가 있기 때문에 악으로부터도 배워야 한다는 것입니다. 아직 어리고 순수해서 넣어주는 대로 먹고 그대로 뿌리를 내릴 수 있는 그 때에 무엇인가를 해주어야 하는데 우리에게는 아직도 그런 제도가 없고 방법도 부족한 상태입니다. 그러고 보면 이와 같은 공산당의 극성, 공산화를 위한 조직과 방법 등 이 모두가 다 누룩인 것입니다. 이와 같은 누룩의 작용을 우리는 반대 방향에서 기독교적으로 배워야 할 것입니다.

저들은 소위 세 가지 전체주의(three totality)를 이야기하고 있습니다. 이는 모택동이 한 말로서 전적으로 따라야 한다는 것을 강조하고 있는데, 그 첫째가 전적인 수락(total acceptance)이라는 것입니다. 검다면 검은 줄 알고 희다면 흰 것으로 알 것이지 여기에 비판은 필요 없습니다.

다음은 전적인 훈련(total discipline)입니다. 어디로 인도하든지 군소리하는 것이 아닙니다. 가라면 가는 것이고 오라면 오는 것입니다. 그리고 전적인 위탁(total commitment)입니다. 내가 나의 것이 아니며 바쳐지고 맡겨진 것입니다. 이들의 이론이 놀랍도록 기독교적임을 우리는 부인할 수가 없습니다. 우리의 표현으로 한다면 전적으로 아멘, 전적으로 감사, 전적으로 헌신이 아니겠습니까? 이 원리만 배우고 익힌다면 신앙생활에 더 다른 문제는 일어나지 않을 것입니다. 저들은 꿈을 꾸어도 공산주의 꿈을 꾸라고 합니다. 그렇다면 우리는 예수의 꿈을 꾸는 것이 당연한데, 무엇을 생각하다가 잠들었기에 허황한 꿈만 꾸게되는 것이겠습니까? 누룩이 들어갔으면 비록 적은 양이라 할지라도 온 인격, 온 가정, 그 누구를 만나든지 퍼져나가게 되어 있습니다. 그리하여 저가 나 같아지기를 바라고 그가 예수 믿기를 바라게 되는 것입니다. 그런데 나에게 그런 마음도 생기지 않고, 그러한 활동도 일어나고 있지 않다면 이는 분명 누룩이 들어가지 않았거나 잘못된 누룩이 들어갔기 때문일 것입니다.

진짜 말씀의 누룩이 내 속에 들어 있다면 그 말씀 그대로 있지를 않습니다. 반드시 문제를 일으키고 역사를 만들고 맙니다. 믿지 않는 가족, 믿지 않는 친구, 그 누구든 믿지 않는 것을 보면 안타까워 견딜 수 없게 되는 것이 누룩입니다. 그리하여 자꾸만 퍼져나가게 됩니다. 누룩은 반드시 변화시켜 나갑니다. 복음이 들어갔으면 복음화되게 마련입니다. 그리하여 복음의 생활화, 복음의 세계화가 기어이 이루어지게 되어 있는 것입니다. 이러한 현상을 예견했던 한 청년의 재미있는 이야기가 있습니다.

　인도에 파송된 한 선교사가 원주민 청년 하나를 붙들고 돈은 얼마든지 줄 터이니 당신나라 말을 좀 배우게 해달라고 부탁을 했다고 합니다. 그런데 그 청년은 끝까지 못 가르쳐 주겠다는 것입니다. 그래서 예수는 안 믿어도 좋으니 말만 가르쳐 달라고 했더니 그 청년의 대답인즉 내가 당신에게 우리 말을 가르치다가는 내가 예수 믿게 되므로 가르칠 수가 없다는 것입니다. 뿐만 아니라 만나지도 말아야 한다는 것입니다. 자주 만났다가는 예수 믿게 마련이라는 것이지요. 이것이 복음이고 이것이 누룩입니다. 여러분! 누룩과 밀가루가 만나면 어떻게 되겠습니까? 그 어떤 밀가루라 할지라도 누룩 되게 합니다. 그런데 요즈음은 누룩이 잘못 밀가루가 되지나 않는지 두렵습니다. 있다면 이는 완전히 변질된 누룩입니다. 따라서 버릴 수밖에 없는 것입니다.

　천국은 마치 누룩과 같다는 말씀은 우리의 신앙, 우리의 현실을 참으로 긍정적으로 인도해주는 말씀이며, 멈추어질 수 없는 복음의 사역 속에 이미 우리가 적은 누룩으로 쓰여지고 있다는 사실을 말합니다. 이제 누룩의 소중함과 그 놀라운 변화의 힘을 알고, 미래의 놀라운 역사를 바라볼 수 있다면 주어진 이 시간은 자신의 누룩을 점검하며 어떤 방법, 어떤 모습으로 살아가고 있는가를 생각해 보아야 할 것입니다.

감추인 보화

"천국은 마치 밭에 감추인 보화와 같으니, 사람이 이를 발견한 후 숨겨 두고 기뻐하여 돌아가서, 자기의 소유를 다 팔아 그 밭을 샀느니라."
(마태복음 13:44)

감추인 보화

　오늘의 본문이 천국으로 시작되었듯이 주제 역시 천국임을 우리는 쉽게 발견할 수 있습니다. 특별히 마태복음에는 이 "천국"이라는 표현을 34회에 걸쳐 기록하고 있는데 이는 곧 "하늘나라"가 되겠습니다. 그러나 누가복음이나 마가복음에서는 전반적으로 "하나님의 나라"로 기록하고 있습니다. 그 이유는 이를 필요로 하는 중요한 배경이 있기 때문입니다. 그리하여 히브리 사람들에게는 "하늘나라"라 하고 그 외 헬라 사람이나 로마인에게는 "하나님의 나라"라고 하였습니다. 왜냐하면 히브리 사람들은 "하나님의 나라"라는 말 자체의 사용을 대단히 꺼려합니다. 그들은 하나님의 이름을 함부로 부르지 않고 그리고 못합니다. 특별히 십계명의 제3계명 "너는 너의 하나님 여호와의 이름을 망령되이 일컫지 말라"는 계명을 기억하며 그 이름 앞에 항상 두려워하고 있습니다.
　이 때문에 지금도 히브리어에는 여호와란 말이 자음으로만 기록되어 있을 뿐 모음이 없기 때문에 읽지를 못합니다. 그래서 읽을 때에는 "아도나이"라는 대칭을 사용하고 있는데 이는 "주"라는 표현이 되는 것입니다. 그러니까 생각은 여호와라고 하면서도 그 이름을 잘못 부르면 하나님의 노하심이 크다는 것으로 알아 감히 여호와라고 쉽게 부르지를 못합니다. 따라서 여호와의 이름 다음으로 중요한 하나님이라는 이름도 그렇게 쉽게 부르지를 못하는 것입니다.
　여기에 비해 우리는 너무 쉽게 망녕되이 부를 때가 많습니다. 그리하여 아차 하면 "하나님 맙소사" 하고 나오는 잘못된 입버릇을 보게 되는데 이는 다 잘못된 것입니다. 우리들 사회에서도 어른의 이름을 함부로 부르지 못하게 되어있는 것이 중요한 법도라면, 하물며 하나님의 이름을 함부로 불러서야 되겠습니까? 생각 없이 아무렇게나 마구 부를 수 있는 것이 하나님의 이름이 아닙니다. 그래서 이스라엘 사람들은 혹시라도 잘못 실수할까봐 하나님의 이름을 잘 부르지 못하고 대칭을 쓰는데 그것이 바로 하늘입니다.

결국은 하나님의 나라를 하늘나라로 바꾸어 부르는 것입니다. 그러므로 여기서 조심해야 될 것은 하늘이라고 해서 은하수가 있는 푸른 하늘이 아니라는 점입니다. 단순히 하나님이라고 하는 이름의 대명사격인 대칭으로 불리워지고 있는 것이 하늘이라는 말씀입니다. 그러면 왜 이방 사람에게는 하늘나라라고 하지 않고 하나님의 나라라고 표현되어야 하는가의 문제입니다. 그런데 이방 사람들은 히브리 사람들과 달리 하늘을 묘한 세계로 생각하고 있었습니다. 즉 하늘에는 귀신들이 많이 있으면서 결혼도 하고 싸우며, 그러다가 부딪혀 비가 오고 하는 식의 귀신들이 사는 공중 세계로 생각하고 있었습니다. 그러기 때문에 하늘나라 하게 되면 귀신의 나라가 되어버리고 마는 것입니다. 이를 염려하여 원뜻대로 돌아가 "하나님의 나라"로 표현하고 부르게된 것입니다.

따라서 오늘 본문의 "천국은 마치……와 같으니"라는 말씀은 뜻으로 말하면 "하나님의 나라는 마치……와 같으니"란 말씀이 됩니다. 그리고 특별히 마태복음 13장에 있는 말씀들을 문맥상으로 연결하여 그 뜻을 생각하면 오늘 본문에서의 하나님의 나라는 그리스도 자신을 말씀하고 계십니다. 그리고 좀더 나아가서는 그리스도께서 전하시는 그리스도 자신에 대한 복음, 곧 그리스도의 복음 그 자체가 하나님의 나라이더란 말씀입니다. 그러기에 복음의 임함이 곧 하나님의 나라의 임함이요, 복음이 전파되는 것이 하나님의 나라가 확장되는 것이며, 복음을 듣는 것이 하나님의 나라를 만나는 것이고, 복음을 받아들이는 것이 하나님의 나라에 들어가는 것이 됩니다. 이처럼 하나님의 나라와 그리스도는 동시적이고 동일선상에 놓여있는 절대 불가분의 관계에 있습니다.
　요즈음처럼 그리스도와 하나님의 나라를 별개의 것으로 생각하려는 경향하에서는 특별히 강조되고 거듭 확인되어야 할 문제가 아닐 수 없습니다.
　다음으로 생각할 것은 하나님의 나라와 개인적인 관계입니다. 우리는 흔히 "하나님의 나라"라고 할 때에 우주적이거나 혹은 정치적으로, 구조적으로, 그리고 보편적인 사건으로 다가오는 것처럼 생각하기가 쉽습니다. 그러나 하나님의 나라는 예수님의 말씀처럼, 마치 겨자씨가 땅에 떨어지는 것과 같이 조용하고 미미한 출발이 있을 뿐인데 이는 동시에 개인적인 관계를 먼저 말하는 것이 됩니다.
　하나님의 나라는 먼저 개인 하나하나와의 만남을 통하여 개인적으로 이루어지고 그 개인이 누룩처럼 퍼져 확장되어간다는 말씀입니다. 아무튼 하나님의 나라는 특별하거나 돌발적인 사건으로 임하는 것이 아니라 먼저 개인적으로 임하는 것임을 잊지 말아야겠습니다.
　신학계의 어떤 이들은 현대는 개인이 무력한 사회이기 때문에 구조적인 문제가 먼저 해결되어 사회적으로 하나님의 나라가 임한 후에 개인적인 것이 와야 한다는 방법론을 제시하기도 합니다만, 오늘의 본문은 그렇게 말씀하고 있지를 않습니다. 그러기 때문에 예수님께서는 개인 한 사람 한 사람, 그것도 그 사람의 심령을 향하여 중생의 교리를 말씀하셨습니다. 그리고 나아가서는 "하나님의 나라"는 본인이 의식하지도 못하고 미처 깨닫지도 못한 순간에 벌써 임하여 있음을 비유를 들어 말씀하고 계시는 것입니다. 그리하여 그의 인격이 변하고, 그로 인하여 가정이 변화되고 사회가 변하고 마침내 세계가 변화되어 나가는 것입니다.
　만약에 하나님의 나라가 정치적으로 오는 것이었다면 예수님의 행적이 지금의 기록과는 많은 대조적인 차이점을 낳았을 것입니다. 다른 부분은 두고라도 예수님께서 부활하신 다음 도망간 못난 제자들을 찾아가셔서 부탁하실 것이 아니라, 최소한 빌라도를 만나셔서 "정치 좀 잘하라, 그리고 재판은 똑바로 하라"는 한 마디쯤은 했어야 하고 또 그럴 법도 합니다. 그런데 도망간 제자들을 찾아가셔서 "네가 나를 사랑하느냐? 내 양을 먹이라" 하고 계시니 이래 가지고서야 어느 세월에 하나님의 나라가 되겠느냐는 한심한 생각이 듭니다. 그러나 이것이 예수님의 방법이라는 점을 우리는 잊지 말아야 합니다. 조용하게 한 사람을 만나 그에게 복음을 전하는 일로부터 시작되어 거기에서부터 퍼져나가는 것입니다. 그러므로 이는 오늘 본문에서 밝혀지는 대로 극히 개인적인 관계를 말하고 있는 것입니다.

　이제 한 사람이 천국을 만나게 됩니다. 그는 그 만난 천국을 받아들이게 되는데 이때에 그 개인과 받아들이는 천국과의 관계가 어떤 사건으로 이루어지고 있는가를 오늘 본문은 말씀하고 있습니다.

　그런데 여기 주어진 본문을 바로 해석하기 위하여 2천여년 전 유대나라, 유대풍속으로 돌아가 당시의 역사적 배경을 좀 알아보아야 되겠습니다.

　먼 옛날이었던 당시에도 정치가 있었고 법도 있었습니다. 그러나 법은 멀고 주먹은 가깝다는 말이 있듯이, 정치는 예루살렘에서나 하는 것이었고 구석진 조그마한 마을에서는 그같은 것을 알 바도 없었으며 따라서 보호받을 수도 없었습니다. 이처럼 외딴 작은 마을에 있어서는 정치나 법 따위는 있으나마나 한 것이었는데 여기서 제일 무서운 것은 강도를 만나는 것입니다. 불한당과 마적떼들이 한 번씩 휩쓰는 날에는 속수무책으로 당할 수밖에 없습니다. 이러한 어려움이 있었기 때문에 은행도 없는 당시의 사람들은 돈을 벌어 재산이 생기면 땅을 파고 묻어두는 것입니다. 이는 그 옛날 우리나라에서도 많이 볼 수 있었던 풍속입니다.

　이렇게 땅 속에 돈이 든 항아리를 묻어두고는 자기만 알고 있으면서 필요에 따라 몰래 꺼내기도 하고 더 넣기도 하는 것입니다. 그런데 이 돈

항아리 주인이 자기만 알고 있다가 돈을 다 꺼내지 못하고 죽어버리게 되면 그것은 몇백 년이 되든 발견되어질 때까지 그대로 남게 되는 것입니다. 그것은 발견하는 사람이 임자가 되는 그야말로 노다지인 것입니다. 이 노다지 하나를 만나면 횡재하는 것인데 오늘 주신 본문은 유대 땅에 있었던 이 노다지를 놓고 이야기를 전개하고 있습니다.

당시의 풍속대로 하면 먼저는 발견한 사람이 임자가 되지만, 문제는 밭 주인에게도 2분의 1에 해당하는 권한이 있다고 하는 점입니다. 그러니까 만약 밭 주인이 발견했으면 전부를 차지할 수가 있겠고, 그 외 다른 사람이 발견했을 경우는 밭 주인과 반씩 나누어 가져야 된다고 합니다. 그런데 오늘 본문에서 이 보화를 발견한 사람은 반씩 나누기가 싫었습니다. 그 보화를 조금이라도 남에게 빼앗기고 싶지 않은 욕심이 있었던 것같습니다. 그 때문에 집에 돌아가서 자기의 소유를 다 팔아 그 밭을 사게 되었다는 것입니다. 그러고보면 이 사람은 자기의 밭을 갈이한 것이 아닙니다. 이 집의 머슴이었거나 아니면 품군이나 품앗이 일을 하다가 묻혀 있는 항아리를 발견했다는 말입니다. 보화가 가득한 항아리, 가슴이 두근거리는 횡재, 그러나 이 놀라운 기쁨을 공개할 수 없는 것은 그렇게되면 반은 빼앗겨야 된다는 사실입니다. 그러므로 모르는 척 덮어두고는 집으로 돌아가 자기의 재산을 다 판 것입니다. 이 사람은 욕심이 많음과 동시에 침착하고 대단히 지혜로운 사람입니다.

그 밭, 곧 보화의 밭을 사기 위해서 숨겨놓고 돌아가서 있는 소유를 다 팔아 그 밭을 사는 것입니다. 이렇게 하여 밭을 완전히 자기 소유로 만들어놓은 다음 그 보화를 꺼냈다는 것입니다. 아마도 이 비유는 당시에 있었던 실제의 한 사건을 예로 들어 말씀하고 계시는 것같습니다. 이는 물론 예수님께서 정보에 빠르셨다는 점에서도 그러하지만, 본문의 내용을 마치 그 사건과 같다는 뜻으로 전개시켜 나가신다는 점에서 더욱 그렇습니다.

그런데 여기서 생각해야 할 중요한 이야기는 비록 보화라 할지라도 어떤 사람에게는 감추어진 보화로서 숨겨진 상태로만 있었는데, 어떤 사람에게는 발견되는 보화로 감추어지지 않는 사건으로 노출된다는 것입니다. 이와 같은 현상은 오늘에 있어서도 마찬가지입니다. 이 귀한 보화가 수많은 성경책 속에 담겨져 있고, 방송과 인쇄물을 통하여 그리고 이런저런 모습으로 복음이 전해지고 있지만, 아직도 많은 사람들에게는 감추어진 상태에 있기에 그 가치를 아는 자들만이 교회를 찾게 되는 것입니다. 보화인 하나님의 말씀이 인간의 죄와 타락성에 감추어져 있으며 죄스러운 경험과 고집스러운 온갖 이해, 또한 인간의 육적이요 물질적인 지나친 욕망에 감추어져서 하나님의 나라가 보이지를 않는다는 것입니다. 이 때문에 성경을 읽어도 말씀이 마음에 들어오지를 않고 교회에 나오기는 했는데 졸립기만 합니다. 한마디로 들려지지 않는 상태입니다. 이는 곧 세상 욕심과 타락성에 씌워 하나님의 말씀이 들려지지 않는다는 말입니다.

또한 보아도 모르겠고 들어도 알 수 없다는 것은 하나님의 말씀이 특수한 사람에게 개인적으로 계시되고 있기 때문입니다. 좀 더 신학적인 용어를 빌린다면 역사 안에 감추어져 있다는 것입니다. 역사적인 사건 그리고 인간의 육체 속에 감추어져 있으며, 특별히 예수 그리스도께서 육체로 오셨다는 그 사건은 육체 안에 감추어진 보화를 말하는 것입니다. 그런가 하면 오늘 우리가 살고 있는 매일매일의 구체적인 사건 속에 하나님의 말씀은 숨겨져 있습니다. 이 보화의 가치를 발견할 수 있어야 합니다. 그럴 때에 늘 듣던 그 말씀이 오늘 내게 와서 새롭게 들려지고, 내게 주시는 말씀으로 뜨겁게 받아들여지는 것입니다. "하나님이 세상을 이처럼 사랑하사 독생자를 주셨으니." 이 말씀을 모르는 사람이 어디에 있겠습니까? 그러나 오늘에 와서 그 말씀의 의미와 사건이 나로 하여금 눈물을 흘리게 하고 참 사랑의 실천을 다짐하게 만드는 것입니다. 이처럼 진리의 보화는 하나님께서 내 마음 문을 열어주시고 내 눈을 뜨게 하실 때에 비로소 발견하게 되는 것입니다. 그런데 복음을 만나는 데에는 두 가지 길이 있습니다.

그 하나는 값진 진주를 찾아 헤매는 사람처럼 자기가 찾아 만나는 것이고, 다른 하나는 오늘 본문의 주인공과 같이 우연히 만나는 경우입니다.

전자는 처음부터 구도자가 되어 불교에로 가는가하면, 유교에도 가보고 이것 저것에 철학적 관심을 쏟으며 어디에 길이 있을까?를 찾아 헤매다가 예수를 만나는 사람입니다. 그런가하면 후자의 경우는 특별한 생각도 없이 그저 지내다가 장가 잘가서 예수를 믿게 된다거나, 혹은 좋은 친구, 좋은 직장 만나서 아무런 갈등과 수고도 없이 예수 믿게 된 사람 등입니다. 그야말로 이 얼마나 우연한 횡재입니까? 그러나 내게는 우연같지만 하나님께서는 우연이 아니었습니다. 아예 하나님께는 우연이란 없습니다. 다 아시고 계획하시는 하나님의 섭리 중에 그렇게 만나게 되었을 뿐입니다. 자기로서는 아무런 의식이나 의도가 없었는데도 이렇게 되었다는 말입니다. 별다른 생각 없이 그저 지난날 하던 방법대로 밭을 갈다가 보화를 만난 것입니다.

이와 같이 우리의 인생길에 있어서도 내가 모르는 길을 가고 있지만 하나님께서는 아시는 길로 인도하셨고, 나의 길, 내 인생의 한복판에서 나를 가로막으며 만나주신다는 것입니다. 이것이 바로 천국입니다. 열어보니 보화가 가득합니다. 이제 크게 기뻐하고 기뻐합니다. 가난한 한 사람이 보화를 발견하고 갖는 그 기쁨! 그야말로 비길 데 없는 기쁨이 아니겠습니까? 그러나 그는 그 기쁨을 감정에 맡겨 날뛰지 않고 어떻게 하면 그 전부를 소유할 수 있을까를 생각하고 지혜로운 결정을 내리게 됩니다. 본 것만이 아니요 들은 것만이 아니라 완전히 자기의 것으로 소유하겠다는 것입니다.

진리도 마찬가지입니다. 멀리 추상적으로 생각하고 책장이나 뒤적거리듯 객관시해 버린다면 아무리 놀라운 진리라 할지라도 나와는 상관이 없는 것입니다. 그러므로 그리스도의 복음을 나의 것으로 삼지 않은 상태에서의 복음이란 마치 묻혀 있는 보화 위를 무감각하게 지나가듯이 어떠한 기쁨이나 변화도 기대할 수가 없는 것입니다. 발견된 보화는 나의 것으로 소유되어야 합니다. 그래서 이 사람은 정당한 방법으로 해결의 길을 찾습니다. 우선은 숨겨놓고 보화의 값어치를 생각해보고 그리고 밭의 값어치를 생각해봅니다. 그러면 어떤 방법으로 그 전부를 다 가질 수 있겠는가? 그러나 귀한 것이니 당연히 지불해야 할 대가가 있다고 생각합니다.

그는 결코 쉽게 공짜로 얻겠다는 마음은 갖지 않습니다. 상상할 수 있는 것은 그가 마음먹기에 따라서는 그 보화 전부를 몰래 도둑질할 수도 있다는 것입니다. 아무도 보지 않는 곳에서 발견한 것이라 그렇게 하면 돈 한 푼 들이지 않고도 내 것이 될 수 있습니다. 그러나 문제는 커집니다. 가난하고 돈 없던 사람에게 돈이 생겼으니 그 출처를 추궁받게 되고 그렇게 되면 결국은 남의 물건 절반은 도둑질한 셈이 되고 맙니다. 이 때문에 정당한 방법으로, 필요한 값을 지불하고 찾겠다는 것입니다.

예수 믿는 것도 그렇습니다. 너무 지름길로 가려하지 마십시오. 정당한 코스로 성경보고, 기도하고, 교회에 나오며, 봉사하는 기본적인 과정을 밟아 나가야 합니다. 오늘 본문의 주인공은 정당한 길을 밟아서 자기의 소유를 삼으려고 합니다. 그리고 당연히 지불해야 할 대가를 생각하였습니다. 우리가 예수를 믿는 데 있어서도 지불해야 할 대가가 많이 있습니다. 그러기 때문에 예수님께서는 "나를 따라오려거든 자기를 부인하고 자기 십자가를 지고 좇을 것이니라"고 하신 것입니다. 십자가의 대가는 지불되어야 하고 자기는 부정할 수 있어야 한다는 말씀입니다. 아무렇게나 거저 얻는 식으로 그렇게 쉽게 생각할 문제가 아닙니다. 이제 이 사람이 돌아가서 자기의 소유를 다 팔았다고 하였습니다. 이때 그는 이미 부자가 되어 있는 기분으로 버리는 것처럼 다 팔아 치우면서도 마음은 한없이 기뻤다는 것입니다. 이것이 예수 믿는 것입니다. 이는 부정을 위한 부정이 아니며, 포기를 위한 포기가 아닙니다. 진실로 영원한 긍정을 위한 부정이며, 더 큰 소유를 위한 작은 포기일 뿐입니다. 그러기 때문에 이 포기가 결코 어려운 것이 아닙니다.

구원의 주 예수를 발견하고 그 예수를 믿고 따르기 위하여 지불하는 희생, 그것은 아까운 것이 아닙니다. 무엇이든지 다 팔아서 살 만한 생명 그 자체입니다. 그것 앞에 아까울 것이 따로 무엇이겠습니까? 그래서 빌립보 3장 4~11절에 의하면 사도 바울은 예수 그리스도를 아는 지식이 가장 고상하기 때문에 지난날 좋아하고 유익하게 생각하던 모든 것을 해로 여기고 잃어버리며, 배설물로 여기고 말았다는 것입니다. 그리고 그는 그리스도를 알고 그리스도를 얻고, 그리스도 안에서 발견되려 한다는 것입니다.

예수가 너무도 소중하고, 너무도 귀하기 때문에, 이것을 얻기 위해서라면 이전에 좋아하던 그 무엇이라도 다 버릴 수가 있다는 것입니다. 이것이 복음 안에 사는 사람의 참모습입니다. 비할 데 없는 천국의 가치가 이 모든 것을 가능케 한 것입니다. 그런데 유감스럽게도 예수 믿는 사람들에게는 둘 다 가지려는 경향이 없지를 않습니다. 세상도 쥐고, 천국도 쥐고, 도대체 어느 쪽으로 가겠다는 것입니까? 누가 뭐래도 그럴 수는 없습니다. 천국의 그 놀라운 가치를 진정으로 깨달은 자에게는 이 모든 희생은 당연한 것으로 받아들여집니다.

이런 의미에서 믿음이라는 것은 하나의 힘입니다. 다 파는 힘, 다 버리는 힘, 세상을 이기는 힘입니다.

그런데 오늘 본문 중에 덧붙여 생각할 것이 있습니다. 그것은 이 사람이 다 팔아서 보화를 산 것이 아니라 밭을 샀다는 점입니다. 지금 자기가 바라는 것은 보화뿐입니다. 그러나 그 보화를 얻기 위해서는 부득불 확대하여 그 보화와 관계된 밭을 샀다는 것입니다. 여기에서 우리는 생각하고 잊지 말아야 할 것이 있습니다. 즉 하나님의 진리를 찾고 받아들이기 위해서는 이에 관계된 것들을 받아들여야 한다는 것입니다. 다시 말하면 교회의 생활을 사야 합니다. 때로는 교회의 조직이나 예배 의식, 행사 등이 내 마음에 꼭 들지 않을 수도 있습니다. 그러나 교회 안에 말씀이 있고 복음이 있고, 진리가 있기 때문에 일단은 교회생활을 수긍하고 교회라고 하는 전체의 구조를 받아들여야 하는 것입니다.

생각해 보면 성경 66권 중에서 내가 구원받기 위해 필요한 구절은 한 장이 될지, 한 절이 될지 모릅니다. 더구나 내가 세상을 떠나는 마지막 순간에 외울 수 있는 요절이 몇 마디나 되는지 알 수가 없습니다. 이처럼 모두가 나에게 구원의 감격을 주는 말씀은 아닙니다.

그러나 분명 성경 66권은 다 읽어야 합니다. 우리는 이 점을 잊지 말아야 합니다. 밭을 사야 합니다. 보화만 사겠다고 하다가는 오히려 보화를 빼앗기게 되는 것입니다. 보화와 관계된 모든 것을 사는 것이 보화를 지키며 전부를 소유하는 것이 됩니다. 이것이 바로 우리의 신앙생활이요 교회생활인 것입니다. 다 팔아서 밭을 사고 그리고 보화를 꺼내어 기뻐하면서 자랑하는 그 모습이 다른 사람 아닌 나 자신의 모습이어야 합니다. 우리가 하나님의 말씀을 발견하고, 예수 그리스도를 발견하며, 하나님의 나라를 발견하고, 그 나라의 백성이 되며, 나아가서는 감히 하나님의 자녀가 되는 그 기쁨이란 더는 비교할 것도 또한 바꿀 수도 없는 엄청난 것입니다. 이제 그러한 기쁨과 감격이 넘치는 믿음으로 오늘도 이 세상을 승리의 생활로 이끌어 나가야 할 것입니다.

값진 진주 비유

"또 천국은 마치 좋은 진주를 구하는 장사와 같으니, 극히 값진 진주 하나를 만나매 가서, 자기의 소유를 다 팔아 그 진주를 샀느니라."
(마태복음 13:45~46)

값진 진주 비유

　이제 주시는 말씀의 진주 비유는 이름하여 값진 진주 비유라고 합니다. 이 비유의 주제 역시 하나님의 나라입니다. 이와 관련하여 오늘 본문은 하나님의 나라의 성격을 말함과 동시에 하나님의 나라에 대한 인간의 자세가 어떠한 것인가를 보여주고 있습니다. 특별히 하나님의 나라의 성격도 성격이지만 보다 더 중요한 것은 하나님의 나라와 인간과의 관계를 설명하는 것으로 믿어집니다
　본 비유는 앞 장에서 말씀드린 감추인 보화와 비슷한 내용으로 두 비유를 쌍둥이 비유라고 합니다. 둘 다 발견하는 이야기이고, 발견하고 기뻐하며 그 발견한 것을 위해 가진 것을 다 팔았으며 그리고 자기의 완전한 소유로 삼았다는 것입니다. 그러나 여기에 다른 점이 있습니다. 밭에 감추인 보화는 어디까지나 보화로서 금덩어리나 돈으로 볼 수 있습니다. 이는 교환 가치로 말하면 돈의 가치가 있다는 것입니다. 그런데 여기에 비해 오늘 본문의 비유는 진주로서 돈으로 계산할 것이 아니라는 점입니다. 그 내용으로 보아 돈과는 관계 없이 이 사람에게 있어서는 기어이 가져야 하는 가장 소중한 그것이었습니다. 이는 돈이 많고 적음으로 상관될 일이 아니라 문제는 그것을 꼭 가져야만 만족을 하겠다는 것입니다. 교환 가치가 분명하고 손쉬운 보화나 물질보다도 더 높은 가치를 이 진주는 가지고 있다는 것입니다. 그리고 더 중요한 차이는 보화의 비유는 우연적인 발견에 의한 것이었음에 비해, 이 값진 진주 비유는 찾아 헤맨다는 사실입니다.
　그는 본래 진주를 찾아 헤매는 진주장사입니다. 그래서 이곳 저곳을

다니며 진주를 수집하기도 하고 팔기도 하는데, 이제 이 사람이 너무도 귀한 진주를 만나게 되자 장사는 하지 않고 그것을 내가 가지겠다는 생각을 합니다. 지금까지 찾아다니다가 얻게 된 너무도 귀한 것, 그러한 의미에서 찾았다고 하는 것은 진행된 의식의 결과라는 강한 뜻을 갖게 됩니다. 그러니까 이는 발견한 것만 아니라 찾아 헤매다가 만났다는 것입니다. 따라서 이 진주는 본래적이요 의도적인 동기에서 찾아낸 것입니다. 거기에는 예술적 가치와 정신적 가치가 포함되어 있습니다.

여기서 우리는 고대로 거슬러올라가 당시에 있어서의 진주란 무엇이며 그 값어치가 어떤 것이었는가를 생각해보아야겠습니다. 지금에 와서 보화라고 하면 일반적으로 다이아몬드를 이야기합니다. 그래서 인간지대사라고 하는 결혼식에는 크든작든 간에 이 다이아몬드가 등장을 하는 것을 보게 됩니다.

그런데 이 다이아몬드는 잘 깎아 다듬어야 아름다운 것이지 그 원석을 보면 볼품없는 차돌에 불과합니다. 그러고보면 그럴 만한 기술이 없던 옛날의 다이아몬드란 귀한 것도 아니고 필요치도 않았습니다. 이 때문에 당시의 제일 귀중한 보석은 진주였습니다. 이것은 더 가공할 것이 없는 자연적인 모습 그대로의 아름다움을 가지고 예쁘고 영롱한 빛을 내기 때문에 일반적으로 최고의 보석으로 사랑을 받았다는 것입니다. 따라서 진주장사는 잘되는 장사였고 또한 좋은 진주를 구하려는 장사꾼들이 있었다는 것입니다. 이 진주는 사람들의 마음 깊은 곳으로부터 갖고 싶어하는, 특별히 여인들이 갖기를 원하는 것으로 돈의 가치 이상의 것입니다. 아름다운 것, 소중한 것을 가졌다면 파는 것이 아닙니다.

오늘 본문의 진주장사는 장사하기 위해 이곳 저곳으로 다니다가 놀랍도록 아름다운 값진 진주 하나를 발견하고는 아예 장사 그만둘 심산으로 가진 재산을 다 팔아 그것을 삽니다. 그리고는 다시 내어놓지 않을 생각입니다. 이와 같이 높은 가치의 진주를 발견했다는 것은 돈이나 물질

이상의 가치를 말합니다. 그러기에 진주의 가치는 크기와 색깔에 달려 있습니다. 그 둥근 모양이 크면 클수록 값은 비싸지고, 같은 크기에도 티없이 우아하고 아름다운 색채를 띤 것이 귀한 것이라고 합니다. 귀한 것은 흔하지 않은 것인데, 요즈음은 진주도 양식을 하여 다량 생산됨으로써 어떤 때는 천하게 보일 정도입니다마는 어쨌든 자연적으로 형성된 큰 진주는 아직도 엄청난 값을 지니고 있습니다. 더구나 다른 보석이 없었던 시절의 진주는 얼마나 귀한 것이었는지 모릅니다. 그래서 옛날 여인들은 이 진주를 들여다보면서 그 우아하고 영롱한 색채를 즐겼다고 합니다.

당시의 진주는 주로 홍해 주변에서 많이 났는데, 우리가 상식적으로 알고 있는 대로 대부분의 진주는 조개 속에서 얻게 되지만 보다 좋은 것은 물고기에서 구한다고 합니다. 지금도 가끔은 있는 일이지만 물고기 속에서 얻어진 큰 것은 엄청난 값에 진귀한 보화의 가치를 지니게 됩니다. 그런데 이와 같은 진주를 가짐으로 세 가지 즐거움이 있습니다.

그 첫째는 내가 이 좋은 것, 이 귀한 것을 가지고 있다는 만족감입니다.

그리고 두번째는 예술적 본능의 충족입니다. 이 아름다운 진주를 놓고 마치 그림을 감상하듯이 그 빛과 모양과 색채, 분위기 등을 즐기며 예술적 감정에 충족을 기한다는 것입니다.

다음 세번째의 즐거움은 이 진주를 가짐으로써 가진 사람의 값이 올라간다는 생각입니다. 당시에 이 보석은 귀족이 갖는 것이었습니다. 때문에 서민들은 가질 필요도 없고 가져도 소용 없는 것이었습니다. 그러므로 이 진주는 그 사람의 신분을 말해주며, 신분이 승격되고, 귀족화되는 것을 말해줍니다. 따라서 이처럼 귀한 것을 가지게 되면 다른 모든 사람이 갖지 못한 것, 그래서 모두가 부러워하는 것을 나 혼자만 가졌다는 기분에서 자기의 신분이 스스로 높아졌다고 생각하며 즐긴다는 것입니다.

오늘 본문에서 천국은 마치 이와 같다고 하는 것은 바로 이 큰 기쁨을 두고 하는 말입니다. 우리가 이 진주를 가져서 기뻐하는 것은 내 자신에 의해서 기뻐하는 것은 아닙니다. 그것은 어디까지나 객관적 가치에 의해서 얻어지는 기쁨입니다. 나는 그대로 있는데 진주 하나를 가지게 됨으로써 나의 값이 올라가고 만족한 기쁨을 누리게 된다는 것입니다. 그런데 여기서 한 가지 알아야 할 것은 이와 같은 진주의 가치를 아는 자에게만 그러하다는 것입니다.

제가 미국에서 공부할 때의 일입니다. 아프리카에서 온 청년 하나가 같이 공부를 하고 있었는데, 이 청년은 거의 이유 없이 백인들을 향해 욕설을 잘하는 편이었습니다. 하도 그러길래 한번은 당신이나 나나 이곳에서 장학금 받아 공부하는 처지인데 왜 그러느냐고 그 이유를 물어보았습니다. 그랬더니 그 청년의 이야기가 옛날부터 자기 나라에는 다이아몬드가 많았는데 그 몹쓸놈의 영국 사람들, 백인들이 와서는 아이들이 다이아몬드를 주워오면 껌 한 개씩을 주겠다고 하여, 다이아몬드가 무엇인지 모르는 처지에서 계속 주워다 주고는 껌 하나씩을 얻어 씹었다는 것입니다. 그러니 백인은 껌 갖다주고 다이아몬드 훔쳐간 나쁜 놈들이 아니냐는 것입니다.

그의 이야기를 다 들은 다음 몇마디 일러준 말이 있습니다. "당신들이 그 일 때문에 백인을 미워한다면 그것은 대단히 부끄러운 일입니다. 자고로 모르는 자는 임자가 아닙니다. 다이아몬드를 다이아몬드로 아는 사람에게 다이아몬드인 것이지 다이아몬드를 차돌덩이로 아는 사람에게는 차돌덩이일 뿐 다이아몬드는 아니지 않습니까?" 그러니 오히려 창피한 일로 생각하고 다시는 그런 소리 하지 말라고 일침을 놓았는데, 그 후로는 그 일 때문에 소란을 피우지는 않는 것같았습니다. 가치는 가치를 아는 자에게만 가치가 있는 것입니다. 천하에 하나뿐인 보석이 눈 앞에 있다 하더라도 가치를 모르는 자에게는 아무런 의미도 없는 것입니다. 그 고귀한 가치를 아는 사람만이 그 가치를 즐기는 것입니다.

다 지나간 옛날 이야기가 됩니다만, 1963년 제가 공부하기 위해 처음 미국에 도착했을 때 먼저 가 있던 친구 하나가 유일하게 마중을 나왔는데 그는 비행장 안에서 나에게 두 가지의 선물을 주었습니다. 그 하나는 엘에이(LA) 근방은 햇빛이 강하기 때문에 짙은 안경을 쓰는 것이 좋을 것이라 하여 선글라스를 하나 주었고, 다른 한 가지는 공부하는 데 필요한 것이라고 조그만 타이프라이터를 주었습니다. 이 타이프라이터는 자기가 쓰던 것인데 지금은 안쓰는 것이니 가지라는 것입니다. 가지고 가서 열어 보니 아주 많이 사용한 것이었습니다. 그래서 쓰기는 쓰면서도 기왕이면 새 것을 사줄 것이지 저 쓰던 나머지 하나 주었구나 하는 생각에 기분이 좋지를 않았습니다. 그러나 이것을 들고 다니면서 틈틈이 공부를 해야하고, 특별히 거리가 먼 교회의 주일 설교를 위해 토요일부터 출발하는 경우는 그곳에 도착하여서도 공부는 해야겠으니 필수적으로 이것을 챙겨가서 밤이 늦도록 공부를 했던 것입니다. 그런데 한번은 다른 때와 마찬가지로 토요일 저녁을 장로님 댁에서 묵으며 공부를 하고 있는데 밤 늦게 대학 다니는 그 댁 아들이 올라왔다가 제가 사용하고 있는 타이프라이터를 보더니 한마디 하는 것이었습니다. "당신은 외국 사람으로 무슨 돈이 많아서 이렇게 좋은 타이프라이터를 가지고 다닙니까?"라는 것이었습니다. 그러길래 저는 "내 친구가 쓰다가 내어버린 것 하나 준 것인데 별 것 아니다"라고 했지요. 그랬더니 그 학생의 계속하는 말이 이 타이프라이터는 스위스제로 상당히 고급이며 그래서 보통은 쉽게 가질 수 있는 것이 아니라는 것입니다. 그 말을 듣고 잘 보니까 메이드인 스위쩔랜드(made in Switzerland)로 정말 좋은 것이었습니다. 그래서 잘 닦고 청소를 하고 보니 그때부터는 똑같은 물건인데도 기분이 달라지는 것이었습니다. 그리고 들 때에도 아예 팔의 감각부터 달라지는 기분이 아니겠습니까!

이처럼 가치를 알 때와 모를 때의 기분은 전혀 별개의 것으로 나타나는 것입니다. 가지고 있으면서도 그 가치를 모른다면 아무런 소용이 없는 것입니다. 인생의 황금기를 살고 있는 젊은이들을 보노라면 그들대로의 고통과 고민에 쌓여 인생을 괴로워합니다. 공부가 힘들어서 괴롭고, 애인이 떠나갔으니 죽고 싶고, 그러나 이 모든 것을 가지고 어른들께 묻는다면 그까짓 것이 무슨 문제가 되겠습니까. 젊었다는 것, 그 하나만 가지고도 미칠듯이 감격스럽고 밤낮 춤을 추어도 끝이 없을 즐거움인 것입니다. 노인들이 부러워하는 것은 젊음 그 자체입니다. 일이 좀 안되면 어떻고, 애인이야 가도 그만 와도 그만, 흔하고 많은 사람 중에 다시 만나면 되는 것, 젊었다는 사실만으로 족한 것입니다. 그런데도 이 젊음의 가치를 젊은이들은 모른다는 말입니다. 그래서는 약을 먹었다 토했다 하니 이 얼마나 답답한 노릇입니까? 도대체 젊었다는 가치가 얼마나 굉장한 것인지를 모르니, 늙은이의 인생이나 다를 바 없이 무거운 한숨만 쉬고 앉아 있는 것입니다. 가진 바의 가치를 알지 못하므로 행복이 없는 것입니다.

천국의 가치, 이 진주의 가치는 다른 사람은 잘 모릅니다. 이것을 찾아 헤매는 사람만이 아는 가치입니다. 그래서 이 사람은 그 진주를 발견하자마자 너무도 소중한 것을 알고 꼭 붙들어놓은 후 있는 재산을 다 팔아 그것을 사내는 것입니다. 이러한 기쁨을 생각해보세요. 큰 가치, 최고의 가치, 절대적 가치, 그것으로 만족한 것입니다.

그러므로 예수 믿는 사람이라면 천국의 가치, 신앙의 가치, 하나님 말씀의 가치, 이것이면 그만이지 않습니까? 이것을 사기 위해서라면 무엇이라도 팔아야 하는 것입니다. 이처럼 제일 귀한 것이기에 우리는 가장 큰 기쁨을 여기에서 맛볼 수 있어야 하는 것입니다. 따라서 이것을 위해 무엇을 버린다는 것은 문제될 것이 아닙니다. 어떠한 희생도 문제가 되지 않는 것은 이것이 너무나도 귀중하고, 너무나도 크며 놀라운 감격을 가진 것이기 때문입니다. 그런데 이 가치는 나만이 알고, 감격하고, 소유하는 소중한 가치임을 잊지 말아야 합니다.

미국에서의 한 은행장 부인과 나눈 이야기입니다. 이 부인에게는 자기 남편이 사준 3천 달러짜리 값진 진주 목걸이가 있는데 이 부인은 아무리 화려한 파티가 있어도 그 목걸이로 외출을 하지 않는다는 것입니다. 그리고는 꼭 같은 모양의 가짜 목걸이를 하고 있는데 그 진짜 진주 목걸이는 한 번씩 거울 앞에서 걸어보고는 그 자리에서 풀어 본래대로 간직해 둔다는 것입니다. 나만이 아는 비밀, 나만이 아는 값진 진주를 가지고 사는 사람은 다른 사람의 진주에 상관할 바 없이 이제는 더 부러울 것이 없는 것입니다. 이 세상에 부러울 것 없는 사람처럼 행복한 사람이 어디 있겠습니까? 내가 가진 것이 제일 좋은 것인데 무엇을 더 바라겠습니까?

여호와는 나의 목자시니 내게 부족함이 없으리로다. 아무 것도 부족한 것이 없습니다. 이것이 예수 믿는 사람의 마음이요, 또 그러해야 합니다. 천국의 가치를 아는 사람, 예수를 아는 기쁨과 복음의 의미를 아는 사람에게는 달리 더 부러울 것이 없다는 말씀입니다.

다음으로 생각할 것은 이 사람은 진주장사라는 점입니다. 다르게 말하면 진주에 대해서는 전문가라는 이야기가 됩니다. 그는 전문적인 견해를 가지고 갈구하는 마음으로 찾아 헤매다가 다른 것과 비교할 수 없는 절대적 가치의 진주를 찾은 것입니다. 우리는 구도자입니다. 다 같이 진주를 찾아 헤매는 여기 이 사람과 다를 바 없습니다. 인도주의가 어떻고 윤리, 도덕을 요청하며 인간관계, 처세학을 제시해가며 인생살이 전부를 논한다 할지라도 이 세상 무엇과도 비교할 수 없는 것이 복음입니다. 오직 복음! 세상의 그 무엇과도 비교될 수 없는 최상의 절대적인 것입니다. 그런데 여기서 또 한 가지 중요한 사실은 기대 이상의 것이었다는 점입니다. 이 사람은 진주를 잘 아는 경험자였기 때문에 좋은 진주는 대략 이 정도일 것이라는 생각을 해왔는데 오늘 만난 진주는 지금까지 본 일도 없고, 들어본 적도 없는 정말 놀랄 수밖에 없는 굉장한 진주라는 것입니다. 바로 여기에 문제가 있습니다.

교회는 이와 같은 진주를 만난 사람들이 모여 있는 곳입니다. 그런데 교회 밖에서, 교회에는 나오지도 않는 사람이 교회를 평가하는 것은 무식한 망상이 아닐 수 없습니다. 저의 경우에 있어서는 그것처럼 기분 나쁜 일은 없는 것입니다. 며칠 전에도 믿지 않는 사람과 자리를 같이하고 있는데 돈도 많고 상식도 풍부하여 인격적으로 보이는 사람인데, 제가 목사인 줄을 알면서도 무슨 이야기를 하다가 하는 말이 "아, 종교란 다 그런 것 아닙니까? 뭐 기독교나 불교나 유교 할 것 없이 그저 마음 착하게 살아가라는 것 아닙니까?" 하고 아는 체하는데, 제 속으로는 당신이야말로 한참 무식하다는 생각이 들면서 기분이 좋지를 않았습니다. 흔히들 예수 믿지 않는 사람들이 쉽게 하는 말입니다. "그저 마음 착하게 살아가는 것이지 별 것이냐?" 도대체 그런 멍청한 소리가 어디에 있겠습니까? 그 말은 저를 모독하는 소리가 아니겠습니까? 그것에 미쳐서 목사가 된 사람 앞에서 무슨 망발을 하고 있는 것인지, 그것이 상대에게 얼마나 모독을 주고 있다는 사실을 모르고 있는 것입니다. 그러고 나니 이렇게 눈치도 없고 교양도 없는 사람이 어쩌다 돈을 벌었지만 별것이 아니구나 하는 생각이 들면서 몹시 불쾌했습니다. 이쯤 되면 이런 사람 앞에서 무슨 이야기를 할 수 있겠습니까? 그러나 꼭 하고 싶은 말, 들려주고 싶은 이야기가 있다면 "당신이 생각하는 것보다 몇천만 배의 가치가 있는 것만 아십시오"라는 겁니다. 당신이 그 가치를 알았다면 지금 여기에서 그 말 하고 앉았겠느냐는 말입니다.

대개의 경우 교회에 제대로 들어와보지도 않은 사람이 멀리 앉아서는 교회를 아는 척합니다. 이것이 바로 문제더란 말입니다. 상식적인 판단, 아니 이 사람은 상식적인 정도가 아니라 진주에 관해서는 전문가입니다. 그러나 이와 같은 진주에 관해서는 들어본 적도 없고 물론 만나본 적도 없습니다. 이 귀함은 처음이요 마지막인 절대적 귀함입니다. 오늘 우리는 진리도 알고 생명도 알며 도덕도 알고 종교도 압니다. 그러나 기독교는 예외입니다.

기독교는 결코 하나의 종교가 아닙니다. 물론 도덕이나 철학, 윤리, 교훈도 아닙니다. 이러한 의미로 본다면 기독교는 비교적 설명하기 어려운 그 무엇입니다. 이것은 생명이요, 생명의 길이며, 생명 자체로 변화되는 그래서 인간 상식, 인간 철학, 인간의 종교관을 통하여서는 상상도 할 수 없는 높은 가치의 그것입니다. 그러므로 여기서는 기대 이상이요 상상 이상인 놀라움이 있습니다. 이는 기독교가 인간의 종교가 아니라 계시적 종교이기 때문이며, 하나님의 말씀의 종교이기 때문에 갖는 엄청난 가치를 발견할 수 있음입니다. 따라서 예수를 믿는다는 것은 다름아닌 이 가치의 발견을 뜻합니다. 그래서 늦게 예수를 믿으신 분들이 곧잘 표현하기를 "이런 줄 알았으면 진작 믿었을 터인데" 하면서 더러는 이웃을 원망도 해보는 것입니다. 이렇게 좋은 예수를 왜 나보고는 믿으라고 전하지 않았느냐는 말입니다. 여러분, 죄 중에 제일 무서운 죄가 전도 안하는 죄라는 것을 아셔야 합니다. 이렇게 귀한 것을 어찌 나만 두고 믿겠습니까?

다음으로 이 사람의 생각은 이것만 소유하면 그만이라는 것입니다. 만일에 이 진주를 소유하지 못했다면 지금까지의 장사는 다 헛장사가 되고, 따라서 내 인생은 완전히 무효가 될 뻔했다는 생각을 한 것같습니다. 그래서 오늘 본문에 나타난 대로 자기의 소유를 다 팔아 그 진주를 샀습니다. 여기에 주석을 달자면 이미 가지고 있던 진주까지 다 팔아서 샀다는 것이 됩니다. 이제 다른 진주는 필요가 없습니다. 더는 다른 종교, 다른 윤리, 철학이 필요치가 않습니다. 다 팔아서 하나뿐인 그 진주를 기어코 사야 했으니까요. 만일에 이 진주를 사지 못한다면 잠을 이룰 수가 없고, 다른 진주 몇만 개를 가진다 해도 계속 불행할 것이라는 이야기가 됩니다. 그러나 다 팔아서라도 이것만 가지면 행복할 것이라는 느낌과 확신이 섰다는 것입니다. 절대 필요, 절대 관계, 이 얼마나 중요한 이야기입니까?

여러분, "예수"가 정말 그렇게 생각되고 느껴집니까? 예수만으로 족하고, 잘못 이 신앙의 길을 잃어버린다면 내 인생은 허사가 된다는 가치의 근본, 그 가치의 형성이 바로 이 복음 위에 세워진다는 말입니다. 이것을 떠나서는 어떠한 이야기도 있을 수 없습니다. 적어도 먼저 예수를 이야기한 다음에야 다른 것을 논할 수 있다는 말입니다. 복음 외에 다른 것의 상상을 불허하는 믿음, 그것이 예수 믿는 사람의 마음입니다. 이 때문에 순교하는 것 아니겠습니까? 차라리 목숨을 버릴지라도 예수를 버릴 수는 없습니다. 어떠한 고난 속에서도 예수는 나의 예수여야 하고, 찬양받으셔야 하며, 나와 예수는 함께하여야 합니다. 다시 말하면 이 신앙을 위해서는 어떠한 대가라도 지불하겠다는 마음의 결단이 있어야 하고 또한 그 결단이 지켜져야 하는 것입니다. 그러고보면 우리의 신앙 태도는 예수 자체를 만나려는 것이 아니라 예수를 비롯해서 그 무엇을 소유하려는 경향이 적지는 않습니다. 이것이 소위 말하는 기복사상인데, 이 때문에 기독교가 무당화되고 저질화되어가는 것입니다. 우리가 바라는 것은 오직 예수 자체입니다. 예수만 깨닫고, 예수만 믿으며, 예수만 모시면 아무런 소원도 없는 이것이 바로 진주 장사의 마음입니다.

그리고 또 한 가지 잊지 말아야 할 것은 이 사람은 기회를 놓치지 않으려고 합니다. 앞으로 돈벌어서 나중에 하자는 식이 아니라 이것이 처음이자 마지막 기회라는 생각으로 바로 이 시간에 이것을 가져야 한다는 것입니다. 이 기회를 놓치면 일생에 다시 못만난다는 생각으로 다 팔아서 사는 것입니다. 기회를 놓치지 않으려는 것은 대단히 중요한 마음입니다. 신앙의 기회, 복음을 받아들이는 기회, 진리를 깨닫는 기회, 하나님의 나라를 위해 일하는 기회, 이 모두가 얼마나 중요한 기회들입니까? 우리들에게는 각자의 기회가 있습니다. 돈 있을 때 일해야 합니다. 젊었을 때 일해야 합니다. 시간이 있을 때 일해야 합니다. 생각이 맑을 때 일해야 합니다. 우리에게 주어진 기회는 항상 있는 것이 아닙니다. 내 일생에 한 번밖에 없다고 생각하는 그 절대적 기회관이 참으로 중요한 것입니다. 그 때문에 이 사람은 모든 것을 팔아서 이 진주를 사는 것입니다. 이제 그토록 많은 대가를 지불하고서는 갖고 싶어하던 그 진주를 소유한 이 사람의 기쁨은 어떤 것이겠습니까? 천하를 얻은 것과 같고 우주를 얻은 것과도 같으며, 이제는 죽어도 한이 없다는 마음입니다.

예수에 대한 우리의 마음이, 하나님의 나라에 대한 우리의 신앙과 우리의 고백과 우리의 감격이 바로 이런 것이어야 합니다. 이로 인하여 모든 것을 수용할 수 있고 모든 시험을 이기며, 모든 불행을 지워버리게 됩니다. 그리하여 오직 예수 그리스도와의 관계에서 만족해하고 즐기는 이것이 진주 장사의 마음인 바로 우리의 마음이어야 하는 것입니다.

그물 비유

"또 천국은 마치 바다에 치고 각종 물고기를 모는 그물과 같으니, 그물에 가득하매 물가로 끌어 내고 앉아서 좋은 것은 그릇에 담고 못된 것은 내어 버리느니라. 세상 끝에도 이러하리라. 천사들이 와서 의인 중에서 악인을 갈라내어 풀무 불에 던져 넣으리니, 거기서 울며 이를 갊이 있으리라."
(마태복음 13:47~50)

그물 비유

오늘 본문에서는 그물 비유를 통하여 천국을 말씀하고 있습니다. 하나님의 나라는 이와 같으니 하심으로 하늘의 이치를 땅의 이치로 설명하시는 것입니다. 우리가 보지 못한 세계를 보는 세계로 말씀하십니다. 우리가 생각할 수도 없었던 세계를 일상생활에서 말하고 생각하며 경험하는 것으로 이야기하십니다. 우리는 여기서 예수님의 지혜를 배우기도 하고, 예수님의 교육방법을 배우기도 하며 예수님의 통찰력을 배우기도 합니다. 따라서 우리들도 예수님처럼 바닷가에서 그물을 보든, 진주를 보든, 그 무엇을 보든지 간에 "천국은 이와 같으니" 하는 진리를 순간순간 깨달을 수 있다면 얼마나 좋을까 하는 생각을 하게 됩니다. 언제 어디서나 영적인 감각, 영적인 지식, 영적인 안목을 가질 수 있다면 그의 삶은 언제나 하늘나라이며 동시에 실패함이 없을 것입니다.

    오늘 주신 예수님의 비유는 아마도 갈릴리 바닷가에서 어부들이 그물을 치며, 끌어올리는 모습들을 직접 보시면서 하신 말씀이라 생각이 됩니다. 이는 예수님 비유의 소재는 언제나 가장 평범하고 보편적이며 시각적이고 현재적이라는 점에서 더욱 그렇습니다. 여기 그물 비유는 갈릴리 바닷가에 사는 사람들에게는 너무나도 일상적이고 당연한 이야기입니다. 그런데 콘크리트만 보고 고속도로를 달리며 엘리베이터로 오르락내리락하는 세대들에게는 실감나지 않는 말씀이 될지도 모르겠습니다. 그러나 하나님이 만들어 놓으신 자연의 세계, 평범한 삶의 이야기를 모른다는 것은 하등의 자랑할 것이 못됩니다.

    예수님께서 말씀하신 천국의 비유들은 하나같이 자연의 질서, 이치와 삶의 현장에서 일어나는 평범한 것들에 지나지 않습니다. 그래서 누구나 듣고 깨달을 수 있고, 봄으로써 깨닫게 되는 소재였습니다. 교통이 단절된 시대에 있어서 깊은 산속에서의 바닷가 그물 이야기는 통하지 않는 망상의 지껄임에 불과한 것입니다. 그러나 바닷가 갈릴리 사람들에게는 그렇게도 실감나고 쉽게 전달되는 복음 전파의 방법이었다는 것입니다.

어려운 말을 한다고 유식한 것은 아닙니다. 남이 알아들을 수 없는 이야기나 설명은 하나마나한 것이며 결국은 시간과 정력만 낭비한 것이 되고 맙니다. 예수님께서 그러하셨듯이 본래 유식한 사람은 다 통했기 때문에 쉽게 말한다고 합니다. 기회가 있어 들어보면 세계적인 석학들의 강의는 대체로 쉽습니다. 아주 쉬운 표현들을 통하여 깊은 내용과 오묘한 경지를 이야기하는 것을 보게 됩니다. 누구나 다 알아들을 수 있는 그 이야기 속에 진리가 있고 생의 이치와 깊이가 있다는 말씀입니다.

이제 생각할 그물 비유는 이미 앞서 거론한 가라지 비유와 유사점을 가지고 있습니다. 처음부터 쓸모 없는 가라지였지만 "추수 때까지 함께 자라게 두어라"는 말씀이 있는데 이는 마지막 때에 알곡과 가라지를 구별하겠다는 말씀입니다. 여기에 비해 오늘의 그물 비유는 한 그물 속의 물고기를 물가로 끌어내어 좋은 물고기와 못된 물고기로 구별한다는 것입니다.

이 두 비유는 모두가 다 종말론적 비유입니다. 알곡과 가라지, 좋은 물고기와 못된 물고기, 이렇게 구별되어진다는 점에서 이 두 비유는 같습니다. 그리고 또한 추수 때까지, 그때까지, 마지막 때까지 기다리다가 구별한다는 점, 곧 마지막에 가서 심판하겠다는 내용이 비슷합니다. 그러나 여기서 한 가지 알아야 할 것은 가라지 비유는 "가만 두어라 때가 올 때까지 기다리자"는 이야기입니다. 손 쓰지 않고도 기다리기만 하면 자연적으로 가라지는 제 모습을 나타내게 될 것이라는 말입니다.

그런데 이 그물 비유는 가만히 기다리는 것이 아니라 끌어올립니다.

그리고 구별하는 것입니다. 이런 입장에서 본다면 가라지 비유가 소극적임에 비하여 그물 비유는 적극적입니다. 그래서는 하나님 편에서 친히 그물을 치시고 잡아 끌어당기시어 또한 심판하시는 것입니다. 이는 심판이 좀더 강권적이고 급하게 이루어지는 장면임을 발견할 수 있습니다.

이 그물 던지는 장면은 갈릴리 호수를 둘러싸고 있는 인근 지방에서는 아주 흔하게 볼 수 있는 풍경입니다. 지금도 여기에서 잡은 물고기인 베드로 고기(Peter fish)라는 생선은 관광객을 위한 특별한 메뉴로 소개되고 있습니다. 우리가 일반적으로 물고기를 잡는 방법에는 낚시질로 하는 것과 그물로 잡는 두 가지의 방법이 있습니다만, 그물로 잡는 데에도 대체로 두 가지의 방법을 씁니다.

그 하나가 투망을 사용하는 방법입니다. 이것은 원추형으로 된 그물의 하부에 추를 단 것으로 어깨 위로부터 휙 하고 던지면 동그랗게 물 속으로 펴지며 내려가게 되는데, 그물이 바닥에 닿은 후 천천히 위에 있는 벼리를 당겨서 그물을 죄어 속에 든 물고기를 건져 올리는 방법으로서 대단히 재미가 있습니다.

다른 하나의 방법은 좀 더 규모가 큰 것으로 소위 말하는 후리질이라고 하는 것입니다. 그물을 넓게 죽 둘러치고는 양끝에서 여러 사람이나 배가 끌어당기면 활의 등처럼 휘어진 모습이 되어 뭍에까지 끌어오게 됩니다. 마지막에 보면 그물과 크고 작은 물고기들이 똘똘 말려 함께 엉켜 있는 모습을 보게 됩니다. 아무튼 이렇게 하여 잡은 물고기를 큰 것은 이쪽으로, 작은 것은 저쪽으로, 그리고 쓸모 없는 것은 내어 버리게 되는데 예수님께서는 이러한 장면을 보시면서 천국은 마치 저와 같다고 하시는 것입니다.

여기서 우리는 생각할 것이 있습니다. 바닷속에서는 여러 가지의 물고기가 마음대로, 자유롭게 헤엄치고 다닙니다. 그러나 일단 그물을 치고 나면 그 그물 속에 든 물고기는 이제 세계가 좁아집니다. 잡아당기면 당길수록 좁아지다가 결국은 자기의 세계인 물의 세계는 없어지고 뭍의 세계에서 자기의 모습을 드러내게 됩니다. 다시 말하면 심판날이 가까워 올수록 더 극악해지는 것은 선한 자나 악한 자가 다같이 자기의 모습을 드러내기 시작하기 때문입니다. 그러다가 마지막에는 얼굴 그대로를 나타내놓고 심판을 받게 된다는 것입니다. 이것이 기독교의 역사관입니다. 그러므로 악한 자는 점점 더 악해지고 선한 자는 점점 더 선해지며, 구원얻은 자는 하나님을 더 가까이 함으로써 하나님의 사람으로 성장하게 되고, 구원받지 못할 사람은 점점 더 교만해지고 극악해져서 사람의 눈으로도 마귀의 자식임을 식별할 수 있을 만큼 각자의 모습을 드러내게 된다는 것입니다. 따라서 심판은 분명하게 이루어진다는 사실입니다. 이를 기억하며 오늘 본문을 통하여 생각하여야 할 중요한 몇 가지가 있습니다.

첫째로, 던져진 그물, 그로 인하여 갇혀진 세계가 된 그 그물의 세계는 그물을 던진 사람의 손에 들어와 있다는 것입니다. 그러므로 일단 그 그물 속에 들어갔으면 이제는 별수없이 꼼짝못하는 신세가 되었다는 것입니다. 그러나 당분간은 그물친 안에서도 물고기는 마음대로 헤엄칠 수가 있습니다. 세계는 한정되고 운명은 정해졌지만 그물이 잡아당겨지고 끌어올려질 때까지는 성분대로의 활동이 가능합니다. 그래서 그 속에서 악한 자는 악한 대로 선한 자는 선한 대로 또한 하나님의 백성은 하나님의 백성대로, 마귀의 자식은 마귀의 자식대로 그대로 섞여 돌아간다는 말씀입니다. 그물은 하나이지만 그 그물 속에는 여러 종류의 물고기가 한꺼번에 걸리는 것입니다. 이러한 의미에서 교회는 엄격하게 구분할 수 없는 성격의 것이며, 구분하지 않는 가운데 혼합성을 인정하기도 합니다. 우리는 교회가 성결하고 거룩한 곳이 되기를 바라며 소원합니다.

그러나 교회는 우리의 판단대로 순결이나 거룩, 아니면 부정을 그렇게 쉽게 식별할 수 있는 것이 못됩니다. 예수님의 열두 제자 중에도 가룟 유다가 있었듯이 말입니다. 목사님 중에도 목회하는 과정에 속을 썩이는 좋지 않은 분들이 있으면 마음이 상해서 함께 이야기를 나누게 될 때가 더러 있습니다. 그런 경우에는 이런 저런 말로 위로를 하다가 마지막에는 "예수님보다 목회를 더 잘할 것이라는 생각은 하지 마시오"라는 말을 하게 됩니다. 어차피 12분의 1은 마귀가 아닙니까? 예수님께서는 열둘 가운데 하나가 마귀인 것을 아시면서도 그대로 함께 두고, 제자로 삼으시며 3년 동안 계속 목회를 하신 것입니다. 그렇다면 몇백 명이 모인 교회이든, 몇천 명 혹은 몇십 명이 모인 교회이든 그 전체가 다 깨끗했으면 좋겠지만 그렇지 못하다고 해서 낙심할 필요는 없다는 말씀입니다. 교회는 거룩한 곳입니다. 뿐만 아니라 거룩해야 할 곳입니다. 그러나 완전히 거룩한 곳이 아닙니다. 그러기에 예수님께서는 "너희가 깨끗하나 다는 아니니라"고 요한복음 13장 10절에서 말씀하고 계십니다. 이는 물론 가롯 유다를 의식하신 말씀입니다. 교인은 거룩합니다. 그러나 다는 아닙니다. 이 점을 마음에 두고 생각지 않으면 우리는 피차에 상처를 입으며 실망하게 됩니다.

　이스라엘 백성이 출애굽 할 때에 그 무리 중에서 사실은 똑똑한 애굽 사람도 많이 끼어 있었다고 합니다. 그것이 다름아닌 고라의 무리입니다. 이들은 조금만 어렵거나 고통스러운 일이 생기면 그 본색을 드러내어 소위 반란을 일으키는 것입니다. 이렇게 보며는 하나님의 은혜가 임하고 있는 현실 속에서도 그 은혜를 역이용하여 그 은혜를 가로채려는 악의 무리들이 있게 마련입니다. 이런 연유에서 사랑할 때 사랑의 위선자가 생기고, 귀한 것일수록 모조품의 기술이 뛰어납니다. 이러나 저러나 우리의 판단으로 그 진부를 가릴 수는 없습니다. 그것은 하나님만의 영역이요 하나님만이 아시기 때문입니다.

　이 진리를 우리의 신앙생활 속에 옮겨 지나치게 구별 의식을 가지지는 않도록 해야 합니다. 그러므로 교회가 성장하려면 지나치게 자유스러워서도 안되고 너무 보수적이어도 안된다는 것입니다. 이것은 통계적으로 증명된 진리입니다. 세월은 바뀌는데 이것도 안되며 저것도 안되고, 옷이 어떻고 헤어스타일이 어떻다 하여 교회의 문을 좁히고 문턱을 높이기 시작하면 교회의 성장은 물론 복음을 들을 기회마저 빼앗는 결과가 되는 것입니다.

예를 들어 여름 한더위에 예배를 마치고 밖에서 인사를 나눌 때 보면 와이셔츠 주머니에 담배 넣은 것이 환히 다 보입니다. 저는 그런 분에게는 악수를 좀더 잘 해드립니다. 왜냐하면 이것은 사실 훌륭한 것입니다. 물론 교회에 나오는 사람이 담배를 피우는 것은 좋지 않습니다. 그러나 담배를 피우면서라도 교회에 나오는 것은 좋은 것이 아니겠습니까? 나쁜 줄도 알고 싫어하는 줄도 아는데 그 담배를 피우면서라도 교회에 나오는 것은 보통 믿음이 아니라고도 볼 수 있습니다. 담배를 아직 못 끊었을 뿐인데, 만약에 이것이 말썽이 되어 교회 문 밖에서 주머니 검사라도 하게 되는 처지를 상상해본다면 그 지경의 교회는 어떻게 되겠습니까? 그저 나오니 반갑고 감사한 것입니다. 당분간 그렇게 나오다가 차차 믿음이 생김과 동시에 하나씩 고쳐지기를 기대해야 하는 것입니다. 처음부터 높은 문턱을 만들어 놓고 그것을 넘어오라고 한다면 아직 믿음이 무엇인지도 모르는 그들에게 있어서는 처음부터 포기할 수밖에 없는 거추장스러운 멍에가 되는 것입니다. 그러므로 따지고 가릴 것 없이 아무나 오게 해야 합니다.

그래서 일찍이 신학자 오리겐(Origen)은 교회는 "영혼의 병원"이라고 했습니다. 사실이 그렇습니다. 교회는 스스로 치유할 수 없는 영혼의 불치병 환자들이 모인 곳이니 병원임에는 틀림이 없습니다. 너나할것없이 치유되어야 할 사람이며 구원받아야 할 죄인들의 모임이 교회가 아니겠습니까? 따라서 이런 저런 사람이 있을 것이며, 그것은 당연한 현상으로 받아들여져야 하는 것입니다. 그러므로 혹시 어떤 사람이나 사건으로 인해서 마음 상한 일이 있다고 하여 쉽게 낙심해서는 안됩니다. 교회란 본래 그런 곳이니까요. 그런가하면 너무 자유로워도 안되는 것입니다. 그런 점에서 한국의 초대 교회는 참으로 잘한 것이 몇 가지 있습니다. 술, 담배 금한 것도 잘한 것이지만, 더 잘한 것은 우상숭배는 절대 안된다고 한 것입니다. 아예 처음 교회에 나올 때부터 우상숭배는 완전히 끊어버리고 나오게 했는데, 좀 지나친 것 같기도 하였지만 그러나 그것이 한국교회를 성장시키는 데 큰 도움이 되었다는 것입니다. 그러지 않고 만약에 우상숭배를 허락하였다면 오전 11시에는 교회에 왔다가 오후 2시에는 절간에 가도 좋다는 식이 되어 태국교회 풍토가 되고 마는데, 이렇게 되면 교회의 부흥은 남의 이야기가 되고맙니다. 뿐만 아니라 교회 자체가 오염되고 이질화되어 본래의 질, 본래의 모습을 상실하고 마는 것입니다.

그러므로 사람이 거룩함과 속됨의 문제를 이야기한다는 것이 얼마나 어려운 일인지 모릅니다. 더구나 편중되지 않는 중용의 길을 택한다는 것은 진리를 저울에 달겠다는 어려움과 다를 바가 없습니다. 그러나 아무튼 교회의 문은 너무 넓어서도 안되는 것이지만 높고 좁아서는 더더욱 안된다는 것입니다. 이것은 우리의 신앙생활 전부가 거룩함에 이르는 하나의 과정에 불과하기 때문입니다. 우리 모두가 다 부족하지만 그러나 그대로 나와야 하는 것은 나오는 그 자체가 중요하기 때문입니다. 나옴으로써 거룩을 배우게 되고, 나옴으로써 거룩을 닮게 되는 것입니다. 어쨌든 구별 말고 다 모아서 모든 사람에게 믿을 수 있는 기회를 주어야 한다는 말씀입니다.

마태복음 22장에 보면 왕의 아들을 위한 혼인 잔치의 비유가 있습니다. 여기에서 왕은 종들에게 명하기를 사거리에 나가서 만나는 사람이면 그 누구든지 데리고 오라고 합니다. 그가 술주정뱅이거나 불구자이거나 악한 사람이거나 선한 사람이거나를 가리지 말고 다 데리고 와서 이 잔치 자리를 채우라는 것입니다. 본래 잔칫집에는 손님이 많아서 앉을 자리가 없고 음식이 모자랄 정도가 되어야 잔치하는 맛이 나고 자랑스러운 잔치가 되는 것입니다. 그렇지 못하고 빈 자리가 많아 음식이 남아 돌아가면 이는 정말 부끄러운 잔치가 되고마는 것입니다. 이 잔치를 베푼 주인인 왕은 예복을 입으라는 단 하나의 조건만을 제시하고는 아무나 와도 좋으니 자기 집의 잔치 자리만 채워 달라는 것입니다. 여기에서 말하는 예복은 예수의 이름으로 예복을 입으라는 말씀입니다.

다음 두번째로 생각하게 되는 것은 이제 심판할 때가 온다는 것입니다. 지금의 활동이 자유롭다고 이대로 내버려두는 것이 아닙니다. 점점 그 범위를 좁혀가다가 마지막에는 끌어내어 면양과 산양의 비유에서처럼 종말적 심판이 있다는 말씀입니다. 종말적으로 우리는 하나님의 심판대 앞에 서게 되어 있으며, 거기에서 어느 편으로든 분명하게 가려질 것입니다. 양과 염소, 진실과 거짓, 하나님의 자녀와 마귀의 자녀, 이렇게 분명히 구분되어지는 종말적 심판을 우리는 믿습니다. 그런데 거기까지 이르기 전에 또 하나 현재적인 심판이 있습니다. 그것은 바로 환난을 당하게 될 때면 악한 자는 반드시 제 모습을 드러낸다는 것입니다.

한국 교회사의 권위자인 백낙준 박사의 말에 의하면 한국 교회가 처음 시작을 할 때에는 개화교인과 기독교인이 있었다는 것입니다. 그런데 일제하에서 105인 사건으로 핍박을 받게 되자 개화교인들은 모두 다 세상으로 돌아가고 기독교인들만 남더라는 것입니다. 이처럼 핍박과 환난, 고통이 생기는 날에는 가짜는 다 도망가고 맙니다. 그래서 교회는 언제든지 핍박이 있는 환난의 때에는 질적으로 성장하게 되고 편안할 때에는 양적인 성장을 가져오게 마련입니다. 그러므로 양적으로 급성장할 때에는 반드시 질적인 결함이 따르기 쉽습니다. 그러나 한 가지 알아야 하는 것은 종교 자체가 바꾸어지지는 않는다는 것입니다. 이는 양이 염소가 될 수 없듯이 염소 또한 양이 될 수 없다는 이치와 같은 것입니다. 따라서 좋은 물고기는 어디까지나 좋은 물고기요, 나쁜 물고기는 끝까지 나쁜 물고기인 것입니다. 다만 본색을 드러내지 않고 있을 뿐인데 언젠가는 반드시 드러내고야 말 것입니다.

프랜시스 베이컨이 한 말 가운데 "악한 사람을 교육한다는 것은 약삭빠른 악마를 생산하는 것"이라는 재미있는 이야기가 있습니다. 사실 워낙 종자가 잘못된 것은 가르쳐 보아야 별 도리가 없습니다. 오히려 점점 더 약삭빠른 악마를 만드는 것밖에 안된다는 것입니다. 아무래도 그 뿌리, 그 종자는 변해지는 것이 아니라는 이야기입니다. 따라서 심판은 반드시 있을 것이나 그 종류대로, 그 뿌리대로, 그 원천대로 받게 될 것입니다.

이제 본문에 의하여 세번째로 생각할 것은 나쁜 고기 중에서 좋은 고기를 골라내는 것이 아니라 좋은 고기 중에서 나쁜 고기를 골라낸다는 것입니다. 이것이 뜻하는 바는 악인이 의인의 기업에 함께 참여하지 못하게 의인 속에서 악한 사람을 강제로 끌어내어 지옥에 던졌다는 이야기입니다. 다시 말하면 악한 자의 위선을 벗기겠다는 것입니다. 악한 자가 선한 자처럼, 불의한 자가 의인인 것처럼, 이리가 양의 가죽을 입고 아무리 숨겨 보아도 그 결정적인 심판의 때에 가서는 제 모습 그대로 다 나타낼 수밖에 없다는 것입니다. 심판은 강권적인 것입니다. 그래서 의인의 기업에 악인이 함께 참여하지 못하도록 옮겨 놓겠다는 것입니다. 그런데 그 옮겨지는 장소, 버려지는 곳은 풀무 불, 곧 지옥이라는 말입니다. 지옥의 별명이 풀무 불입니다. 이스라엘 사람들은 지옥은 마치 쇠붙이를 불 속에 넣어 태우는 것처럼 뜨거운 불로 묘사하는 기본적인 관념을 가지고 있었습니다.

그런데 또 한 가지 장면은 "울며 이를 갊이 있으리라"는 것입니다. 따라서 지옥은 우는 곳입니다. 슬픈 일도 많고 후회함도 많습니다. 답답한 일, 원통한 일이 쌓이고 쌓였으니 울지 않을 수 없는 눈물의 곳입니다. 이것이 지옥입니다. 게다가 이를 갊이 있으리라는 것입니다. 이는 알고 보면 대단히 재미있는 말씀입니다. 이를 간다는 것은 원망한다는 것인데 밀턴의 「실락원」에 보면 이런 장면이 나옵니다.

지옥에 간 영혼들이 뜨거운 불구덩이 속에서 고통스러워하며 지내는데 거기에는 마귀와 사탄도 함께 있습니다. 그런데 그 중의 한 사람이 너무 고통스러우니까 슬피 울면서 "이럴 줄 알았으면 나도 예수 믿을걸" 하고 자꾸 울었습니다. 그러니까 듣고 있던 마귀의 괴수인 사탄이 무엇이라고 호령을 하느냐 하면 "이놈아, 울지 말아라. 이를 갈아라. 네가 눈물을 흘리면 하나님이 기뻐한다"라면서 호통을 치는 것이었습니다. 이 얼마나 놀라운 상상력입니까? 지옥이란 후회의 눈물도 참회의 눈물도 없는 곳입니다. 그곳은 이를 갈며 원망하는 곳입니다. 한과 원망과 증오로 마음을 부글부글 끓이면서 이를 가는 그곳이 바로 지옥입니다.

영국이 2차대전 말기에 폭격을 당하게 되었을 때 불타버린 한 장소에서 어느 교인이 목사님께 "이것 정말 지옥과 같습니다" 했더니 그 목사님은 껄껄 웃으면서 "고생은 되지만 이곳은 지옥이 아니오. 왜냐하면 여기에 예수 믿는 사람이 있지 않소? 지옥에는 예수 믿는 사람은 없거든요" 했다는 것입니다. 아무리 고생스러워도 그리스도인이 있고, 믿음이 있으며, 복음이 있는 곳이라면 그곳은 지옥이 아닙니다. 그러므로 공연히 지옥 같다느니 아니면 지옥 간다는 이야기를 너무 쉽게 해서는 안될 것입니다. 지옥은 우는 곳이요, 이를 가는 곳이라고 예수님께서 말씀하셨습니다.

그물과 같은 천국, 그 천국은 심판적 요소를 가지고 있습니다. 그러므로 말씀 또한 심판적 요소를 지니고 있습니다. 말씀이 선포될 때 받아들이는 자가 있는가 하면, 받아들이지 않는 자가 있습니다. 아멘으로 믿고 감사하게 받아 감격하는 사람이 있는가 하면, 의심하고 비방하며 다른 사람을 위한 말씀으로 돌리려는 사람도 있을 것입니다. 어떠한 반응을 일으키든지 그 선택은 자유입니다. 그러나 분명한 것은 환난과 핍박이 오게 되면 그 본체를 드러내게 될 것이고, 마지막 주님이 심판하실 때에 가서는 알곡과 쭉정이, 좋은 고기와 나쁜 고기로 숨김없이 다 드러내 밝히게 될 것이라는 점입니다.

자기의 실체를 그대로 나타낼 수밖에 없는, 그 피할 수 없는 심판의 날이 우리에게 있습니다. 그러므로 아직도 우리에게 주어진 기회가 남아 있을 때에, 그 정하신 시간이 다하기 전에, 우리는 하나님의 사람으로 온전하게 세워져서 어느 때에 주님께서 그물을 잡아당기시더라도 좋은 것을 원하시는 주님 앞에 좋은 물고기, 좋은 하나님의 자녀로 나타날 수 있어야 하겠습니다.

무자비한 종

그때에 베드로가 나아와 가로되, "주여, 형제가 내게 죄를 범하면 몇 번이나 용서하여 주리이까? 일곱 번까지 하오리이까?" 예수께서 가라사대, "네게 이르노니, 일곱 번뿐 아니라 일흔 번씩 일곱 번이라도 할지니라. 이러므로 천국은 그 종들과 회계하려 하던 어떤 임금과 같으니, 회계할 때에 일만 달란트 빚진 자 하나를 데려오매 갚을 것이 없는지라, 주인이 명하여 그 몸과 처와 자식들과 모든 소유를 다 팔아 갚게 하라 한대, 그 종이 엎드리어 절하며 가로되, '내게 참으소서. 다 갚으리이다' 하거늘, 그 종의 주인이 불쌍히 여겨 놓아 보내며 그 빚을 탕감하여 주었더니, 그 종이 나가서 제게 백 데나리온 빚진 동관 하나를 만나 붙들어 목을 잡고 가로되, '빚을 갚으라' 하매, 그 동관이 엎드리어 간구하여 가로되 '나를 참아 주소서 갚으리이다' 하되 허락하지 아니하고 이에 가서 저가 빚을 갚도록 옥에 가두거늘, 그 동관들이 그것을 보고 심히 민망하여 주인에게 가서 그 일을 다 고하니, 이에 주인이 저를 불러다가 말하되, '악한 종아, 네가 빌기에 내가 네 빚을 전부 탕감하여 주었거늘, 내가 너를 불쌍히 여김과 같이 너도 네 동관을 불쌍히 여김이 마땅치 아니하냐?' 하고 주인이 노하여 그 빚을 다 갚도록 저를 옥졸들에게 붙이니라. 너희가 각각 중심으로 형제를 용서하지 아니하면 내 천부께서도 너희에게 이와 같이 하시리라."

(마태복음 18:21~35)

무자비한 종

오늘 본문은 베드로의 질문으로 시작되고 있습니다. 유대 사람들의 풍속에 젖은 베드로이지만 예수님과 함께 지내면서 그의 교훈과 행동하심을 통하여 많은 감화를 받고 느낀 바가 있어서 하는 질문으로 보여집니다. "형제가 내게 죄를 범하면 몇 번이나 용서하여 주리이까?" 이는 용서의 한계를 묻고 있는 질문입니다. 추측하건대 예수님의 말씀과 생활을 듣고 보는 가운데 복음은 곧 사랑이며, 또한 용서해야 된다는 생각을 하게 되는 베드로의 마음에 조그만 의심이 있었던 것같습니다. 그래서 용서를 한다면 몇 번이나 하고 얼마나 용서를 하면 되는 것일까? 어떠한 조건, 어떠한 형편에서 몇 번이나 용서를 하면 되는 것일까? 하는 상당히 구체적인 궁금증이 생긴 것같습니다. 이 때문에 "몇 번이나 용서하여 주리이까?"라고 물으면서 거기에 덧붙이는 말이 "일곱 번까지 하오리이까?" 하는 것입니다.

이 장면을 두고 주석가였던 교부 크리소스토모스(Chrysostomos)는 이때의 베드로는 무엇을 생각하였겠는가를 나름대로 제시해주고 있습니다. 유대 사람들이 일반적으로 용서하는 한계는 세 번입니다. 그러니까 제일 크고, 제일 많이 용서하는 것이 세 번이라는 것입니다. 이에 대한 약간의 암시가 아모스 1장 3절, 2장 6절, 욥기 33장 29~30절 등에 부분적으로 나타나 있습니다. 그리고 유대 사람들의 전승에는 세 번까지 용서하도록 되어 있습니다. 그러므로 이러한 전통을 받아서 살아가는 사람들, 그들 중의 하나인 베드로의 입장에서 본다면 세 번만 용서하면 많이 해주는 용서이고 할 만큼 했다고 생각할 수 있습니다. 그런데 가만히 보노라니 예수님의 말씀은 일반 랍비들의 교훈에 비해 그 한계가 더 넓고 크다는 생각이 들었습니다. 그래서 베드로의 생각에는 넉넉잡아 일곱 번쯤이면 아마 되겠지 하는 생각을 했던 것같습니다.

베드로의 계산으로는 아주 큰 마음 먹고, 크게 한계를 넓혀서 하게 되는 말입니다. 그런데 여기에 대한 예수님의 대답은 너무나도 엉뚱하게 나옵니다. "일곱 번뿐 아니라 일흔 번씩 일곱 번이라도 할지니라." 이를 계산하면 490번이 됩니다. 어떤 이는 이것을 계산하고 앉았는데 이는 곱셈을 통하여 답을 구하자는 문제가 아닙니다. 490번이 아니라, 4900번이 된다 할지라도 이 말씀의 뜻은 얼마든지, 끝까지 용서하라는 이야기가 아니겠습니까? 우리 인간은 용서의 한계를 정할 수 없습니다. 이런 것은 용서할 수 있고 저러한 것은 용서할 수 없다는 판단이나 말을 할 권리가 우리에게는 전혀 없다는 것입니다. 예수님께서 말씀하시는 용서는 오직 한계 없는 용서만을 용서로 말씀하고 계십니다.

어떤 학자들은 베드로가 일곱 번이라는 말을 할 때에는 모름지기 안식년을 생각하지 않았겠느냐는 것입니다. 이스라엘 사람들은 노예를 사들여와 일을 시키다가도 안식년이 되면 다시 돌려보내야 합니다. 이러한 안식년이나 노예해방 같은 것을 생각했을지도 모른다는 것인데, 어쨌든 베드로로서는 큰 마음먹고 "일곱 번까지면 되겠지요" 하는 의미로 물었습니다. 그러나 예수님의 말씀은 일흔 번씩 일곱 번이라도 하라시니 그 결국은 너희들은 절대로 남을 정죄할 자격이나 권한도 없으며 또한 정죄할 수 있는 조건이나 어떠한 한계도 없다는 말씀입니다.

여기서 우리가 예수님께서 하신 대답의 성격을 분석해보면 베드로의 질문과는 그 동기와 방향이 전혀 다른 데에 있음을 발견하게 됩니다. 용서의 한계를 묻는다는 것은 곧 용서의 조건을 묻는 것입니다.

어떠한 것을 용서하고 언제까지 용서하리이까라는 질문에 예수님께서는 한계나 조건으로 답하지 않으시고 동기적으로 대답하십니다. 무엇 때문에 용서하느냐가 중요하다는 말씀입니다. 그리고 그 용서의 방향이 어느 방향에서 생각되어지고 있느냐?는 것입니다. 예수님께서는 이와 같이 근본적인 문제 위에서 이 용서의 문제를 대답해주고 계시는 것입니다.

그러한 의미에서 대단히 중요한 말씀이 아닐 수 없습니다. 오늘 우리가 이 세상을 사노라면 인간 관계에 있어서 어쩔 수 없이 소정의 판단을 해야 할 때가 있습니다. 옳고 그름을 판단해야 할 때가 있습니다. 옳고 그름을 판단해야 하고 선과 악을 구분해야 하며, 내가 따를 것인가 아니면 거역해야 할 것인가 등 여러 경우에 있어서 선택의 필요를 느끼게 됩니다.

다시 말하면 우리는 사람을 평가할 수밖에 없고, 판단할 수밖에 없는 여건 속에 살아가고 있습니다. 바로 이러한 이웃 관계를 전제로 오늘 우리에게 말씀하고 계십니다. 어떠한 상황 속에서도 조건 없는 용서가 있어야 함을 설명하십니다. 용서라는 말을 그 의미와 과정을 생각하며 사랑이라고 바꾸어 표현해본다면 사랑에는 조건이 없습니다. 사랑을 알든 모르든, 사랑을 받든 못받든, 사랑에 대한 이해가 있고 없고가 문제되는 것이 아니란 말입니다. 조건 없는 사랑, 조건 없는 용서, 한계가 없는 끝없는 용서를 말씀하십니다. 그리고 환경과 경험, 과거와 현재의 모든 상황을 다 초월한다는 말씀입니다. 그러므로 과거가 어떻고 현재의 환경이 이렇다는 등의 어떠한 조건들도 전혀 문제되지 않습니다. 특별히 상대방의 상태나 태도가 나의 용서나 사랑의 조건이 될 수 없다는 것입니다. 참으로 중요한 이야기가 아닐 수 없습니다.

우리는 상대방이 악할 때에는 나도 악할 필요가 있고 또한 괜찮다고도 생각을 합니다. 그래서 상대방이 "놈" 하면 나도 "놈" 하고, 상대방이 사랑하면 나도 사랑한다는 것인데 이는 다 잘못된 생각입니다. 그러한 관계를 종속윤리라고 하게 되는데 이는 상대방에 의해서 이루어지는 윤리나 규범을 가리킴입니다. 한마디로 남에게 속해 있다는 말입니다. 그렇다면 나의 물건을 도둑맞았다고 해서 이제는 내가 남의 물건을 도둑질해도 되는 것이겠습니까? 저 사람이 나를 미워하니 나도 미워해야 된다는 말입니까? 절대로 그럴 수는 없습니다. 기독교의 윤리는 절대적 윤리입니다. 어떠한 경우에도 상대적인 윤리가 아닙니다. 따라서 무엇무엇 때문에 하는 이유나 설명은 필요치가 않습니다.

교도소에 있는 죄수들의 이야기를 들어보면 대부분이 자신은 제외한 채 세상을 탓하고 부모, 형제, 아니면 그 누구를 탓하며 그것 때문이라는 말을 합니다. 그러나 오늘 주신 본문 말씀에는 때문이라는 변명은 용납치를 않습니다. 그러한 것은 없으니 몇 번이고 용서하라는 말씀입니다. 상대적인 윤리가 아닌 절대적인 윤리, 절대적인 은혜에 살아가는 것이 그리스도인입니다. 따라서 수평적 관계에서 문제를 논하는 것이 아니라 수직 관계에서 말합니다. 하나님과 나와의 관계, 그 감격스러운 사랑의 관계, 그것만이 윤리의 동기가 된다는 말입니다. 그러므로 사랑의 동기도 하나님과 나와의 관계에, 이웃의 관계도 하나님과 나와의 절대적 관계에 근거하고 있다는 말씀입니다.

이제 여기에서 부디 명심할 것은 절대로 이웃을 탓하지 맙시다. 그 누구 때문에 내가 악해졌다는 말은 하지 말아야겠습니다. 누구 때문에 어떻게 되었다는 생각을 예수님께서는 절대 용납하지를 않으십니다. 적어도 하나님 앞에서는 통하지 않는 자기 회피임을 알아야 할 것입니다.

그러면 이제 본문에서 생각할 수 있는 몇 가지의 중요한 요점을 살펴보기로 하고 먼저 그 문맥을 보면, 여기에서 말하고자 하는 주제는 역시 하나님의 나라임을 쉬 발견하게 됩니다.

베드로의 질문을 받으신 예수님께서는 하나님의 나라를 설명하시면서 "천국은 그 종들과 회계하려 하던 어떤 임금과 같으니", 곧 천국은 이것과 같다는 말씀으로 그 주제를 천국으로 전제하고 있습니다. 거듭되는 설명이기는 하지만 하나님의 나라는 언제나 두 가지 차원에서 말씀하고 있다는 사실입니다. 하나님의 나라라고 할 때에 우리는 하나님 앞에서의 영원한 세계만을 생각하기가 쉽습니다. 그러나 그와 같은 완전한 하나님의 나라가 있는가 하면 그 하나님의 나라가 지금 여기에, 현재적으로 하나의 지부와 같이 펼쳐지고 있는 것입니다. 그러기에 지금 현재의 선 자리에서 그리스도로 말미암아 중생을 하고 그리스도인으로 살아가는 것입니다. 그러므로 현재적인 하나님의 나라를 생각해야 함은 물론이고 오늘 본문에서는 거기에서 활동하고 있는 하나님의 백성은 어떤 모습으로 살아가야 하는 것인가를 밝혀주고 있습니다.

예수님께서는 그것이 사랑과 용서임을 말씀하고 계십니다. "천국 백성은 이와 같으니!", "천국 백성의 윤리는 이러한 것이라!"고 설명하십니다. 하나님의 은혜에 감격하고 하나님의 은혜를 찬송하며 사는 사람, 진정으로 마음의 천국이 이루어진 사람, 심령적으로 천국을 살고 있는 그 사람은 어떠한 모습으로 살아가고 있는가를 오늘 여기에서는 본문을 통해 말씀하고 있습니다.

첫째로 원수가 없습니다. 오늘 주신 말씀에는 원수 갚는 것은 다 하나님께 맡겼습니다. 본문에 의하면 무려 일만 달란트나 빚을 진 사람이 이제는 빚을 갚으라는 명을 받고 주인 앞에 서게 되었습니다. 당시의 상황에서는 자기가 못 갚으면 그 아들이 갚아야 하고 아들과 부인도 갚지 못할 경우에는 자신과 가족이 다 노예로 팔려가게 됩니다. 이러한 사회적인 제도 속에서 갚을 능력이 없는 한 빚진 자가 "그 몸과 처와 자식들과 모든 소유를 다 팔아 갚게 하라"는 주인의 명령을 듣게 됩니다. 이때에 그는 주인 앞에 엎드려 절을 하면서 조금만 더 참아주면 다 갚겠다고 애걸을 합니다. 그럴 때 이 장면을 보는 주인이 그 진심으로 엎드려 애걸하는 것이 불쌍해서 그 많은 빚을 모두 탕감해 주었습니다. 그의 채무증서를 찢어버렸다는 말입니다. 상상도 할 수 없었던 일이 순간적으로 벌어진 것입니다. 이 사람이 얼마나 고마웠겠습니까? 어쩌면 꿈인지 생시인지 하고 자기 살을 꼬집어 볼만도 합니다. 여기 본문에는 상세하게 잘 나타나 있지 않지만 머리를 숙인 채 백골난망이라고 거듭 아뢰며 감사를 표했을 것입니다.

　이러한 기쁨과 감격을 가지고 나오는데 자기에게 백 데나리온 빚진 사람을 만나게됩니다. 그러자 그는 그의 목을 붙잡고 빚을 갚으라고 호통을 칩니다. 그러니까 조금만 참아주면 갚겠다고 애원을 합니다만 안된다 하고는 감옥에 가두고 맙니다. 이 소식을 만 달란트 탕감해준 주인이 듣게 되자 너무 섭섭하여 다시 그 종을 불러들인 후 "내가 너를 그렇게 많이 탕감하여 주었는데 너는 그것도 탕감해줄 수 없느냐? 내가 너를 불쌍히 여김과 같이 너도 네 동관을 불쌍히 여김이 마땅치 아니하냐?"며 노하여 그 빚을 다 갚도록 감옥에 넣었다는 것입니다.

　이 말씀은 극적이면서도 얼마나 오묘하고 또 논리적인지 알 수가 없습니다. 이제 하나하나 차근하게 생각해보면 이것이 바로 천국 백성이요, 여기 탕감받은 자의 마음이 곧 천국에 사는 사람들의 마음과 같은 것입니다. 이 탕감받은 기쁨이 있는 한 그 누구도 탓할 수가 없습니다. 내가 받은 탕감이 너무 크고 기쁘고 감사해서 이제는 내게 잘못한 사람, 내게 억울하게 한 사람 그 누구라도, 그 어떤 잘못이라도 탓할 마음이 없습니다. 내가 받은 은혜가 너무 크기에 어떠한 섭섭함이나 원통함에도 나무랄 마음이 추호도 없는 그러한 마음, 이 마음이 곧 천국의 마음이요, 천국 백성의 마음이라는 말씀입니다. 그러기에 원수 갚는 것이 하나님께 있다는 것입니다. 다 맡기고 믿음으로 생각하며 하나님과 나와의 관계에서만 생각하기 때문에 그 누구도 탓할 마음이 없으며 평론하거나 심판할 마음이 없다는 것입니다.

　우리가 용서에 대하여 생각하게 될 때 대개 용서하지 못하겠다는 몇 가지의 이유를 발견하게 됩니다. 그 하나는 내가 용서함으로써 내 인격과 자존심이 상한다는 것입니다. 예를 들어 돈 얼마를 탕감해준다든가 아니면 내게 잘못한 사람을 무조건 용서해주면 자신이 꼭 무시당하는 것같다는 생각입니다. 그래서 멍청한 것같고 저 사람이 나를 업신여기는 것같아서 기어이 한바탕 하겠다는 것입니다. 그 몇 푼 안되는 자존심과 그 인격이 무시당하는 것같아서 용서할 수 없다는 말입니다.

그리고 또 하나는 좀더 크게 사회적으로 생각하여 이렇게 못된 인간을 용서하면 사회질서가 파괴된다는 것입니다. 따라서 사회정의가 무너지고 악의 생성이 자유로워서는 안되겠으니 공의를 세우기 위하여 부득불 버릇을 고쳐놓겠다는 생각으로 거창하게 나옵니다. 어쨌든 용서할 수 없다는 이유는 자신이 무시당하지 않아야겠다는 생각과 사회질서를 파괴시키지 않겠다는 두 생각 중 어느 하나에 기인하고 있다는 것입니다.

그러나 여기서 우리가 알아야 할 것은 나라고 하는 존재는 아무것도 아니며 하나님의 공의는 하나님이 세우시는 것입니다. 내가 세울 수 있는 것이 아님은 물론 나 아닌 그 어느 인간에 의해서도 불가능한 것입니다. 그러므로 내 권리를 다 포기해야 합니다. 그리고 하나님께 맡겨야 합니다. 이제 원수갚는 일은 하나님께 맡길 것입니다. 이는 결코 내가 갚을 문제가 하니기 때문입니다. 그리하여 아무도 미워하지 않고, 아무도 나무라지 않으며, 아무도 탓하지 않는 그 마음, 곧 천국 백성의 마음을 갖게 되는 것입니다.

둘째는, 용서의 동기가 문제입니다. 용서의 동기는 주위 환경이나 이웃의 태도 혹은 어떤 조건에 있지 않다는 것입니다. 즉 내가 저를 용서할 수밖에 없는 인간관계에 있다든가, 아니면 용서함으로써 나에게 얼마나 잘하고 못할 것인가라든가, 용서할만한 사람인가 하지 말아야 할 사람인가를 저울질하며 그 상태나 태도를 따질 문제가 아니라는 말입니다. 거기에는 조건이 없습니다. 왜냐하면 조건 없이 하나님이 나를 용서해주셨기 때문입니다. 용서의 동기가 이웃에 있는 것이 아니라 수직적으로 하나님께 있다는 것입니다. 이것이 바로 그리스도인의 생활철학입니다.

그러므로 에베소서 4장 32절에는 "서로 용서하기를 하나님이 그리스도 안에서 너희를 용서하심과 같이 하라"고 하였으며, 골로새서 3장 13절에서는 "피차 용서하되 주께서 너희를 용서하신 것과 같이 너희도 그리하고" 했습니다. 언제나 하나님과 주님이 기준이 되고 있습니다. 주께서 용서하심과 같이 하나님이 용서하셨기 때문에 나 또한 저를 용서할 수밖에 없다는 것입니다. 내가 저를 사랑하는 이유가 있다면 하나님이 나를 사랑하시기 때문일 뿐입니다. 그 외에 저가 내 사랑을 알아주기 때문이 아니요, 지난날 내가 받았던 사랑의 빚 때문도 아니며, 돌아올 보상을 계산하는 장사치의 마음도 아니라는 말입니다. 다만 하나님이 나를 사랑하셔서 십자가로 나를 용서하셨으니 이제 내가 저를 용서하는 것입니다. 이처럼 용서의 동기는 하나님께 있고, 십자가에 있습니다. 오직 하나님께로부터 내가 용서받았다고 하는 거기에 근거하고 있는 것입니다. 이웃과의 관계에서가 아닌 하나님과의 관계, 이 절대적인 윤리에서 출발하는 것입니다. 내가 사랑받고 못받고는 관계될 바가 아닙니다. 남이 알아주느냐 못알아주느냐도 관계되지 않습니다. 오직 하나님이 나를 용서하셨기에 용서하고, 하나님이 나를 사랑하셨기에 오늘도 사랑하는 그것뿐입니다. 그 외에 어떠한 이유도 없는 그것이 그리스도인의 윤리입니다.

세 번째로는 먼저 자기와 하나님과의 관계를 생각하여야 된다는 것입니다. 본문 말씀에 의하면 백 데나리온 빚진 그 불쌍한 동관이 빚을 갚으라는 야단을 맞자 "엎드리어 간구하여 가로되 나를 참아주소서 갚으리이다"라고 했습니다. 지금 자기 앞에서 엎드리어 빌고 있는 동관의 모습은 불과 얼마 전의 자신의 모습과 다를 바 없습니다. 그런데 여기 이 사람은 자기의 자화상과 같은 장면이 벌어졌는데도 자기가 엎드려 빌던 때의 형편을 까마득히 잊어버리고 있는 것입니다. 여기에 문제가 있습니다. 적어도 이 장면 앞에서는 나를 먼저 생각했어야 되는 것입니다. 남을 탓하기 전에 나를 탓하고, 남을 심판하기 전에 나를 심판하게 되면 이제는 아무런 할 말이 없어지고 맙니다. 이것이 그리스도인의 윤리요, 겸손인 것입니다.

우리는 오직 하나님의 은혜로 살고 있음을 고백하고 감사합니다. 그래서 '감사'라는 말은 기독교인들의 언어생활에 가장 많이 사용되는 단어가 되어 있습니다. 그런데 이처럼 감사를 연발하다가도 어디에서 좋지 않은 말 한마디 듣게되면 그만 자기가 자기됨을 잊어버립니다. 그리고는 하나님께 원망과 불평을 합니다. 은혜에 대한 건망증 환자, 이것이 문제입니다. 사도 바울의 고백처럼 만물의 때만도 못한 죄인의 괴수, 모든 사람들 중에 가장 큰 죄수가 가장 큰 용서를 받고 오직 하나님의 긍휼과 은혜로 살고 있다는, 하나님과 나와의 절대적인 은혜의 관계를 소중하게 지켜나간다면 더는 누구를 탓할 아무것도 없는 것입니다. 자기의 자기됨을 너무 쉽게 잊어버리는 자기상실은 곧 은혜의 상실이라는 무서운 결과를 가져오게 됩니다. 은혜 안에 있는 자기를 먼저 생각할 수 있었더라면 이 사람의 처지가 이제 와서 이렇게 될 이유는 없었던 것입니다.

네 번째로 생각할 것은 비교하건대 자기가 더 큰 은혜를 입었다는 것을 알아야 합니다. 더 큰 용서, 더 큰 사랑, 더 큰 자비, 더 큰 은혜를 받았다는 말입니다. 그런데 지금 남에게 베푸는 일에 그렇게도 인색해하고 있습니다. 본문 속의 예수님께서는 참으로 대단한 비교를 하셨습니다. 금화 일만 달란트의 거금과 몇 푼 안되는 백 데나리온, 이는 옛날 화폐의 단위라 계산이 복잡하고 어렵습니다만 대략 미화 천만 달러와 이십 달러에 해당되는 금액으로 말하고 있습니다. 이렇게 비교하면 50만 대 1입니다. 이를 만약 은화로 계산한다면 더 많은 차이를 가져올 수도 있습니다. 어쨌든 이것은 엄청난 차이가 아닐 수 없습니다. 그런데도 이천만 달러 탕감 받은 사람이 이십 달러를 탕감해줄 수 없다니 세상에 이런 모순과 잘못이 어디에 있겠습니까? 있을 수 없는 일 같은데 이렇게 나타나고 있다는 말씀입니다.

그러기에 예수님께서는 각자 자신을 돌아보고 생각해보라는 의도에서 이 말씀을 하고 계시는 것입니다. "자신의 죄가 얼마나 큰데 도대체 누구를 탓하느냐?"는 말씀입니다. 오늘도 누가 누구를 비판하고 원망한다면 예수님께서는 그를 향해 "네 빚은 만 달란트나 되는데 그까짓 백 데나리온 가지고 그렇게 영악스럽게 하느냐"고 하실 것입니다. 이 말씀 앞에 남아 있는 할 말이라도 있는 것이겠습니까? 우리는 가장 큰 빚을 졌고 가장 큰 빚을 탕감받은 오직 은혜 속의 자유인임을 생각할 때 그 누구, 그 무엇으로부터 오는 어떤 것도 문제될 것이 없습니다.

이제 다섯 번째 생각할 것은 은혜의 감격을 너무나 쉽게 잊어버렸다는 것입니다. 이스라엘 백성들이 애굽에서 나와 광야를 지나면서 하나님을 원망하는 죄를 범하게 되는데 그 이유는 간단한 것입니다. 한마디로 출애굽 때의 감격을 잊어버려서입니다. 그 놀라운 감격과 기쁨을 지속할 수 있었다면 감히 누가 하는 일이라고 원망의 소리를 내뱉는단 말입니까? 지난날에 받은 은혜를 너무 쉽게 잊어버리지 맙시다. 이것을 망각하면 곧 문제가 됩니다. 감사로부터 기쁨이 있고, 기쁨이 있을 때에 관용이 있는 것입니다. 내게 기쁨이 있고 감사가 있으면 자연히 용서하게 됩니다. 내 마음에 큰 기쁨이 있을 때에 조그만 문제, 조그만 어려움, 작은 부조리나 어려움을 참고 용서하는 것은 그렇게 어려운 일이 아닌 것입니다.

그런데 이제 마지막 제일 중요한 문제가 남았습니다. 일만 달란트 빚진 사람이 용서를 받고 나가다가 자기에게 백 데나리온 빚진 사람을 용서하지 아니하므로, 주인이 그를 다시 불러 이미 용서했던 사건을 다시 문책한다는 사실입니다. "그러면 너도 갚으라"고 한 여기에 문제가 있습니다. 그러나 한 가지 알고 지나가야 할 것은 주인이 만 달란트를 탕감해주기에 앞서 네게 백 데나리온 빚진 자의 것을 너도 탕감해주면 나 역시 탕감해주겠다는 조건을 제시했던 것은 아닙니다. 다시 말하면 우리가 용서하므로 하나님의 용서를 받는다는 것은 아닙니다. 우리의 용서가 공로로

되는 근거 위에서 하나님이 용서하시는 것이 아니라는 말씀입니다. 하나님의 용서는 무조건적 용서입니다. 과거, 현재, 미래, 그 어떤 것도 하나님의 용서에는 조건으로 첨부되지 않는다는 것입니다. 그러나 이와 같은 무조건적 용서를 받은 자들이 이제 조건을 걸어서 남을 심판하게 될 때에는 무조건 베풀었던 그 용서를 다시 조건으로 바꾸겠다는 말씀입니다. 참으로 두려운 문제가 아닐 수 없습니다.

그러므로 주님께서 원하시는 기독교인의 윤리란 당연의 윤리입니다. 만 달란트 용서받은 그 마음으로 돌아가서 백 데나리온 용서하는 그것은 당연하지 않느냐? 너도 불쌍히 여김이 마땅치 아니하냐?입니다. 백 번 마땅한 윤리, 이것이 바로 그리스도인의 윤리입니다. 용서받은 자가 용서하는 것은 당연합니다. 그럼에도 문제가 되는 것은 용서받은 것에 대한 열매를 맺지 못하면 이미 받은 용서가 무효로 돌아간다는 이야기입니다. 다시 문책하고 베푸신 은혜를 취소하시겠다는 것입니다. 그러기에 우리는 사랑하여야 합니다.

사랑을 받았으니 사랑할 것이요, 용서받았으니 용서할 것입니다. 무조건 용서받았으니 우리도 무조건 용서할 것입니다. 한계 없는 용서를 받았으니 우리도 한계 없는 용서를 해야 합니다. 이것은 너무나도 당연한 것일 뿐 특별한 행위로 설명될 것이 아닙니다.

우리가 다른 일은 몰라도 용서에만은 완전하여야 합니다. 그렇지 않고는 하나님 앞에 설 수 없음을 본문은 제시해주고 있습니다. 비록 봉사하고 구제하며 굉장한 업적을 이루지는 못한다 할지라도 적어도 우리의 마음 속에 누구를 미워하거나 섭섭해하는 마음, 더구나 원수맺힌 마음같은 것은 전혀 없어야 합니다. 지금 이 순간에도 누구를 원망하는 마음이 있거나 스쳐간다면 다 회개하고, 다 풀어 헤치고 용서하여야 합니다. 기독교인은 아무도 미워할 권리가 없습니다. 사랑하고 불쌍히 여기는 이 두 가지밖에 없습니다. 그 누구도 심판할 권리가 없습니다. 그러기에 누가복음 6장 37절에는 "비판치 말라 그리하면 너희가 비판을 받지 않을 것이요 정죄하지 말라 그리하면 너희가 정죄를 받지 않을 것이요, 용서하라 그리하면 너희가 용서를 받을 것이요"라고 기록하고 있습니다.

또한 야고보서 5장 9절에는 "형제들아 서로 원망하지 말라 그리하여야 심판을 면하리라. 보라 심판자가 문 밖에 서 계시니라"고 하였습니다. 더구나 예수님께서 기도의 표본으로 주신 주기도문에는 어떻게 기록되어 있습니까? "우리가 우리에게 죄지은 자를 사하여준 것같이 우리 죄를 사하여 주옵시고"라고 되어 있습니다. 이 때문에 어떤 분은 주기도문을 드리지 않는다고 합니다. 그 이유는 아직도 그 어떤 사람을 용서할 수 없기에 그것이 마음에 걸려서라고 합니다. 주기도문을 드릴 수 없는 사람, 주기도문의 내용이 곧 나의 마음이어야 하는데도 그 기도를 드릴 수 없다면 그는 하나님 앞에 설 수가 없음을 알아야 합니다. 깨끗한 용서, 완전한 용서, 그것은 상대방의 잘잘못에 있는 것이 아닙니다. 그 문제는 나와 그와의 문제가 아닙니다. 하나님께서 물으시는 것은 하나님과 우리와의 관계를 말씀하시고 질책하시는 것입니다.

이제 십자가의 피로 구속하시고 용서하신 그 무조건적인 하나님의 사랑에 대한 감격과 감사가 너무도 커서 우리 주위의 모든 사람들을 무조건 용서할 수 있게 될 때 그가 천국 백성이요 그러한 마음으로 사는 곳이 바로 천국이 된다는 말씀입니다.

포도원 농부 비유

"천국은 마치 품군을 얻어 포도원에 들여보내려고 이른 아침에 나간 집 주인과 같으니, 저가 하루 한 데나리온씩 품군들과 약속하여 포도원에 들여 보내고, 또 제 삼시에 나가 보니 장터에 놀고 섰는 사람들이 또 있는지라, 저희에게 이르되, '너희도 포도원에 들어가라. 내가 너희에게 상당하게 주리라' 하니 저희가 가고, 제 육시와 제 구시에 또 나가 그와 같이 하고, 제 십일시에도 나가 보니 섰는 사람들이 또 있는지라, 가로되, '너희는 어찌하여 종일토록 놀고 여기 섰느뇨?' 가로되, '우리를 품군으로 쓰는 이가 없음이니이다.' 가로되, '너희도 포도원에 들어가라' 하니라. 저물매 포도원 주인이 청지기에게 이르되, '품군들을 불러 나중 온 자로부터 시작하여 먼저 온 자까지 삯을 주라' 하니, 제 십일시에 온 자들이 와서 한 데나리온씩 받거늘, 먼저 온 자들이 와서 더 받을 줄 알았더니 저희도 한 데나리온씩 받은지라, 받은 후 집 주인을 원망하여 가로되, '나중 온 이 사람들은 한 시간만 일하였거늘, 저희를 종일 수고와 더위를 견딘 우리와 같게 하였나이다.' 주인이 그 중의 한 사람에게 대답하여 가로되, '친구여, 내가 네게 잘못한 것이 없노라. 네가 나와 한 데나리온의 약속을 하지 아니하였느냐? 네 것이나 가지고 가라. 나중 온 이 사람에게 너와 같이 주는 것이 내 뜻이니라. 내 것을 가지고 내 뜻대로 할 것이 아니냐? 내가 선하므로 네가 악하게 보느냐? 이와 같이 나중 된 자로서 먼저 되고 먼저 된 자로서 나중 되리라'."

(마태복음 20:1~16)

포도원 농부 비유

오늘 본문에서는 천국을 포도원 농부들에 비유한 이야기를 듣게 됩니다. 이 비유 역시 하나님의 나라가 주제입니다. 그러므로 예수님께서 이 비유를 통하여서 어떻게 하나님의 나라를 설명하고 계시는가에 마음을 모으고 그 근본 뜻을 이해하여야 할 것입니다.

일반적으로 유대 사람들이 가졌던 하나님의 나라에 대한 개념을 두 가지 방향에서 정리할 수 있습니다. 그 중 하나는 언제나 정치적인 성격을 가지고 있었습니다. 그래서 한마디로 말하면 좀 잘사는 때가 왔으면 좋겠는데 그 잘사는 때의 것이 하나님의 나라입니다. 이러한 생각은 오늘 우리에게 있어서 질병도 없고 눈물, 근심, 이별, 멸시, 가난이 없는 그러한 나라, 곧 유토피아(utopia)를 생각합니다. 하나님의 나라는 모두가 잘사는 것으로 생각하고 싶은 것입니다. 이와 같은 생각은 이스라엘 사람들에게 있어서도 마찬가지였던 것같습니다. 따라서 메시아가 오면 메시아의 나라가 이루어질 것이고, 그 보기 싫은 로마 군인들은 다 물러갈 것이며, 간사한 헤롯왕은 죽여버리고 그 옛날의 다윗왕과 솔로몬왕의 치세에서처럼 태평성대가 왔으면 하는 이것이 하나님 나라의 개념입니다. 다시 말하면 세상적이요, 정치적이요, 물량적입니다. 이는 어떤 의미에서는 나 중심적이라고 볼 수 있으며, 나아가서는 내가 편안하게 살면 하나님의 나라라는 생각으로 발전하게 됩니다. 만약 이를 요즈음의 젊은 세대들에게 묻는다면 하나님의 나라는 자유와 평등, 정의가 실현되는 곳이라고 할 것입니다. 어쨌든 이와 같이 모두가 잘살 수 있는 상태나 구조를 하나님의 나라로 생각했던 것입니다.

이제 다른 하나는 하나님의 나라를 항상 미래 지향적으로 생각하는 것입니다. 그리하여 영겁을 둘로 나누어 하나는 현재 또 하나는 앞으로 다가오는 세대로 구분하여 현재와 미래로 나누어놓고 하나님의 나라는 항상 미래에 있다고 생각합니다. 이 때문에 많은 사람들이 자꾸만 이정표를 옮기는 데 문제가 있습니다. 하나님 나라의 현실성을 믿지 아니하고 언제나 저 먼 미래의 것으로 쫓아가려고만 합니다. 그래서 무지개를 바라보며 신기루를 잡듯 앞으로 쫓아가면 또 다시 먼 앞으로 가버리며, 그래도 계속 앞으로만 가야 하는 비현실적이고 비구체적인 그러한 하나님의 나라를 저들은 생각한 것입니다.

현대의 유명한 신학자 위르겐 몰트만(Jurgen Moltmann)의 소망의 신학도 세계적인 관심을 끌었습니다마는 그가 지칭하는 소망의 대상이 어디냐? 하는 결정적인 약점을 안고 있는 것입니다. 소망하며 잡으려 쫓아가는 그것이 무한히 멀어지고 있다는 말입니다. 소망이란 구체적인 염원과 소망과 그 소망으로 향하는 원인이 함께 포함된 것입니다. 그러한 소망이 구체성을 갖지 못하므로 구체적인 종말도 생각하지 못한 채 하나의 이념이 되어 앞으로 앞으로 끌어만 가는 신기루 같은 소망이 되기 때문에 문제가 되는 것입니다. 앞에 바라다보이는 소망이 있기에 오늘을 참고, 그 미래 때문에 오늘을 견디어야 한다는 것까지는 좋습니다. 그러나 끝까지 견디기만 하다가 진정으로 생각하고 기다려온 그 최후 소망의 날이 현실로 나타나지 않는다면 이것이야말로 사기가 아니고 무엇이겠습니까? 그런데 이스라엘 사람들이 생각하는 하나님의 나라가 이와 같이 미래적이고 먼 곳에 있었다는 것입니다.

여기에 비해 예수님께서 말씀하시는 하나님의 나라는 물질적이기보다는 영적이요, 그러면서도 멀리 있기보다는 현재에 있습니다. 정치적인 것이 아닌 신령한 것이면서도 그 신령한 세계가 온 물질세계를 다 포함하고 있는 그러한 개념으로 하나님의 나라를 설명하고 계십니다. 그리고 그 하나님의 나라는 이미 여기에 와 있다는 구체성을 말씀하십니다.

또한 종말적인 하나님의 나라를 말씀하심과 동시에 현재적인 하나님의 나라를 말씀하십니다. 따라서 현재 내가 살고 있는 이 세상에서 이루어지는 하나님의 나라와 저 영원한 세계의 하나님 나라를 연결하면서 이야기하십니다. 그러므로 저 영원한 하나님의 나라가 오늘 이 땅에 지점으로 임하였음을 생각하고, 그렇게 믿고 말씀을 받아들이며 성령을 받는 순간 그는 하나님의 나라에 일단 들어가게 되는 것입니다. 그리고 이후의 그의 생활은 하나님 나라의 백성으로 살아가는 것입니다. 예수님께서 말씀하신 하나님의 나라가 이런 것이라면 이는 분명 이스라엘 사람들이 생각하는 하나님의 나라와는 거리가 먼 것입니다. 그러기에 오늘 본문은 하나님의 나라는 이와 같으니 하고 이어지는 설명을 추상적으로 하지 않고, "품군을 들이는 집주인과 같다"는 현실적인 사건을 들어 말씀하십니다. 그러므로 이미 실현된 하나님의 나라, 실제 임하여 성장하고 있는 하나님의 나라를 말씀하고 있음이 오늘 본문의 특징입니다. 그러면서도 그 내용이 대단히 심판적입니다.

따라서 문제의 핵심은 포도원에 들어가서 일하는 데 있는 것이 아니라 마지막 회계하는 장면에 있습니다. 일을 다 끝낸 후 한 데나리온씩 주고받는 마지막 그 순간에 중점을 두고 이 예화를 말씀하고 계시는 것입니다. 그러고 보면 오늘 본문은 누가 얼마나 열심히 일을 하고 혹은 게을렀는지, 아니면 일한 능률의 많고 적음, 그 태도 따위는 전혀 거론되거나 고려되지 않고 있습니다. 다만 "포도원에 가서 일하라. 그리하면 일이 끝난 저녁 때에 한 데나리온을 주겠다"는 두 가지만 이야기하고 있습니다. 우리의 상식으로는 일하는 태도와 능률, 그리고 근무 시간의 길고 짧음 같은 것은 고려될만도 한데 이 모두가 알 바 아니라는 것입니다. 거기에 대한 한 마디의 언급도 없습니다.

미국같은 나라에서는 평소에 비디오 시설을 해놓고 일하는 태도를 필름에 담아두었다가 사업이 잘 안되어 감원을 해야 할 경우에 그 자료를 활용한다고 합니다. 그래서 자신의 감원을 불평하다가도 필름에 나타난 자신의 빈둥거리는 모습을 보여주며 이러니 당신이 먼저 감원될 수밖에 없지 않느냐고 하면 아무 말 못하고 돌아간다고 합니다. 그런데 오늘 본문에는 일하는 자의 어떠한 자태에 대해서도 일체 말이 없습니다. 다만 포도원에 가서 일하라, 그리하면 한 데나리온을 주겠다고 약속한 후 그대로 한 데나리온씩을 주었다는 것입니다. 그러므로 하나님의 나라는 포도원에 가서 일하라는 부름에 한 데나리온의 삯을 약속하고, 일한 후 그 약속한 삯을 받는 것과 같다는 것입니다. 이 말씀의 내용은 평범한 이야기 같으나 대단히 종말론적입니다.

　이 세상 마지막에 모든 사람이 하나님의 심판대 앞에서 최후의 심판을 받게 되는 것을 말해주는 것입니다. 그 때에 가서 한 사람 한 사람에게 계산을 하겠다는 말씀입니다. 문제는 그 때에 가서 무엇을 가지고 결산을 할 수 있겠느냐?에 있습니다. 잘 아는 바와 같이 본문의 내용은 팔레스타인을 배경으로 하고 있습니다. 9월 말쯤 되면 포도를 딸 때인데 이때에는 얼마나 일손이 바쁜지 모른다고 합니다. 어떤 생명체로부터 비롯된 결실을 따내는 작업이란 시각을 다투는 일이기 때문입니다. 이 때문에 언젠가 미국에서 보니 노동조합이 공장의 근로자들에게는 있으나 농민들에게는 없으므로 그 조합을 만들겠다고 하여 토론을 하는데, 한편에서는 농민들의 노동조합은 만들어선 안된다는 것이었습니다.

　그 이유는 예를 들어 이제 포도를 따야 하고, 적어도 내일까지는 다 따야 하는데 다 따야 하는 그 시간에 가서 파업을 하여 정지하게 되면 이는 망하는 것이므로 안된다는 것입니다. 공장은 쉬었다가 다시 하면 되지만 이것은 1년의 농사가 시간을 다투는 그 시각에 파업을 하게 되면 완전히 망할 수밖에 없다는 것입니다. 잘사는 나라에서 한가한 이야기를 하고 앉았는 것같지만 이것은 대단히 중요한 이야기입니다. 그런데 이 추수기

뒤에 바로 우기가 따라온다는 것입니다. 그러므로 포도를 다 따지 못하면 1년 농사지은 것을 다 망치게 됩니다. 이 때쯤되면 정말 부지깽이라도 함께 뛰어야 할 형편입니다. 그래서 이 포도원 주인은 안타깝게 품군을 구하며 거리에 나가 보았더니 놀고 있는 사람이 있더라는 겁니다. 주인은 제 3시, 제 6시, 제 9시, 제 11시 등 수차에 걸쳐 그들을 포도원으로 들여보내며 한 데나리온의 품삯을 약속합니다.

여기 이스라엘 사람들의 시간 표시는 해뜰 때를 1시로 하고 해질 때를 12시로 합니다. 그러므로 제 6시 하면 대략 12시가 되는데 그렇게 계산하면 오늘 본문의 주인은 9시 이전, 9시, 12시, 오후 3시, 오후 6시로 계속하여 일군을 포도원으로 들여보냈다는 것입니다. 그리고 중요한 것은 "내가 한 데나리온씩 줄 터이니 포도원에 가서 일하라"는 것입니다. 이는 곧 "내 포도원", 다시 말하면 "하나님의 포도원"에 가서 일하라는 것입니다.

우리의 포도원도 아니고 그 누구의 포도원도 아닌 "하나님의 포도원"을 말하는 여기에 청지기적 사명감이 있는 것입니다. 그러고보면 지금 우리가 일하고 있는 이 모든 것도 알고보면 나의 것이 아닙니다. 물질도 나의 것이 아니며 건강도, 지식도 나의 것이 아닙니다. 전부가 하나님의 것을 가지고 하나님의 포도원에서 하나님을 위해 일하는 것뿐입니다. 바로 이것이 하나님 나라의 백성임을 잊지 말아야 합니다. 그런데 오늘 포도원 주인은 일군들을 급히 일하라고 들여보내면서 시간의 차이에 관계없이 그 전부에게 똑같이 한 데나리온씩을 약속했다는 사실이 중요합니다. 일반적인 생각으로는 오전 9시에 들어가는 일군에게 한 데나리온을 약속했다면 12시에 들어갈 때에는 반 데나리온, 그리고 한 시간밖에 남지 않은 맨 마지막에 들여보낼 때는 10분의 1 아니면 몇 분의 1을 주겠다고 했어야 할 것입니다. 그러나 여기 주인은 그렇지를 않습니다. 일찍 왔거나 늦게 왔거나를 관계치 않고 모두에게 한 데나리온이라는 것입니다.

그리고 또 한 가지 생각케 하는 것은 일할 시간이 한 시간밖에 남지 않은 5시에 사람을 들여보내려고 할 때에 그 사람이 무엇이라고 했겠느냐는 것입니다. 본문에는 기록되지 않았지만 나름대로 추측한다면, 아마 "이제 한 시간밖에 남지 않았는데요" 했을 것같습니다. 그럴 때에 포도원 주인은 "어찌하여 종일 길거리에서 빈둥거리며 놀고만 있느냐? 한 시간이라도 좋으니 들어가서 일하라"는 것입니다. 과거를 묻지 않습니다. 이미 잃어버린 시간, 잃어버린 세월에 대해서는 묻지 않습니다. 다만 말씀을 들은 그 시간에서부터 해질 때까지, 일하게 되는 그 시간이 문제입니다. 누구에게든 하나님 나라의 백성으로서 하나님 나라의 사업에 가담하기 이전의 과거는 전혀 묻지를 않습니다. 다만 하나님 앞에 헌신한 그 시간부터, 말씀에 응답한 바로 그 순간부터 묻는다는 것입니다.

여기에 하나님께서 허락하시는 기회의 공평성이 있고 절대적 관계가 있습니다. "누구나 일하라. 한 시간 남았더라도 일하라. 지난날을 후회하지 말고 일하라." 이 얼마나 중요한 말씀입니까? "너도 일하라. 지난날에 많이 놀았구나. 그러나 과거는 묻지 않겠다. 이제부터 너의 남은 생을 내 포도원에 가서 일하라." 이것이 천국 백성입니다.

지난날의 못한 것을 후회할 필요가 없고 누구를 원망할 것도 없습니다. 이제부터 남은 생이 얼마나 중요합니까? 분명히 끝은 다가오는데 이제부터 남은 생, 이 시간을 어떻게 보내느냐에 문제가 달렸습니다. 그러나 주의할 것은 일을 굉장히 크게 많이 하느냐 적게 하느냐가 문제되지 않는다는 점입니다. 그저 일하라 하면 일하면 되는 것입니다. 시간이 많으냐 적으냐 이것도 묻지를 않습니다. 다만 충성만을 원하시고 진실한 응답만을 요구하고 계십니다.

주인이 듣고싶은 말은 포도원에 가서 일하라고 할 때에 "예" 하는 이 말입니다. "예" 외의 다른 말은 필요치가 않습니다. 질문도 변명도 할 것이 없다는 말씀입니다. 내 잘못된 것이나 내 기술, 내 지난날의 헛된 생이

나 경험, 그 무엇도 징계할 필요가 없습니다. 지금의 모습 이대로를 가지고 주님의 포도원으로 뛰어들면 되는 것입니다. 이렇게 하여 공평한 기회가 주어진 다음 일할 시간이 끝나게 되면 그 품삯을 받게 되는데 여기에 문제가 있습니다.

본문에 의하면 일이 끝난 최후의 순간에 청지기를 통하여 삯을 지불하는데 맨 마지막에 온 사람부터 시작하여 한 데나리온씩 주었다는 것입니다. 그런데 이것을 보면서 아침 일찍부터 일한 사람들은 자기들은 더 많은 일을 했으니 아무래도 좀 더 받을 것이라고 생각하다가 이제 자기에게도 한 데나리온을 주자 주인을 원망했다는 것입니다. 이 원망의 원인은 솔직히 말해 자기의 받을 것을 받지 못해서 하는 원망이 아닙니다. 이는 다른 사람이 받는 것을 배아파하는 원망인 것입니다.

오늘에 있어서도 지금 내가 못살아서 배 아픈 것이 아니라 다른 사람 잘사는 것이 보기 싫어서 안달입니다. 한마디로 말해 기분 나쁘다는 것입니다. 이 기분, 이 자존심이라는 것이 아무것도 아닌데 크게 작용을 합니다. 그래서 나라를 위해 죽으라면 나서는 사람이 별로 없지만, 기분 때문에 죽는 사람은 많은 것입니다. 기분, 자존심, 이것은 인권 문제에 속한 것입니다. 이 때문에 나는 하루 종일 일했는데 어찌하여 한 데나리온만 주느냐?는 것입니다. 그러나 본래 약속한 조건이 한 데나리온입니다. 그러므로 본래적인 것으로 돌아가야 합니다. 가지고 온 것이 없으며 가지고 가는 것도 없는 것입니다. 사람의 본 밑천은 모두가 똑같습니다. 누구나 혼자요, 한 생명뿐인 동일한 존재임을 잊지 말아야 합니다.

그런 가운데 진정한 평등이 있고 하나님과 나 사이에 1대 1의 관계가 수립되는 것이며, 이는 곧 절대적인 관계에 있다는 말입니다. 오늘 본문에는 이러한 절대적인 관계가 있는가하면 또 하나 상대적인 관계가 있음을 보게 됩니다. 절대적 관계는 주인과 나와의 관계입니다. 이 관계로 인하여 한 데나리온을 약속하고 고마운 마음으로 포도원에 들어온 것입니다. 아마 여기 나타난 모든 일군들이 처음에는 다들 고마워했을 것입니다. 그런데 이제 마음이 변해서 돈 받을 때 와서는 그 처음 마음을 잊어버리고 원망하게 되었다는 것입니다.

우리는 오랫동안 직장을 갖지 못하고 노는 이에게서 그저 월급은 주든 말든 일할 직장만 있었으면 좋겠다는 말을 들을 수가 있습니다. 그러나 그러다가 일단 취직을 하게되면 처음 이야기와는 달라지는 것을 보게됩니다.

언젠가 남대문 터널을 지나다가 두 아가씨들이 하는 이야기를 듣게 되었는데, 그 중 한 아가씨가 하는 말이 "나는 이 다리만 절지 않는다면 아무 소원도 없겠다, 얘" 하는 것이었습니다. 하도 크게 지껄이기에 그 소리를 듣고 자세히 보니 조금 절기는 하는데 그냥 지나치면 모를 정도였습니다. 그럼에도 지금 이 처녀는 이것이 일생일대의 불만입니다. 생각해보면 그럴만도 하고 진실한 이야기입니다. 그러나 두 다리가 멀쩡한 사람들에게는 아무 소원이 없는 것이겠습니까? 그리고 그의 다리가 완전해진다면 그때에도 아무 소원이 없겠느냐는 것입니다. 처음 가졌던 그 감사의 마음, 그 기쁘고 아름다운 마음이 며칠이나 가겠느냐가 문제입니다.

내가 일을 한다는 것, 그것도 하나님의 나라를 위하여 하나님의 일을 한다는 것, 그 일을 위하여 하나님께서 나를 써주시는 것에 대한 감사로 가득 차야 합니다. 그 외에 다른 생각이 있어서는 아니됩니다. 그 다음에 베풀어지는 한 데나리온씩의 약속은 본질적으로 같은 것입니다. 주인이 볼 때에는 모두가 다 똑같다는 것입니다. 다같이 하나님의 자녀요, 다같이 하나님의 사람이란 말입니다. 그리고 보수를 주시는 데 있어서 일한 대로 주시는 것이 아니고 일했다고 하는 것으로 주십니다. 포도를 얼마만큼이나 땄느냐? 얼마나 열심히 일을 했느냐? 얼마나 많은 일을 했느냐? 이러한 것은 묻지 않습니다. 다만 일했다는 그것만으로 족하다는 것입니다. 충성되이 일했으면 그만입니다. 다시 말하면 물량적이 아닌 질적인 것을 묻습니다. 흔히들 대단한 일, 큰 일, 굉장한 일에 관심이 많은데 성서는 결코 그렇게 말하고 있지 않습니다. "작은 일에 충성하라." 그 작은 일에 충성하면 되는 것입니다. 우리는 때때로 큰 일을 한답시고 작은 일을 무시할 때가 있는가 하면, 작은 일은 일답지가 않아서 못하겠다는 사람도 있습니다. 그러다가 큰 일은 할 수 없어서 못하고 작은 일은 시시해서 못하니 결국은 아무 일도 못하고 마는 것입니다.

하나님은 일한다는 자체 외에 아무것도 묻지 않습니다. 다만 "내 포도원에 가서 일하라" 할 때에 "예" 하고 나서서 불과 몇 분이 남았더라도, 지식이 있든 없든, 경험이 있든 없든 간에 그대로 충성만 하기를 바라십니다. 그리고 여기에 숨겨진 뜻은 감사한 마음으로 일하는 것입니다. 한 시간 일할 사람은 그 얼마나 고마웠겠습니까? 오늘 하루 공치는 줄 알았는데 한 시간밖에 남지 않았는데도 일해주기를 부탁받았으니 그 한 시간 동안 참으로 감사한 마음으로 열심히 일했을 것입니다. 이것이 바로 주인이 원하는 것입니다. 하나님께서는 믿음과 감사와 충성, 그것만을 원하십니다. 하나님께서 나를 쓰신다는 것에 대한 고마움, 세월을 놓치고 기회를 잃어버린 사람임에도 불구하고 아직도 나에게 기대하시는 그 은총의 부르심 앞에 감사하고 충성할 따름입니다.

하나님께서는 내게 깊은 뜻을 두고 행하십니다. 그래서 지금 이 시간에도 내게 무엇인가를 기다리고 계십니다. 그러므로 한 시간이 아니라 30분만 남았더라도 일을 하여야 합니다. 일을 주시는 것에서부터 출발되는 이 감사는 하나님과 나와의 직선적 관계에서만 이루어지는 것입니다. 하나님만 생각하고 하나님께만 감사하면 되는 것을 옆에 있는 사람을 봄으로써 처음 마음이 헝클어지며 문제를 일으키게 됩니다. 그래서 원망하게 되고 감사와 불평으로 변하게 되는 상대적 관계를 앞세우게 되는 것입니다.

하나님께서는 일을 했느냐는 충성만을 묻는 것이지, 일의 분량을 따지는 것이 아닙니다. 그런데 여기 이 사람들은 자기들이 몇 시간 더 일한 것으로 무엇이나 된 줄 알고 있으니 이것이 주인의 뜻과는 거리가 먼 것입니다. 따라서 그리스도인의 어떠한 업적도 공로가 되지는 않습니다. 어차피 죽을 사람들이 일을 했다고 하여 그것이 인정받아 하나님 나라에 들어가는 티켓(ticket)이 되는 것은 아닙니다. 우리는 수고하고도 아쉽고, 죄송하며 그저 감사할 뿐입니다. 추호라도 내가 수고했으며 남보다 더 많이 일했다는 생각을 가진다면 이것이 바로 율법이요, 율법주의이며 율법적 관계에서 공로주의에 해당하는 것입니다.

그래서 다른 사람과 비교하여 우월감을 갖는가하면 남을 판단하고 원망과 불평하는 자리에 나아가게 되는 것입니다. 진실로 어느 쪽이 더 충성했는지는 하나님만이 아시는 일입니다. 누가 더 많은 일을 했고 더 열심히, 더 잘 믿었는지는 사람의 알 바가 아닙니다. 그러므로 남의 일을 놓고 이렇다 저렇다 말할 것이 아닙니다. 언제이고 내가 하여야 할 본분과 충성을 하나님 앞에서 다하면 그만인 것입니다. 그런데 여기 이 사람들은 주인과의 직선적인 은혜의 관계를 생각지 못하고, 은혜 아닌 인간의 공로를 들추며 다른 사람에 대한 신경을 너무 많이 쓰는 것입니다.

우리는 때때로 "왜 저 사람에게는 저런 은혜를 베푸시는가!" 혹은 "이 사람에게 왜 복을 주시지 않는가!" 하고 신경을 쓸 때가 있습니다. 그러나 이러한 생각 자체가 부질없는 일이요, 잘못된 것입니다. 누가 진정으로 복되고 불행한가는 하나님만이 아시는 것입니다. 그러므로 부자라고 해서 저 사람 복받았다고 할 것도 아니며 가난하고 사업에 실패했다고 해서 저 사람 저주받은 것으로 생각할 것이 아닙니다. 만약 그런 것이라면 억울하게 재산 다 빼앗기고 순교당한 사람은 무엇이라고 해야 되겠습니까? 이는 복받은 사람입니까? 아니면 저주받은 사람이겠습니까? 그러므로 인간적인 속단으로 상대적인 평가를 해서는 아니되는 것입니다. 오직 하나님과 나와의 절대적 관계만이 중요하고 거기에 은혜가 있고 거기에 인격이 있는 것입니다.

　이제 문제되는 것은 다만 하나님 앞에서 어떻게 하면 내가 보다 직선적으로 충성할 수 있는가 하는 것입니다. 이 때문에 본문 말씀 마지막 부분에 가서 보면 대단히 가혹한 주인의 대답을 듣게 됩니다. "네 것이나 가지고 가라." 왜 그렇게 말이 많으냐? 내 것을 가지고 내 마음대로 하는데 네가 무엇이냐는 말씀입니다.

　요한복음 21장에 보면 부활하신 예수님께서 갈릴리 바닷가에 나타나셔서 제자들과 조반을 잡수신 후에 세 번이나 예수님을 모른다고 부인한 베드로에게 "내 양을 먹이라"는 말씀을 재삼 하시고, 장차 그가 당할 고난과 죽음을 이야기하시며 나를 따르라고 하십니다. 이때에 베드로는 예수님의 사랑받던 제자이며 예수님의 십자가 밑에까지 갔던 요한을 가리키며 "이 사람은 어떻게 되겠습니까?" 하고 묻습니다. 그런데 이에 대한 예수님의 대답이 어쩌면 그렇게도 박절하신지 모르겠습니다. "내가 올 때까지 그를 머물게 하고자 할지라도 네게 무슨 상관이냐? 너는 나를 따르라"고 냉담하게 잘라 말씀하십니다. 아직도 하나님과의 직선적인 절대관계에 서지 못하고 그 누구에게 신경을 쓰고 있느냐는 것입니다.

　지금은 남에게 신경 쓸 때가 아니며 누구 때문에 되고 안될 그런 성질의 것이 아닙니다. 오로지 하나님과 나와의 직선적인 문제일 뿐입니다. 그러므로 "네 것이나 가지고 가라, 내것 가지고 내 마음대로 하는데, 내가 선하므로 네가 악하게 보느냐?"는 이 말씀 자체가 은혜요 여기에 절대적 은혜가 있습니다.

　이제 주신 말씀의 결론을 내리면, 천국 백성은 다름아닌 하나님의 포도원에서 감사하며 일하는 사람과 같다는 것입니다. 일시킨 것도 감사하고, 일하면서도 감사하며, 일이 끝난 후에 품삯을 받는 것은 덤으로 받는 것처럼 고마워하는 그 사람, 이것이 천국이요 여기에 천국의 윤리가 있는 것입니다.

두 아들 비유

"그러나 너희 생각에는 어떠하뇨? 한 사람이 두 아들이 있는데 맏아들에게 가서 이르되, '얘 오늘 포도원에 가서 일하라' 하니, 대답하여 가로되, '아버지여 가겠소이다' 하더니 가지 아니하고, 둘째 아들에게 가서 또 이같이 말하니 대답하여 가로되, '싫소이다' 하더니 그 후에 뉘우치고 갔으니, 그 둘 중에 누가 아비의 뜻대로 하였느뇨?" 가로되, "둘째 아들이나이다." 예수께서 저희에게 이르시되 "내가 진실로 너희에게 이르노니, 세리들과 창기들이 너희보다 먼저 하나님의 나라에 들어가리라. 요한이 의의 도로 너희에게 왔거늘, 너희는 저를 믿지 아니하였으되 세리와 창기는 믿었으며, 너희는 이것을 보고도 종시 뉘우쳐 믿지 아니하였도다."

(마태복음 21:28~32)

두 아들 비유

오늘 본문에 나타난 두 아들의 비유는 종말적인 비유요 심판의 선언이 있는 비유라고 생각합니다. 그러므로 대단히 심각한 최종 통첩의 비유라고 말할 수 있는 중요함이 있습니다. 그 내용을 살펴보면 한편으로는 복음의 기록이요, 한편으로는 심판적 기록입니다. 이와 같이 예수님의 교훈 가운데에는 언제나 심판과 복음, 구원과 심판이 함께 하는 동반자적 입장을 발견하게 됩니다.

이제 본문 말씀의 이해를 돕기 위해 그 배경의 대략을 살펴볼 필요가 있겠습니다. 오늘 주신 본문 말씀은 예수님께서 예루살렘 성전을 깨끗이 한 그 사건 이후에 하신 말씀입니다. 예수님께서는 십자가를 지시기 전에 예루살렘으로 올라가셨고 거기서 맨 먼저 하신 일이 예루살렘 성전을 청결케 한 것입니다. 성전을 청결케 하시고 십자가에 죽으시는 예수님! 여기에는 대단히 중요한 상징적 의미가 있는 것으로 생각합니다. 그런데 이 예루살렘 성전이 왜 이렇게 더러워졌느냐 하는 것입니다. 거기에는 여러 가지 이유가 있겠습니다마는 본래부터 그렇게 나쁜 목적이 있었던 것은 아닌 것같습니다. 예루살렘 성전이라고 하면 자칫 몇천, 몇만이 들어가는 큰 건물로 생각하기 쉬우나 그렇지를 않습니다. 옛날 예루살렘 성전의 그 건물 자체는 큰 것이 아니었습니다. 단순한 구조에 성소와 지성소가 나뉘고 그 지성소에 하나님의 법궤가 있고 성소에는 제단이 있습니다. 그리고 촛대가 있으며 일반 회중은 뜰에 서 있는 것입니다. 비가 오나 눈이 오나, 추우나 더우나 이 뜰에 서서 예배를 드리는 것입니다. 그러고보면 현대 교인들은 너무 편한 자세로 예배 드리려고 해서 걱정입니다. 아무튼 예루살렘 성전은 수만 명씩 뜰에 서서 제사와 예배를 드리게 되어 있는데 여기에 참석하는 사람은 누구나 다 제물을 필요로 하게 됩니다. 그래서 손수 키운 것을 가져오기도 하고 사서 오기도 하는데, 이것을 제사장이 검사하여 제사에 쓸 수 있는 것과 없는 것으로 가려내는 것입니다.

이때에 점이나 흠이 있어 불합격된 제물은 다시 시장까지 나가 팔아버리고 거기에 돈을 더 보태어 좋은 것으로 사와야 합니다. 그러고도 불합격하면 또다시 가지고 가야 합니다. 이렇게 되다보면 아시다시피 예루살렘 성전 가까이까지 장사꾼이 오게 마련이지 않겠습니까? 그래서는 아예 성전 문 밖에 까지 와서 양의 우리를 만들어놓고 검사에 불합격되는 것은 싸게 사들이고 좋은 것은 비싸게 팔고 한 것입니다. 이것이 조금씩 안으로 밀고 와서 이제는 성전 뜰, 예배당 안에까지 들어왔단 말입니다. 이래서 예루살렘 성전 안에는 점점 많은 장사꾼으로 붐비게 되고 소나 양, 비둘기들을 사고 팔며 돈을 바꾸느라 장터가 되다시피 한 것입니다. 그런데 문제는 이렇게 될 때까지 다 알면서도 왜 묵인이 되었느냐는 것입니다.

이도 요즈음 표현으로 말하면 커미션(commission)을 먹었기 때문입니다. 제사장들이 그 이윤의 얼마를 취하고 눈을 감아주었다는 말입니다. 이래서는 안되는 것이며 잘못된 일인 줄 알면서도 짐짓 이렇게 지내는 것이 벌써 여러 해가 되었단 말입니다. 마치 당연지사처럼 벌여온 터인지라 이제는 누구도 나가라고 할 수가 없게 된 것입니다. 바로 그 순간, 33세의 젊은이인 바닷가 갈릴리의 청년 예수가 나타나 장사하는 그 현장을 뒤엎고 모조리 내어쫓는 것입니다. 당시를 상상해본다면 돈 상자가 굴러떨어지는가 하면 비둘기가 푸드득거리며 날아가고 소와 양도 놀라 소리를 지르며 달아나는 수라장이 되었을 것입니다. 하나도 남기지 않고 전부를 몰아내시면서 "기도하는 하나님의 집을 강도의 굴혈로 만드느냐"고 호통을 치십니다.

일이 이쯤 되었으니 진정으로 경건한 믿음의 사람들은 무척이나 통쾌했을 것입니다. 드디어 이제야 무엇인가 되는가보다! 하나님의 역사하심이 분명하고 이제야 그 영광이 나타나는구나! 하며 기뻐하고 좋아하는 것입니다. 그런가하면 장사하는 사람들은 손해 많이 보았다고 하는 섭섭함과 좋은 장터를 빼앗겼다는 아쉬움을 가지고, 그래도 양심의 가책은 있어서 더 이상 할 말이 없습니다. 그런데 이 때에 제일 어려운 사람은 다름 아닌 제사장들입니다. 이들은 해서는 안될 일을 해왔으며, 용납해서는 안될 일을 돈을 받으며 묵인해온 것입니다. 이 때문에 오늘의 심판이 있는 것이며 한 젊은 청년에 의한 불같은 책망에도 피할 길이 없었던 것입니다. 최고의 권위와 신분을 앞세워 살아가는 사람들이 백성들 보는 앞에서 이러한 일을 겪었으니 그 창피함이 얼마이며 체면은 또 무엇이 되었겠습니까? 그래서 이들의 소견에 체면을 챙기기 위해서 무엇인가 말은 해야겠다고 생각하며 기껏 의논한 끝에 예수님께 나아와서 하는 말이 "네가 무슨 권세로 이런 일을 하느뇨?" 하고 묻는 것입니다. 누가 시켜서 하는 일이냐는 말입니다.

이때에 질문을 받은 예수님께서는 이에 대한 대답을 회피하시면서 되돌리는 질문을 하십니다. 너희가 이 질문에 대답하면 나도 하겠다는 전제하에 "요한의 세례가 하늘로부터 온 것이냐? 아니면 사람으로부터 온 것이냐?"고 물으십니다. 이 질문을 받은 저들은 다시 의논을 하고 생각을 모읍니다. 하늘로부터 왔다고 하면 예수님께서는 그런데 왜 믿지 않았느냐고 할 것이고, 사람으로부터 온 것이라고 하면 많은 백성들이 세례 요한을 분명히 하나님의 선지자로 알고 있는데 돌을 던질 터이니 이럴 수도 저럴 수도 없지 않는가. 그러니 제일 편리한 말로 "모른다"고 하자는 것입니다. 알고도 모르는 것이지만 예수님께 대답하기를 "우리가 알지 못하노라" 합니다. 이에 예수님께서도 "나도 너희에게 이르지 아니하리라"고 하십니다. 너희들도 알면서 말하지 않으니 나도 알지만 말하지 않겠다는 것입니다. 왜 말할 필요가 없는 것이겠습니까? 이는 들을 준비가 되어 있지 않기 때문입니다. 참된 진리를 들을 준비가 되어 있지 않은데 누구의 말인들 무슨 소용이 있겠습니까? 돼지에게 진주를 던질 수는 없는 것입니다. 그러므로 말씀을 받아들이고자 하는 겸손한 마음을 가진 사람들은 알아들을 수 있도록 비유를 들어 말씀하시는 것입니다.

이를 위하여 오늘 본문에는 두 아들의 이야기를 예로 들어 비유하고 있습니다. 한 사람에게 두 아들이 있는데 아버지가 맏아들에게 가서 말하기를 "오늘 포도원에 가서 일을 하라"고 합니다. 그랬더니 이 아들이 아무런 거리낌도 없이 "예, 가겠습니다" 해놓고는 뒤에 가지 않았다는 것입니다. 반면에 둘째 아들은 "싫소이다, 안가겠습니다" 해놓고는 그 후에 뉘우치고 갔으니 이 두 아들 중에 아버지의 뜻대로 행한 아들은 누구이겠느냐는 예수님의 질문이십니다. 그랬더니 하나같이 대답하기를 "그야말로 둘째아들이니이다" 하고 쉽게 이야기합니다. 그때에 예수님께서는 강렬한 표현으로 본론을 말씀하십니다. "내가 진실로 너희에게 이르노니 세리들과 창기들이 너희보다 먼저 하나님의 나라에 들어가리라"는 것입니다. 이만하면 해석까지 다된 직선적인 말씀이니 알아들을 만한 사람은 다 알아듣게 마련입니다.

그런데 여기서 한 가지 생각하고 넘어가야 할 것은 윌리엄 바클레이가 제시한 바와 같이 두 아들이 다 좋지를 않은데 그래도 조금 더 좋은 아들을 묻고 있다는 것입니다. 무엇이나 시키면 "예" 하고 적당히 대답해 놓고는 안하는 아들, 순간순간 적당히 대처하는 처세적이고 기회주의적 사고와 행동, 외식주의와 형식적인 종교생활, 여기에 많은 문제가 있습니다. 그저 믿는다는 이름뿐 믿음의 행위도 없고 신앙인의 기쁨도 갖지 못한 채 순간순간 종교의식에 적당히 맞추어나갈 뿐입니다. 그래서 찬송 부를 때에 찬송 부르고 기도할 때에 기도하며, 바쁘면 그만두고 한가하면 교회에 나온다는 것입니다. 이러한 문제의 사람이 오늘 본문의 맏아들입니다. 그런가하면 둘째아들은 역설적입니다. 안가겠다는 대답부터 해버립니다. 이런 아들을 좋은 아들이라고 할 수는 없습니다. 어쩌면 요즈음 현대인들의 생리가 그런 것이 아닌지 모르겠습니다. 하라는 일은 일부러 하지 않고 무슨 일에나 일단은 제동을 걸고보는 인격이 있습니다.

만사에 순응이란 없으며 언제나 역설적이고 한 번씩은 튕겨보아야 자기 존재가 사는 것으로 생각합니다. 하라는 대로 하면 내 존재가 죽는 것같고 멸시당하는 것같으며, 노예가 되고 무능한 것으로 느끼는 것입니다. 이 때문에 의도적인 반대도 해야 하고, 돌아서서는 다시는 얼굴도 대하지 않을 것처럼 비판을 하며 그래야 자기 정체가 돋보여 영웅시되는 것으로 생각하는 잘못된 풍조가 있습니다.

우리는 어릴 때부터 곧잘 들어온 청개구리의 이야기를 알고 있습니다. 너무나 잘 알려진 보편화된 우화이기에 우리는 빗나가는 어린이나 심술꾸러기를 보면 "청개구리같은 녀석" 또는 "청개구리 심보"라는 표현을 쓰게 됩니다. 사실은 무슨 일에나 반대 아니면 좋게 지나칠 수가 없는 것은 굉장한 열등의식의 발로요 심리적 병리 상태입니다. 첫 말에 "예" 할 수 없는 역설적이고 반항적인 마음과 성격은 환영받을 수 있는 것이 못됩니다. 그러나 그러면서도 좋았다는 것은 그가 뒤에 뉘우치고 갔다는 점입니다. 뒤늦게라도 뉘우치고 포도원에 들어가 일했다는 그 사실이 귀하고 중요하다는 말씀입니다. 그러고보면 아버지가 시킬 때에 "예" 하고 그대로 가는 아들이 있었다면 얼마나 좋았겠습니까? 그렇지만 예수님께서는 그와 같은 아들을 등장시키지 않고 있습니다.

이는 예수님께서 보실 때에 이 세상에 그러한 아들은 없었다는 뜻이 되기도 합니다. 아무리 보아도 "예" 하고 간 사람은 없으며, 가겠다고 하고 가지 않은 사람과 안가겠다 해놓고 뒤에 가는 두 종류의 인간밖에 없다는 말씀입니다. 이러나 저러나 대단히 유감스러운 태도가 아닐 수 없습니다. 아버지가 포도원에 가서 일하라고 할 때 첫말에 "예, 가겠습니다"

하고 즐거운 마음으로 가주었으면 얼마나 좋았겠습니까? 그런데 가겠다고 적당하게 대답은 해놓고 가지는 않습니다. 그런가하면 안가겠다는 것으로 일단 아버지의 마음을 아프게 한 후에 뒤늦게 뉘우치고 갔다는 것입니다. 아마도 어슬렁거리며 뒤늦게 갔으니 제대로 일을 했을 것같지도 않습니다. 그러나 문제는 여기에 있습니다.

이제 본문 말씀을 자세히 보면 "누가 아비의 뜻대로 하였느뇨?"라고 물으십니다. 이 물음에 대해서는 동생이 아버지의 뜻대로 한 것입니다. 그러나 만약 "누가 아비를 기쁘게 하였느뇨?"라고 물으신다면 여기에는 둘 중 누구도 해당되지 않습니다. 다만 뒤늦게라도 아버지의 뜻을 이루었을 뿐입니다. 욕심같아서는 정말 좋은 아들이 있어서 처음부터 아버지의 마음을 기쁘게 하며 그 뜻대로 행하는 모습을 볼 수 있었으면 좋았겠습니다마는 이미 그런 아들은 없었기에 아버지의 뜻대로 한 아들을 찾으시는 것입니다. 여기에서의 둘째 아들은 예수님께서 친히 응용하시고 밝히신 대로 세리와 창기입니다.

그리고 첫째 아들은 제사장과 장로, 유대 지도자들을 가리키는 말씀입니다. 유대의 지도자들, 그 외식적인 제사장들, 근사하게 예배드리며 찬송하고 기도하며 제사드리는 일이야 다 잘합니다. "예, 하겠습니다"라며 "아멘, 할렐루야" 소리도 큽니다. 그런데 이래놓고도 뒤에는 딴소리하니 그게 문제란 말입니다. 여러분, 찬송도 조심스럽게 불러야 합니다. "내 주여, 뜻대로 행하시옵소서……살든지 죽든지 뜻대로 하소서." 이 찬송 부르고 "아멘" 했으면 그만입니다. 달리 더 할 말이 남아 있거나 무슨 불평이 있을 수 없습니다. 우리가 항상 드리는 주기도문도 그렇습니다. "하늘에 계신 우리 아버지여……뜻이 하늘에서 이룬 것같이 땅에서도 이루어지이다." 아버지의 뜻이 이루어지이다 했으면 내 할 말은 끝난 것입니다. 이제 후로는 내 앞에 무슨 일이 전개되더라도 할 말이 없는 것입니다. 그대로 따라갈 뿐입니다. 찬송할 때의 마음과 기도할 때의 마음이 변하지 말아야 합니다. 찬송가 가사를 보나, 기도하는 내용을 보나, 예배드리는 자세를 보나, 이 모두는 "예" 하고 가겠다는 이야기입니다. "아멘"의 뜻이 "이대로 이루어지이다, 당신 마음대로 하옵소서!"라면 우리 모두는 "예스(yes), 예스" 하고 있는 것입니다. 문제는 그러면서도 그 마음 깊은 곳에는 "아니오"가 있다는 말입니다. 이 때문에 그 생활도 결국은 "아니오"로 채워지고 만다는 사실입니다.

그런데 예수님께서 말씀하신 세리와 창기는 죄인의 대표자입니다. 특별히 당시의 종교 지도자들과 유대 사람들이 제일 천시하는 사람들입니다. 오늘날에도 그렇지 않은 것은 아니지만 창녀 하면 제일 천하게 보는 직업이라면 직업이고 인격입니다. 이는 몸을 팔아서 산다고 하는 옛날부터 있어온 직업입니다. 그런가하면 세리라는 것은 당시 로마를 위해 강제로 세금을 받아가는 직업이므로 유대 사람들에게 있어서는 비애국자요, 폭행자이며 착취자이었기에 이는 허락받은 강도로 통하고 있었습니다.

이와 같이 세리와 창기는 도덕적으로나 종교적으로 완전히 소외당한 죄인들의 대표자입니다. 모두가 싫어하고 멀리하며 천시하는 이들, 그러나 예수께서는 이들을 거론하시면서 "세리들과 창기가 너희보다 먼저 하나님의 나라에 들어가리라"고 말씀하십니다. 아무리 생각해보아도 당시의 상황으로 보아 참으로 담대하고 용감한, 죽음을 각오한 폭탄적인 말씀이 아닐 수 없습니다. 내로라는 종교 지도자들 앞에서 그들보다 세리와 창기가 먼저 하나님의 나라에 들어가리라는 것은 그 자리에서 맞아 죽어도 할 말이 없는 사건입니다.

예수님의 이와 같은 장면들을 두고 슈바이처같은 이는 말하기를 "예수님께서는 예루살렘에 올라가셔서 아예 '날 죽여라' 하고 다니셨다"라는 표현까지 하고 있습니다. 생각해보면 전혀 일리가 없는 이야기가 아닙니다. 당시의 사회 구조와 관습이 어떤 때이라고 감히 이런 말을 하고서 살아남기를 바란단 말입니까? 그러나 예수님께서는 거침없이 말씀하셨습니다. 하나님의 영광을 들먹이며 "아멘" 해놓고 가지 않는 위선과 외식의 종교 지도자들, 이들은 결국 이중적인 죄를 짓고 있는 것입니다. 그런가 하면 세리와 창기들은 벌써부터 죄인이요 드러난 죄인입니다. 그러나 이제는 하나님의 말씀을 듣고 뉘우치며 뒤늦게나마 회개하고 하나님의 사람이 된 것입니다. 우리가 잘 아는 막달라 마리아나 세리 마태가 그 대표적 인물입니다. 예수님의 말씀은 소위 종교 지도자라는 너희들은 아직도 위선과 형식으로 굳어진 "아니오" 상태에 있지만, 너희들이 그렇게도 멸시하는 세리와 창기는 뒤늦게나마 철저히 뉘우치고 "예" 하고 갔으니 당연히 너희보다 먼저 하나님의 나라에 들어갈 수밖에 없지 않느냐?는 말씀입니다.

뿐만 아니라 이를 신학적인 다른 의미에서 구분한다면, 맏아들은 유대 사람을 뜻하며, 둘째 아들은 이방 사람을 의미합니다. 유대 사람들은 하나님의 뜻을 먼저 받음과 동시에 하나님의 백성으로 불리움을 받습니다. 그러나 실제로는 하나님의 백성이지 않았으며 종래는 예수님을 십자가에 못박고 말았습니다. 그러나 이방 사람들은 처음부터 하나님의 백성이 아니었습니다. 그러기에 자유롭게 죄를 지으며 온갖 우상을 섬겨온 사람들입니다. 하지만 이제는 회개하고 예수를 믿었으니 구원은 바로 이 이방 사람들에게 있다는 말씀입니다.

그런데 이 말씀에서 발견되는 참으로 중요한 의미는 바로 여기에 복음이 있다는 점입니다. 복음이란 어떤 것입니까? 복음은 세리와 창기가 구원받았다는 사실 자체입니다. 이미 하나님을 거역했습니다. 안가겠다고 하였으며 반항했습니다. 그러나 뒤늦게 뉘우치고 갑니다. 탕자가 돌아오는 것처럼 돌아옵니다. 그런데 돌아온다고 문제가 해결되는 것은 아니지 않습니까? 돌아온 아들이라 할지라도 아버지가 맞아주지 않는다면 문제는 마찬가지입니다. 이제 복음은 언제라도 돌아오기만 하면 과거는 묻지 않겠다는 것입니다. 늦게라도 돌아와서 일하는 흉내라도 내는 것을 보고 기뻐하는 아버지, 바로 여기에 복음이 있는 것입니다. 안가겠다고 반항하며 무척이나 마음아프게 했는데 이제 찾아온다고 그렇게 쉽게 받아줄 수가 있겠습니까? 어쩌면 아버지의 권위를 찾기 위해서라도 특별한 조처가 있을 법도 합니다. 그러나 이 아버지는 기뻐하며 영접합니다. "돌아왔느냐! 잘했다. 지난 일은 잊어버려라"고 할 뿐 과거를 묻거나 뉘우치라는 권고도 하지 않습니다. 이것이 바로 복음입니다.

에스겔 18장 21, 22절 말씀에 보면 "그러나 악인이 만일 그 행한 모든 죄에서 돌이켜 떠나 내 모든 율례를 지키고 법과 의를 행하면 정녕 살고 죽지 아니할 것이라, 그 범죄한 것이 하나도 기억함이 되지 아니하리니 그 행한 의로 인하여 살리라"고 하였습니다. 지난날의 잘못된 과거는 묻지 않겠다는 말씀입니다. 당연히 물어야 하고 책망받아야 할 일입니다. 그러나 묻지 않겠고 책망도 아니하시겠답니다. 그리고 영접하시겠다는 것입니다. 여기에 복음이 있습니다. 지금 여기에 나온 그것만을 의로 여기시고 이제 후로는 의롭다 하시겠다는 것입니다. 아버지의 사랑의 마음은 안가겠다고 반항하던 아들의 태도를 본래적이 아닌 실수나 병리적 반응으로 간주해주시겠다는 것입니다. 과거는 과거였을 뿐, 지금 하나님의 아들로 일하는 이 시간을 출발로 그의 진실된 자기 존재를 인정해주시겠다는 것입니다.

과거는 생각하지 마십시오! 하나님이 잊어버린 과거를 내가 왜 기억하며 고통스러워합니까? 하나님이 묻지 않는 과거를 무엇 때문에 내가 묻는 것입니까? 지금 주님 앞에 나왔으면 나온 그것으로 족한 것입니다. 그리고 그것을 그대로 의로 여기시고 기뻐하시는 하나님이심을 분명히 알아야 합니다. 세리와 창기들이 먼저 하나님의 나라에 들어간다는 것은 참으로 대단한 심판입니다. 이는 제사장과 장로, 서기관, 바리새 교인들에 대해 여지없는 심판을 선포하는 것입니다. 그런데 이제 마지막 남은 문제가 하나 더 있습니다. 그것은 세리와 창기들이 회개하며 돌아올 때 아버지는 기쁘게 영접하고 있는데 "너희는 이것을 보고도 종시 뉘우쳐 믿지 아니하였도다"라는 것입니다. 사람이 망하는 것은 죄 때문이 아닙니다. 누구나 가지고 있는 그 죄를 회개하지 않았기 때문에 망하는 것입니다.

죄 때문에 지옥 가는 것이 아니요, 회개하지 않았기 때문에 가는 것입니다. 여러 번 회개의 기회가 있었고 계속하여 말씀이 들려지고 있지만, 끝까지 뉘우치지 않았다면 그 책임은 누구에게 있으며 그 심판 또한 누가 준비하는 것입니까?

그러므로 하나님은 구원받지 못할 인간을 맞기 위해 준비하시는 하나님이 아니십니다. 늦게라도, 어느 때에라도 뉘우치고 돌아오기만 하면 과거는 묻지 않고 영접하시는 하나님의 그 사랑이 우리를 향하여 여기에 계시되고 있는 것입니다. 이것이 복음이요, 여기에 구원의 능력이 있습니다.

악한 농부

　이 비유로 백성에게 말씀하시되, "한 사람이 포도원을 만들어 농부들에게 세로 주고 타국에 가서 오래 있다가, 때가 이르매 포도원 소출 얼마를 바치게 하려고 한 종을 농부들에게 보내니, 농부들이 종을 심히 때리고 거저 보내었거늘, 다시 다른 종을 보내니 그도 심히 때리고 능욕하고 거저 보내었거늘, 다시 세번째 종을 보내니 이도 상하게 하고 내어 쫓은지라, 포도원 주인이 가로되, '어찌할꼬, 내 사랑하는 아들을 보내리니 저희가 혹 그는 공경하리라' 하였더니, 농부들이 그를 보고 서로 의논하여 가로되 '이는 상속자니 죽이고 그 유업을 우리의 것으로 만들자' 하고 포도원 밖에 내어쫓아 죽였느니라. 그런즉 포도원 주인이 이 사람들을 어떻게 하겠느뇨? 와서 그 농부들을 진멸하고 포도원을 다른 사람들에게 주리라" 하시니 사람들이 듣고 가로되, "그렇게 되지 말아지이다" 하거늘, 저희를 보시며 가라사대, "그러면 기록된 바
　'건축자들의 버린 돌이 모퉁이의 머릿돌이 되었느니라' 함이 어찜이뇨? 무릇 이 돌 위에 떨어지는 자는 깨어지겠고, 이 돌이 사람 위에 떨어지면 저를 가루로 만들어 흩으리라" 하시니라.
　서기관들과 대제사장들이 예수의 이 비유는 자기들을 가리켜 말씀하심인 줄 알고 즉시 잡고자 하되 백성을 두려워하더라.
　　　　　　(누가복음 20:9~19)

악한 농부

이 비유의 말씀은 오늘 본문 외에 마태복음 21장 33~46절과 마가복음 12장 6~12절에도 기록되어 있는 내용입니다. 따라서 이 비유는 세 복음서에 다 같이 기록된 만큼 보편적이고 중요한 의미를 가진 것이라고 생각이 됩니다. 본문 말씀은 십자가를 지시기 직전 종말적으로 주어진 예수님의 최종 통첩적인 의미가 있는 종말적 메시지입니다.

특별히 이 말씀은 예수님을 십자가에 못박으려는 사람들을 앞에 놓고 정면으로 충돌하는 시간에 주신 마지막 말씀입니다. 그러므로 본문 19절인 마지막 부분에 가서 보면 "서기관들과 대제사장들이 예수의 이 비유는 자기들을 가리켜 말씀하심인 줄 알고 즉시 잡고자 하되 백성을 두려워하더라"고 하였습니다. 알기는 알고 그 통분함을 감출 길이 없지만 당장은 어쩌지 못했다는 이야기입니다. 그만큼 이 말씀은 분명하게 이스라엘 지도자를 상대로 그들을 향하여 하신 말씀입니다. 대상이 그런가하면 말씀의 내용은 전 이스라엘 역사를 종합하여 짧은 한 문장으로 나타내신 것입니다.

창세기 1장부터 말라기서까지, 나아가서는 신약을 포함한 성경 66권 전체의 통달을 불과 이 몇 마디로 꿰뚫고 있는 것입니다. 때문에 이 말씀은 전 성경의 요약이요, 동시에 인류 역사의 요약입니다. 적어도 역사가 하나님 앞에서 진행되는 것이라고 한다면 우리 인간과 하나님과의 관계를 통틀어 이 몇 마디로 요약해놓은 것입니다. 그러한 의미에서 이 본문 말씀은 대단히 중요합니다.

전 이스라엘 역사를 거론해서 그 역사를 비판하는 말씀인가 하면 온 인류 역사를 한 데 묶어 조명해보는 것입니다. 뿐만 아니라 이제 영적인 안목에서 또 다른 입장으로 본다면 한 사람, 한 사람, 나 개개인의 생애를 한 눈에 통찰해 보는 것으로 말할 수 있습니다. 나의 생애를 보는 안목과 통찰력을 가지고 이 말씀을 읽는다면 이 말씀이야말로 대단히 두려운 심판에로의 안내이며 자신의 상황이 어느 시점에 이르렀는가를 진단할 수 있는 귀중한 말씀이 될 것입니다. 그러므로 언제 대하더라도 이 말씀의 뜻을 다시 새롭게 음미하면서 주시는 말씀을 바른 자세로 받아들여야 할 것입니다.

지금까지 그랬듯이 비유의 초점은 대체로 하나입니다. 그런데 오늘 본문은 예외로 여러 가지의 뜻을 한꺼번에 말씀하고 있습니다. 하나님에 대한 말씀인가하면 이스라엘에 대한 말씀이며, 온 인류의 이야기인가 하면 선지자들을 이야기하고, 그리스도에 대해서 말씀하며 마지막 심판을 이야기합니다.

그렇다면 하나님과 인간과의 관계에서 비롯되는 모든 역사가 처음부터 마지막까지 빠짐없이 나열된 것입니다. 여기에는 하나님은 어떤 존재냐? 하는 신론이 나와 있습니다. 또한 인간 존재란 무엇이며, 그 역사는 어떻게 영위되고 있는가를 설명하고 있습니다. 그리고 선지자를 보내신 하나님의 의도와 그 사명을 말씀하시고 이제 최후의 방법으로 예수 그리스도를 보내시는 입장과 상황, 그 결과를 말씀하시며 나아가서는 역사의 최후, 종말론까지 다 설명해주는 것이 본문의 내용입니다.

이와 같이 성경 말씀은 쉽게 기록된 간단한 내용같으나 언제나 그 속에는 깊고 넓은 진리가 함축되어 우리에게 말씀되어지고 있는 것입니다. 그러므로 기도하는 마음으로 이 본문 말씀을 몇 번이고 거듭해서 읽는다면 분명히 인류의 역사를 환하게 한 눈으로 꿰뚫게 될 뿐만 아니라 자신의 모습도 밝히 볼 수 있을 것입니다.

본문에 소개된 이 비유는 2천여 년 전 이스라엘 사람에게는 흔히 있었던 일을 그 배경으로 한 것입니다. 당시에는 교통 수단이 좋지 않았기 때문에 한 번 이사를 한다든가 멀리 장사라도 떠나가면 쉽게 왕래를 하지 못하게 됩니다. 그래서는 소식을 자주 전하지 못한 채 몇 년이고 있다가 돌아오게 되는 것입니다. 이 때문에 훌쩍 떠났던 사람이 저곳에서는 벼슬 아치가 되기도 하고, 작은 마을에서는 왕이 되기도 하는 그러한 일들이 생기는 시대를 배경으로 하는 것입니다.

이제 한 사람이 포도원을 만듭니다. 마태복음의 기록을 빌린다면 산울로 두르고 포도즙 짜는 틀을 만들고 망대를 짓기까지 하였으니 필요한 것은 모두 갖추었다는 것입니다. 짐승들과 도둑으로부터 포도원을 지키기 위하여 산울을 두르고 망대를 세웠으며 생산된 포도는 그 자리에서 처리할 수 있도록 포도즙 짜는 틀까지 준비한 훌륭한 포도원이라는 말씀입니다. 지금도 이스라엘의 포도주는 유명하여 미국같은 나라에서도 수입하여 쓰는 것을 많이 볼 수 있습니다. 어쨌든 이렇게 좋은 포도원을 만들어놓고 이 주인은 다른 나라에 갈 일이 있어서 이것을 세로 맡기고 떠났다는 것입니다.

그런 후 얼마를 있다가 그동안 포도도 많이 따고 포도주도 많이 만들어 큰 수확을 올렸을 터이니 이번에는 그 소출의 얼마라도 세로 바치게 해야겠다고 한 종을 보냅니다. 그랬더니 포도원 농부들은 마땅히 내놓아야할 세는 주지 않고 주인 대신 보냄을 받은 종을 때리고 능욕하여 그냥 돌려보냅니다. 도대체 이들이 때리고 능욕하는 목적이 어디에 있는 것이겠습니까? 이들은 그렇게 함으로써 두려운 소문이 나게 해서 다시는 못 오게되어 관계가 끊어질 것을 계산한 악한 속셈에서인 것입니다. 그러나 주인은 다른 종을 계속하여 보냅니다. 그럴 때마다 이들은 두 번, 세 번 똑같은 방법으로 능욕하여 그저 돌려보내고 맙니다. 이제 주인은 마지막으로 생각하기를 지금까지는 아마도 종들이 가서 그럴터이니 이번에는 최후의 수단으로 내 아들을 보낸다면 아들의 말은 들을지 모른다는 바람으로 사랑하는 아들을 보내게 됩니다.

그런데 이들 악한 농부들은 오히려 주인과는 정반대의 생각을 하는 것입니다. 이 사람은 주인의 상속자인 하나뿐인 아들이니 이를 죽이면 그 유산의 전부가 자신들의 것이 될 수 있겠다는 것입니다. 그리하여 그 아들을 포도원 밖으로 내어쫓아 죽였다는 이야기입니다.

예수님의 말씀은 사실이 그렇다면 그 주인이 돌아와서 어떻게 하겠느냐는 것입니다. 다 진멸하고 포도원은 다른 사람들에게 주는 것이 당연하지 않느냐는 말씀입니다. 아무리 생각해도 있을 수 없는 언어도단의 일입니다. 이것은 한두 사람에 의한 보통 강도가 아닌 집단 강도요, 악의 농장입니다. 남이 땀 흘려 마련한 포도원을 빼앗기 위해 주인의 아들까지 죽여버리고도 살아남기를 바라는 이 엄청난 죄와 부조리를 주인은 결코 더는 용납치 않는다는 말씀입니다. 이 당연한 결과는 이 세상 끝에도 마찬가지일 것이나 보다 직접적으로는 너희가 지금 이 예수를 죽이려고 하는 바로 이 순간이 그와 같은 순간이라는 말씀을 하고 계시는 것입니다.

이제 본문의 내용을 살피며 먼저 포도원을 생각합니다. 여기 본문에서처럼 포도원을 이스라엘에 비유한 것은 구약성경에 많이 있는 표현입니다.

이사야 5장 1~7절, 27장 1~6절, 예레미야 2장 21절, 에스겔 15장 1~6절 등 그 외에도 많이 나타나 있습니다. 이는 이스라엘 사람들에게 있어 포도원은 너무나도 상식적인 이야기이기 때문에 누구나 잘 알 수 있는 비유의 원칙에서 이스라엘을 포도원에 비유한 것입니다. 그러면서 덧붙이는 말씀이 극상품 포도나무를 심었다는 이야기를 많이 하고 있습니다. 이들 말씀의 요점은 하나님이 포도원 주인이시라는 것입니다. 그리고 그 포도원을 이스라엘에게 맡겼다는 것입니다. 크게는 하나님이 온 우주를 창조하시고 그 속에 사람을 지으시어 친히 창조하신 것들을 맡겨 주셨습니다.

그리하여 창세기 1장 28절에 보면 땅을 정복하고 관리하며 다스리게 하셨습니다. 일단 우리 인간에게 그 모든 것을 내어주셨다는 말씀입니다. 이는 참으로 하나님에 버금가는 특권이며 책임이 아닐 수 없습니다. 그리고 오늘 본문 말씀에 의하면 창조주이신 하나님, 그 주인이신 하나님께서는 오래오래 무던히도 참으신다는 것입니다. 잘못하는 일, 악한 행동을 다 아시면서도 두 번, 세 번 계속 종을 보내시고 마지막에는 아들까지 보내시는 하나님의 깊고 아픈 인내를 보게 됩니다.

4·19를 겪으면서 있었던 한 이야기가 있습니다. 당시 부정의 흉상과 그 규모는 역사적 심판을 통해 이미 드러난 바이지만 그 주역들 중에는 예수 믿는 것으로 알려진 사람들이 적지 않았습니다. 이 때문에 어떤 이가 말하기를 "하나님께서는 저들이 죄지을 때 무엇하고 계셨을까? 그때마다 벼락을 치실 것이지 왜 그냥 내버려두어가지고 저들 몇 사람 때문에 이렇게 온 백성이 고생을 하게 만드시는지 모르겠다"면서 마침 그때 옆에 있던 목사님께 "하나님은 이러한 때에 무엇하고 계십니까?"라고 물었다는 것입니다.

이때 그 목사님께서는 참으로 지혜로운 대답을 하셨습니다. "나도 잘 모르겠습니다만 저는 생각해봅니다. 지금 당신들이 규탄하고 있는 그 아무개, 아무개 중에 당신의 아들이 있다면 무엇이라고 말하겠소?" 하고 되물었다는 것입니다. 그랬더니 앞서 질문했던 이가 "그야 아무래도 '죽여야지'라는 말은 못하지요" 하더라는 것입니다. 다시 목사님께서는 "맞습니다. 당신 보기에는 저 사람들이 나쁘고 죽일 놈 같지만 하나님이 보시기에는 그래도 하나님의 아들로 보였던가 봅니다" 했다고 합니다. 하나님은 참으십니다. 우리는 하나님의 참으심을 알아야 하고 그 참으심에 민감해야 합니다. 우리는 다른 사람이 심판받기를 바라며 저런 녀석을 왜 그냥 두냐고 쉽게 이야기하지만 그가 내 아들, 내 자식이라면 무엇이라고 하겠습니까? 그저 철이 없어서 그런다고 하겠지요. 그리고 본래는 그렇지 않은 아이인데 친구 잘못 사귀어 잠깐 실수한 것이라고 철저히 변호하고 나올 것입니다.

여기에서 심판의 깊은 의미를 찾아야 합니다. 악하다고 그때그때 심판하면 어떻게 되겠습니까? 도대체 살아남을 사람이 어디에 있겠습니까? 그러기에 사랑의 하나님은 길이길이 참으시는 것입니다. 어처구니 없는 엄청난 죄를 계속 짓고 있는데도 하나님은 두고두고 참으셨습니다. 아들을 보내시기까지 참았습니다. 그러나 한 가지 알아야 할 것은 하나님의 인내에는 한계가 있다는 것입니다. 오래도록 많이 참으십니다. 그러나 그 인내에도 끝이 있습니다. 이제 그 아들을 보내고는 마지막입니다. 그 이상 더 참지 않으신다는 것을 우리는 알아야 합니다. 일찍이 선지자들을 보내시어 여러 모양, 여러 방법으로 일깨워주며 경고하셨고, 어떤 때는 놀랍고 두려운 사건을 만나기도 하며 멀고 가까운 삶의 현장에서 직접 간접으로 심판의 경종이 사건으로 보여지고 들려지며 가까이 옵니다. 문제는 그런데도 불구하고 회개하지 않는 것입니다. 충분히 알 수 있도록, 정신차릴 만큼 경고하고 참고 또 참으시며 인내하시는 하나님, 그러나 어느 순간에 가서 아들을 보내심으로 그 참으심은 끝이 나고 이제는 진멸하시겠다는 말씀입니다.

따라서 오늘 본문에서 가장 문제되는 것이 무엇이냐고 할 때에 그것은 이스라엘의 죄입니다. 그렇다면 좀더 구체적으로 말할 수 있는 이들의 죄는 어떤 것이겠습니까? 이 사람들 범죄의 근본적인 것은 하나님의 주권을 인정하지 않는 것입니다. 이것은 나의 것이 아닙니다. 포도원은 영원히 주인의 것입니다. 그런데 내 것으로 만들겠다는 착각을 합니다. 그보다도 아예 내 것이라는 집념으로 서슴지 않고 주인의 아들을 죽이기까지 합니다. 놀랍게도 인간들의 죄의 뿌리는 여기에 있습니다. 창조주를 부인합니다. 하나님의 소유됨을 부정합니다. 이 때문에 자식도 "내 자식, 내 새끼" 하며 자기 소유화하려는 것입니다. 내가 낳았다고 내 것으로 생각하는 데에서 문제는 비롯되고 거기에 잘못이 있습니다. 내가 낳은 것은 사실입니다. 그러나 낳는 순간부터 나는 봉사자에 불과합니다. 하나님으로부터 보내진 이 귀한 손님을 맡아 봉사하는 마음으로 정성을 다해 잘 키워 하나님의 사람으로 만들 책임이 있는 것입니다.

그런가하면 나에게 있는 재산도 나의 것이 아닙니다. 이것을 내 것처럼 생각하고 끝까지 쥐고 있다가 세상을 떠나면서까지 유산 처리를 못하고 아쉬워하는 답답한 사람들이 있습니다. 이 세상의 모든 것을 가졌다 할지라도 내 것이라는 보장은 어느 순간도 할 수 없는 것입니다. 이는 가진 바의 전부가 본래에도 내 것이 아니며 마지막에도 내 것이 아니기 때문입니다. 가지고 온 것이 없으니 떠날 때에도 가져갈 내 것이 없습니다. 오고가는 사이에 잠시 내 것처럼 되어 있을 뿐입니다. 이로 인해 지금은 나의 것이라는 착각을 일으킵니다마는, 잊지 말아야 할 것은 지금이라는 이 순간 자체가 나의 것이 아니라는 점입니다. 이제라도 아차하면 그 모두는 나와는 상관없는 것이 되고 맙니다. 그러므로 공동 소유하고 나누어 쓰는 것입니다.

어차피 처음부터 내 것은 아무것도 없습니다. 내 자식, 내 건강, 내 자신마저도 나의 것이 아닙니다. 다만 우리는 이 모두를 관리하도록 위임 받은 것입니다. 그러므로 우리에게는 관리인으로서의 상당한 자유가 있습니다. 그래서 이성도 있고 양심도 있으며, 지식과 도덕이 있습니다. 뿐만 아니라 성령이 있고 하나님의 말씀이 있습니다. 이처럼 상당한 자유와 특전을 주셨습니다. 그러나 이는 임시적이요, 어느 부분을 부여받은 것이며, 제한된 자유를 누리는 것에 불과합니다. 모든 존재의 근본이며 본질적 소유주는 하나님이십니다. 그러므로 모두가 하나같이 하나님께로 돌아갈 것이라는 의식이 분명하여야 합니다. 어느 순간에라도 내 것이라고 생각한다면 그것은 강도요, 바로 그 악한 농부와 다를 바 없는 것입니다. 나의 나뉨이 하나님의 것이라는 인식에서부터 출발되어야 합니다. 그렇게 될 때에 비로소 나의 나됨이 피조물로서의 존재 정체를 분명하게 합니다. 하나님의 하나님됨과 나의 피조물됨, 그리고 관리자이며 청지기됨을 분명히 하여야 합니다. 그런데 이것이 잘못되어 내가 주인인 것처럼, 심지어는 내가 우상이 되어 하나님은 저만치 밀쳐놓고 주인 행세를 하려는 거기에 죄의 뿌리가 있는 것입니다.

그뿐만 아니라 오늘 여기에 보면 하나님께서 선지자, 종을 보냈습니다. 그리고 회개할 기회를 거듭 주시는데 그 기회를 계속 놓쳤습니다. 하나님의 인내를 만홀히 여겼습니다. 하나님의 사랑을 악용했습니다. 멀리서 종만 보내고 있으니 이것만 해치우면 되겠구나 하는 것이 얼마나 잘못된 생각입니까? 회개할 기회를 주실 때에 회개하지 않는 것, 그리고 하나님의 인내를 만홀히 여기는 이것이 큰 죄가 됩니다. 이제 더욱 무서운 죄가 여기 있습니다. 그것은 자기들의 행위를 정당화하고 자기들의 소유권을 굳히기 위해 하나님의 선지자들을 죽인 죄입니다.

다시 말하면 법 자체를 고치려하고 진리를 말살하는 것입니다. 선지자를 말살함으로 문제를 해결코자 합니다.

저 유명한 포이에르바하(Feuerbach)의 엄청난 말이 있습니다. "교황청에서 교황을 몰아내기 전에 하나님의 보좌에서 하나님을 몰아내어라. 그래야 인간이 자유한다. 내 양심 속에 있는 하나님을 죽여버려라, 그래야 내가 자유인이 된다." 이 얼마나 악마의 소리입니까! 참으로 불신앙의 대표적인 말이 아닐 수 없습니다. 양심을 지워버릴 수만 있다면 세상을 살아가는 일이 그렇게 마음으로부터 피곤치는 않아 좋을지 모르겠습니다. 그러나 그럴 수는 없기에 술을 마시고 마약까지 먹으며 온갖 애를 쓰는 것이 아니겠습니까? 이 세상에는 혹 감추어진 완전범죄가 있을지 모르지만 그의 양심은 그것을 허락치 않는 것입니다. 더구나 하나님 앞에는 용납되지 않는 문제입니다. 우리는 그것을 잊어서는 안됩니다.

그런데 여기 이 사람들은 지금 완전범죄를 하겠다고 하는 것입니다.

그래서 이제는 그 아들까지 죽이려고 합니다. 아들은 곧 주인의 대표요, 아들을 죽인다는 것은 주인을 죽이려는 것과 마찬가지입니다. 이는 주인에 대한 정면적 도전입니다. 이 때문에 마지막 회개의 기회를 놓치게 되고 맙니다. 하나님의 마지막 인내와 마지막 회개의 기회를 자신들의 욕구를 이룰 수 있는 최후의 수단과 기회로 삼으려는 것입니다. 아들이니까 죽이고 상속자이니까 죽이자. 그러나 하나님께서는 이것을 허락치 않으십니다.

이렇게 하여 예수는 죽임을 당하였고 죽었습니다. 따라서 예수님의 희생, 예수님의 십자가는 우연한 사건이 아닙니다. 많은 선지자를 보낸 후 종말적으로 보낸 그리스도 예수를 죽임으로써 마지막 심판의 증거가 되고맙니다.

그러므로 오늘 본문은 예수 그리스도의 십자가 사건의 맥락을 설명해 주고 있는 것입니다. 창세기 1장부터 시작된 모든 역사와 그 많은 선지자의 기록과 그 모든 사건의 결론으로 예수의 십자가가 세워지는 것입니다. 그러기에 이는 마지막 통첩이요 마지막 지표가 되는 것입니다. 여기서 생각할 것은 한 번 더 복음이 있었다는 것입니다. 이 사람들이 아들이 왔을 때에만 회개하였더라도 지난날에 저질렀던 그 모든 잘못을 용서받고 구원에 이를 수 있었을 것입니다. 어느 선지자를 어떻게 능욕하고 무슨 방법으로 죽이며 거역하였든지 간에 마지막 아들의 말만 들었으면 구원을 받는 것입니다.

이에 요한복음 3장 36절에는 "아들을 믿는 자는 영생이 있고 아들을 순종치 아니하는 자는 영생을 보지 못하고 도리어 하나님의 진노가 그 위에 머물러 있느니라"고 말씀하고 있습니다. 마지막 통첩, 이 한 가지만 받아들였으면 그 동안의 모든 잘못을 다 묵인하고 저들을 구원하셨을 것입니다. 그러나 그 마지막 통첩까지 거역하는 저들이기에 거기에 심판이 있습니다. 그런가 하면 역설적으로는 거기에 구원의 길이 동시적으로 있는 것입니다. 거역하는 그 순간이 구원의 순간이 될 수도 있다는 이야기입니다. 쌓이고 쌓인 지난날의 잘못이 있다고 하더라도 예수 그리스도를 영접하는 그 순간, 이미 과거의 모든 잘못이 용서된다고 하는 복음이 여기에 있는 것입니다. 그럼에도 이것을 거역하므로 저들은 심판을 받게 됩니다.

마지막으로 건축자의 버린 돌에 대한 이야기가 있습니다. 이것은 히브리적인 하나의 중요한 비유입니다. 어떤 건축자들이 쓸모 없다고 버린 돌이 다른 건축자에 의해서 오히려 가장 요긴한 모퉁이의 머릿돌이 되었다는 것입니다. 그런데 이 돌 위에 떨어지는 사람은 깨어지겠고, 이 돌이 사람 위에 떨어지면 그는 가루가 되어 흩어질 것이라 했습니다.

이 말씀은 버림받은 예수님이 교회의 머릿돌됨을 말합니다. 그리고 그 위에 떨어지는 자는 죽을 것이로되, 반대로 그 위에 세워지는 자는 살 것이라는 말씀입니다. 이는 곧 반석 위에 세우는 자의 영원함을 뜻하는 것입니다. 그러므로 우리는 예수 그리스도를 영접하여 구원에 이르러야 할 뿐, 그를 거역하거나 배척함으로 그 돌 위에 떨어져 그로 인하여 심판을 받아야 하는 유감된 심령이 되어서는 안되겠습니다.

오늘 우리에게 주신 말씀은 분명히 무서운 심판의 확정입니다. 그러나 동시에 놀라운 복음이 이 속에 있습니다. 이 마지막 통첩을 마지막 복음의 기회로 받아들일 수가 있었다면 그들은 과거에 지은 죄에 상관없이 구원을 받게 되었을 것입니다.

왕의 잔치 비유

예수께서 다시 비유로 대답하여 가라사대, "천국은 마치 자기 아들을 위하여 혼인 잔치를 베푼 어떤 임금과 같으니, 그 종들을 보내어 그 청한 사람들을 혼인 잔치에 오라 하였더니 오기를 싫어하거늘, 다시 다른 종들을 보내며 가로되, '청한 사람들에게 이르기를, 내가 오찬을 준비하되 나의 소와 살진 짐승을 잡고 모든 것을 갖추었으니 혼인 잔치에 오소서 하라' 하였더니, 저희가 돌아보지도 않고 하나는 자기 밭으로, 하나는 자기 상업차로 가고 그 남은 자들은 종들을 잡아 능욕하고 죽이니, 임금이 노하여 군대를 보내어 그 살인한 자들을 진멸하고 그 동네를 불사르고 이에 종들에게 이르되 '혼인 잔치는 예비되었으나 청한 사람들은 합당치 아니하니 사거리 길에 가서 사람을 만나는대로 혼인 잔치에 청하여 오너라' 한대, 종들이 길에 나가 악한 자나 선한 자나 만나는 대로 모두 데려오니 혼인자리에 손이 가득한지라, 임금이 손을 보러 들어올쌔, 거기서 예복을 입지 않은 한 사람을 보고 가로되, '친구여, 어찌하여 예복을 입지 않고 여기 들어왔느냐?' 하니 저가 유구무언이어늘, 임금이 사환들에게 말하되, '그 수족을 결박하여 바깥 어두움에 내어던지라. 거기서 슬피 울며 이를 갊이 있으리라' 하니라. 청함을 받은 자는 많되 택함을 입은 자는 적으니라.'

(마태복음 22:1~14)

왕의 잔치 비유

　오늘 주시는 말씀의 소재 역시 당시에 흔히 있었던 일들을 쉽게 풀어서 그것을 통하여 하나님의 말씀을 전하고 있는 것입니다
　옛날에는 곳곳에 많은 왕이 있었습니다. 광활하게 넓은 땅에 비해 사람이 적었기 때문에 여기저기에 떨어진 마을을 형성하며 소집단 위주의 생활권을 마련하며 살아갔던 것입니다. 그리고 지금처럼 사람이 많거나 교통 수단과 통신 수단이 발달되지 못한 처지였기 때문에 통치하는 왕이 한 사람 있다 하더라도 넓고 먼 전지역을 다 다스릴 수는 없었던 것입니다. 예를 들면 우리나라가 백두산 건너편의 그 넓은 만주땅을 포기해 버렸던 경우와 마찬가지입니다. 또한 소련은 알래스카 땅이 저렇게 중요한 몫이 될 줄은 상상도 못한 채 관심 밖의 땅으로 생각하고 돈 몇 푼 받지 않고 미국에 팔아 버렸던 것입니다. 지금 생각하면 참으로 배아픈 일이지만 당시에 있어서는 필요할 것까지도 없는 귀찮은 일거리에 불과했던 것입니다. 이와 같이 옛날에는 무한히 넓은 땅에 사람은 적고 필요한 수단도 발달되지 않았기 때문에 왕이 있어도 국토의 전지역을 다스릴 수가 없었습니다. 이 때문에 분봉왕이라고 하는 제도를 만들어 분할 통치케 한 것입니다. 그러니까 고을 원님과 같이 한 지역을 맡은 분봉왕들이 있고 그 왕들 위에 전체적인 하나의 대왕이 있어서 작은 왕들인 분봉왕들을 다스리게 되는 것입니다. 흔히들 왕이라고 하면 대국을 생각하고 역사적인 인물의 왕들을 기억하기 쉽니다만, 여기 본문에 나타난 임금이라고 하는 신분은 한 고을의 왕으로 생각하면 되겠습니다.
　이제 예수님께서는 이러한 지방 임금을 예를 들어 우리에게 말씀하

고 계시는 것입니다. 그리고 말씀의 주제는 하나님의 마음입니다. 그 하나님의 마음은 사랑의 마음이요, 그 사랑의 마음은 곧 아픔의 마음임을 나타내고 있습니다. 사랑이라는 것은 몇 가지의 성격을 가지고 있습니다. 그 하나는 주고 싶은 마음이요, 함께하고 싶은 마음이며 그리고 더불어 살고 싶은 마음입니다. 이것이 사랑입니다. 그래서 사랑은 고독하지 못합니다. 사랑은 결코 고독할 수가 없으며 고독하지 않아야 합니다. 그러기 때문에 사랑의 배척을 당할 때에 가장 고통스러운 고독에 빠지게 되는 것입니다. 그러므로 진정으로 사랑하는 마음이 있을 때에는 혼자 있을 수 없는 것입니다. 언제까지나 사랑하는 그이와 함께 있고 싶고 같이 지내는 것이 기쁘며, 내 기쁜 마음을 함께 나누고 싶은 것입니다.

 우리는 너무 어렵게 살아온 탓으로 사랑하면 곧잘 구제로 생각하여 먹을 것, 입을 것, 용돈 등을 주어야 하는 것으로 생각하기 쉽습니다만 그러한 것은 모두 기초적인 것에 지나지 않습니다. 사실 알고 보면 먹고 입는다는 것은 그렇게 돈이 많이 들거나 큰 문제가 되는 것이 아닙니다. 이미 절대 빈곤에서 벗어나고보면 모든 문제는 먹고난 후에 시끄러워지는 것입니다.

 사랑할 때는 먹이는 것만이 사랑이 아닙니다. 또한 입힌다고 사랑은 아닙니다. 사랑은 결코 물질적인 차원에 머무르지 않습니다. 그 위에, 그보다 높은 차원에서 더불어 함께 하고싶은 마음, 그것이 사랑입니다. 그러기 때문에 하나님의 사랑이 우리 인간에게 나타날 때에도 하나님의 그 기쁘신 마음을 우리와 함께 하시고 싶은 것입니다.

 이러한 하나님의 마음이 바로 오늘 본문에 잔치 비유로 나타난 것입니다. 그 내용은 어떤 임금님이 아들을 위하여 혼인 잔치를 베풀면서 혼자 즐기지 않고 그 백성을 초대하여 함께 먹고 마시며 즐기자는 것입니다. 뇌물을 준비하라는 것도 아니고 무엇을 가지고 오라는 것도 아닙니다. 다만 이 잔치에 와서 함께 즐기자는 것입니다.

바로 이 "함께 즐기자"가 오늘 본문의 주제입니다. 그런데 이 함께 하고자 하는 사랑에 아픔이 있다는 것입니다. 그것은 거절당하기 때문입니다. 사랑이 거절당한다는 것은 참으로 괴로운 일입니다. 우리는 하나님을 전체적으로 묘사할 때 사랑의 하나님이라고 합니다. 그 사랑의 하나님이 구약에서는 기다리시는 하나님이시며 보상의 하나님이요, 심판의 하나님으로 나타납니다. 그래서 권선징악을 주도하시고 죄인을 심판하시며 진노하시는 하나님의 모습을 뵙게 됩니다.

그러나 신약의 하나님은 계시의 하나님이요, 적극적인 하나님이며, 행동적이고 그 사랑하심이 너무나도 간절한 그리고 효과적인 하나님으로 나타납니다. 따라서 찾아오시는 하나님, 행동적으로 사랑하시는 하나님, 사랑하고 사랑해도 배신을 당할 때에는 사랑의 한계를 갖고 미워하기까지 하시는 하나님을 만나게 됩니다. 이 때문에 오늘 본문에는 하나님의 그 크신 사랑과 이 사랑이 배반당했을 때에 오는 무서운 심판이 엇갈려 나타나고 있습니다.

먼저 초청하시는 하나님을 생각해봅니다. 잔치를 다 준비해놓고 먼저는 "오라"고 초청을 합니다. 그런데 싫다고 오지를 않습니다. 이제는 가서 아예 메뉴 설명까지 하며 간청을 합니다. "소와 살진 짐승을 잡고 모든 것을 갖추었으니," 다시 말하면 백물을 갖추었으니, 즉 조금도 부족함이 없는 잔치자리가 마련되었으니 그저 와서 즐기기만 하게 오라는 것입니다. 그러나 이렇게 간절히 두 번이나 초청을 하였건만 들은 체도 하지 않고 심지어는 임금님의 종들을 능욕하고 죽이기까지 하면서 오지를 않습니다.

이것이 오늘 본문 중의 중요한 부분입니다. 오라고 부르십니다. 간절히, 애타게 부르십니다. 그럼에도 불구하고 오지를 않습니다. 그래서 마지막에는 "사람을 만나는 대로 혼인 잔치에 청하여 오너라" 하십니다. 생각하면 이 임금의 마음은 간절할 뿐만 아니라 끈질기기도 합니다. 웬만하면 그만두어버릴만도 한데 그러지를 않고 기어이 이 잔치를 함께 즐길 작정입니다. 끝까지 사랑할 마음입니다. 어떻게 해서라도 이 축제를 완성하고자 하는 것입니다. 이것이 하나님이 인간을 사랑하시는 일방적 은총임을 잊지 말아야 합니다. 이쪽에서 일방적으로 오라고 부르는 것입니다. 이 부름에는 아무런 조건도 없습니다. 오직 기쁨을 함께 하자는 것 외에 다른 뜻이 없습니다. 의무나 부담도 없고 대상이나 자격도 상관치 않습니다. "오라"는 그것뿐입니다. 그런데 이 간절한 초청이 거절을 당합니다. 초청이 거절당한다는 것, 그것처럼 모욕적이고 참기 힘든 일이 없습니다.

그 좋은 예로써 남녀가 사랑을 하는 일에 있어서의 경우입니다. 두 사람의 사랑이 함께 무르익었을 때에 어느 편에서든 사랑을 고백하고 서로의 사랑을 확인해야지, 어느 한 편은 그렇지 못한 상태에서 일방적으로 당신을 사랑한다는 고백을 했다가 거절이라도 당하게 되는 날에는 이는 참으로 견딜 수 없는 모욕이요 수치가 되고맙니다. 그래서 자살 소동까지 벌어지는 것입니다. 이는 그만큼 초청의 거절당함이, 특별한 사랑에의 초청이 거절당했을 때 그만큼 참기 어려운 고통이 있다는 것을 말해주는 것입니다. 따라서 사랑의 공감대와 사랑의 나눔이 이렇게도 어려운 것인가 봅니다. 이제 오늘 본문을 보면 그 거절당하는 아픔이 잘 나타나 있습니다.

제가 인천에서 목회를 하던 어느 주일이었습니다. 한 권사님이 저의 손목을 잡고 울면서 하는 이야기가 자기는 자녀들이 예수를 믿지 않기 때문에 목사님을 초대하고 싶어도 그렇게 할 수가 없어서 못했는데, 지난 주간에 있었던 자기 생일, 그것도 환갑날에는 특별한 날이어서 자기 마음대로 할 수 있을 것같아 꼭 한 번밖에 없는 기회에 목사님을 모시려고 했답니다. 그러나 그만 목사님이 부흥회 인도하러 가시고 안계셔서 모실 수가 없었다고 하시면서 그렇게 서럽게 우시는 것이었습니다. 이처럼 초청을 거절당하고 사랑이 거절당한다는 것은 괴롭고 마음 아픈 일입니다. 사실을 말하면 나더러 무엇을 자꾸만 달라고 하는 것도 괴롭지만, 나의 마음으로부터 주겠다고 하는데도 받지 않겠다고 하는 이것은 더욱 괴로운 것입니다. 사랑의 거절당함! 이 아픔이 얼마나 큰가 하는 것은 우리가 자주 경험하며 보고 듣는 바입니다.

그런데 이 잔치라고 하는 것은 적어도 세 가지는 갖추어져야 잔치다운 잔치가 된다고 생각됩니다. 여기에는 물론 음식도 좋아야 하고 분위기도 좋아야 하는 등 다른 여러 가지 말을 할 수 있겠습니다마는, 그런 것은 다 별 것이 아닙니다. 잔치에서 제일 중요한 것은 손님이 많아야 합니다. 잔치집에 손님이 없다면 그것은 하나마나한 끝난 잔치입니다.

어떤 사람은 공휴일에 결혼식을 하겠다고 주례를 부탁하러 옵니다. 그러면 저는 공휴일엔 하지 말라고 합니다. 공휴일에 결혼식을 하면 사람들도 오지 않을 뿐더러 와도 기분이 좋지 않다는 설명을 하며, 왜 하필이면 남들 하루 쉬는 날 결혼식을 해서 오라가라하며 모처럼의 휴식과 나들이를 빼앗으려고 하느냐고, 그렇기 때문에 공휴일에 결혼식하는 것은 실례라는 이야기를 해줍니다. 그래도 못알아듣고 꼭 하겠다면 하는 수 없이 내 희생하는 것은 괜찮다며 허락을 하게 됩니다. 문제는 공휴일인 결혼식 당일에 식이 시작할 시간이 다 되었는데 신랑이 와서는 "아 목사님, 큰일 났습니다" 하는 것입니다. 그러기에 "왜요?" 그랬더니 "손님이 없어요" 합니다. "그래 내가 뭐라고 합디까? 본인은 처음 하는 결혼식이지만 나는 주례를 20년을 했는데 왜 그것을 모르고 말을 안들어요?" 하고 주례를 하러 나갔더니 글쎄, 커다란 예배당 안에 한 여나믄 명 되는 사람들이 앉아있는 것입니다. 형편이 이쯤 되고 보면 모두가 민망하고 답답한 것 아니겠습니까? 그저 잔칫집에는 손님이 많아 음식이 모자랄 정도가 되어야 합니다. 어쨌든 손님이 많이 와주기를 바라는 것이 잔칫집의 마음입니다.

그리고 두 번째로는 손님의 질이 문제입니다. 손님은 손님인데 저질 손님만 온다면 이 얼마나 곤란한 문제이겠습니까? 흔히들 하는 말대로 바라는 손님은 오지 않고 오나마나한 손님만 온다면 이는 반갑지 않은 불청객을 만나는 셈이 되고 맙니다. 요즈음 말로 브이 아이 피(VIP)인 귀빈, 주인의 마음을 기쁘게 하는 품위있고 지체 높은 분들이 많이 참석해줌으로써 그 잔치는 그럴듯하고 돋보이는 잔치가 되는 것입니다.

이제 세 번째는 순수한 마음으로 와야 합니다. 요즈음 하객에는 그렇게 순수한 사람이 많지는 않은 것 같습니다. 잔치에 오라고 하면 우선 수첩부터 꺼내 보면서 우리집 잔치에는 얼마나 부조를 했던가를 먼저 계산에 넣고 오고 가니 이 모두 장삿속에 불과한 것이 아니고 무엇이겠습니까? 사람은 나타나지 않고 리본에 소속이나 이름만 새겨보낸 화환, 꽃다발을 보아도 그렇게 순수한 것같지를 않습니다. 거기에 숨겨진 다른 거래가 있고 정치성이 있음을 느끼게 합니다. 이와 같이 순수치 못한 손님들은 반갑지가 않습니다. 순수한 마음, 깨끗한 마음, 오직 주인과 함께 즐거워하고 기뻐하는 그 마음이 중요한 것입니다.

오늘 본문의 임금도 손님을 초대할 때에 청할 만한 사람을 초대하고 순수한 손님이 많이 와주기를 바랐습니다. 그러나 아무도 오지 않았습니다. 이때 이 임금의 마음은 얼마나 괴로웠겠습니까? 이 때문에 마지막에는 누구든지 오게 해서라도 자신의 마음을 달래야겠다는 것입니다. 이제는 만나는대로 불구자이건 장님이건, 죄인이건 악인이건 상관치 말고 다 데려다가 내 집을 채우라는 것입니다. 이 마지막 통첩은 참으로 가슴 아픈 결정이며 마음 깊은 곳으로부터 나오는 애절한 요청인 것입니다. 어쨌든 호의를 거절한다는 것은 주인의 마음을 아프게 하는 일입니다.

제가 아는 어떤 분이 아프리카에 선교사로 갔을 때의 일이라고 합니다. 언어도 통하지 않는 처지에 그래도 추장집에 머물면서 눈치로 생활을 하며 선교를 해나가고 있는데, 그 집에서 제일 좋은 음식이라며 귀하게 생각하여 주는 것이 선지피를 반숙한 것이라고 합니다. 이것은 사슴의 피를 반숙하여 마시는 것인데 그네들은 최고의 음식으로 생각하고 입가에 피를 묻혀가며 맛있게 먹는다는 것입니다. 그러나 이 선교사에게는 어쩔 수 없이 먹어야 하는 참으로 고통스러운 일이었다고 합니다. 도저히 먹을 수 없는 끔찍한 기분이었지만 이 호의를 거절하면 큰 일이 나는 것이기에 눈 딱 감고 마시는데 그렇게 고역이었다고 합니다. 그리고 다 마신 다음에는 트림까지 해야 인사가 된다고 합니다. 고역이긴 해도 그래도 그 정도는 괜찮았는데 맨마지막에 생긴 문제가 예사로운 것이 아니었답니다.

계속 한 1주일을 머물며 전도를 하고 떠나려하자 추장이 고맙다는 인사를 하며 호의로 선물을 하는데, 그 선물이 어처구니없게도 그 추장의 열한 번째 아내를 주더랍니다. 그의 말인 즉 내가 마지막으로 얻은 예쁜 아내인데 당신한테 주고 싶으니 데리고 가라면서 내어주더라는 것입니다. 이쯤 되고보니 아무리 선교사라 한들 달리 생각해볼 여유가 어디 있었겠습니까? 그래서 거절을 했더니 이번에는 아예 죽이겠다고 하더랍니다. 이 큰 호의를 거절하는 것으로 보아 너는 원수라며 소동이 일어났다는 것입니다. 그래서 이 선교사가 그것을 설명하는데 1주일이 걸렸다고 합니다. 이처럼 호의를 거절했다는 것은 어려운 일입니다. 그것이 곧 원수가 되기 때문입니다.

그런데 오늘 본문에 의하면 그 거절하는 이유가 한결같습니다. 모두가 싫어했는가 하면 하나같이 돌아보지도 않았다 했습니다. 또한 동일한 비유인 누가복음 14장 18절에는 "다 일치하게 사양하여"라고 기록되어 있습니다. 주인의 마음을 돌아보지도 않고, 이 임금님의 마음이 얼마나 섭섭할 것인가에는 아랑곳없이 똑같이 사양했다는 이야기입니다.

그리고 오늘 본문에 보면 하나는 자기 밭으로 가고, 또 하나는 자기 상업차로 가고, 게다가 남은 자들은 심부름 간 종들을 능욕하고 죽였다는 것입니다. 이 얼마나 큰 모독이며 어리석은 광란의 행패입니까?

누가복음 14장에 표현된 말씀을 첨가해보면, "나는 밭을 샀으매 불가불 나가 보아야 하겠고", "나는 소 다섯 겨리를 샀으매 시험하러 가니", "나는 장가들었으니." 이 모두가 무엇을 말해주는 것입니까? 전부가 하나같이 나를 생각했습니다. 초청한 분을 생각한 것이 아니라 자기 사정만을 생각했습니다. 임금의 마음을 헤아린 것이 아니라 자기의 기분과 자기의 유익만을 계산한 것입니다. 저들은 끝까지 자기 중심적으로만 생각했기 때문에 이 영접을 받아들일 수가 없었습니다.

바로 여기에 문제가 있는 것입니다. 초청에 응하려고 하면 먼저 나 자신에 대한 계획이나 생각은 잊어버려야 합니다. 그리고 초청자인 주인의 마음과 형편을 생각하며 초청 자체를 감사하게 받아들여야 하는 것입니다. 초청에 응하는 태도가 빈부귀천에 저울질되어서도 안됨은 물론 자기 중심적인 생각에 빠져서도 안되는 것입니다. 나로부터의 모든 문제를 제거하고 오로지 초청한 사람의 마음을 이해하며 거기에 응답하여야 하는 것입니다. 이것이 초청에 응하는 자의 바른 마음입니다.

오늘 본문에는 악한 자나 선한 자를 불문하고 만나는 대로 불러오라고 하였습니다. 누가복음에는 병신, 소경, 저는 자들을 다 데리고 오라고 하였습니다. 뿐만 아니라 사람을 강권하여 데려다가 내 집을 채우라는 것입니다. 모두 불러와서 이 기쁨을 나누고 싶다는 말씀입니다. 그러므로 강권하여 데리고 오라는 것이 주님 말씀의 초점입니다.

우리는 사람을 강권해서 주님 앞으로 데려와야 합니다. 나만 예수 믿고, 나만 기뻐하며, 나만 즐거워할 것이 아닙니다. 이 기쁨을 함께 나누어야 하고 그러기 위한 노력을 해야 합니다. 예수 믿는다는 것은 곧 축제를 의미하는 것입니다. 구원의 축제! 부활의 축제! 영원의 축제! 이 가슴 벅찬 기쁨의 축제를 어찌 혼자 즐길 수가 있겠습니까? 함께 나눌 자가 있어야 합니다. 보다 많은 사람이 함께 기뻐하고 즐거워해야겠습니다. 그러고 보면 교회올 때 혼자만 오는 것은 문제가 있습니다. 어디를 들러서라도 한 사람 데리고 와서 같이 즐겨야 하는 것입니다. 더불어 즐기려는 그 마음이 바로 주인의 초청에 응하는 자의 마음임을 알아야 합니다.

여기에서 잠시 해석을 덧붙이면 앞서 두 번의 초청, 본문의 표현을 빌리면 청한 자에 대한 초청은 유대인을 향한 초청을 의미하며 마지막 초청은 이방 사람들에 대한 초청입니다. 이 때문에 처음에는 그럴듯하게 신분을 가려서 초청을 하였고, 마지막에는 신분같은 것은 가릴 것 없이 닥치는 대로 데려오라고 한 것입니다. 게다가 누가복음의 강권하여 데려오라는 말씀은 이방인에 대한 하나님의 강한 의지가 표현된 것입니다.

그런데 오늘 본문에서 궁금하기도 하고 의아하게 느껴지는 것은 예복의 문제입니다. 갖가지의 사람들로 잔치자리가 가득 채워졌을 때 손님을 맞기 위하여 임금이 들어와보니 그 많은 사람들 중에 예복을 입지 않은 사람이 하나가 있더라는 이야기입니다. 요즈음에는 의복이 다양해서 남녀를 구분 못할 정도입니다마는 옛날에는 그 모양이나 색깔이 다양하지 못했습니다. 그런가 하면 양반의 옷이 있고 서민의 옷이 있어서 그 옷의 모양으로 신분을 가렸던 것입니다. 지금도 유대인, 그들 중에서도 특별히 랍비들의 경우에는 사철을 검은 코트까지 걸친 정장에 모자를 쓰고 긴 수염으로 다니는 모습을 볼 수 있습니다. 이와 같이 옷은 그 나라를 설명해주기도 하고 어떤 신분을 나타내기도 합니다. 그러기 때문에 옷은 대단히 중요한 것이었고 가능한 한 자기 신분의 것이어야 했는데, 이 옷이 옛날에는 깨끗하지를 못했다는 것입니다.

2천여 년 전에는 옷이 귀해서 옷 하나 가지고 3대를 입었다고 합니다. 이러한 때의 옷이 깨끗하거나 좋을 수는 없는 것입니다. 그래서 잔치를 할 때에는 초청하는 사람이 입고 올 예복을 한 벌씩 보내면 그 옷을 입고 잔치에 참석했던 것입니다.

그런데 오늘 본문에는 길거리에서 닥치는 대로 마구 불러왔으니 미리 옷을 보낼 여유는 없었고 아마도 문간에서 입혔을 것으로 추측이 됩니다. 아무튼 주인이 마련한 옷을 다 입혀서 예식장에 들여보냈다는데 어찌

된 영문인지 한 사람은 옷을 입지 않고 있었다는 것입니다.

그렇다면 그 이유가 무엇이겠는가? 할 때에 모르긴 하지만, 짐작컨대 거절하였을 것으로 생각이 됩니다. 어쩌면 그의 생각에는 이 집에서 주는 잠시 입는 옷보다는 내 옷이 개성이 있어 더 좋고, 갈아입는 번거로움도 싫었던 것이 아닌가 싶습니다. 그러나 임금은 그를 한눈에 알아보고 어찌하여 예복을 입지 않고 여기 들어왔느냐고 묻지만 할 말이 없는 그는 유구무언이었다고 했습니다. 이때에 임금은 대단히 노하여 사환들에게 명하기를 "수족을 결박하여 바깥 어두움에 내어던지라 거기서 슬피울며 이를 갊이 있으리라"고 하십니다. 이는 곧 지옥으로 내어쫓으라는 말씀입니다.

옷은 몸을 감싸줍니다. 더럽고 추한 것을 가리워 새로운 모습을 갖추게 하는 것입니다. 더구나 예복은 하나님의 의와 새로운 신분을 말하는 것입니다. 그러므로 예복을 입지 않았다는 것은 자기의 의를 가지고 나왔다는 것을 말합니다. 임금이 베푸는 호의와 의를 힘입지 않고 자기 나름대로의 것을 의로 생각하며 나왔다는 것인데, 이것은 용납될 수 없는 자기 착각입니다. 그러나 용납될 수 없다는 바로 여기에 복음이 있는 것입니다. 더러웠거나 추했거나 상관하지 않습니다. 거역했든, 능욕했든 과거는 묻지 않습니다. 다만 예복만 입으면 되는 것입니다. 이제 오면 되는 것이고, 와서 예복만 입으면 되는 두 가지를 원하는 것입니다. 그리하여 오는 것을 믿음으로 간주하고, 예복을 입는 것은 의로 여기시는 것입니다. 이것이 복음이요, 구원의 과정입니다.

먼저는 그리스도의 부름에 응답하고 그 다음에는 그리스도의 의를 힘입어 나아갈 것입니다. 나의 때묻은 의를 인정받으려고 하지 말고, 내 선한 행실이 주님 앞에 나타나기를 바라지도 말며, 자기의 의나 선한 행적을 완전히 포기한 후 오로지 주님의 공로와 그 의만을 힘입어 그리스도 앞에 나아가는 것을 의미합니다.

이제 다시 한 번 초청한 왕의 마음을 헤아려보면 처음부터 아무나 데려올 계획은 아니었습니다. 기왕이면 좋은 손님 맞고 싶었으나 계속 거절당하였기에 양보하고 양보해서 최후의 초청으로서, 만나는 대로 모두 데려오라는 것입니다. 이 마지막 초청! 이것을 듣고라도 응답하면 되는 것입니다. 응답하는 것이 믿음이요, 여기에 문제의 해결이 있습니다. 이렇게 응답하며 주님 앞에 나아올 때 반드시 잊지 말아야 할 것은 나의 의를 완전히 포기하는 일입니다. 그리고 주님의 의만을 힘입고 잔치에 참여하는 것입니다. 우리는 잊어버리는 수가 많습니다마는 복음은 잔치입니다. 따라서 신앙생활은 축제의 연속이요, 잔치하는 마음의 나열입니다. 우리는 죄사함받고 어린 양 잔치의 기쁨에 초대받은 사람들입니다. 그렇다면 더는 자신의 일을 앞세우거나 얽매일 것이 아니라 주님의 초청에 기쁜 마음으로 응하여야 합니다. 깨끗한 마음으로 응하여야 합니다.

모든 것을 다 준비해놓고 간절히 부르시는 그 음성! "오라!" "만나는 대로 모두 데려오라!" "강권해서 내 집을 채우라!" 그리고 "내가 주는 예복을 입고 잔치에서 함께 즐기며 기뻐하자!" 이 사랑의 초청 앞에 우리가 할 수 있는 유일한 것은 진실한 응답, 그것뿐입니다. 그것이 신앙이요, 거기에서 우리를 초청하신 그리스도의 기쁨을 함께 나눌 수가 있는 것입니다.

열 처녀 비유

"그때에 천국은 마치 등을 들고 신랑을 맞으러 나간 열 처녀와 같다 하리니. 그 중에 다섯은 미련하고 다섯은 슬기 있는지라. 미련한 자들은 등을 가지되 기름을 가지지 아니하고, 슬기 있는 자들은 그릇에 기름을 담아 등과 함께 가져갔더니, 신랑이 더디 오므로 다 졸며 잘새, 밤중에 소리가 나되, '보라, 신랑이로다. 맞으러 나오라' 하매, 이에 그 처녀들이 다 일어나 등을 준비할새, 미련한 자들이 슬기 있는 자들에게 이르되, '우리 등불이 꺼져가니 너희 기름을 좀 나눠 달라' 하거늘, 슬기 있는 자들이 대답하여 가로되, '우리와 너희의 쓰기에 다 부족할까 하노니 차라리 파는 자들에게 가서 너희 쓸 것을 사라' 하니, 저희가 사러 간 동안에 신랑이 오므로 예비하였던 자들은 함께 혼인 잔치에 들어가고 문은 닫힌지라. 그 후에 남은 처녀들이 와서 가로되, '주여, 주여 우리에게 열어 주소서.' 대답하여 가로되, '진실로 너희에게 이르노니, 내가 너희를 알지 못하노라' 하였느니라. 그런즉 깨어 있으라. 너희는 그 날과 그 시를 알지 못하느니라."

(마태복음 25:1~13)

열 처녀 비유

마태복음 24장과 25장을 이름하여 마태복음의 종말론이라고 부릅니다. 이는 예수님께서 하신 많은 귀한 말씀 중 특별히 세상 끝에 되어질 일들을 기록하고 있기 때문입니다. 여기의 말씀들은 어느 때에 읽어보아도 두렵고 무서운 말씀이며, 현실에 안주하며 살기를 원하는 우리들에게는 임박한 심판을 의식케 하는 크나큰 경고가 아닐 수 없습니다. 그러므로 이따금 신앙에 회의가 생기거나 신앙생활이 나태해질 때에는 마태복음 24~25장을 여러번 읽어볼 필요가 있습니다. 그렇게 함으로 마음에 새로운 경각심이 생겨나게 마련입니다. 여기에는 세상 끝에 되어질 일을 배경으로 대단히 냉혹하고 분명한 심판적 경고의 말씀들이 있습니다. 언제나 마지막은 두 가지 부류로 나뉘어집니다. 구원얻는 사람과 구원받지 못할 사람, 영원한 축복을 누릴 사람과 영원한 형벌을 받을 사람으로 분명하게 갈라지고맙니다. 한쪽에는 영원한 큰 기쁨이 있고, 한쪽에는 영원한 슬픔만이 있습니다.

이미 가라지 비유를 통해 알고 있는 바대로 이 세상에는 선한 사람과 악한 사람이 함께 섞여 살고 있습니다. 어떤 때에는 악한 사람이 더 잘되는 것처럼 보일 때가 있는가하면 선한 사람이 계속 고통을 당하는 것을 보기도 합니다. 이처럼 이 세상은 모순과 부조리와 혼돈이 있습니다. 그러므로 한마디로 속단할 수 있는 이 세상살이가 아닙니다. 그러나 추수 때가 되면 알곡과 가라지는 그 분명한 본색을 드러내고 각자의 길로 갈라지게 되는 것입니다.

이제 오늘 본문의 열 처녀 비유의 그 의도와 동기를 말한다면 이는 심판적인 경고입니다. 구체적으로는 위선자와 불신앙의 사람들에 대한 경고입니다. 우리의 신앙 생활에 있어서 다 된 것같지만 그 속에 조심할 것이 있다는 말씀입니다. 만사가 다 그렇습니다. 시험지를 받아든 수험생의 손 끝이 조심스럽듯, 내가 무엇을 하든지 인생살이 전부가 조심할 것입니다. 왜냐하면 그 무엇에나 인간은 충실해야 하기 때문입니다. 따라서 조심해야 될 것은 다름아닌 위선을 조심하라는 것입니다. 겉으로는 갖추고 다 잘된 것같은데 속이 잘못되어 내실이 없을까 조심하라는 것입니다. 사랑이나 행복, 인격도 마찬가지입니다. 사랑이라는 거창한 형식은 갖추었는데 속을 들여다보면 내용이 없는 경우를 보게 됩니다.

어떤 사람들은 근사한 집에서 넉넉한 생활을 하며 남 보기에는 부러울만큼 훌륭하게 잘 사는 것같지만 집안 분위기는 밤낮 싸움만 하고 있으니 행복하고는 거리가 먼 것입니다. 또 어떤 이는 학벌도 좋고 외모나 직장도 근사한데 진실하지를 못합니다. 이는 속이 비고 가장 중요한 것이 상실된 인격이 아닐 수 없습니다. 언제나 문제는 내용이 없고, 속이 비거나 잘못된 데서 비롯되는 것입니다. 그러므로 속은 비었는데 겉만 가꾸어진 외식주의, 형식주의가 되지 않도록 조심하라는 이야기입니다.

물론 어떠한 내용이 있을 때에는 그 내용에 합당한 형식이 따르게 마련입니다. 그러나 이것이 오래 가면서 잠깐 조심하지 않으면 어느 사이 형식만 남고 내용은 없어지는 것을 보게 됩니다. 여기에 해당하는 좋은 예로서 선물을 들 수 있겠습니다. 사랑하는 마음이 있고 위하는 마음이 있기에 진정으로 정성을 담아서 선물을 하게 됩니다. 그러나 선물을 주고, 주고 또 주는 가운데 선물이라는 형식은 습관처럼 되어졌지만 사랑의 마음이 빠져나갔다면 거기에 문제가 있고 그 선물은 아무런 의미가 없는 것입니다. 그러므로 이러한 현상을 조심해야 하는 것입니다. 따라서 오늘 본문은 세상 끝날에 있을 심판을 두고 이러한 불신앙과 위선에 대한 경고의 말씀으로 주신 것입니다.

오늘 주신 열 처녀의 비유는 어느 때 보아도 낯선 감이 없지를 않습니다. 그 이유는 합동 결혼식을 연상케 할 정도로 신랑을 맞을 처녀가 열이나 등장되어 있다는 것입니다. 그러나 이것은 합동 결혼식이 아니며 일부다처적인 것도 아닙니다. 분명히 시집가는 처녀는 하나입니다. 그런데 이 사람들의 잔치 형태가 대단하고 특이해서 온 마을 사람들이 참여를 하게 되는데, 특별히 신부의 처녀 친구들이 초대를 받아 함께 즐긴다는 것입니다. 우리들에게는 낯선 풍속이지만 지금도 이스라엘 사람들의 결혼식은 이렇게 한다고 합니다. 그 몇 가지 요점을 들어보면 우리 풍속과의 차이를 발견하게 됩니다.

첫째 다른 점은 결혼식을 저녁에 한다는 것입니다. 우리는 주로 낮에 하고 저녁에는 하지 않습니다. 저는 주례로서 항상 권하는 것이 있는데 그것은 결혼식은 예배시간에 할 것과 그것도 저녁 예배에 했으면 하는 부탁입니다. 그러나 꼭 낮에 하겠다니 도리가 없고 그만큼 전통적인 풍속을 바꾼다는 것이 어려운 일입니다. 그런데 이스라엘 사람들이 결혼식을 저녁에 하는 이유는 그 사람들의 시간 개념과 관계가 있습니다.

창세기 1장에 보면 "저녁이 되며 아침이 되니 이는 첫째 날이니라"는 말씀이 있습니다. 따라서 이 말씀대로 하면 저녁이 하루해의 시작이 되고, 해가 지면 다음 날이 되는 것입니다. 이와 같은 생각을 하는 이스라엘 사람들로서는 저녁에 결혼식을 하는 것이 그날의 시작에 하는 것이 됩니다. 이런 이유에서 그들의 결혼식은 밤에 이루어지는 것입니다.

다음으로는 이스라엘 사람들의 가족 개념이 우리와는 다릅니다. 특별히 1907년 이후에 와서는 키부츠(Kibbutz)라는 공동체가 생김으로 우리들이 쉽게 이해하지 못할 일들이 많습니다. 그 중 하나가 어렸을 때부터 친형제가 아닌 남녀 어린이를 몇 명씩 한 방에 넣어 키우기 시작하여, 18세가 될 때까지 계속 함께 생활하게 한다는 것입니다. 그런데 이렇게 함께 섞여 자라면서도 아무런 사고가 생기지 않는다는 것인데, 그 이유는 처음부터 오빠, 동생처럼 되어버렸기 때문에 남남이지만 그 안에서는 결혼이 이루어지지 않는다는 것입니다. 우리는 언제나 핏줄이 이어져야 형제라고 생각하지만 그들은 단순한 혈통만을 생각지 않아 그 가족 개념의 폭이 넓다는 것입니다. 그리하여 한 마을이면 그저 한 가정, 한 가족처럼 생각하는 것입니다. 그러기 때문에 한 사람이 결혼을 하게되면 온 동리에 드러나게 되는 것입니다. 좌우간 1주일 동안 잔치를 해야 된다면 그야말로 동네 잔치가 되는 것입니다.

이러한 풍속은 우리나라에도 있어서, 여기저기서 먹고는 게다가 싸가지고까지 가는가하면 한 모퉁이에는 거지 잔치까지 시중을 들어야 했던 것입니다. 남녀노소를 막론하고 며칠이고 간에 함께 먹으며 잔치를 하는 것이었는데 2천여년 전의 이스라엘 사람들은 더욱 그러했습니다. 이들은 열 가족만 모이면 회당을 하나 짓습니다. 그리고 이 회당을 중심하여 하나의 큰 가족이 되는 것입니다. 따라서 그 중 누구의 집 자녀가 시집이나 장가를 가게되면 내 자녀가 아니라 하더라도 곧 내 자식의 결혼과 마찬가지로 생각하여 온 동리가 1주일씩이나 큰 잔치를 했다는 것입니다.

오늘 본문은 바로 이러한 것을 배경으로 엮어지는 이야기입니다. 그리고 결혼식을 올린 신랑 신부는 잔치가 계속되는 1주일 동안 왕과 왕후 같은 특별한 대우를 받게 되는 것입니다. 비단 옷을 입고 호사스러운 가운데 특별히 신부의 친구들과 더불어 1주일간을 즐겁고 소중하게 지내는 것입니다. 오늘날 우리네처럼 결혼식이 끝나자마자 주인공인 신랑 신부는 신혼여행 간답시고 훌쩍 떠나버리고 축하객은 부담스러웠던 한 가지 일이 끝난 기분으로 뿔뿔이 흩어져가는 것이 아닙니다. 이들은 1주일 동안 여행이라는 것 없이 모두가 함께 즐기고 같이 기뻐하는 것입니다. 이스라엘 사람들이 처음 1주간과 신혼을 얼마나 중요하게 생각하는가는 그들의 풍속에도 잘 나타나 있지만 성서 속에서도 읽을 수 있습니다.

구약성서 신명기 24장 5절에 보면 "사람이 새로이 아내를 취하였거든 그를 군대로 내어보내지 말 것이요 무슨 직무든지 그에게 맡기지 말 것이며 그는 일 년 동안 집에 한가히 거하여 그 취한 아내를 즐겁게 할지니라"고 하였습니다. 전쟁이 나더라도 군대에도 가지 않을 만큼 아무 일도 하지 말고 오직 가정에서 아내와 즐기라는 것이 아예 법으로 주어져 있는 준수사항입니다. 결혼 1년을 이렇게 소중하게 생각하는 사람들이라면 그 첫 한 주간이야 오죽하겠습니까? 참으로 굉장한 마을 잔치가 되는 것입니다.

이때에는 친구들을 다 모으는데 동리가 조금 클 경우에는 지금도 60명까지의 많은 친구들이 모여서 함께 먹고 마시며 즐긴다는 것입니다. 그런데 백물을 갖춘 준비를 다 해놓았다 하더라도 신랑이 신부집에 가서 신부를 맞아 함께 와 신랑집에 들어서기까지는 무슨 일을 하여도 잔치가 아닙니다. 신부와 신랑이 들어섬으로 비로소 완전한 잔치가 시작되고 분위기가 무르익기 시작합니다. 그러나 문제가 되는 것은 이들이 밤에 돌아온다는 것입니다. 그리고 신랑 신부가 문간에 들어서게 되면 그 시로 대문을 닫아버린다는 것입니다. 왜냐하면 옛날에는 도둑과 강도가 많고 특별히 신부를 훔쳐가는 강도까지 있었기 때문에 잔치하는 동안은 무슨 실수라도 있을까하여 문을 꼭 잠그고 집안에서만 즐겼다는 것입니다. 그러기 때문에 준비하지 못한 이 처녀들이 들어가지 못한 것입니다. 밤이므로 안에서는 누가 들어오고 안들어온 것을 모른 채 문을 닫아버렸다는 것입니다.

이렇게 결혼 풍속을 생각해보는 가운데 우리와는 얼마나 큰 차이가 있다는 것을 알게 되고 또한 이 열 처녀는 무엇을 말하고 있는가를 알 수 있습니다. 그러면 이제 본문으로 돌아가 가장 중요한 요점이 무엇이냐 하면, 그것은 "준비하라"는 것입니다. 신랑을 기다리고 있는 동안 여러 가지를 준비했습니다. 음식을 준비하고 청소를 하며 분위기를 살릴 치장을 하는가하면 얼굴을 손질하고 몸치장을 하는 등 갖가지의 준비를 다 했습니다. 그러나 가장 중요한 것은 특별히 신랑을 맞을 처녀들에게 있어서는 자기 손에 등불을 준비하는 것입니다. 이 등불을 준비해서 하나씩 들고 빙글빙글 돌아가면서 춤을 추며 즐기는 순서가 있기 때문에 반드시 자기 등을 준비하여야 하는 것입니다. 그러므로 아무리 옷을 잘 입고 화장을 잘 하며 목욕재계하였다 하더라도 이 등불을 준비하지 못하면 자격이 없다는 이야기가 되는 것입니다. 장가가는 총각이라 할지라도 남자들은 직장에 출근했다가 시간되어 결혼식장에 나타나는 경우도 있습니다마는, 여성들은 준비하는 것이 많고 복잡한 것이 동서고금을 통하여 알려진 바가 아니겠습니까? 이와 같은 풍속은 이스라엘에도 마찬가지여서 결혼식이 있는 날의 신부는 아침부터 친구들과 함께 하루 종일 목욕을 하며 몸치장에 들어간다는 것입니다. 그러다가 저녁이 되면 비단 옷에 몸치장을 곱게 하고 되도록이면 많은 보화의 장신구로 가꾸어 신랑을 맞이했다는 것입니다. 아무튼 이처럼 신랑을 맞이하기 위하여 지극한 정성을 드리며 여러 가지로 준비한다는 것입니다.

그러나 오늘 본문 말씀에는 무엇보다도 등불을 준비하라고 하는 것입니다. 각자의 등불을 반드시 준비하되 완전하게 준비하라는 것입니다. 이제 본문을 자세히 보면 슬기로운 다섯 처녀와 미련한 다섯 처녀가 다같이 등불을 준비했습니다. 그리고 성경에는 기록되지 않았습니다마는 옷도 다 잘 입었고 얼굴과 머리 단장도 곱게 했습니다. 필요한 등불도 준비가 되었습니다. 한마디로 말하면 눈에 보이는 것, 우선 필요한 것은 준비가 다 되었습니다. 그런데 보이지 않는 것은 소홀히 하였습니다. 등불을 밝힘으로 소모되는 기름, 계속 채워져야 하는 기름에 대해서는 관심이 없었던 것입니다. 이 때문에 등은 들었는데 그 속에 진작 필요한 기름은 준비되지 않았다는 것입니다. 언제나 문제는 보이지 않는 것이라고 소홀히 하는 여기에 있습니다. 그래서 미련한 자들은 기름이 없었고 슬기로운 자는 기름까지 준비하였다는 것이 오늘 본문의 중요한 요점이 되겠습니다.

그리고 여기서 더욱 문제를 가중시킨 것은 신랑이 더디 왔다는 것입니다. 시계도 없는 시절에 길은 멀고 도착해야 할 즈음에 도착하지 않으니 모두가 문간을 향해 기다렸을 것입니다. 그러다가 그 기다림이 길어지니 여러 가지 준비를 하느라 이미 피곤해진 몸들인지라 졸게 되었다는 것입니다.

본문에 보면 재미있게도 "다 졸며 잘쌔" 하였습니다. 하여튼 미련한 처녀도 졸고 슬기로운 처녀도 똑같이 졸았다는 것입니다. 그러나 이 두 경우 사이에는 중요한 차이가 있습니다. 그것은 슬기로운 처녀는 완전한 준비를 갖추고 졸았으나 미련한 처녀는 아직 준비할 것이 남아 있는데도 졸았습니다. 기다리다 지치면 졸 수도 있고 잠들 수도 있겠지만, 갖추어야 할 것이 아직 남아 있음에도 불구하고 졸고 잤으니 이들의 행위는 미련한 것이며 그러기에 봉변을 당하게 된다는 이야기입니다.

여기서 다시 한번 생각할 요점은 형식적으로는 완전한 준비가 갖추어진 것같으나 내실이 없다는 말입니다. 보이지 않는 것이기에 그냥 지나치기 쉬우나 그러나 가장 중요한 것을 준비하지 않았다는 것입니다. 본문에서 말하고 있는 기름을 믿음, 성령 등 여러 모양으로 해석을 합니다마는 어쨌든 그 의도는 외식주의를 배제하자는 것입니다. 이 외식주의! 겉으로는 잘 믿는 것같으나 마음 깊은 곳에 믿음이 없습니다. 그리하여 결정적인 시간에 서게되면 모든 것이 탄로나고 맙니다. 시험을 당하고 실패를 당할 때에 보면 압니다. 역경에 부딪치고 모욕이 있어질 때에 보면 그 믿음의 진실성 여부를 알 수가 있습니다. 겉으로 나타난 것, 그 굉장한 외형이 중요한 것은 아닙니다. 내면이 갖추어지고 속엣것이 채워져야 한다는 말씀입니다. 이것 없이 형식적이고 외형적으로 꾸민 신앙은 문제가 많은 것입니다. 우리가 형식을 두고 말한다면 교회에 출석하는 것을 비롯하여 크고 작은 직분을 맡는 모두가 다 외형적인 질서에 불과한 것입니다. 그러므로 결코 이것 자체가 중요하거나 표준이 될 수 없으며 언제나 내실 있는, 속에 열매가 맺혀 있는 진실된 신앙을 가져야 하는 것입니다.

그 다음으로 생각해야 할 중요한 요점은 다른 사람의 것을 빌어 쓸 수 없다는 것입니다. 이제 신랑을 맞으라는 소리를 듣고 정신을 차리며 일어나 등불을 들고 나가게 됩니다. 이때에 기름이 채워진 등의 불빛은 환하게 켜졌지만, 이미 기름이 다 타 버리고 없는 등에는 그 불빛이 꺼져 가고 있으니 그때에는 당황한 미련한 다섯 처녀가 하는 말이 "너희 기름을 좀 나누어달라"고 사정을 합니다. 그러나 대단히 박절한 대답으로 "우리와 너희의 쓰기에 다 부족할까 하노니 차라리 파는 자들에게 가서 너희 쓸 것을 사라"고 합니다. 이미 신랑은 도착하고 밤도 깊었지만 기름이 없는 처녀들로서는 별다른 도리가 없기에 기름을 사러 갑니다. 그런데 그렇게 하여 기름을 사왔더니 잔치집 문은 굳게 닫혔고 "주여, 주여" 부르며 아무리 두드려도 열어 주지 않았다는 것입니다.

우리가 여기에서 두려운 마음으로 알아야 할 것은 진작 깨달았어야 했다는 것입니다. 기다리며 졸고 있을 시간이 있었다면 준비할 시간도 충분했다는 것입니다. 좀더 일찍 깨달았으면 문제가 없었는데 막상 깨달았어야 할 시간에는 계속 졸고만 있었으니 이런 봉변을 당하게 된 것입니다. 졸더라도 갖출 것은 다 준비해 놓고 졸아야 하는 것 아니겠습니까? 아직도 갖출 것이 남아 있고 시간도 넉넉한데 이것을 하지 않았다는 것입니다. 깨달음이란 시간이 중요합니다. 뒤늦게 깨닫는 깨달음이란 아무런 소용이 없습니다. 문 닫힌 다음, 이제 와서 깨달았으니 무엇을 어떻게 하겠다는 것입니까? 안타깝지만 이미 끝난 일이요, 소용없는 짓입니다. 다른 사람의 것을 빌어보려고 하지만 나누어 주지를 않습니다. 이는 내 믿음은 내 것이기 때문입니다.

흔히 신앙생활을 열심히 하는 부인을 둔 믿지 않는 남편되는 이들이 잘하는 말에 "아내 치맛자락 잡고 천당 갈 것이오"라는 표현이 있습니다. 하지만 누구나 분명히 알아야 할 것은 천당가는 티켓(ticket)은 하나 가지고 둘은 못들어간다는 사실입니다. 한 사람, 한 사람, 각자 자기의 믿음이 필요합니다.

우리나라 어느 신학대학 학장 아들이 미국 유학을 갔습니다. 그는 신학대학을 나온 목사입니다. 그런데 미국인 한 학생이 그들 특유의 솔직한 생각에서 이 목사에게 질문하기를 "당신 예수믿습니까? 그리고 구원은 받았습니까?" 하고 물었다는 것입니다. 그러기에 대답을 "내 아버지가 신학대학 학장입니다" 하였다는 것입니다. 그랬더니 그 학생이 하는 말이 "당신 아버지가 하는 신학대학 학장과 당신이 예수믿는 것과 무슨 상관이냐?"며 정색을 하기에 큰 망신을 했다는 것입니다. 내 신앙은 어디까지나 내 신앙입니다. 나의 구원은 나의 구원일 뿐입니다. 이것은 처음부터 끝까지 나의 문제입니다. 나의 영혼의 문제, 나의 생명의 문제, 진리와 나와의 문제, 나의 구원의 문제, 이 모두는 누구의 것에서도 빌어올 수 없고 나누어 가질 수도 없는 각자의 문제요 나만의 문제인 것입니다. 그러므로 하나님과 나와의 관계는 개인적인 만남, 개인적인 깨달음, 개인적인 신앙, 개인적인 구원의 문제에서 이루어진다는 것을 잊지 말아야 합니다. 다시말하면 예수 그리스도를 내 개인의 구주로 영접함으로써만이 구원의 역사가 이루어진다는 말씀입니다.

이제 오늘 본문에서 마지막으로 주어진 말씀이 경고의 말씀입니다. "신랑이 오므로 준비된 자들은 함께 혼인 잔치에 들어가고 문은 닫힌지라!" 여기서 문이 닫힌다는 사실을 경고하는 것입니다. 그러므로 문이 닫히기 전에, 졸음이 오기 전에, 인생의 황혼기가 되기 전에, 건강하고 눈이 밝으며 총명이 흐려지지 않았을 때에 준비할 것을 준비하고 일할 것을 일하라는 말씀입니다. 그리고 기다려야 하는 것입니다. 우리가 항상 기회를 가지고 있는 것은 아닙니다. 그러기에 혹 졸 수도 있겠습니다. 그러나 졸면서도 믿음만은 꼭 붙들어야 된다는 것을 잊지 말아야 합니다. "문은 닫힌지라." 문이 닫힌 이후에 와서 애타게 부르짖어도 소용없는 불행한 사람이 되지 말고 슬기로운 처녀가 되기를 원하시어 오늘 우리에게 주신 주님의 말씀입니다.

예수 그리스도는 우리의 신랑입니다. 우리는 그의 신부입니다. 그러므로 사랑을 준비하고, 믿음과 소망을 준비하여, 신랑과 함께 지낼 수 있는 큰 기쁨을 준비하여야 합니다. 예수 믿는 사람은 항상 잔칫집에 있다는 사실을 잊지 말아야 합니다. 그 영광스러운 신랑과 더불어 사랑을 나누고 기쁨을 나누며, 믿음과 소망을 이야기하는 황홀한 즐거움이 있는 것입니다.

제가 자주 하는 이야기입니다마는 예수 잘믿는다는 것은 그의 기쁨에 있지 그의 눈물에 있는 것이 아닙니다. 주님과 함께 하는 기쁨! 그의 신부가 된 영광의 기쁨! 그러기 위해서는 항상 신부의 덕을 준비하여야 되는 것입니다. 그럴 때에 좋은 아내, 사랑받는 아내가 되는 것입니다.

제가 알고 있는 어떤 목사 따님 한 분이 있습니다. 그는 남자 형제들이 목사의 아들이면서도 목사가 되지 않자 자기는 목사가 될 수는 없지만 목사 부인이라도 되어야겠다며 이화여대 1학년 때부터 아예 공개적으로 목사 부인이 될 준비를 하는 것을 보았습니다. 그래서는 이 교회, 저 교회 다니면서 주보를 모으고 스크랩을 하는 등 완벽한 준비를 해가며 기다렸습니다. 그랬더니 정말 졸업할 즈음에 감리교 목사를 만나 목사 사모가 되는 것을 보았습니다. 당장에 누구라는 명확한 대상도 없습니다. 그러나 나는 목사 부인이 될 것이니 거기에 맞는 준비를 하겠다는 것입니다.

예수님이 우리의 신랑이라면 이는 보통 신랑이 아닙니다. 따라서 준비할 것이 많습니다. 정결을 준비하고, 참사랑을 준비하고, 믿음과 진실을 준비할 것입니다. 그리고 특별히 하나 준비할 것은 바로 웃는 얼굴입니다. 신부의 얼굴은 기쁨에 웃어야 하고, 그 웃는 모습이 예뻐야 합니다. 언제 보아도 초조하고 궁상맞은 표정을 가지고는 신랑의 사랑을 받을 수가 없습니다. 우리에게는 아직도 기회가 주어져 있습니다. 그러나 어느 순간에 문이 닫혀지고 나로부터 이 기회가 거두어질지 아무도 모릅니다. 그러므로 기름 준비는 지금 해야 합니다. 확실한 믿음을 준비하여 기다림으로, 주님께서 언제 오시더라도 기쁨으로 맞이할 수 있는 은혜가 함께 하기를 바랍니다.

달란트 비유

"또 어떤 사람이 타국에 갈제, 그 종들을 불러 자기 소유를 맡김과 같으니, 각각 그 재능대로 하나에게는 금 다섯 달란트를, 하나에게는 두 달란트를, 하나에게는 한 달란트를 주고 떠났더니, 다섯 달란트 받은 자는 바로 가서 그것으로 장사하여 또 다섯 달란트를 남기고, 두 달란트 받은 자도 그같이 하여 또 두 달란트를 남겼으되, 한 달란트 받은 자는 가서 땅을 파고 그 주인의 돈을 감추어 두었더니, 오랜 후에 그 종들의 주인이 돌아와 저희와 회계할새, 다섯 달란트 받았던 자는 다섯 달란트를 더 가지고 와서 가로되, '주여, 내게 다섯 달란트를 주셨는데 보소서 내가 또 다섯 달란트를 남겼나이다.' 그 주인이 이르되, '잘 하였도다, 착하다 충성된 종아! 네가 작은 일에 충성하였으매 내가 많은 것으로 네게 맡기리니, 네 주인의 즐거움에 참예할지어다' 하고, 두 달란트 받았던 자도 와서 가로되, '주여, 내게 두 달란트를 주셨는데 보소서 내가 또 두 달란트를 남겼나이다.' 그 주인이 이르되, '잘 하였도다, 착하고 충성된 종아! 네가 작은 일에 충성하였으매 내가 많은 것으로 네게 맡기리니, 네 주인의 즐거움에 참예할지어다' 하고, 한 달란트 받았던 자도 와서 가로되, '주여, 당신은 굳은 사람이라, 심지 않은 데서 거두고 헤치지 않은 데서 모으는 줄을 내가 알았으므로, 두려워하여 나가서 당신의 달란트를 땅에 감추어 두었나이다. 보소서 당신의 것을 받으셨나이다.' 그 주인이 대답하여 가로되, '악하고 게으른 종아! 나는 심지 않은 데서 거두고 헤치지 않은데서 모으는 줄로 네가 알았느냐? 그러면 네가 마땅히 내 돈을 취리하는 자들에게나 두었다가 나로 돌아 와서 내 본전과 변리를 받게 할 것이니라' 하고, '그에게서 그 한 달란트를 빼앗아 열 달란트 가진 자에게 주어라. 무릇 있는 자는 받아 풍족하게 되고, 없는 자는 그 있는 것까지 빼앗기리라. 이 무익한 종을 바깥 어두운 데로 내어 쫓으라. 거기서 슬피 울며 이를 갊이 있으리라' 하니라.

(마태복음 25:14~30)

달란트 비유

본 달란트 비유 역시 천국은 이와 같다는 것에 이어지는 내용입니다. 그러므로 그 주제는 천국이며, 특별히 천국을 위하여 일하는 문제를 주제로 말씀하고 있습니다. 하나님의 나라를 위하여 우리는 어떻게 살아야하는가? 또한 이 세상을 살면서 주님의 재림을 기다려야하는 우리는 이 종말적인 시간을 어떻게 보내야할 것인가를 말씀해 주고 있습니다.

예를 들어 오늘 본문에 나타난 내용이 충성이라면 이 충성은 어느 임금이나 상관에게 바치는 충성이 아니며 사랑하는 남편에게 바치는 그러한 충성이 아닙니다. 이것은 오로지 천국을 위하여 바치는 충성을 말합니다. 따라서 이 달란트 비유는 "하나님의 나라"가 주제라는 그 사실을 놓치게 되면 전혀 그 내용을 모르는 것이 되고맙니다. 특별히 이 본문은 돈, 분배, 노력, 결과의 과정을 표현하고 있으므로 여러 방면에서 쓰여질 수 있는 가능성이 있습니다. 그러나 분명한 것은 이 말씀의 내용이 회사원이나 종업원의 충성을 강요하여 사업 실적이나 효과를 올리고자하는 데 쓰여질 성격의 이야기거리가 아니라는 것입니다. 이 말씀의 주제는 어디까지나 천국이요, 그 천국을 바라보며 사는 사람들이 오늘, 현재, 무엇을 하며 어떻게 살아야하는가를 말씀해주고 있는 것입니다.

오늘 본문을 보면 예수님께서는 천국을 비유하시면서 어떤 사람과 그의 종들과의 관계로 설명하십니다. 이처럼 주인과 종에 대한 이야기는 이미 앞에서들 거론한 대로 당시의 생활 풍속에서는 조금도 이상할 것이 없이 평범한 소재의 이야기입니다. 이제 상당히 긴 본문 중에서 그 요점 몇 가지만 간추려 무엇을 말씀하고 있는가를 생각해보도록 하겠습니다.

여기 본문의 시작인 14절 말씀에 보면 "그 종들을 불러 자기 소유를 맡김과 같으니"라고 하였습니다. 어떤 사람이 세 종을 불러 자기의 소유를 맡겼다는 것입니다. 종들로 말하면 본래부터 소유는 없었고 가질 수도 없는 신분입니다. 그러나 주인이 맡김으로 이제는 주인의 소유를 맡고있다는 것입니다. 우리가 이 세상에 사는 것은 주인으로부터 맡은 바를 가지고 산다는 것입니다. 소위 말하는 청지기적 삶을 산다는 것을 잊지 말아야 합니다. 나의 건강도 맡은 것입니다. 나의 생명도 임시로 맡은 잠깐의 것입니다. 하나님이 주셨고, 하나님이 거두시면 드릴 수밖에 없는 것입니다. 내 자녀도 맡은 것일 뿐 나의 것은 아닙니다. 뿐만 아니라 나의 재산, 나의 재능, 나의 명예, 나의 지식, 나의 직장. 이 모두가 다 하나님 나라의 견해에서 볼 때에 종으로서 맡는 것이라는 사실입니다.

그러므로 맡은 자들은 맡은 바 그 모든 것들을 통하여 천국을 섬겨야 함을 생각할 것입니다. 우리는 때때로 내 것이라고 생각할 때가 많습니다. 그리고 내 마음대로 할 수 있다고 생각합니다. 그런데 가만히 생각해 보노라면 내 마음대로 할 수 있는 것은 아무 것도 없습니다.

예수님의 말씀처럼 누가 염려함으로 작은 키를 한 치인들 늘일 수 있는 것이 아니며, 머리카락 한 터럭도 희고 검게 할 수가 없습니다. 더욱이 시간 문제에 대해서는 속수무책, 완전 노 터치(no touch)입니다. 이처럼 우리의 선택이라고 하는 것은 지극히 제한적이고 하잘것 없는 것에 지나지 않습니다. 단지 주인이 종들에게 맡겼으니 종의 입장에서는 어느 기간 동안 맡았다는 확고한 청지기 의식이 있어야 뿐입니다. 그리고 그 청지기직에 대한 감사가 있어야합니다.

오늘 본문에서 이야기되는 달란트를 일반적인 의미보다 좀 더 신학적인 입장에서 말씀드린다면 곧 은사를 뜻하는 것으로 생각하게 됩니다. 우리들에게는 천국을 위하여 쓰여져야할 은혜의 선물이 많습니다. 물론 구체적으로 말하면 성령의 역사요 말씀의 역사이며, 말씀을 전할 수 있는 지혜와 기회를 말하는 것이기도 합니다. 그런데 오늘 본문에는 특별히 달란트라는 표현을 사용하고 있습니다. 이 달란트(talent)라는 말을 영어의 의미에서 보면 두 가지의 뜻이 있습니다. 그 하나는 재주라는 의미인데, 특별히 선천적 재능이나 특별한 재능을 말합니다. 그리고 오늘 본문에 나타난 대로 금, 은 화폐의 단위가 되고 때로는 중량의 단위가 되는 것입니다. 게다가 여기에 나타난 달란트는 돈의 단위 중에서도 가장 높은 금화의 단위입니다. 이렇게 볼 때에 하나님의 나라를 위하여 쓰여져야할 신령한 은사, 신령한 선물이 이미 주어졌고 지금도 주어지고있다는 것을 인정하고 거기서부터 충성을 다해야 된다는 말씀입니다.

다음으로 생각할 본문의 내용은 불공평 안에 전개되는 공평성의 문제입니다. 어떻게 하는 것이 진정한 공평의 길인가 하는 것은 꼭같이 나눈다는 의미와는 다른 적절함의 문제입니다. 예를 들어 학생들이 시험을 치루었다고 할 때에 다들 수고했으니 똑같이 100점을 준다면 그것이 공평한 것이 되겠느냐는 것입니다. 열심히 공부하여 답을 잘 쓴 학생에게는 100점을, 그리고 각자 한 대로 50, 30점, 0점, 이렇게 주어지는 것이 마땅하고 공평한 것입니다. 흔히들 생각하기를 무조건 같아지기를 바라며 그래야 공평한 것으로 압니다만 그것은 공산당식 공평이지 참다운 공평은 아닙니다. 진정한 공평이란 그 능력에 따라, 재능이 많은 자에게는 더 주고 재능이 적은 자에게는 적게 주는 공평입니다. 이러한 공평의 진정한 의미를 알아야합니다.

오늘 본문 말씀은 기록하기를 "각각 그 재능대로 하나에게는 금 다섯 달란트를, 하나에게는 두 달란트를, 하나에게는 한 달란트를 주고 떠났더니" 하였습니다. 문제의 초점은 "각각 그 재능대로" 하는 여기에 있습니다. 이미 주어진 재능에 따라서 달란트가 주어지고있다는 말씀입니다. 그러므로 이 점을 우리가 잊지 말아야 합니다. 어른과 아이의 할 일이 다르고 남자의 할 일과 여자의 역할이 다르듯 주어진 재능이 같을 수가 없는 것입니다. 그러기에 어떤 사람은 음악을 잘하는가하면 어떤 이는 과학 분야에 혹은 인문, 사회, 스포츠 등 그 무엇인가에 대한 재능을 각각 가지고 있습니다. 본문 속에 "각각 그 재능대로"란 이 표현은 양적이기도 하고 질적이기도 합니다. 따라서 아주 다양하고 다원적인 은사를 생각하게됩니다. 본문 말씀에는 간단한 한 마디로 기록되어 있지만, 이미 주어진 경험들과 능력의 한계와 수준을 알고 그 재능대로 각각 다르게 주었다는 것입니다. 이것이 바로 불공평 안에 공평성입니다.

　이 세상 구조가 하도 다양해서 불공평한 것같지만 그러나 그 속에 이러한 공평성이 있습니다. 다 사도가 아니요, 다 목사도 아니며, 다 교사도 아닙니다. 그러면서도 분명한 것은 이 모두는 각각 하나같이 필요하고 중요한 존재이며 특별히 그 재능대로 달란트를 주신다는 것입니다. 그러므로 하나님께서 보시는 재능의 한계가 있고, 감당할 수 있는 능력의 한계가 있는데 무조건 아무 것이나 주어진다고 능사라고 생각할 수는 없는 것입니다. 이에 하나님께서는 각각을 위해 친히 판단하신 재능에 맞게 달란트를 주셨으니, 이 얼마나 중요하며 참으로 공평한 일이 아니겠습니까?

　우리는 여기에서 일단 하나님의 공평성을 인정하여야 합니다. 그리고 너무도 적절하게 주셨으니 감사해야할 것입니다. 그런데 이 한 달란트 받은 사람은 그렇지를 못합니다. 뒤에 가서 다시 공부하겠습니다만, 이 사람의 불평하는 저의가 바로 이 공평성을 인정하지 못하겠다는 것입니다. 자기의 한 달란트 받은 것을 소중하게 여기지를 않고, 왜 다른 사람에게는 다섯 달란트를 주면서 나에게는 한 달란트를 주느냐가 못마땅한 것입니다. 자기의 처지를 소중하게 생각지 못하고 남의 처지를 질투하며 사는 사람은 일생 동안 불평하며 한맺힌 인생을 살다가 끝을 내는 불쌍한 사람이 되고맙니다. 이처럼 공평성을 바르게 이해하고 받아들인다는 것이 참으로 어려운 일입니다. 그러나 어떠한 입장에서라도 일단 이 공평성을 받아들임으로써 충성된 자가 될 수 있다는 사실을 알아야 합니다.

하나님의 공의를 시인하지 않고서는 충성의 시작이 불가능합니다. 하나님의 공의를 시인하는 겸손! 그것이 있고야 충성이 시작되는 것입니다. 이러한 마음이 없이 충성한다는 것은 오히려 하나님과 겨루는 것이 됩니다. 불평과 원망 속에, 그야말로 투쟁이 되고마는 것입니다. 그것은 충성일 수가 없습니다.

이제 본문에 계시된 말씀은 충성된 자에게는 더 주신다는 것입니다. 더욱이 마지막 부분에 가서 보면 있는 자에게는 더 주어 풍족하게 되고 없는 자는 없는 그 중에 하나 있는 것까지 빼앗아서 있는 자에게 주게됩니다. 지나치게 박절한 것같지만 대단히 오묘하지 않습니까? 가만히 보면 세상 일에 있어서도 가진 자가 더 가지게되고 못가진 자는 그 보잘것 없이 적게 있던 것마저도 빼앗기는 것을 보게됩니다. 이는 충성이 없고 진실이 없기 때문입니다. 따라서 가진 바 자기의 것을 소중히 여길 줄 모릅니다. 그래서는 이미 가졌던 것까지도 다 빼앗기는 것입니다. 언뜻 보기에는 가진 자가 더 가지고, 없는 자는 있는 것마저 빼앗기는 불공평의 횡포가 있는 것같으나, 사실은 알고보면 그 불공평 속에 하나님의 정확하신 공평이 있습니다.

생각해보면 본문의 처음과 마지막 상황 사이에는 엄청난 차이가 있습니다. 다섯 달란트가 이미 열이 되었는데 한 달란트 가진 것을 빼앗아 그 열 달란트 가진 자에게 더 주라는 것입니다. 아무려면 세상에 이러한 불공평이 또 어디에 있겠습니까? 이는 인간적으로나 수리로 따져 말이 되지를 않습니다. 그럼에도 이것이 하나님의 공평이요, 여기에 하나님의 진실이 있음을 받아들여야 하고, 이것이 곧 우리가 수락하여야 할 하나님의 공의라는 사실을 잊지 말아야 합니다. 이 하나님의 공의를 인정하고 받아들이는 것에서부터 이제 충성이 무엇인가를 생각하여야 합니다.

오랜 시간의 공백을 두고 여행에서 돌아온 주인이 그 맡겼던 바를 계산하면서 "착하고 충성된 종"이라는 칭찬의 말을 합니다. 이 칭찬의 말을 듣게된 종들은 주인으로부터 돈을 받자마자 그 시로 가지고 나가서 열심히 장사를 하여 다섯 달란트 받았던 사람은 다시 다섯 달란트를 남겼고, 두 달란트 받은 사람은 또 두 달란트를 남겼다는 것입니다. 여기에서 말하고자 하는 의도는 얼마를 남겼느냐는 수치의 문제가 아니라 질적인 충성을 이야기하는 것입니다. 소위 말하는 성장율 100퍼센트에 이르게한 그 진실된 충성을 나타내고 있는 것입니다. 이러한 충성에 대하여 성경은 "작은 일에 충성하였으매 내가 많은 것으로 네게 맡기리니"라고 하였습니다. 작은 것에 대한 충성이 있을 때에 주님께서는 많은 것으로 맡기십니다. 이것이 하나님의 일하시는 방법이며, 한편으로는 인간 성실에 대한 하나님의 관심입니다. 진실하면 더 주십니다. 그러나 거짓되면 빼앗습니다. 교만하면 낮추시고 충성되면 높여 주십니다. 이것이 하나님의 공평이요, 현재적 심판입니다. 적은 일에 충성하였으므로 그 다음 한 계단, 한 계단 더 큰 은혜를 주시는 것입니다. 그러나 충성되지 못하면 있는 것까지 빼앗기게 됩니다.

사도 바울은 디모데에게 보내는 편지 가운데에서 말하기를, 나를 충성되이 여겨 내게 직분을 맡기셨다고 감사해하고 있습니다. 지혜가 없으면 지혜를 주실 것입니다. 물질이 없으면 물질도 주실 것입니다. 그러나 충성 하나만은 내가 가지고있어야 합니다. 이것은 내가 준비해야 하는 기본 재산이요, 또한 그럴 수밖에 없는 마지막 카드(card)입니다. 누가 뭐라고 하며, 어떤 상황에 이르든 진실된 충성이 반드시 있은 후에야 그 다음의 것이 주어진다는 것을 잊지 말아야합니다.

그리고 다음으로 덧붙여주시는 축복이 있는데, 그것은 주인의 즐거움에 참여한다는 것입니다. 이는 요즈음 말로 보너스(bonus)인 것입니다. 적은 일에 충성을 했기 때문에 많은 것을 맡기시고, 그리고 주인의 즐거움에 참여하라고 말씀하십니다. 이는 참으로 오묘한 진리가 담겨진 말씀이 아닐 수 없습니다. 충성된 종들을 둔 주인은 즐겁게 지낼 수가 있습니다. 뿐만 아니라 우리가 주인을 기쁘게 해드림으로 그로 인해 주인이 즐거워할 때, 우리는 그 기쁨에 동참하게 되는 것입니다. 주인의 기쁨에 참여하는 이 놀라운 축복은 충성된 자만이 누릴 수 있는 특권입니다. 다음으로 생각할 것은 한 달란트 받은 사람의 문제입니다. 이 사람 역시 다른 사람들과 마찬가지로 주인에게 와서 이야기를 하게됩니다. 그는 모자라고 남은 것도 없이 본전만 가지고 와서 자기의 견해를 늘어놓습니다. 이때에 주인이 "악하고 게으른 종"이라고 부릅니다. 여기에서 게으르다는 것은 이해가 가는 말입니다. 그러나 악하다는 말에는 분명 문제가 있습니다. 세상에는 본전 잘라먹는 사람도 많은데 그래도 이 사람은 본전을 가져왔으니 게을렀을 뿐 악할 것까지야 없지 않겠느냐는 생각이 듭니다. 그런데 주인은 악하다고 말합니다. 그렇다면 그의 본색이 무엇이며 어떠하기에, 왜 악한 종이냐는 것입니다. 이는 그 중심에 완악함이 있기 때문입니다. 그에게는 주인에 대한 믿음 대신에 불신과 반항이 있었습니다. 그는 주인을 향하여 "당신은 굳은 사람이라"는 말을 하고 있습니다. 본문에서 "굳다"는 것으로 직역된 '스크레로스'라는 헬라 말은 다른 여러가지 뜻으로 번역될 수가 있습니다. 굳은 상태 외에 완악한, 혹독한, 엄한, 잔인한, 고집센 등의 많은 다른 해석이 가능합니다. 그러고보면 이 종은 주인을 완악하고 고집이 센 잔인한 수전노같은 사람으로 생각한 것입니다. 그래서 주인에게 그 책임을 돌립니다. 주인이 너무 혹독하고 돈만 안다고 생각되어 일할 마음이 없습니다. 처음부터 일할 필요를 느끼지 않았고 끝까지 일하지 않았습니다. 만약에 장사를 하여 이를 남기면 주인이 빼앗아 갈 것이니 별볼일 없겠고, 그러다가 실패하는 날에는 일생 동안 그 보상을 해야 할 것이니 아예 감추어두었다가 그대로 가져가는 것이 낫겠다고 생각한 것입니다.

이 얼마나 잘못된 고약한 마음입니까? 바로 이 마음이 주인 보시기에 악한 것입니다. 그런가하면 또 하나 "두려워하였다"는 사실입니다. 자기의 판단에서, 자기 마음대로 주인을 무서워했습니다. 이는 곧 불신앙의 소치일 뿐만 아니라 주인을 폭군으로 만든 것입니다. 주인의 깊은 뜻과 맡겨준 신뢰와 사랑에는 무감각한 채, 자신의 비뚤어진 마음의 눈이 주인을 비정한 수전노와 폭군으로 만들었습니다.

오늘날 우리 주변에도 그러한 사람들이 많이 있는 것을 보게됩니다. 그래서는 하는 말이 십일조 안드렸더니 사업이 망했고, 주일에 교회가지 않고 다른 데 갔더니 감기걸렸다는 등 별별 소리가 다 나오는데 이들 모두가 하나님을 폭군으로 만들어놓고 벌을 내리실까봐 그 앞에서 떨고있는 것입니다. 참으로 하나님이 벌이나 내리시고 벼락이나 치시는 분이라면 지금까지 산 것은 자기가 잘해서 살았다는 것이란 말입니까? 벌을 내리시고 벼락을 치신다면 벌써 치셨고, 이미 내 인생은 끝나고 없을 것입니다. 처음부터 은혜로 살았고 마지막 순간까지 은혜로 살 것입니다. 아무 것도 두려워할 것이 없습니다.

잠언 22장 13절에 보면 "게으른 자는 말하기를 사자가 밖에 있은즉 내가 나가면 거리에서 찢기겠다 하느니라"는 말씀이 있습니다. 게으른 자는 변명이 많습니다. 그러면서 주로 안되는 방향으로만 생각합니다. 매사에 부정적인 생각만 하게되니 아무 일도 할 수가 없습니다. 율법과 은혜를 두고는 율법쪽으로 생각하고, 사랑보다는 진노의 하나님으로 그리고 항상 결과에 의해서 평가받는 세계관을 가지고 있습니다. 그러기 때문에 만일에 결과가 좋지 못하면 어떻게 될 것인가? 하는 부정적인 염려가 그의 행동을 지배하는 것입니다.

이 한 달란트 받은 종도 만일의 경우 손해를 보게되면 어떻게 될 것인가 하는 이 점만을 생각했기 때문에 일할 수가 없었던 것입니다. 그러나 참으로 진실한 마음은 최선을 다하다가 손해보면 할 수 없다는 생각을 하는 것입니다. 만약 이 사람이 최선을 다하다가 그 한 달란트를 모두 없애고 주인 앞에 섰다고 가정해봅시다. 그리고 주인을 향하여 "주인이여,

죄송합니다. 원체 미련한 저를 바로 보시고 한 달란트를 주셨는데 장사를 한다는 것이 그것도 감당 못하고 모두를 잃고 말았으니 이 죄를 어떻게 하면 좋겠습니까? 그저 죽을 죄를 지었습니다"하면서 몸둘 바를 몰라했다면 어쩌면 지혜롭고 너그러운 그 주인은 새로운 기회를 부여했을는지도 모릅니다.

　사랑 많으신 예수님이시라면 다시 한 달란트를 주시면서 돈은 잃었어도 경험과 지혜는 얻었으니 한 번 더 해보라고 말씀하실 것같습니다. 사실을 말하자면 성공이란 내 노력에 의한 것만은 아닙니다. 어떤 때에는 세상 사람들이 흔히들 말하는 운이 좋았다고 표현하는 것에 속하는 다른 요소들이 크게 작용할 때가 있습니다. 그런 입장에서 보면 성공이란 별로 자신에게 도움이 되는 것이 못됩니다.

　그러나 실패한 사람은 돈은 잃었으나 지혜는 얻었습니다. 겸손도 얻었고 진실도 배웠습니다. 실패하는 아픔 속에서 사람을 보는 눈도 가졌습니다. 그러기 때문에 이제야 일할 수 있는 사람이요, 지금이야말로 돈을 맡길 수 있는 사람입니다. 그런데 이 사람은 최선을 다하지 못했습니다. 결과만 염려했지 출발과 과정으로서의 충성은 생각하지 않았습니다. 과정으로서의 최선을 다한 성공! 이 성공도 자랑스러운 훌륭한 성공이라는 사실을 잊어서는 안됩니다.

　그리고 이 악한 종의 또 다른 잘못은 자기의 능력을 너무 과소평가한 것입니다. 한 달란트를 받았으면 적어도 한 달란트를 주장할 수 있는 능력은 평가받은 것임에도 불구하고 그 한 달란트의 능력도 이 시간에 부정하고 있는 것입니다. 하나님께서 하라고 하실 때에는 할 수 있기 때문에 하라는 것입니다. 누구에게나 한 가지 능력은 주었습니다. 나에게도 한 가지 재주는 주어져있습니다. 그 재주를 사용하여야 합니다. 땅에 묻어두라고 주신 것이 아닙니다. 더욱이 조심할 것은 받은 바가 없다고 말하지 말 것입니다. 나를 내신 하나님께서 지금까지 아무 것도 주시지 않으셨다는 말씀입니까? 연륜과 경험, 건강, 젊음, 지혜, 지식, 물질 등 얼마나 받은 것이 많습니까? 함부로 나는 받은 것이 없고 아무 것도 할 수 없는 사람이라고 말하지 말라는 것입니다. 이는 참으로 주인에 대한 불손이요 모욕이며, 왜곡입니다. 분명히 한 달란트는 받았습니다. 이제 그 받은 한 달란트를 인정하라는 것입니다.

특별히 오늘 본문 말씀에는 그 한 달란트를 땅에 묻어두었다고 하였습니다. 하나님께서는 결코 필요 없는 것, 있으나마나한 것을 주시는 분이 아닙니다. 그런데 이 사람은 하나님이 주신 달란트를 땅에 묻었다는 것입니다. 시간도 땅에 묻어두었습니다. 좋은 재능과 지혜도 묻어두었습니다. 세월이 가고 나의 모습은 변하는데 그대로 묻어두었다가 어디에 쓰겠다는 말입니까? 오늘 본문 말씀에 의하면 본전만 가지고는 못가는 것이 천국입니다. 한 달란트이든 반 달란트이든 그 양의 많고 적음에 상관할 것이 아닙니다. 하나님이 내게 주신 이 재능, 이것을 소중히 여기고 이것을 가지고 하나님의 일을 하는 것입니다. 그렇게 할 때에 이익을 남기는 여부의 문제를 떠나 일하는 자체를 통하여 악한 종을 면하게 되는 것입니다.

다시 한 번 일관된 내용인 충성을 정리해보면 첫째는 하나님의 공평을 인정하는 것입니다. 그리고 둘째는 내게 주신 은사를 알고 소중히 여기며, 그것으로 일하여 이익을 남겨야합니다. 다음 세 번째는 끝까지 믿음으로 하여야합니다. 마지막 네 번째는 이제 주인에게 바쳐야한다는 것입니다. 이것이 충성이요, 맡은 자의 태도입니다. 이미 인정하고 주신 것을 땅에 묻어도 안되며 떼어 먹어서도 안됩니다. 있는 그대로를 주님 앞에 내어놓아야 합니다. 그러므로 지금은 충성할 때입니다. 시시하다고 생각되는 일이지만 충성해보세요. 그러면 큰 일을 맡게될 것입니다. 지혜로운 사람은 자기의 가능성을 극대화시켜 나갑니다. 그러나 어리석은 사람은 자기가 가능한 것을 보잘것없는 것으로 생각하여 안하고, 하나님께서 또 다른 무엇을 주시기만 바라고 있습니다. 그러다보면 일생 동안 "주세요" 만을 반복하다가 인생을 끝내기 마련입니다. 하지만 지혜로운 사람은 혹시라도 땅에 묻힌 것이 없나를 살피며 이미 주신 은사를 더욱 개발하면서 하나님의 일을 하는 것입니다.

　마지막으로 누구나 부러워하는 큰 일, 더 많은 은혜를 받을 수 있는 비결이 있습니다. 그러면 반드시 더 큰 일을 맡기실 것입니다. 그것을 위해 따로이 기도할 필요가 없습니다. 작은 일에 충성하면 더 큰 것을 주신다는 것이 주님의 방법이요 약속입니다. 한 달란트, 작은 것, 보잘것없다고 생각되는 거기에 충성을 다해보십시오. 그러노라면 주님께서는 계속하여 더 큰 능력과 더 큰 은혜를 주시며 더 큰 일을 맡겨주실 것입니다. 그리고 주인의 즐거움에 참예하여 주인과 더불어 기뻐하는 영광을 누리게 될 것입니다.

비밀히 자라는 씨앗

또 가라사대 "하나님의 나라는 사람이 씨를 땅에 뿌림과 같으니, 저가 밤낮 자고 깨고 하는 중에 씨가 나서 자라되 그 어떻게 된 것을 알지 못하느니라. 땅이 스스로 열매를 맺되 처음에는 싹이요 다음에는 이삭이요 그 다음에는 이삭에 충실한 곡식이라. 열매가 익으면 곧 낫을 대나니 이는 추수 때가 이르렀음이니라."

(마가복음 4:26-29)

비밀히 자라는 씨앗

대체로 마가복음에는 비유가 적은 것이 그 특징 중의 하나입니다. 마태, 마가, 누가, 요한, 이 4 복음서는 그 유사성이 현저하게 나타나있는 반면에 그 차이점도 분명합니다. 언뜻 보기에는 마찬가지로 보이는 예수님의 생애와 교훈을 굳이 반복하면서 4권으로 나누어 복잡하게 엮을 필요가 있을까하는 의문을 낳게도합니다만 그러나 거기에는 그럴만한 이유가 있습니다. 2천여 년의 역사 속에서 많은 사람들이 이 4 복음서를 하나로 합쳐보려는 노력을 시도해 왔으나 그 일은 이루어지지 않았고 그것은 또한 잘못된 생각이었습니다.

4 복음서는 각각 다른 특성을 가지고 있습니다. 이 특성이 곧 그리스도의 일면이 되어 예수님을 입체적으로 알게하는 것입니다. 우리나라 운전 면허증에는 한 장의 사진이 붙어있습니다. 그런데 서양 사람들의 면허증 가운데는 사진이 두 장 붙은 것이 있습니다. 너무도 비슷한 사람들이 많아서 한면만 보아서는 분간하기 어렵기 때문에 앞에서 찍은 사진과 옆에서 찍은 두 장을 붙여놓았습니다. 같은 사람이라도 보는 각도에 따라서 다르기 때문에 되도록 여러 측면에서 보는 것이 그를 정확하게 보는 데 가까워질 수 있습니다. 이와 같이 예수 그리스도에 대해서도 그 한 분을 놓고 여러 사람들이 각각 다른 경험과 모습을 증거해준다는 것은 참으로 다행한 일이 아닐 수 없습니다. 이 다양한 증거를 종합함으로 우리가 예수 그리스도를 입체적이고 전면적으로 받아들이는 데 절대적인 역할을 하게되는 것입니다.

이제 간단한 한 측면에서 비교해보면 마가복음에는 이적이 많이 나타나있고, 누가복음에는 행적이 기록되었으며, 마태복음에는 비교적 비유가 많은 편입니다. 그리고 요한 복음에는 설명이 많습니다.

오늘 본문에 기록된 이 비유는 마가복음에만 기록된 유일한 비유입니다. 그런 의미에서 비록 짧게 기록된 것이지만 특별한 비유라고 말할 수 있겠습니다. 그 내용을 아무렇게나 생각없이 보게되면 겨자씨나 누룩 비유같은 인상을 받을 수가 있습니다마는, 이 비유는 그 성격상 완전히 다른 점을 가지고 있습니다. 물론 본 비유의 주제는 하나님의 나라입니다. 그런데 본 비유의 특이한 점은 하나님의 나라를 설명하는 그 강조점이 다르다는 것입니다. 예를 들어 씨뿌리는 비유에 있어서는 네 가지의 마음 밭이 있습니다. 길가와 같은 마음, 돌밭과 같은 마음, 가시덤불과 같은 마음, 그리고 옥토와 같은 마음, 이들 모두도 복음을 받아들이는 마음의 상태를 말하고 있습니다. 따라서 씨뿌리는 비유는 복음을 받아들이는 사람들의 자세에 중점을 둔 말씀입니다. 그런가하면 가라지 비유나 겨자씨 비유는 씨앗이라고 하는 그것 자체를 말하고 있습니다. 그 작은 씨앗이 점점 자라 크게된다는 것에 역점을 두었습니다.

그렇다면 오늘 주신 비유를 통하여 말씀하시고자 하는 예수님의 의도는 무엇이겠습니까? 그 의도는 씨앗은 씨앗 자체로의 생명이 있기 때문에 자라게 된다는 것입니다. 그래서 자람이란 신비롭고, 생명은 스스로 그 자람을 준비하고 이끌어간다는 것입니다. 그러므로 눈에 보이지 않는다고 궁금해하거나 낙심할 것 없이 열심히 씨앗을 뿌리라는 말씀입니다.

특별히 이 말씀은 전도자를 향해 주시는 말씀입니다. 씨앗을 뿌리기만 해 두면 그 씨앗 자체에 생명력이 있어서 알지 못하는 사이에 싹을 내고 어떤 모양으로든지 자라갈 것이라는 말입니다. 이를 위해 본문 27절에서는 "저가 밤낮 자고 깨고 하는 중에 씨가 나서 자라되 그 어떻게 된 것을 알지 못하느니라"고 하였습니다. 여기서 잠깐 본문 해석상의 주의를 요하는 부분이 있습니다. 그것은 씨뿌리는 자를 앞서 씨뿌리는 비유에서

와 같이 예수님을 포함시켜서 생각하지 말라는 점입니다. 그렇지 않으면 예수님께서도 복음을 뿌려놓으시고 그 자라는 것을 모르시느냐?는 의문을 낳게됩니다. 그러기 때문에 오늘 본문에 있어서 씨 뿌리는 자는 예수보다도 전도자들에게 초점을 맞춘 것임을 기억할 것입니다. 전도자들의 감각에는 아무런 생명의 움직임을 볼 수도, 느낄 수도 없지만 그러는 사이에 씨앗 자체의 생명력으로 자라갈 것이니 염려하지 말고 부지런히 뿌리라는, 생명의 신비에 대한 우리의 수고를 재촉하는 주님의 말씀입니다.

이제 본문은 천국을 씨앗에 비교하고 있습니다. 씨앗은 생명입니다. 생명이 생명을 생산합니다. 죽은 것은 또 다른 죽음을 만들고, 썩은 것은 또 다시 계속 썩게할 뿐입니다. 생명만이 생명을 생산한다는 이 진리의 말씀은 밭이 아무리 좋더라도 밭이라는 사실만으로는 열매를 맺게할 수 없다는 것입니다. 날아가던 새의 부리에서 떨어진 것이라도 생명인 씨앗이 뿌려지고야 싹도 나고 자람도 있는 것입니다. 어떠한 경우에도 객관적 계시가 없이는 생명의 역사는 나타나지 않았다는 이 진리를 잊지 말아야 합니다. 그러기에 복음은 전하여 듣게하여야 합니다.

로마서 10장에 기록하기를 "듣지도 못한 이를 어찌 믿으리요. 전파하는 자가 없이 어찌 들으리요"라고 하였습니다. 복음은 반드시 전하는 자가 있어야합니다. 전한다는 것은 곧 복음을 받을 수 있는 기회를 제공하게되는 것입니다. 구원의 생명 역사는 복음의 생명 씨앗을 받아들임으로써만 새로운 생명의 신비를 맛볼 수 있는 것입니다. 우리가 단순히 자연인으로 성장해가는 일에 있어서도 인간은 객관적인 외부 제시에 응하며 자라는 것입니다. 결국 사람은 본 대로 들은 대로 성장해간다는 것입니다. 사람이 두 발로 걸어다니는 것도 배웠기 때문입니다. 갓 태어난 어린 애를 계속 혼자만 두어버리거나 동물 세계에 갖다두면 네 발로 기고만다는 것입니다. 우리가 기어이 오른손으로 활동하는 것도 배운 것입니다. 그러므로 사람의 살아가는 모든 행사가 배움에서 온 것입니다. 엄격히 말하여 객관적 진리에 준한 것입니다.

　　이렇게 보면 인간은 우연도 자연도 아닌 다듬어진 존재요, 길들여진 존재입니다. 비록 인간으로 태어났다 하더라도 자연으로 방치해두면 그는 짐승과 다를 바 없는 인간이 되고맙니다. 이와 같이 인간이 인간으로 되는 작업에는 객관적인 힘이 절대 필요합니다. 하물며 인간의 구원을 이루는 일이라면 이는 전적으로 인간 스스로는 불가능한 것입니다. 오직 객관적 계시, 객관적으로 주어지는 말씀의 힘으로만 가능합니다. 인간은 전적으로 타락되어 있습니다. 그러기 때문에 의를 생각하여도 불의요, 선을 생각한다는 것이 악이며, 진리를 생각했어도 거짓이요, 어쩌다 하는 선행도 위선이 되고, 모처럼 하나님을 찾는다고 찾았더니 우상 숭배입니다. 참으로 인간은 도리가 없습니다. 우리의 지식, 우리의 의, 우리의 생각과 잠재의식, 습관, 심지어는 사랑까지도 철저히 타락되었습니다. 그 사랑 자체도 구원받아야 할 사랑입니다. 사랑이라는 미명으로 얼마나 많은 사람을 괴롭히며 죽이고있는지 사랑도 중생해야 합니다. 양심도, 진실도 중생해야지 그 상태로는 안됩니다. 그러므로 이 생명의 말씀의 씨앗이 뿌려지고 성령이 감화해서 그 마음 깊은 곳에서부터 새로운 생명적 역사가 나타나야 하는 것입니다. 그러지 않고는 어떠한 방법으로도 구원의 역사는 이루어질 수 없다는 것이 이 씨앗의 비유가 주고자 하는 근본 뜻에 속할 것입니다.

　　다음으로 생각할 것은 성장케 하시는 이는 하나님 자신이라는 점입니다. 씨를 뿌린 자는 그 어떻게 된 것을 알지 못하는데, 그러나 자라고 있습니다. 여기에 중요한 진리가 있습니다. 뿌리고 가꾸며, 여러 모양으로 수고를 하지만, 자라나게 하시는 이는 오직 하나님이십니다. 씨앗을 가져다 주시는 분도 하나님이십니다. 그 씨앗을 자라게하시는 분도 하나님이십니다. 그리고 다 자란 씨앗을 거두어들일 분도 하나님이신 것입니다.

고린도전서 3장에 보면 씨를 뿌린 자도 있고 물을 주는 자도 있지만 자라게하는 것은 오직 하나님만이 하신다고 하였습니다. 뿐만 아니라 다른 것은 아무 것도 아니라고 하였습니다. 성장은 하나님만이 하실 수 있는 하나님의 일입니다. 어떠한 방법으로도 사람이 자라게할 수는 없습니다. 바꾸어 말하면 전도하는 것도 하나님이 하시는 일입니다. 하나님이 시키셔서 전도하게 하십니다. 그러나 전도한다고 다 믿는 것은 아닙니다. 어떤 사람은 일생 동안 예수 믿으라는 소리를 들으면서도 믿지 않습니다. 그런가하면 어쩌다가 한 마디 딱 듣고도 결심하고 예수 믿는 사람이 있습니다. 어떤 이는 새벽 종 소리를 듣고 스스로 교회를 찾기도 합니다. 보세요! 자라게 하시는 이는 하나님이십니다.

가끔 결혼 전의 청년들과 이야기를 하는 가운데 안 믿는 사람과 결혼하여 믿게하면 좋지 않느냐는 이야기를 듣게됩니다. 말이야 옳은 것같습니다. 그러나 한 가지 잊지 말아야 할 것이 있습니다. 내가 아무리 수고하고 헌신하며 사랑을 바쳐도 안믿을 사람은 끝까지 안믿는다는 것입니다. 어쩌다가 가룟 유다와 같은 사람이라도 만나게되면 무슨 도리가 있겠습니까? 그게 바로 걱정이란 말입니다. 전도는 고사하고 한 사람 믿게하기 위해 일생을 다 바치고도 실패한다는 말입니다. 전도는 하나 전하는 대로 다 믿는 것은 아닙니다. 자라게하시는 이는 하나님이십니다. 먼저는 복음을 받게하고 복음 안에서 성장하게 합니다. 식물이 자라는 자연법칙에 있어서 햇빛은 참으로 중요합니다. 자라는 식물에 있어서는 절대적입니다. 하지만 햇빛을 받고 시들어버리는 것이 있는가하면 햇빛을 받아 싱싱하게 자라는 것이 있습니다. 물을 주는 작업에 있어서도 파랗게 살아나는 것이 있고, 물을 주면 오히려 썩어 버리는 것이 있습니다. 시련 속에서 자라고 환난 속에서 자랍니다. 그러나 어떤 사람은 환난 속에서 배교해버리고, 시련이 오면 넘어지고맙니다. 그러므로 생명됨과 생명의 성장은 오직 하나님의 능력에 있습니다. 이것을 우리가 한다고 생각하면 그야말로 방자한 착각이 되는 것입니다. 우리의 할 일은 열심히 뿌리고 열심히 가꾸는 것뿐입니다. 싹을 내고 자라는 것은 하나님이 아시고 하나님의 뜻대로 하실 것입니다.

생각이 여기에 이르면 한 번쯤은 저 유명한 존 칼뱅(John Calvin)의 예정론을 들먹이게 됩니다. 예정론은 결국은 천당가고 지옥갈 사람은 예정되었던 것의 결과라는 것입니다. 이 때문에 칼빈의 제자들이 그의 선생에게 질문하기를 그렇다면 다 예정된 것을 특별히 전도할 필요가 없지않느냐고 하였다는 것입니다. 그랬더니 칼빈 선생의 대답인 즉, 전도하도록 예정되었다고 하더랍니다. 그리고 전도해야 될 더 중요한 이유는 누가 예정된 사람인 줄 모르기 때문에 그 예정된 사람을 위해서 전도하는 것이라 했습니다. 역설적이기도 하고 종잡을 수 없는 우스운 이야기로 들려지기도 합니다만, 그러나 우리가 분명히 알아야되는 것은 복음을 전하되 다 믿으리라고는 기대하지 말 것입니다. 그저 겸손한 마음으로 최선을 다하여 수고할 것입니다. 오직 자라게 하시는 이는 하나님이시니까요! 생명 문제는 언제나 그렇습니다. 우리가 내 자식들을 위하여 온갖 수고를 아끼지 않고 다하지만 그러나 자라게하는 것은 내가 하는 것이 아닙니다. 그러므로 내가 할 수 있는데 까지만 하고 그 다음은 하나님께 맡길 것입니다. 처음부터 내 영역이 아니었던 것을 붙들고 앉아서 그것까지 내가 다 하는 줄 알다가 잘못되면 낙심하고 불안해합니다. 그것은 애당초 내 마음대로 할 수 있는 일이 아니었습니다. 참으로 하나님께 맡길 것입니다. 오직 자라게하시는 하나님께 말입니다.

이제 다음으로 생각할 것은 성장의 신비입니다. 우리가 알지 못하던 가운데 자라는 그 신비함 말입니다. 생명에는 세 가지의 신비가 있습니다. 그것은 생명 발생의 신비, 생명 자람의 신비, 그리고 생명 사망의 신비입니다. 이 모두는 생각할수록 놀랍고 신비로운 것들입니다. 이러한 신비에 의해서 생명의 말씀인 복음은 생명이 생명을 생산하는 과정을 통하여 점점 확장되어 나가는 것입니다. 우리가 알지 못하고 깨닫지 못하는 사이에 자라서 말씀으로 인한 생명의 역사는 점점 그 영역을 넓혀갑니다. 철부지 꼬마였을 때 장난치면서 들은 그 한 마디의 말씀이 가슴 깊이 심겨져 그의 일생을 주장하게 합니다. 그러므로 아무 것도 모르는 것같지만 어렸을 때 마땅한 길을 가르쳐놓으면 그것이 일생가는 길이 됩니다. 아는 듯 모르는 듯 복음의 씨앗이 마음에 떨어졌는데 이것이 성장해서 전 인생, 온 생명을 주장하게 되는 것입니다. 중생은 의식 이전의 일입니다. 성장은 의식 밖의 일입니다. 스스로 자라나려고 일부러 노력할 것이 없습니다. 그저 부지런히 교회에 나와 열심히 말씀만 들으십시오. 그러노라면 나도 모르는 사이에 한 가지씩, 한 가지씩 고쳐질 것입니다. 제대로 살아보겠다고 서둘러 맹세를 하며 자신을 구속하여도 그것은 어디까지나 인간 자신의 의지일 뿐 아무런 소용이 없습니다. 다만 있는 그대로를 가지고 말씀을 가까이 하고 성령의 감화를 기다리면 나도 모르게 생각이 달라지고 행동이 달라지며, 얼굴 표정에서 걸을걸이까지 하나씩 하나씩 변화되어가는 것입니다. 진정으로 예수를 믿는다면 그 얼굴빛까지도 변하게 되어 있습니다.

한번은 어느 가정의 두 부부가 예수를 믿게된 동기를 이렇게 들려주었습니다. 두 사람의 관계가 계속 좋지를 않아서 아무래도 이혼을 하기로 일단 합의를 보았는데 그 때 마침 남편이 국외에 출장을 가게되었다는 것입니다. 그래서 필요한 절차는 출장을 다녀와서 처리하기로 하고 우선 떠나게된 것입니다. 비록 결심은 하였지만 집에 남아있는 부인의 마음은 답답하고 초조한 나머지 교회를 찾게된 것입니다. 얼마 동안 교회의 출석이 계속되고 있는 중에 남편의 귀국일이 되어 그래도 비행장에 마중을 나갔다는 것입니다. 이 때에 부인을 본 남편의 말이 "당신의 얼굴이 달라졌다"고 하더랍니다. 그러길래 부인은 내가 달라진 것은 없고 하도 속이 상하길래 교회에 좀 나갔다고 했답니다. 그랬더니 남편은 분명 당신의 얼굴이 달라졌다고 하면서, 교회가 무엇인지는 모르지만 나도 좀 나가보고 이혼하자고 해서 다니다가 두 분이 함께 세례를 받게되었다는 것입니다. 보십시오. 특별히 배운 것도 없고 깨달은 것도 없습니다. 그저 얼마간 교회를 왔다 갔다 했을 뿐인데 사람이 달라졌습니다. 마음 속에 씨앗이 자라고 있습니다. 어디를 가나 생명은 반드시 생명을 생산합니다. 보이지 않는다고 조급해하거나 서둘러 답답해할 것이 아닙니다. 보이지 않는 가운데 이미 자라고있음을 기억해야 합니다.

성서는 기록하기를 "너희가 거듭난 것이 썩어질 씨로 된 것이 아니요 썩지 아니할 씨로 된 것이니 하나님의 살아있고 항상 있는 말씀으로 되었느니라. 그러므로 모든 육체는 풀과 같고 그 모든 영광이 풀의 꽃과 같으니 풀은 마르고 꽃은 떨어지되 오직 주의 말씀은 세세토록 있도다"(벧전 1:23~25) 하였습니다. 말씀! 그것이 생명이 되어 그 말씀 안에서 성장하는 것입니다. 그리고 그 성장은 오직 은혜로 가능해집니다.

오늘 본문은 또한 생명의 한 과정을 말하고 있습니다. "땅이 스스로 열매를 맺되 처음에는 싹이요 다음에는 이삭이요 그 다음에는 이삭에 충실한 곡식이라." 하나의 작은 생명에도 반드시 그 과정이 있습니다. 처음부터 열매를 맺는 것이 아니니 너무 서두르지 말라는 말씀입니다. 우리가 자녀를 기르는 것도 그렇습니다. 낳자마자 유능한 인간을 기대하거나 효자되기를 요청할 것이 아닙니다. 뿐만 아니라 자신이나 다른 사람의 신앙 인격에 대해서도 서둘러 변화를 기대하거나 안타까워할 것이 아닙니다. 이미 중심부에는 변화가 이루어졌고 붙들린 바가 되어있음을 알아야합니다. 그러면서도 오직 입버릇을 못고쳤고, 마음 씀이나 행동을 고치지 못했습니다. 아무리 튼튼한 씨앗이라도 처음부터 곡식으로 보이지 않습니다. 연약한 싹이 나고 그 연약한 싹이 조금씩 조금씩 푸르게 자라갑니다. 그렇게 자라 꽃을 피웁니다. 그러나 결코 열매는 아닙니다. 이제 심판 때가 이르고 가을이 무르익으면 그때 가서 본래 기대했던 열매를 보게되는 것입니다. 참으로 얼마나 많은 시간이 걸리는 작업입니까?

이스라엘 백성들을 예로 들어도 애굽을 나와 가나안에 도착하는데 40년이 걸렸습니다. 우리도 계속 성장합니다. 엎치락 뒤치락 서성이며 성장합니다. 그러므로 너무 서둘러 초조해하며 일찍 절망할 것이 아닙니다. 스스로 구제 불능의 존재로 자신을 규탄하지도 말며, 타인의 불가능을 선포해서도 안됩니다. 때가 되면 반드시 열매가 맺힐 것입니다. 얼마 전에도 교회에 나오기 시작하여 3년만에 등록하는 이를 보았습니다. 그런가하면 스물 두 교회를 돌아다녔다는 이를 보기도 하였습니다. 정말 한 사람이 온전한 신앙에 들어가기란 그렇게 빨리 되는 것이 아닙니다.

그러나 보이지 않는 가운데 자라는 것이 있으니 곧 싹이 나는 것입니다. 이제는 눈에 띄게, 그리고 모양을 갖추며 자라갑니다. 그러다가 마지막엔 기대했던 모양으로 끝을 냅니다. 마찬가지로 신앙생활도 먼저는 무의식 속에서 전개됩니다. 이 기간이 얼마나 걸릴 것인지는 아무도 모릅니다. 그러나 분명한 것은 다음 단계는 의식의 단계로 알아보게 되고 꽃을 피울 것이며, 결국은 열매를 맺을 것이라는 사실입니다. 누구나 처음 교회에 나오게된 동기가 그렇게 거창하거나 좋은 것만은 아닙니다. 옆에서 교회에 가자고 계속 조르는 바람에 나왔고, 심지어 어떤 이는 친구가 교회에 가면 냉면 사주겠다고 해서 따라왔다가 계속 다니게되었다는 것입니다. 아무튼 처음 믿을 때는 교회에 나오기는 하지만 그 동기가 변변치를 못합니다. 그래서는 무당끼도 덜 빠지고 보살끼도 있습니다. 교만, 욕심, 시기 등 부러지고 벗겨져야할 것이 그대로 있습니다. 이를 위해 참으로 긴 시간이 필요합니다. 하지만 마지막에 가서는 열매를 맺습니다. 자기 중심적으로 시작했다가 하나님 중심적으로 끝을 내는 것입니다.

여기서 기억할 중요한 진리는 씨앗과 열매는 같은 하나라는 점입니다. 처음에 뿌린 씨앗이 밀인가 하면 마지막에 거두는 것도 밀입니다. 이는 생명을 심어 생명을 거두고, 복음을 심어 복음을 거둔다는 말씀입니다. 이제는 그리스도를 심어서 그리스도와 같은 인격을 맺어야할 것입니다. 사도 바울은 권고하기를 "그에게까지 자랄지라"(엡 4 : 15). 곧 그리스도에게까지 자라라는 것입니다. 다시 말하면 그리스도 안에서, 그리스도와 한 몸이 되어, 그리스도처럼 되라는 말씀입니다. 그야말로 작은 예수, 작은 그리스도로 자라나야 된다는 말씀입니다. 감히 그리스도에게까지 자라야한다면 과연 얼마나 많은 시간이 걸리겠습니까? 얼마나 많은 매를 맞아야하고, 얼마나 많은 시련을 겪으며, 얼마나 많은 깨달음을 당해야 하겠습니까? 오늘 우리가 사는 모든 생활은 하나같이 그리로 향하는 한 과정인 것입니다. 적어도 그리스도 닮은 사람으로 성장케 하기 위한 하나의 과정이라는 사실을 명심해야 합니다. 더욱이 중요한 것은 이러한 성장이 있고야 그 성장 끝에 결실이 있다는 점입니다. 이제 성장은 정지되고 열매를 맺혀 익었으면 거두어 들입니다. 이 순간을 위해 참으로 긴 세월을 애써서 기다려온 것입니다.

우리가 흔히 듣는 이야기이기도 하고, 저 자신 목회 경험 속에서 느끼는 것은 필경 하나님의 사람이 하나님 앞에 불려갈 때는 그 직전에 한 번 열심을 내고 마지막을 끝내는 것을 볼 수 있습니다. 이는 아마도 우리의 입장에서 설명을 한다면 미달된 점수를 채우기 위해 과외 공부라도 하여 완전한 성숙을 갖추게하기 위한 하나님의 특별 배려같은 것이 아닌지 모르겠습니다. 우리는 잘 모르고있지만 하나님께는 필요한 완전한 계획이 있을 것입니다. 아무튼 하나님께서 하나님의 사람을 불러가시는데 쭉정이같이 미미한 사람을 불러다가 어떻게 하시겠습니까? 그러므로 완전한 성장 끝에 열매가 맺혀 충실히 익었을 때에 추수가 있다는 말씀입니다.

이제 마지막으로 예수님께서 이 비유를 들어 말씀하시는 그 근본 의도를 생각해봅니다. 예수님께서는 대상을 가리지 않고 갖가지의 모습으로 복음을 전하셨습니다. 세리와 창기, 부정한 질병을 가진 자나 남녀노

소를 가리지 않았습니다. 그리고 먹이시고 고치시며 살리셨습니다. 그런데 그 결과는 언제나 아무 것도 나타나지 않았으며, 예수님 주위에는 가룟 유다를 포함한 겨우 열두 제자가 있었을 뿐입니다. 이들 열두 제자도 결국은 예수님의 십자가 앞에서 도망가고 말았으니 일이 잘못되어도 보통 잘못된 것이 아닙니다. 세상에 이보다 더 한심스로운 일이 어디 있겠습니까? 그러나 예수님께서는 새로운 영적인 통찰력을 가지고 미래를 다 내어다 보셨습니다.

이미 씨앗은 뿌려놓았으니 언젠가는 싹이 나고 열매가 거두어질 것을 바라보셨습니다. 그리고 그 때에 가서 추수하리라는 것입니다. 그러므로 전도자의 마음도 이러해야 합니다. 그가 복음을 받았다고 당장 내 앞에서 성자가 되어주는 것이 아닙니다. 그저 우리는 부지런히 씨앗을 뿌릴 것입니다. 열심히 전도하고 가꾸노라면 우리가 알지 못하는 사이에 그 말씀 자체의 생명력으로 훌륭하게 자라서 추수 때를 기다리는 충실한 알곡이 될 것입니다. 이 말씀 앞에 선 전도자는 보다 가벼운 마음으로 더욱 열심히 전도하게 될 것입니다.

두 빚진 자

　가라사대, "빚 주는 사람에게 빚진 자가 둘이 있어 하나는 오백 데나리온을 졌고 하나는 오십 데나리온을 졌는데, 갚을 것이 없으므로 둘 다 탕감하여 주었으니 둘 중에 누가 저를 더 사랑하겠느냐?" 시몬이 대답하여 가로되, "제 생각에는 많이 탕감함을 받은 자니이다." 가라사대, "네 판단이 옳다" 하시고 여자를 돌아보시며 시몬에게 이르시되, "이 여자를 보느냐? 내가 네 집에 들어오매 너는 내게 발 씻을 물도 주지 아니하였으되 이 여자는 눈물로 내 발을 적시고 그 머리털로 씻었으며, 너는 내게 입맞추지 아니하였으되 저는 내가 들어올 때로부터 내 발에 입맞추기를 그치지 아니하였으며, 너는 내 머리에 감람유도 붓지 아니하였으되 저는 향유를 내 발에 부었느니라. 이러므로 내가 네게 말하노니, 저의 많은 죄가 사하여졌도다. 이는 저의 사랑함이 많음이라. 사함을 받은 일이 적은 자는 적게 사랑하느니라." 이에 여자에게 이르시되, "네 죄 사함을 얻었느니라" 하시니, 함께 앉은 자들이 속으로 말하되, "이가 누구이기에 죄도 사하는가?" 하더라. 예수께서 여자에게 이르시되, "네 믿음이 너를 구원하였으니 평안히 가라" 하시니라.

　　　　　(누가복음 7:41~50)

두 빚진 자

본문에 나타난 비유는 앞서 36절부터 시작되는 하나의 사건에 이어져서 그 사건 자체를 설명하는 내용입니다. 여기에 보면 예수님께서 어느 날 바리새인의 초청을 받아 그의 집에 가셨다고 했습니다. 예수님의 생애에 이렇게 초청을 받는 경우는 몇 번 되지 않습니다. 더구나 바리새인의 집에 초청을 받은 것은 한 번인 것같습니다. 이제 예수님께서 초청받은 시몬이라는 바리새인의 집에 앉아계실 때에 초청한 그 집의 준비와는 상관없이 한 사건이 벌어집니다. 이에 예수님께서는 언제나 그러셨듯이 이 사건을 놓치지 않고 말씀의 소재로 삼아 그 사건을 중심으로 복음을 전파했습니다. 거듭 강조되는 이야기입니다만, 우리 또한 예수님처럼 우리가 대하는 모든 사물과 사건 속에서 하나님의 손길과 그 음성을 들을 수 있어야 하고 찬양할 수 있어야 합니다. 그리하여 무엇을 듣고, 무엇을 보고 하는 중에 일차적으로 그 속에서 하나님의 음성을 듣고 하나님의 말씀을 생각해내어야 합니다. 그렇게 된 다음에는 가능한 대로 그것을 말씀으로 전할 수 있는 기회로 삼아야 합니다. 바로 서 있는 그 자리에서, 나타난 사건을 이용하여 복음을 전함으로 가장 효과적인 반응을 얻을 수 있게 됩니다.

예를 들어 죽음을 보는 앞에서 인생을 이야기하고, 사람의 나고 죽음 그리고 부활을 설명한다면 보다 쉽게 믿어야겠다는 결론을 내리게 될 것입니다. 그러므로 전도자는 영적인 통찰력을 가지고 모든 것을 전도의 소재로 삼아 그때마다의 기회를 놓치지 말아야 합니다.

오늘 본문은 예수님께서 바리새인인 시몬의 집에 초청을 받아 대접을 받고 있는 중에 한 여인이 와서는 울면서 눈물로 예수님의 발을 적시고 자기 머리털로 발을 씻기며 그 발에 입을 맞추고 향유를 부었다는 것입니다. 그런데 사람들은 이것을 아름답고 좋은 일로 보아주지를 못하고 시기, 질투하는 꼬여진 마음을 가지고 못마땅해하는 것입니다. 그래서는 이 집 주인이 생각하기를 "이 예수가 저 여자가 얼마나 더러운 여자인가를 알았다면 아마 저러지 못하게 했을 것이다. 그것도 모르는 것을 보면 선지자가 아닌지도 모르겠다"는 식으로 나옵니다. 이것을 아신 예수님께서 이 기회를 놓칠 수가 있겠습니까? 이에 즉석에서 비유를 들어 두 빚진 사람의 이야기를 시작하십니다.

    빚진 두 사람이 있어 한 사람은 오백 데나리온을 지고 다른 한 사람은 오십 데나리온을 졌는데 둘 다 갚을 것이 없었다는 것입니다. 이 정도 되었으면 아마도 빚준 채주에게 가서 사정을 하며 갚을 기한을 조금만 더 연기해 달라고 애원을 했을 것입니다. 그랬더니 채주가 사랑이 많고 좋은 사람이어서 불쌍하게 생각한 나머지 둘 다 탕감해주었다는 것입니다. 이러한 내용을 들려주신 다음 물으시기를 그렇다면 너희 생각에는 이 둘 중에 누가 더 저를 사랑하겠느냐는 것입니다. 이 때에 시몬은 많이 탕감함을 받은 자라고 대답을 하게 됩니다. 그런데 예수님께서는 그 말을 들으시고 "네 판단이 옳다" 하신 후 힐책하시면서 사랑의 두 모습을 대조시켜 나가십니다. 말씀의 내용을 요약하면 이 여자가 너보다 나를 사랑한다는 것입니다. 너는 나를 대접하겠다고 괜히 신경쓰고 돈만 들였을 뿐 별볼일 없는 일을 한 것이다. 이 여자의 한 일이 훌륭하고 사랑함이 더 많다는 것입니다.

    우리는 여기서 두어 가지 생각할 문제가 있습니다. 그 첫째가 예수님께서는 잠깐 초대받은 그 자리에서 주고받은 짧은 대화, 조그만 사건 하나에서도 기회를 포착하시고 그 사례를 효과적인 말씀 전파의 소재와 기회로 삼으셨다는 점입니다. 그리고 두 번째로 생각할 것은 이 바리새인의 집에 나타난 여자의 문제입니다. 이토록 죄인으로 인정되었던 한 여자, 과연 그는 누구일까? 하는 것입니다. 성서는 예수님의 생애에 머리털로 발을 씻고 향유를 부은 사건을 두 번(요 12장, 눅 7장) 기록하고 있는데, 이를 두고 성서학자들간에는 예수님께서 두 번 당하신 일인지 아니면 한 사건을 달리 묘사한 것인지에 대하여 논란이 많습니다. 그러나 자연스럽고 편안한 마음으로 성경을 보면 이 두 이야기는 분명히 다른 사건입니다. 왜냐하면 오늘 본문은 바리새인의 집이요, 시몬의 집이라고 하였습니다. 그럼에도 어떤 학자들은 굳이 시몬을 마르다의 남편으로 생각하려고 합니다만 아무래도 무리가 있습니다. 마르다의 집에는 결코 남편이 나타나지 않습니다. 그러므로 억지로 시몬이 마르다의 남편인 것처럼 하여 같은 사건으로 보려는 것은 대단히 부자연스러운 일입니다. 특별히 같은 저자인 누가가 기록한 누가복음 10장에는 마르다와 마리아가 예수님을 아름답게 시종드는 것을 볼 수 있습니다. 정식으로 자기의 집에 영접하여 음식을 대접하여 말씀을 들음으로 예수님을 기쁘시게 한 친절하고 성실한 여성으로 나타납니다. 이와 같이 누가의 눈에 비친 마르다와 마리아는 아름다운 여성들이었습니다. 그런데 그 마리아가 예수님의 발에 향유를 부었다고 해서 오늘 본문에서처럼 죄인인 한 여자라고 말할 수 있겠느냐는 것입니다. 그리고 분위기 자체가 벌써 다르게 나옵니다.

  요한복음 12장에 있는 내용은 죽었던 오빠를 나흘만에 무덤에서 살려주신 예수님의 은혜가 너무도 감사하고 기뻐서 그 감격을 가지고 예수님의 발에 향유를 붓는 감사와 헌신으로 나타납니다. 그러나 오늘 본문의 이야기는 회개와 눈물로 넘쳐있습니다. 아직은 감사의 감격이 아닌 통회의 눈물로 자신을 가누기조차 힘이 듭니다. 전혀 다른 분위기가 아닐 수 없습니다. 이렇게 볼 때 두 이야기는 자연스럽게 별개의 사건으로 보는 것이 옳다고 생각됩니다.

  그렇다면 이 여자가 누구인가를 가장 자연스럽게 생각하는 길은 마리아 중에서도 이름이 한 마디 더 붙어 있는 막달라 마리아일 것이라는 생각이 가장 타당이 있는 이야기가 됩니다. 이는 본래 그 사람은 죄인이었고 전설에 의하면 창녀라는 말도 있고, 일곱 귀신이 들렸었다고도 합니다. 그 정도로 과거가 많고 일반적으로 깨끗지 않은 여자로 알려져 있었다고 생각할 때 막달라 마리아라는 자연스러운 해석이 가능하다고 봅니다. 예나 오늘이나 모든 사람이 가장 밑바닥 인생으로 생각하는 더러운 죄인은 창녀입니다. 아무튼 공적으로 인정된 죄인인 한 여인이 이제 예수님께 나아와 머리털로 발을 씻고 발에 입을 맞추고 향유를 부었다는 말씀입니다. 그가 죄인인 것은 사실이나 예수님에 대한 그의 태도는 어느 누구보다도 최고의 존경과 깊은 사랑을 표시했습니다. 사랑은 여러 모양으로 표시됩니다.

현대의 젊은이들은 기어이 사랑한다는 말을 들어야 하고 해야 합니다. 서양 사람들은 하루에 세 번 사랑한다는 말을 하지 않으면 이혼의 조건이 된다고 합니다. 그렇게 열심히 "아이 러브 유(I love you)"를 하다가 헤어지기도 또한 잘합니다. 그러나 우리 한국 사람들은 그렇지 않습니다. 오십 년을 같이 살아도 사랑한다는 말 한 번 안하지만 그러나 잘만 살아갑니다. 사랑한다고 그렇게 반드시 말을 해야 합니까? 사랑하면 되는 것을…

그러나 한 가지는 알아야 합니다. 사랑하는 그 마음은 어떤 모습으로든지 표현하게 되어 있다는 것입니다. 마음은 거짓이 없습니다. 마음을 숨길 수는 없습니다. 그러므로 사랑한다는 말은 하지 않더라도 빙그레 웃기라도 해야 합니다. 세상에 가진 것 없이 봉사하는 것이 웃음입니다. 가능하다면 만나는 사람마다 웃으십시오. 그 얼마나 귀한 선물인지 모릅니다. 따라서 제발 하지 말아야 될 것은 울고불며 한숨짓는 일입니다. 그것처럼 남에게 부담을 주는 일은 없습니다. 거기에 한 가지를 더한다면 "우리끼리만 압시다" 하는 비밀 이야기입니다. 이 또한 남에게 비밀의 짐을

지우는 것입니다. 알고 있으니 말하고 싶어 참기가 힘들고, 둘이 한 말이니 말이 새기라도 하는 날엔 내가 한 말이 되겠으니 부담스러운 것입니다. 그러므로 누구나 들어도 좋은 이야기, 언제 들어도 은혜스러운 이야기만 할 것입니다. 이것이 그들을 사랑하는 일이요, 봉사하는 것입니다. 그리고 웃을 것입니다.

앞서 말했듯이 사랑의 고백에도 여러 가지 방법이 있겠는데, 오늘 여기 이 여인은 한 마디의 말도 없습니다. 그러면서도 이 여인은 참으로 엄청난 고백을 하고 있습니다. 본문에 의하면 먼저는 "울며" 그랬습니다. 이는 회개를 말하는 것입니다. 참된 인간 관계에 있어서 첫째 되는 요소가 자기를 낮추는 겸손입니다. 자기를 낮추고 상대를 높이는 그것이 진정 최고의 사랑의 고백입니다. 사랑한다고 하면서도 자기는 높고 아내는 낮고, 혹은 나는 높고 남편은 못하다고 생각한다면 이것은 멀쩡한 거짓말이 아닐 수 없습니다. 사랑 앞에서는 내가 작아집니다. 사랑 앞에서는 내가 낮아집니다. 나도 모르게 낮아지고 작아져 결국은 없어지고 마는 것입니다. 체면이고 뭐고 나를 위해 남는 것이 하나도 없어지는 이것이 바로 사랑이라는 것입니다.

오늘 이 여인은 예수님 앞에 나와 눈물을 흘립니다. 회개와 진실한 마음에서의 겸손으로 마음을 전하고 사랑을 고백하는 것입니다. 그리고 머리털로 발을 씻겼다고 하였습니다. 고린도전서 11장 15절에 긴 머리는 여인의 영광이라는 말씀이 있습니다. 여성의 머리가 길다는 것은 영광스러운 것이고, 한편으로는 사치스러운 것이기도 합니다. 그런 가운데 모든 여성들은 머리를 특별히 소중하게 여깁니다. 그런데 이 여인은 그 영광스럽고 소중한 머리털로 예수님의 발을 씻기는 것입니다. 참으로 더할 바 없는 사랑의 표현이라고 보아집니다. 그러나 이 여인은 거기에 머물지 않고 이제 발에다 입을 맞추었습니다. 진실로 자기를 낮추고 낮추어 발에다 입을 맞추기까지 낮아진 사랑의 고백! 이 얼마나 아름답고 위대한 사랑의 고백입니까? 누구나 사랑을 한답시고 한 번쯤은 죽자살자 정신 없이 사랑을 했겠지만 아마도 발에 입맞춘 사람이 있을 것같지는 않습니다. 아직 거기까지는 못갔으니 항상 불안하고 문제가 많은 것입니다. 사랑의 고백이 이 정도가 되면 아무런 문제가 없습니다. 문제는 네가 내 발에 입을 맞추라는 데서 생기는 것입니다. 생각해보세요. 내가 저 분의 발에 입을 맞추는 데야 무슨 문제가 있겠습니까? 내 사랑의 표현이 이렇게만 나타날 수 있다면 모든 문제의 해결은 다 끝난 것입니다. 머리털로 발을 씻기고 입을 맞추었으면 더 이상 할 말이 없는 최고의 존경이요, 헌신입니다. 생각하기에 따라서는 목숨을 바칠 수는 있어도 이 일을 하기란 정말 어려운 것입니다. 이는 명예를 바치고 존경을 바치는 것이기 때문입니다. 그러나 이 여인은 하였습니다. 지극한 이 여인의 사랑을 보신 예수님께서는 소례를 대례로 받으시며 말씀하십니다. 그리하여 여인이 한 번 입맞춘 것을 예수님께서는 "내가 들어올 때부터 내 발에 입맞추기를 그치지 아니하였다"고 하십니다. 이와 같이 입맞추기를 그치지 아니하고 종신토록 살 수만 있다면 세상에 문제될 것은 아무것도 없습니다. 그저 예수님의 발에 입맞추는 그 마음으로 사는 것입니다.

그리고 본문은 발에 향유를 부었다고 하였습니다. 머리에 부었다면 몰라도 왜 발에다 부었는지에 대한 해석이 여러 가지로 많은 가운데 아무래도 잘못 쓴 것같다는 이야기까지 하고 있습니다. 그러나 그렇지를 않습니다. 고대의 기록을 보면 왕들이나 제일의 귀족, 부자들은 향수로 목욕을 했다고 합니다. 특별히 밖에서 돌아왔을 때는 종이 주인 발을 씻기고 닦아주는데 옛날에는 비누가 없었기 때문에 씻고 닦아도 냄새가 좀 나는 듯합니다. 그래서 왕이나 제일의 귀족은 발에다 향유를 부었다는 것입니다. 그러므로 이 여인이 예수님의 발에 향유를 부었다는 것은 무엇을 의미하는 것이겠습니까? 그만큼 예수님을 최고의 분으로, 임금님처럼 높여드린 것입니다. 이는 가장 영광된 제일의 분으로 높이고 존경하는 의식이 되었습니다. 그런데 이것을 보고 주인 시몬은 못마땅하게 생각합니다. 그래서는 이 여자가 얼마나 더러운 여자인 줄 알았더라면 만지지 못하게 하였을 것이라는 예수님에 대한 의심과 불평을 갖게 되었습니다. 이것을 아시는 예수님께서는 "내가 네게 이를 말이 있다" 하시고 오늘 주신 두 빚진 사람의 비유를 말씀하시는 것입니다.

여기서 우리가 먼저 알아야 할 중요한 문제는 죄는 빚이라고 하는 사실입니다. 죄가 빚이라는 것은 신학적으로 대단히 중요한 말입니다. 죄란? 객관적으로 성립되는 것이냐, 아니면 주관적인 것이냐? 다시 말하면 죄라는 것은 그 가책, 죄의식에 관한 문제냐 아니면 죄라는 객관적 사건이 존재하느냐? 나아가서는 하나의 관계냐, 현상이냐 사건이냐? 하는 문제가 있는 것입니다. 이에 대하여 성경은 분명히 말합니다. 죄는 주관적인 문제가 아니라 객관적인 것이며, 따라서 죄라고 하는 엄연히 나타난 사건이 있습니다. 그것은 마치 빚을 지는 것과 같습니다. 일단 빚을 지게 되면 돈으로 갚는 길 이외에는 절대로 자유할 수가 없는 하나의 객관적인 사건입니다. 설령 내가 빚지지 않은 것으로 생각한다 하더라도 결코 빚 없는 것이 되지는 않습니다. 빚은 반드시 갚아야만 해결되는 문제입니다. 내 주관적인 감정이나 해석, 내 세계관, 철학에 의해서 좌우되는 것이 아닙니다. 빚이라고 하는 객관적 사건이 있고 이 사실에 대한 만족한 보상이 있고야 자유할 수 있습니다. 오늘 예수님께서는 이와 같은 빚 자체의 객관성을 들어 곧 죄의 문제를 설명하시는 것입니다.

일반적으로 사람들이 어떤 죄를 지었다고 하면 그 해결을 위해 몇 가지의 방법을 생각하게 됩니다. 그 하나는 뉘우치는 것입니다. 눈물을 흘리며 뼈아프도록 뉘우치는 것입니다. 그리고 그 다음 단계는 그 길에서 돌아서서 새로운 출발을 하겠다는 회개와 같은 것입니다. 그러나 여기에서 생각할 것은 아무리 철저한 뉘우침과 각오로 새 길을 간다 하더라도 어제까지의 지은 죄가 남아 있다는 것입니다. 죄는 나와 하나님과의 관계이기 때문에 나의 뉘우치는 노력에도 불구하고 죄는 죄대로 남는 것입니다. 이제 한 단계 더 나아가 보상을 해보겠다는 생각입니다. 지난날에는 내가 빼앗으며 살았으니 이제는 구제를 하고, 남을 괴롭혀왔으니 이제는 도우며 살겠다고 노력을 하며 고행을 하지만 그것으로 해결되는 것이 아닙니다. 이미 지은 죄는 마찬가지입니다. 내가 죽인 자가 살아나지 못하듯, 내가 괴롭힌 그 사람이 과거에 당한 괴로움이 오늘에 와서 내 마음 때문에 없어질 수는 없는 것입니다. 그러기 때문에 죄는 윤리적으로나 도덕적으로 특별히 하나님과의 관계에서는 절대로 없어지지 않습니다. 스스로 아무리 뉘우치며 행위를 고치고 고행을 하여도 죄는 없어지는 것이 아닙니다. 이는 하나님 앞에 반드시 갚아야 하는 절대빚임을 알아야 합니다. 그러므로 빚진 빚의 주인인 하나님께서 탕감해 주셔야 합니다. 그렇지 않고는 해결의 길이 없습니다. 우리는 모두가 다 죄인입니다. 크고 작은 죄의 범위를 떠나 하나님이 탕감해주시지 않고는 헤어날 길이 없는 똑같은 죄인들입니다. 그럼에도 하나님의 은혜로운 탕감으로 인해 죄사함을 받고 자유할 수가 있다는 것입니다.

이제 다음으로 생각할 것은 사죄권의 문제입니다. 본문 48절에서 예수님은 여인을 향하여 "네 죄사함을 얻었느니라"고 말씀하십니다. 이 때에 거기 함께 있던 사람들은 이가 누구이기에 사람의 죄도 사하는가 생각하며 마음의 소요를 일으키게 됩니다. 이는 곧 사죄권에 대한 반응이요, 시비인 것입니다.

그런데 예수님께서 하나님되심과, 동시에 하나님의 아들되심에는 몇 가지의 증거가 있습니다. 그 첫째는 사죄권의 행사입니다. 예수님에게는 죄를 사하는 권세가 있습니다. 어쩌면 예수님께서는 이것 때문에 십자가에서 돌아가시게 되었는지도 모릅니다. 병 고치고 먹이며 선한 일을 했다고 돌아가셔야 되는 것은 아닙니다. 제일 중요한 것은 사죄권의 행사였고 이 때문에 저들에게 못마땅하게 여겨진 것입니다. 그리고 두번째는 하나님과의 동격시입니다.

　예수님께서 말씀하시기를 "내 아버지께서 이제까지 일하시니 나도 일한다"(요 5 : 17). "나의 이르는 것은 내 아버지께서 내게 말씀하신 그대로 이르노라"(요 12 : 50). "아버지께서 나와 함께 계시느니라"(요 16 : 32). "아버지께서 내 안에, 내가 아버지 안에 있는 것같이"(요 17 :21) 등 하나님과 자기와를 동격시했습니다. 그리하여 하나님의 역사와 예수님 자신이 하시는 일을 하나로 보았습니다. 즉 자신을 하나님의 계시자로 명백하게 자처하셨습니다. 이제 세번째로는 "볼지어다, 내가 세상 끝날까지 너희와 항상 함께 있으리라"(마 28 :20) 하신 것입니다. 이것은 참으로 하나님만이 하실 수 있는 말씀입니다. 그런데 예수님께서는 하셨습니다. 이는 곧 예수님의 하나님되심을 말씀하고 계시는 것입니다.

　그러면 다시 사죄의 문제로 돌아가 어차피 탕감은 다같이 받아야 한다는 사실입니다. 죄가 많든 적든, 크고 작고간에 다 죄인이므로 탕감받아야 합니다. 그리고 오직 예수의 이름으로 탕감받아야 하는 것입니다. 그렇다면 이제 남은 문제는 예수 앞에 나와 회개하는 것이 첫째요, 둘째는 믿음으로 예수님의 십자가의 그 의와 하나가 되는 것입니다. 그리고 세 번째는 탕감받은 그 은혜로 사는 것입니다. 어차피 모두가 예수의 이름으로 탕감받기는 마찬가지입니다. 그러나 예수의 공로로 탕감받았다는 사실을 믿지 않으면 이 은혜가 내게 효력을 낼 수 없습니다. 그리고 그 은혜에 살아가는 그리스도인의 새로운 윤리가 있는 것입니다. 다음으로 네 번째 문제는 오백 데나리온과 오십 데나리온입니다. 이를 직선적으로 이야기하면 바리새인 너의 빚은 오십 데나리온이며, 이 더러운 여인의 빚은 오백 데나리온이라는 말이 됩니다. 그러나 둘 다 빚지기는 마찬가지요, 어차피 십자가의 공로로 탕감받은 것도 마찬가지입니다. 흔히들 오십보백보라는 말을 사용할 때가 있습니다. 그 말의 기원이 재미있습니다.

　옛날 어느 전쟁 중에서 대세가 불리하게 되자 도망가는 병사들이 생겼는데 나중에 역전이 되어 전쟁이 승리로 돌아가자 흩어졌던 병사들이 한 자리에 모이게 된 것입니다. 이때에 도망갔던 자들이 누구냐고 물으니 한 사람은 오십 보 도망갔다고 하고 또 한 사람은 백 보 갔다는 것입니다. 이럴 경우 오십 보 간 사람은 나는 조금 갔고 저는 많이 갔다는 것인데, 도망간 것은 마찬가지라는 점에서 듣고 있던 상사가 "오십보백보지" 하더라는 이야기입니다. 오늘 예수님의 말씀도 바로 그 이야기입니다. 오십 데나리온이거나 오백 데나리온이거나 빚은 빚입니다. 스스로는 해결할 수 없어 예수님의 공로로 대속함을 받아야 한다는 입장에서는 한 치의 차이도 없습니다. 이 때문에 결국 예수의 공로로 다같이 탕감을 받았다고 전제한다면, 결론은 많이 탕감 받는 자가 많이 사랑한다는 것입니다. 문제는 여기에 있습니다.

좀더 깊이 말씀드리면 많이 탕감받았다고 생각하는 사람이 많이 사랑한다는 것입니다. 깊이 뉘우치고 더 많이 회개하고 더 많은 죄를 탕감받았다고 느끼는 사람! 마치 사도 바울처럼 "나는 죄인의 괴수다. 만삭되지 못하여 난 자 같은 나, 원하는 선은 행할 수 없고 원치 않는 죄만 짓는 나, 오호라 나는 곤고한 사람이로다. 이 사망의 몸에서 누가 나를 건져내랴!"고 절규하기까지 자신을 큰 죄인으로 생각했기 때문에 그 회개의 깊이에서 높은 은혜를 감사할 수 있었던 것입니다. 이제 한 예를 들어, 어떤 여인이 결혼을 하여 남편의 사랑을 받고 삽니다. 그는 인물도 잘났고 학벌도 좋으며 재주도 많습니다. 그런데 꼭 한 가지 음식 솜씨가 부족합니다. 그래서 스스로 생각하기를 "나는 다 좋은데 '이것 한 가지' 만 어쩌다 부족할 뿐이다"라며 교만하여 삽니다. 하지만 이 여인이 이런 생각을 가지고 있는 한 남편의 사랑을 크게 받아들일 수는 없습니다. 여기에 비하여 다른 한 여인은 재주라고는 아무것도 없고 게다가 생긴 것도 시원치 않습니다. 그러나 그는 남편이 이런 나를 사랑한다고 생각하고 있습니다. 자신의 무자격과 매력이 없음에도 나를 사랑해주는 남편이 감지덕지한 것입니다. 따라서 이래도 고맙고 저래도 감사한 것뿐입니다. 한편, 이러는 아내를 둔 남편 또한 얼마나 즐겁고 행복하겠습니까?

그러기에 아우구스티누스는 "구원받지 못할 사람은 의를 행하면서도 교만하여 하나님으로부터 멀어지고, 구원받을 사람은 죄를 지으면서도 오히려 하나님께 감사한다"는 유명한 말을 하였습니다. 죄를 지으면서도 오히려 하나님께 감사한다는 것! 왜냐하면 이런 죄인을 하나님이 사랑하시기 때문입니다. 이렇게 구제불능한 내가 감히 하나님의 사랑을 받고 있으니 감사할 수밖에 없습니다. 참회하는 어거스틴의 고백처럼, 내 한 일이 죄 아닌 것이 무엇이며 내 마음에 죄 아닌 것이 무엇이더이까! 생각하면 할수록 죄 아닌 것이 없습니다. 그럼에도 하나님의 은혜로 살고 있으니 자신을 알고 죄와 허물을 느끼면 느낄수록 더욱 감사한 것입니다. 그런데 구원받지 못할 사람은 그와는 반대입니다. 부족을 느끼면 느낄수록 절망하고 원망하며 하나님께로부터 멀어져 도망갑니다. 그리고 스스로 구원받지 못할 존재로 단정하며 절망의 늪으로 뛰어듭니다.

이는 참으로 어처구니없는 자기만의 결정입니다. 그렇다면 어느 때는 자기의 의로 살았다는 것입니까? 근본적으로 나의 의는 없었고 그것 때문에 살아온 것도 아닙니다. 그러므로 다른 사람들에게는 여기 더럽고 죄 많은 한 여인처럼 보일지 모르지만, 예수님께서 보시는 눈과 마음은 다릅니다. 예수님께서 사람을 맞아들이시는 것은 결코 윤리나 도덕적 기준에 의한 것이 아닙니다. 죄인인 줄 알기에 회개하며, 부족한 줄 알기에 더욱 의지하며 감사하는, 구원받은 자의 은혜 안에서의 세계관을 원하십니다.

오늘 본문 44절 이하에 보면 핵을 찌르는 말씀이 반복되고 있습니다. "'너'는 내게 발 씻을 물도 주지 아니하였으되 '이 여자'는 눈물로 내 발을 적시고, '너'는 내게 입맞추지 아니하였으되 '저'는 내가 들어올 때로부터 내 발에 입맞추기를 그치지 아니하였으며, '너'는 내 머리에 감람유도 붓지 아니하였으되 '저'는 향유를 내 발에 부었느니라." 계속하여 예수님께서는 "너"는, "저"는 하시며 비교하고 있습니다. 세상적으로나 윤리적으로 보면 비교도 할 수 없을 만큼 바리새인이 훌륭합니다. 그래서 오늘도 예수님을 초청하여 근사한 대접을 하겠다는 것 아니겠습니까?

그러나 예수님께서는 대단히 냉정하게 비평하십니다. 너의 초청은 진실치 않았고 저는 진실하였으며, 너는 겉만 내세웠으나 저는 발에 입맞추기를 그치지 아니하였으니 그 중심이 얼마나 깊고 아름다우냐고 높이 칭찬하십니다. 그리고 저의 많은 죄가 사함을 받았다고 말씀하십니다. 또한 그러므로 많은 죄를 사함받은 저가 더 많이 사랑한다는 것입니다. 만약 이 여인이 막달라 마리아가 사실이라면 이 말씀을 듣는 막달라 마리아의 마음이 얼마나 감격스럽고 좋았겠습니까? 죄스러운 몸으로 예수님께 사랑을 보였다가 예수님마저 저 비난의 대상이 되게 하여 더욱 몸둘 바를 모를 지경인데 이때의 예수님께서는 바리새인을 힐책하시어 할 말을 잃게 하시고 오히려 마리아를 높이 위해주시니 마리아의 감격스러움이 오죽했겠습니까? 아마도 죽자하고 사랑했을 것입니다. 그러기에 빈 무덤을 보고도 자리를 떠날 수가 없었고, 마침내 그는 요한복음 21장에서 보는 바와 같이 부활하신 예수님을 맨처음 만나는 증인이 되고 그 영광을 차지하게 됩니다. 진정 낮아진 마음으로 예수님을 사랑하면 그에 비교할 수 없는 더 큰 사랑을 받게되는 것이 죄사함받은 우리들의 기쁨이요, 영광입니다.

밤에 찾아온 손님

또 이르시되, "너희 중에 누가 벗이 있는데 밤중에 그에게 가서 말하기를, '벗이여, 떡 세 덩이를 내게 빌리라. 내 벗이 여행중에 내게 왔으나 내가 먹일 것이 없노라' 하면 저가 안에서 대답하여 이르되, '나를 괴롭게 하지 말라. 문이 이미 닫혔고 아이들이 나와 함께 침소에 누웠으니, 일어나 네게 줄 수가 없노라' 하겠느냐? 내가 너희에게 말하노니, 비록 벗됨을 인하여서는 일어나 주지 아니할지라도 그 강청함을 인하여 일어나 그 소용대로 주리라."

(누가복음 11:5~8)

밤에 찾아온 손님

　오늘 주신 비유 말씀의 주제는 기도하는 마음입니다. 먼저 기억할 것은 이 비유 이전에 기도에 관한 두 가지 선행된 상황이 있었다는 점입니다. 곧 11장 1절에 기록된 대로, 예수님께서 홀로 한적한 곳에서 기도하셨다는 것과 우리에게도 기도를 가르쳐주십사는 제자들의 요청에 따라 우리가 항상 드리고 있는 주기도문을 가르쳐주신 것입니다. 그리고 그 기도의 내용 다음에 오늘의 비유를 말씀하셨습니다. 그러므로 이를 연결지어 다시 말씀드리면 기도의 내용은 주기도문으로 하되 기도하는 그 마음은 이러한 심정으로 하라는 뜻에서 기도의 결론적 비유가 되겠습니다. 여기에는 진정으로 기도하는 사람이 지녀야 할 마음과 자세가 상세하게 표현되어 있습니다.

　오늘 비유는 특별히 유대 사람들의 생활 풍속에 대한 자세한 이해를 필요로 합니다. 이제 본문에서 먼저 생각할 것은 손님이 밤중에 왔다는 점입니다. 아무리 친한 친구 사이라 할지라도 이렇게 늦은 밤중에 왜 찾아왔을까를 생각하게 됩니다. 그러나 여기에는 그만한 이유가 충분히 있습니다. 이곳 이스라엘 중동지역은 사막입니다. 사막의 낮은 대단히 뜨겁습니다. 그러기 때문에 정말 급한 일이 아니고는 낮에는 여행을 잘 하지 않습니다. 따라서 아침 일찍 해뜨기 전에 걷거나 저녁 서늘한 때에 길을 걷게 마련입니다. 그래서 서늘한 저녁녘에 출발했다가 좀 늦어지게 되면 깊은 밤중에까지 걷게 되는 것입니다.

　이 때문에 오늘 본문의 이 사람도 밤중에 친구의 집을 찾아들게 된 것입니다. 더욱이 여관이 없는 당시에 있어서 이는 어쩔 수 없는 처신임과 동시에 이스라엘 사람들의 당연한 풍습이었습니다. 저들은 특별히 생활 속에서의 여섯 가지 덕을 내세우고 있는 중에 그 첫째가 자녀교육이며 그 다음 또 하나의 덕이 손님을 대접하는 일입니다. 이는 유대 사람들의 아름다운 전통이요 가풍이며, 누구나 지녀야 할 덕인 것입니다. 그러므로 이들은 반드시 아는 사람만 대접하는 것이 아닙니다. 누가 어디서라도 하룻밤 쉬어가기를 원하면 기쁨으로 영접하는 것이 유대 사람들의 아예 체질화된 풍습입니다. 이들은 하나님을 잘 섬기는 사람은 손님 대접을 잘해야 하는 것으로 생각하고 있습니다. 그리고 지난날 애굽에서의 쓰라린 나그네의 생활을 기억해서라도 결코 소홀히 할 수 없는 민족적 다짐입니다. 이를 위해 하나님께서는 "너희는 나그네를 사랑하라. 전에 너희도 애굽 땅에서 나그네되었음이니라"(신 10:19)고 말씀하셨습니다.

우리가 잘 아는 바와 같이 아브라함은 특별히 손님 대접을 지성으로 잘하는 사람이었습니다. 결국 그는 자기도 모르는 사이에 천사를 대접하게 되고 그 기회를 통하여 놀랍게도 아들을 낳게 될 것이라는 은총의 말씀을 듣게 됩니다. 또 한 사람, 그는 성경상으로 보아 이렇다 할 믿음도 경건도 없는 것같습니다만 손님 한 번 잘 대접함으로 죽을 곳에서 살아난 사람이 있습니다. 그가 바로 롯이라는 사람입니다. 롯 역시 삼촌 아브라함에게서 배운 대로 손님 대접하는 아름다운 덕을 지녔기에 부지중에 천사를 대접하게 되고, 그로 인해 멸망하는 소돔으로부터 생명을 구하게 되지 않습니까? 아무튼 손님 대접하기를 힘쓰라는 것은 바울과 베드로, 두 사도의 편지 가운데서도 누누이 강조되는 말씀입니다. 이와 같은 이스라엘 사람들의 풍습에서 먼 길을 온 사람이 밤중이 되었지만 친구집을 찾아 들어 하룻밤 묵고 가겠다 하자 이를 영접하게 되었다는 것입니다.

이럴 경우에 문제되는 것이 있는데 그것은 저들 주택의 문입니다. 주택이라는 것이 돌로 만든 간단한 건물에 문이라고는 창문 하나, 대문 하나로 되어 있습니다. 창문은 그들 풍속에 따라 보통 예루살렘 쪽을 향하여 나게 하고, 대문은 아침에 한 번 열어두었다가 저녁이면 닫는데 저녁에는 한 번 닫으면 열지 않는 것이 저들의 풍습입니다. 이는 닫혀진 다음에는 그 안에서 사사로운 일들이 이루어지기 때문입니다. 그러므로 한 번 닫혀진 이후에는 초비상의 사건이 아니면 문을 열어달라고 해서는 안되며 또 그렇게 찾아들어 문을 두드리는 것은 큰 실례로 되어 있습니다. 그러고보면 마치 성문과도 같은 것입니다. 이 때문에 만일 누가 밤에 와서 문을 두드린다면 원수가 쳐들어오거나 전쟁, 난리 등의 긴박한 상황일 때에 두드리게 되어 있고 또한 열게 되어 있습니다. 경우 없이 무절제한 우리들의 생활 습관에 비해 좋은 풍습이라고 생각됩니다.

또 한 가지 알아야할 것은 집 내부의 구조입니다. 이것저것 특별히 구분된 것도 없이 넓은 하나의 방이 있습니다. 이 방을 3분의 2쯤은 흙바닥으로 그냥 두어 옛날 부엌 바닥처럼 다지어지며 신발을 신은 채로 다니게 되어있고, 나머지 3분의 1은 좀 높여 한가운데를 파고 난로같은 것을 만들었습니다. 그리고 사람들이 잘 때에는 이 높여진 부분에서 삥 둘러 누워서 자는 것입니다. 그러니까 말하자면 좀 높은 3분의 1은 신을 벗고 올라가는 곳이고 잠을 자는 곳이며 낮은 곳인 3분의 2는 식당도 되고 놀이터도 되고 응접실도 되는 셈입니다. 이러한 구조이고보니 밤이 되면 따뜻하게 해놓고 이 높은 곳에 다 올라가서 추울 때에는 꼭꼭 끼어서 자게 되는 것입니다. 이러한 경우 어쩌다 한 사람이 움직이게되면 그 질서가 깨어지고 온 집안이 다 흔들리게 됩니다. 이는 마치 우리들이 6·25 피난 생활에서 경험한 것과 비슷합니다. 작은 방에 20명이고 30명씩 끼어 앉았는지 누웠는지 그래도 잠을 자는데, 그 중 한 사람이 볼 일이라도 생겨 일어나게되면 아예 전체가 다 일어났다가 그리고 똑같이 누워야 했던 경험들을 기억하고 있습니다. 이와 같은 형편에서 오늘 본문은 "아이들이 나와 함께 침소에 누웠으니 일어나 네게 줄 수 없노라" 하는 것입니다. 빵은 있지만 이렇게 다 누워 잠자고 있으니 내가 일어나게되면 다 깨우지 않겠는가? 그러니 빵을 줄 수가 없다는 것입니다.

그런데 또 한 가지는 빵이 문제입니다. 자기 집에 빵이 없어서 이웃집에 빵 세 개를 얻으러 갔다는 것인데, 저들의 생활풍습에서 빵은 매일매일 만들어 굽습니다. 식생활에 있어서 매일매일 끼니 때마다 음식을 준비한다는 것은 좋은 음식을 먹을 수 있는 즐거움도 있지만 많은 손, 많은 시간을 필요로 하는 번거로움과 불편이 있는데, 이 이스라엘 사람들은 우리와는 달리 빵을 먹으면서도 매일매일 집에서 만들어 구워 먹습니다. 이 빵은 지금도 베이글(Bagel)이라고 하여 세계적으로 유명합니다. 이 빵은 방부제를 전혀 넣지 않고 만들었기 때문에 하루밖에 보관할 수가 없습니다. 따라서 하루가 지나면 썩거나 굳어져 먹을 수 없게 되고 그 식별이 눈으로 보아서도 쉽게 알 수 있는 특징이 있습니다. 사실 썩지 않고 변하지 않는 빵은 좋은 빵이 아니며 사람이 먹고 무사할 수 있는 빵이 아닙니다. 그래서 아는 사람들은 이스라엘 사람들의 가게에 가서 그들 특유의 빵인 베이글을 너도 나도 좋아하며 믿고 사게 됩니다. 어쨌든 이스라엘 사람들은 그날그날 빵을 만들어 먹기 때문에 아무 집을 가도 빵 한두 개씩은 남아 있게 마련입니다.

그런데 오늘 이 집에서는 어쩌다 빵을 다 먹어버렸는데 손님이 온 것입니다. 먼 길을 온 손님이라 피곤하고 시장한 것은 물어볼 필요도 없겠고 이제 먹을 것을 주어야겠는데 빵이 없습니다. 그래서 이웃집에 가서 문을 두드리며 빵 세 개만 좀 빌려달라는 이야기입니다. 그러니까 이 사람 생각에는 어쩌다가 자기 집에서는 빵을 다 먹어버렸지마는 이 집에는 반드시 빵이 있을 것으로 알고 문을 두드리는 것입니다.

이것을 풍속대로 연구하는 사람들의 말에 의하면, 저들은 반드시 빵을 한 두 개는 남겨둔다는 것입니다. 그래서는 남겨둔 빵이 쉬고 썩기를 바랐다가 그것을 누룩처럼 밑떡으로 쓴다는 것입니다. 이 때문에 빵은 매일처럼 계속 조금씩 남겨나가는 것입니다. 그러므로 웬만한 집에는 한 두

개의 빵은 당연히 있는 것이니 저쪽 집에는 있을 것이라는 생각에 '빵 세 개만 빌려주시오' 하는 것입니다. 이는 내게 온 손님이 배고파하므로 먹을 것을 주어야겠으나 지금 내게는 줄 것이 없기에 부득불 배고픈 그를 먹이기 위해 밤중이지만 이웃집에 가서 빵을 좀 달라고 부탁을 하는 것입니다. 여기에서 이들의 풍습대로 생각해본다면 이것은 결코 긴박한 초비상의 상태가 아닙니다. 그런데도 이 사람의 마음 속에는 비상이 걸렸다는 사실입니다. 왜냐하면 꼭 주고싶다는 것이지요. 바로 여기에 중요한 의미가 있습니다.

이제 예수님께서는 이것을 비유로 하여 기도를 가르쳐주고 있습니다. 그리고 하시고자 하는 말씀의 중심은 기도하라는 것입니다. 그렇다면 우리는 먼저 기도에 방해되는 것이 무엇인가를 살펴볼 필요가 있습니다.

도대체 왜 기도하지 않는가? 하면 그 첫째가 자기 혼자 해결하겠다는 생각 때문입니다. 내 힘으로 하다가 되면 되는 것이고 안되면 그만둔다는 식의 고집이 기도하지 못하게 합니다. 그러다가 진작 죽을 지경이 되면 그 때에 가서야 "주여" 하고 나오는데 이는 잘못된 생각이요 좋지 못한 태도입니다. 우리는 작은 일이든 큰 일이든 언제나 하나님과 의논하며 기도하는 자세가 몸에 배어 있어야 합니다. 그런데 그렇지를 못하고 자기 마음대로 하다가 정 안되는 일만 하나님께 가지고 나와 기도할 셈입니다. 다시 말하면 나 혼자서도 할 수 있다는 생각이니 그 마음 가지고 무슨 기도를 할 수 있겠습니까?

그리고 두 번째로는 너무 미리 생각을 하기 때문입니다. 곰곰이 생각을 해보니 하나님께서 주시지 않겠다는 것입니다. 나 하나에게 은혜를 베푸시기 위하여 하나님의 그 크신 질서를 깨뜨릴 수 없지 않느냐는 인간의 이성적인 판단이 기도를 못하게 합니다. 예를 들어 모든 사람들이 비오기를 기다리고 있는데 우리집 잔치만을 위하여 좋은 날씨 주십사고 기도를 해서 되겠느냐는 것입니다. 실제로 어떤 분이 이런 이야기를 해서 웃었습니다만 생각을 많이 한 그 내용을 소개합니다.

자기 아들이 대학 시험을 앞두고 있어서 꼭 합격되게 해달라고 기도를 계속하고 있는데 마음 한편에 좀 이상한 생각이 있었다는 것입니다. 그것은 내 아들이 합격되면 어느 아이 하나는 떨어질 것이 아니냐는 것입니다. 그러고 보면 '내 아들 합격되게 해주세요' 하는 것은 한 아이 떨어지게 해주세요 하는 기도가 되는 셈이니 마음이 이상하고 복잡하더라는 것입니다. 이런 생각, 저런 생각 다하면 마음이 복잡하여 기도하지 못하고 맙니다.

오늘 본문의 내용이 그와 같습니다. 배가 좀 고프다기로서니 빵 하나 주기 위해서 밤중에 문을 열어 온 가족이 일어나 앉았다 다시 눕고 해야 하는데 그렇게까지 할 필요야 있겠는가? 피차에 질서를 깨뜨리지 말자는 생각이 든다는 것입니다. 다시 말하면 이 부족한 인간의 이 시시한 소원까지 들어주시겠는가? 하는 생각이 든단 말입니다. 바로 이러한 생각이 기도하지 못하게 만듭니다. 게다가 또 어떤 이는 구하기 전에 하나님께서 다 아신다고 그러셨는데 아시면 주실 터이니 따로 기도할 필요가 없지 않느냐고 합니다. 그럴 때면 저는 성경을 한 번만 보고 그러지 말고 성경 한 장을 넘겨서 또 보라고 합니다. 거기엔 "구하라 그러면 너희에게 주실 것이요" 하였습니다. 이제 그 둘을 합쳐 생각하면 하나님께서는 구하기 전에 아시면서도 구하기 전에는 주시지 않는다는 말씀이 됩니다. 그러므로 기도하라는 것입니다.

또한 세번째로는 기도에 체면을 생각하는 것입니다. 내가 기도할 만한 사람인가? 기도해서 응답받을 자격이 없는 것이 아닌가? 등등 그렇게 생각한다면 누군들, 무슨 체면으로 감히 하나님 앞에 나와 입이라도 벙긋하겠습니까? 그저 죄인인 줄 알면서도 체면 없이 나와서 기도하고 또 기도하는 것입니다. 이를 보고 어떤 저명 인사가 예수 믿는 사람들은 체면도 없다는 내용의 글을 쓴 것을 보았습니다. 죄짓고 회개하고, 죄짓고 회개하고, 그렇게 몇십 년 동안을 하고 그리고 또 회개한다는 것입니다. 잘못했다고 하는 것도 한두 번이지 같은 죄를 가지고 몇 번이나 회개할 것이냐? 어쩌면 그렇게도 체면이 없는 사람들인가! 하는 핀잔의 반문이었습니다. 그렇습니다. 예수 믿는 사람들은 하나님 앞에서 체면같은 것은 없습니다. 체면 가지고 있으면 교회에 나올 수가 없습니다. 체면 있는 사람은 기도하지 못합니다. 나같은 죄인이 무슨 낯으로 감히 하나님 앞에 손을 내밀겠습니까! 자기를 낮추는 것으로 착각케 하는 체면의 생각이 기도하지 못하게 방해합니다.

우리는 성경에서 이런 저런 체면을 무릅쓰고 우직하게 기도해서 성공한 대표적 인물인 야곱을 잘 압니다. 그는 누가 자기를 죄인이라고 하든, 거짓말쟁이 사기꾼이라고 하든, 아무것도 상관치 않고 좌우간 복을 받아야겠다는 한 가지 마음에서 천사와의 씨름도 불사한 것입니다. 얍복 강변에서 천사와 씨름하는 야곱의 모습이란 참으로 우직합니다. 그러나 거기에는 대단한 끈기가 있음을 보게 됩니다. 오늘 우리에게도 그러한 기도가 필요하다는 것을 다시 본문을 통하여 생각하게 됩니다.

예수님께서는 친구를 위하여 밤중에 빵을 얻으러 가면 그 집 안에서 하는 대답이 "나를 괴롭게 하지 말라. 문이 이미 닫혔고 아이들이 나와 함께 침소에 누웠으니 일어나 네게 줄 수가 없노라" 하니, 그래도 가겠느냐는 생각의 가능성을 미리 말씀하십니다. 좀더 연장하여 깊이 생각하면 당신에게 온 당신의 친구인데 배가 고프든 말든 나와는 무슨 상관이며, 그리고 밑떡이라도 남겨놓을 것이지 그렇게 모조리 먹어치우며 살림살이를 하느냐고 말할 수도 있습니다. 그래서 이러한 말을 듣게 될까봐 가서 문 두드리고 싶지 않을 것입니다. 결국 빵 얻으러 가지 않으면 그만 아니냐는 생각입니다. 뿐만 아니라 나 좋은일 하겠다고 다른 사람 괴롭힌다면 무엇인가 잘못된 것이 아니냐는 것입니다.

그 다음에 더욱 중요한 이야기가 있는데, "한 끼 굶는다고 죽느냐?"

하는 생각입니다. 이미 밤중이고 불과 몇 시간 후면 어차피 아침 빵을 만들어 먹게 될 터인데 그것을 못참아 그러냐는 말을 들을 수도 있습니다. 이런 체면, 저런 생각 다 해보니 그까짓 빵 얻으러 가지 않으면 될 것 아니냐는 생각이 앞서게 됩니다. 이것이 바로 기도 못하게 하는 이유입니다.

그러나 오늘 본문의 이 사람은 단순한 마음으로 구합니다. 그저 단순한 마음으로 구합니다. 그저 단순한 마음으로 기도하는 것입니다. 먼 길을 걸어와 피곤하고 몹시도 배고파하는 친구에게 무엇이라도 빨리 먹여야겠다는 강한 일념뿐입니다. 친구를 위한 생각 외에 이웃집에서야 뭐라고 하든 적어도 이 사람의 마음 속에는 비상이 걸린 것입니다. 여기에서 기억할 것은 친구의 배고픔이 비상 조건으로 되었다는 것입니다. 여러분! 우리는 내가 얻기 위해서라면 비상을 걸지만, 남에게 주기 위해서 비상을 걸어본 적이 있습니까? 여러분! 자신의 일을 위해서는 빚을 내서라도 해결을 하지만 하나님의 일을 하기 위해서 돈을 꾸어보신 적이 있습니까? 여기 이 사람은 자기 친구의 배고픔을 헤아려 이것을 초비상으로 생각하고 모든 체면을 불구한 채 자기 이웃에게 가서 간청을 하는 것입니다. 이것이 바로 기도입니다.

우리가 하나님 앞에서 기도할 때에 잊지 말아야할 두 가지 마음이 있습니다. 그것은 사랑과 단순한 마음입니다. 사랑하는 어린 자녀가 사랑하는 아버지께 구하는 것과 똑같은 마음입니다. 창세기 18장 23절 이하에 보면 아브라함이 조카 롯을 위해서 하나님께 간청하는 이야기가 나옵니다. 그 간청이 어쩌면 그렇게 단순하면서도 구체적이고 간절한지 마치 어린아이와도 같은 아브라함의 표정을 읽게 됩니다. 남을 위해서 기도한다는 것은 참으로 어려운 일입니다. 그러나 기도 중에 가장 위대한 기도는 남을 위해 드리는 기도라는 사실을 알아야 합니다. 나 자신을 위한 기도는 정욕에 빠지기 쉽고 욕심에 기울어지기 쉽습니다. 우리는 특별한 때에

철야도 금식도 하며 기도합니다. 물론 내 가정, 내 자신에게 비상이 걸릴 수도 있습니다. 하지만 오늘 본문을 통하여 주님이 원하시는 기도는 밤에 찾아올 수밖에 없는 친구, 그 아무개를 위하여 간청하는 바로 그 기도를 원하신다는 것입니다.

오늘 본문 말씀의 강조점이 여기에 있습니다. 비록 벗됨을 인하여서는 일어나주지 아니할지라도 그 강청함을 인하여, 그 간절함 때문에, 그 강한 요청 때문에 주게 된다는 말씀입니다. 받을 자격이 없다 하더라도 좋고, 질서가 깨어지며 체면이 짓밟히는 무슨 소리를 다 듣는다 할지라도 문제가 되지 않습니다. 오직 간절히 구하는 뜨거운 마음, 그 간절함으로 인해 일어나서 빵을 줄 수밖에 없지 않느냐는 말씀입니다. "너희가 악할지라도 좋은 것을 자식에게 줄줄 알거든 하물며 하나님 아버지께서 주시지 않겠느냐? 생선을 달라 하면 뱀을 주겠느냐, 빵을 달라 하면 돌을 주겠느냐, '하물며' 너희 하나님 아버지께서 주시지 않겠느냐?"는 것입니다.

또 누가복음 18장 1절 이하에 보면 악한 재판관과 과부의 이야기가 나옵니다. 비록 악한 재판관이었지만 계속 찾아가 이야기할 때에 결국 들어주었다는 것입니다. 그렇다면 "하물며" 하나님 아버지께서 왜 안들어주시겠느냐는 말씀입니다. 그래서 오늘 본문에 계속되는 말씀을 보면 "구하라 그러면 너희에게 주실 것이요, 찾으라 그러면 찾을 것이요, 문을 두드리라 그러면 너희에게 열릴 것이니" 하여 주시지 않을 리가 없다는 것입니다.

그러므로 기도하라는 것입니다. 단순한 마음, 사랑하는 마음으로 기도하라는 것입니다. 이것이 오늘 본문이 전하고자 하는 내용의 주제입니다. 이제 기도하다가 쉽게 낙심할 것이 아닙니다.

어거스틴은 말하기를 "하나님은 때로 우리 기도에 대하여 더디 주실 때가 있다. 더디기는 하지만 거절하시지는 않는다. 오랫동안 기도하면 더 큰 은사를 주신다. 빨리 주실 때에는 우리가 그 가치를 잘 모른다. 은사와 그 응답의 큰 가치를 알게 하기 위하여 은사주시는 것을 잠시 늦추는 때가 있다"고 하였습니다. 사실 그렇습니다. 많이 기도하고 애쓴 후에 얻어야 소중한 줄 알게되지, 한마디로 "주세요" 해서 즉각적으로 주어지게 된다면 그 값어치를 모르게 마련입니다. 그래서는 고마운 줄도 모르고 바로 쓸 줄도 모르게 됩니다.

하나님께서는 우리의 기도를 들어주시마고 약속하셨습니다. 그러면서도 때때로 늦게 응답하실 때가 있습니다. 그러므로 끝까지 낙심하지 말아야 합니다. 천국은 침노하는 자가 빼앗는다고 하였지 않습니까? 여기에는 상당한 노력과 수고가 필요합니다. 그리고 무엇보다도 많은 인내를 필요로 하게 됩니다. 오로지 단순한 마음과 사랑, 그리고 믿음과 겸손으로 끝까지 인내하며 기도하는 것입니다. 이것이 예수님께서 우리에게 원하시는 기도하는 마음이요, 이 마음으로 기도해서 항상 새로운 응답을 들을 수 있어야 할 것입니다.

선한 사마리아인

예수께서 대답하여 가라사대, "어떤 사람이 예루살렘에서 여리고로 내려가다가 강도를 만나매, 강도들이 그 옷을 벗기고 때려 거반 죽은 것을 버리고 갔더라. 마침 한 제사장이 그 길로 내려가다가 그를 보고 피하여 지나가고, 또 이와 같이 한 레위인도 그곳에 이르러 그를 보고 피하여 지나가되, 어떤 사마리아인은 여행하는 중 거기 이르러 그를 보고 불쌍히 여겨 가까이 가서, 기름과 포도주를 그 상처에 붓고 싸매고 자기 짐승에 태워 주막으로 데리고 가서 돌보아 주고, 이튿날에 데나리온 둘을 내어 주막 주인에게 주며 가로되, 이 사람을 돌보아 주라 부비가 더 들면 내가 돌아올 때에 갚으리라 하였으니, 네 의견에는 이 세 사람 중에 누가 강도 만난 자의 이웃이 되겠느냐? 가로되, "자비를 베푼 자니이다." 예수께서 이르시되, "가서 너도 이와 같이 하라" 하시니라.
(누가복음 10:30~37)

선한 사마리아인

오늘 이 선한 사마리아인의 비유는 우리가 너무나도 잘 아는 말씀입니다. 그러면서도 한편으로는 그 해석상 가장 오해가 많은 성경 본문이라고 생각됩니다. 그래서 어떤 이들은 이 비유를 마치 인도주의의 교본이나 자선의 교과서처럼 나름대로 풀이해버리고는 하는데 그것은 대단히 위험한 짓이며, 예수님께서 말씀하시고자 하는 본뜻과는 거리가 있는 것이라 생각됩니다. 우선 조심할 것은 본문 말씀은 자선을 가르치는 표본이나 인도주의를 말하는 교훈이 아니라, 어디까지나 복음적인 의도가 계시되어 있다는 점입니다. 그러므로 말씀의 핵심은 복음이라는 사실을 분명히 하고 본문의 내용을 생각할 수 있어야 합니다.

이제 말씀의 주제를 찾기 위하여 25절까지 거슬러올라가 그 배경을 살펴볼 필요가 있습니다. 거기를 보면 예수님을 옹위하고 있는 많은 무리 중에 한 사람이었던 어떤 율법사가 예수님을 시험하기 위하여 "선생님, 내가 무엇을 하여야 영생을 얻으리이까?" 하는 질문을 합니다. 언뜻 듣기에는 온순한 질문같지만 그 중심은 알고 싶어서도 아니며 듣고 따르려는 것도 아닙니다. 시험하려는 못된 마음으로, 이 무식한 갈릴리 촌사람이 무엇이라고 하는지 한 번 봐주자는 속셈입니다. 그리하여 많은 사람 앞에서 망신을 시키고, 가능한 한 율법적으로나 로마법에 의해서 예수를 책잡아 넘어뜨려 심지어는 십자가에 못이라도 박게 할 심사에서 하는 가시 돋힌 질문입니다. 이 율법사의 잘못된 태도가 29절 둘째번 질문시에 잘 나타나 있습니다. "이 사람이 자기를 옳게 보이려고 예수께 여짜오되" 하였습니다. 그러니까 자기의 유식함, 자기의 위대함, 자기의 의로움을 자랑하기 위하여 질문하고 있다는 것입니다. 강의를 하다보면 때때로 학생들 중에도 그런 경우가 있습니다. 어쩌다 어려운 책 한 권 읽고 와서는 자기도 모르는 소리를 인용해가면서 그 책을 중심으로 질문을 해오는데, 이는 순전히 교수는 골탕 좀 먹이고 자신은 유식하게 나타나보겠다는 속셈인 것입니다.

오늘 본문의 이 사람은 처음부터 예수님의 말씀을 듣자는 것이 아니었습니다. 어디까지나 자기 중심적이고 자기의 옳음을 나타내어 예수님께로부터도 칭찬과 확인을 받고싶은 마음뿐입니다. 본문의 흐름을 보면 무엇인가 단 한 가지라도 배우고자 하는 마음이 있었던 것같지를 않습니다. 그러기 때문에 그의 물음에 대한 답을 스스로 말하게 해서 그대로 행하면 살리라는 말씀을 하셨는데도, 다시금 "내 이웃이 누구입니까?" 하는 엉뚱한 질문을 하고 있는 것입니다. 이 질문의 내면에는 이웃을 네 몸과 같이 사랑하라는 말은 좋으나 내가 사랑하여야 할 그 이웃은 누구입니까? 적어도 나의 사랑을 받을 만한 존재, 나와 상대할 만한 이웃이란 누구입니까? 하는 것입니다. 이렇게 나오는 사람 참으로 어려운 사람입니다.

언젠가 한 번 이스라엘 사람들의 회당에 가서 예배드리는 것을 보았는데 그 때 마침 네 이웃을 네 몸과 같이 사랑하라는 말씀을 하고 있었습니다. 그러길래 말씀의 내용이 우리와 같은가보다 하고 반가워하며 듣고 있었습니다. 그런데 두 번째 대지에 가더니 그 이웃이란 개념은 이스라엘만 이웃이라는 개념으로 완전히 뒤집혀지고 말았습니다. 그리고 그 다음에는 바로의 산파처럼 이스라엘편을 돕는 자만 이웃이라는 것으로 못박듯이 정의해버리는 것입니다. 그것을 보고 저는 이 사람들은 2천 년이 되었어도 제 버릇 남 주지 못했구나 하는 생각을 해보았습니다. 여기 이 율법사와 똑같은 사람들이 아니겠습니까? 도대체 "내 이웃이 누구입니까? 내가 돕고 내가 사랑해야 할 대상이 누구요?" 하고 나오는 이 사람! 이 얼마나 건방진 사람입니까?

사실 요즈음도 이러한 사람이 적지 않지요. 사랑하고 싶은 마음은 간절한데 사랑할 대상이 없어서 사랑을 못한답니다. 내 사랑을 받아들일 만한 자격 있는 사람이 없다는 것이지요. 그래서 시집도, 장가도 못가는 사람들이 있습니다. 내 이 고상한 인격과 사랑을 알 만한 자격 있는 대상이 없다는 말입니다. 이 얼마나 어려운 이야기입니까?

이를 위해 이제 예수님께서는 저가 모르고 있는 그 이웃, 잃어버린 이웃을 찾아주시려 하십니다. 그러기 위해 강도 만난 사람의 이야기를 하시게 됩니다. 그런데 여기에서 반드시 잊지 말아야 할 것은 맨 처음 질문이 "영생"에 대한 질문이었다는 점입니다. 그리고 이제 이웃의 문제로 넘어가면서 생각 할 것은 이웃을 찾을 때에 그 속에서 영생의 문제에 대한 해답을 얻게 된다는 것입니다. 다시 말하면 이웃을 찾으면 영생을 찾게 되고 이웃을 잃어버리면 영생을 잃어버리는 결과가 된다는 깊은 뜻을 잘 이해하여야 되겠습니다. 그러기에 예수님께서는 이웃을 바로 찾아주고 그를 통하여 영생에 대한 해답을 듣게 하시는 것입니다.

그러면 이제 강도만난 사람의 이야기를 생각해봐야겠습니다. 이 이야기는 너무나도 잘 아는 이야기라서 그 내용을 알기 위한 복잡한 설명은 따로이 필요가 없겠습니다. 그런데 오늘 본문에서는 강도 만난 이 사람의 사건을 놓고 취급한 문제가 있고, 취급하지 않고 그냥 덮어둔 문제가 있습니다.

그 취급하지 않은 문제의 첫째가 강도 만난 본인에게는 그 책임을 묻지 않았다는 것입니다. 역사적인 배경을 보아 그에게 책임을 물을 수 있는 일입니다. 간단히 말하면 "그 위험한 길을 왜 혼자서, 어쩌자고 갔느냐?"고 책임을 추궁할 수 있습니다. 그러나 이 사건을 두고는 강도 만난 본인에 대해서 한 마디도 책임을 묻지 않습니다. 우리는 이 점을 잊지 말아야 합니다. 누군가 어려운 일을 당했을 때 당한 그 사건을 놓고 왜 이 모양이 되었느냐고 물을 것이 아닙니다. 어디서부터 잘못되어 여기까지 왔느냐?고 따져서는 이웃을 만날 수가 없습니다. 폐일언하고 강도 만났다는 사실에서부터 시작하여야 합니다. 원인을 찾겠다고 추궁해 들어가다 보면 마지막에는 "네 죄는 네가 알렷다"로 끝나고 말 것입니다. 그렇게 되면 도울 사람은 아무도 없게 됩니다. 왜냐하면 그 이유는 충분하기 때문입니다. 그러므로 누구에게든 이유를 묻지 말아야 합니다. 오늘 이 강도 만난 사건에서는 그 이유를 묻지 않았습니다.

그리고 두 번째는 강도 그 자체에 대한 사회 문제를 묻지 않았습니다. 다시 말하면 선민의 나라 이스라엘에 이렇게 강도가 날뛰다니 말이나 되느냐? 왜 이런 사회가 되었느냐? 그 대책은 무엇이냐?는 등의 사회 문제에 대해서는 일체의 말이 없습니다. 단지 강도 만났다고 하는 현실, 거의 죽게 된 사람, 피를 흘리며 숨을 몰아쉬고 있는 한 생명, 지금 이 사건을 놓고 그대로 말하고 있는 것입니다. 강도 만났다는 사실 외에 왜, 어떻게 된 것인지 알 바가 아닙니다. 사건을 나타난 그대로 객관시하고 있습니다. 너무 추상적인 생각을 많이 하는 동안에 사건 자체를 흐리게 보기 쉽습니다. 참으로 절박한 시간이며 더 이상 말로 물을 필요가 없는 상황입니다. 이렇다고 해서 이 내용을 쉽게 인도주의나 단순한 이웃의 개념, 혹은 사회적인 관계성으로 풀이할 것이 아닙니다. 예수님께서는 이것을 절박한 생명의 문제로 취급하고 있는 것입니다. 그러나 절박한 생명의 문제를 앞에 놓고도 보는 이에 따라서는 그 견해가 각각 다름을 보게 됩니다. 이를 두고 어떤 사람은 다음과 같이 비유했습니다.

홍수가 나서 물이 범람하고 있는데 한 사람이 길을 가다가 실수를 해서 그만 물에 빠져 떠내려가게 되었다는 것입니다. 이럴 때에 어떤 사람은 그 떠내려가는 사람을 보면서 "인생무상, 인간은 한 번 났다가 한 번 죽는 것" 하면서 지나간다는 것입니다. 그리고 두 번째 사람은 "부모 말씀을 잘 들을 것이지 어렸을 때부터 부모 말씀을 잘 안 들었었군. 자네는 물에 빠져도 싸다. 그것은 네 잘못이다. 왜 조심하지 않았냐?" 하고 지나가는 것입니다. 다음 세 번째는 "사람의 죄 값은 사망이다. 네가 잘못했으니 네가 죽어야지!" 하고 맙니다. 이제 네 번째 사람이 말하기를 "최선을 다해보아라. 살 길이 있을지 아느냐? 그러고도 불가능하다면 그저 조용히 죽음을 기다려라. 바둥거린다고 무슨 소용이 있느냐?"는 것입니다. 마지막 다섯 번째 사람은 이런 저런 생각, 물어볼 것도 없이 우선 물로 뛰어들어가 사람부터 끌어내는 것입니다. 그런 다음에 말이든 훈계든 할 것입니다. 그가 누구냐 하면, 바로 예수 그리스도라는 것입니다.

오늘 본문의 이 강도 만난 사건은 구구한 설명이 필요하지 않습니다. 우선 건져야 하고 살려야 하는 생명 위주의 사건입니다. 과거가 어떻고, 죄가 어떠하며, 율법, 도덕이 어떻고, 인생무상을 이야기할 때가 아닙니다. 지금 내 앞에 놓여진 이 한 생명을 우선 건져놓고 볼 것입니다. 이것이 예수님께서 이 비유를 통하여 말씀하시고자 하는 의도입니다. 더 이상 말할 것도, 이론을 펼 것도 아닙니다. 행동이 먼저입니다.

그런데 오늘 본문에는 이 사건을 보게 되는 세 사람 중 그냥 지나가 버린 두 사람이 종교적 인물로 나타나고 있습니다. 문제는 하나는 제사장, 하나는 레위 사람이라는 데 있습니다. 생각해보면 다른 여러 종류의 사람들도 지나갈 수 있었겠는데 그들은 다 빼어놓고 제사장과 레위인만 거론했다는 것입니다. 이것은 굉장한 문제의 발언임과 동시에 당시의 종교계를 향한 강한 도전의 말씀입니다. 그러기에 생각하게 되는 것은 이것은 비유라기보다는 하나의 정보요, 이미 알려진 사건을 이야기하는 것이라는 말입니다. 다시 말하면 이것은 만들어낸 이야기가 아니고 바로 얼마 전에 있었던 사건이 아니겠느냐는 것입니다. 왜냐하면 그렇게 설명하지 않고는 이 이야기는 성립될 수가 없습니다. 만일 이 이야기가 꾸며낸 이야기라면 이는 제사장과 레위 사람들에 대한 정면적 모독이 됩니다. 따라서 이것은 성직 모독이 되고 무슨 변을 당할지 모르는 엄청난 죄가 되는 것입니다. 저들이 이 말씀에 도전을 받으면서도 아무 말도 못하는 것을 보면 분명 이와 같은 사건이 바로 얼마 전에 있었던 것같습니다. 그리고 일반적으로 다 알고 있는 사건이라는 것입니다. 이제 예수님께서는 이 사건을 들어 그 전말을 이야기하십니다.

"제사장도 지나갔고 레위 사람도 지나갔다. 그런데 너희들이 제일 멸시하는 저 천한 사마리아 사람이 도와주지 않았느냐? 그렇다면 누가 이웃이냐?"하고 말씀하시게 됩니다. 아무래도 당시의 종교계로부터는 큰 반발을 살 수밖에 없는 집중적인 내용을 가지고 있습니다.

그러면 먼저 이 제사장을 한 번 생각해봅니다. 제사장이란 성전에서 봉사하는 사람입니다. 하나님 앞에서 제사를 위해 수종들며 제물을 바치고 제사를 집행하는 성별된 사람입니다. 그러므로 이들 제사장은 항상 마음뿐 아니라 몸도 깨끗이 하여야 합니다. 그러기 때문에 제사를 드리기 전 얼마 동안은 모든 사생활을 버리고 자기를 위한 제사를 드리면서 몸과 마음을 깨끗이 합니다. 그런 다음에야 하나님 앞에 나아가 거룩한 제물을 대신 드릴 수 있는 것입니다. 이처럼 함부로 더럽혀질 수 없는 이 제사장이 지금 제사드리러 가는 길인데 여기에 불한당을 만난 사람이 누워 있습니다. 피투성이가 되어 거의 죽어갑니다. 하지만 성별된 제사장으로서 이 사람을 만지며 돕다가 피를 묻히면 어떻게 되고, 만일의 경우 만지는 중에 죽기라도 하면 시체를 만지는 것이 되는데 그렇게 되면 문제는 더욱 복잡해집니다. 레위기 22장 4~7절에 보면 시체로 부정해진 사람은 해가 질 때까지 성전 안에 들어가지 못하게 되어 있습니다. 이는 해가 질 때까지 부정하다는 종교의식일 뿐만 아니라 위생적이기도 합니다.

이러한 입장의 제사장이 24반차를 따라서 오랜만에 제사를 드리게 되었는데 불쌍한 사람을 돕는다고 피나 시체를 만지게 되는 날에는 모처럼의 기회를 잃게 되는 것입니다. 그러므로 내가 할 중요한 일인 제사드리는 일을 망치면서까지 이 거의 죽은 시체와 같은 사람을 도울 수는 없다고 생각한 것입니다.

이는 "나는 자비를 원하고 제사를 원치 아니하노라"(마 12 : 7) 하신 하나님 말씀의 중요함을 모르는 행위입니다. 그는 불쌍한 이 사람을 돕는 것이 하나님께 양을 잡아 드리는 제사보다도 귀하며 하나님께서 원하시는 제사라는 것을 몰랐습니다. 그 때문에 소와 양을 드리는 형식적인 제사만을 생각하면서 그를 보고 피하여 지나갔다는 것입니다. 성경의 표현대로 피하여 지나갔다는 것은 그래도 양심은 있어서 보고는 되도록이면 더 보지 않으려는 자세로 지나갔다는 이야기입니다.

이제 두 번째로 생각할 것은 레위 사람입니다. 레위 사람은 전적으로 하나님의 성전에 속한 일만 하는 사람입니다. 이들은 제사장과는 달리 성전에 관계된 자질구레한 잡일까지도 맡아하는 성전 봉사자들입니다. 태어나서 죽을 때까지 오로지 성전 봉사만을 하는 전문적인 직업인입니다. 그러므로 오늘 이 구제하고 희생하는 것은 다른 사람의 할 일이니 내가 책임질 것이 아니라는 말입니다. 그러고보면 여기에서 비교되는 두 가지 입장을 발견하게 됩니다. 즉 제사장 쪽에서는 지금 내가 이러한 사람을 도울 때가 아니라는 입장입니다. 다른 시간에 만났더라면 돕겠지만 성전에 제사드리러 가는 처지에서 부정하게 그럴 수는 없다는 것입니다. 이는 시간 문제를 말하는 것이 되겠습니다.

여기에 비해 레위 사람은 이것은 내가 할 일이 아니라는 입장입니다. 그러한 결과 이 두 형태의 사람이 모두 돕지 않고 그냥 지나쳐버린 것입니다. 어찌 생각하면 자기 일에 충실한 사람들입니다. 제사장은 제사장의 일만 하겠다는 것이고, 레위인은 레위인의 일만 하겠다는 것입니다. 결국은 종교적 이유를 구실로 오늘 죽어가는 이 사람을 돕지 않겠다는 것입니다. 저들은 이 시간, 종교적 이유 가운데 가장 근본적인 것이 오늘 이 사람을 구원하는 일이라는 깊은 의미를 망각하고 있습니다.

마지막으로 사마리아사람입니다. 본문에 의하면 그는 그를 보고 불쌍히 여겼다고 하였습니다. '불쌍히 여긴다'는 헬라말 '에스플라그크니스데'는 마음이 뜨겁게 움직이는, 애타는 마음이라는 뜻이 있습니다. 그러니까 보는 순간에 이미 마음이 뜨겁게 움직여져 다른 것 생각할 겨를도 없이 그 사람의 아픔이 나에게도 전달이 됩니다. 그의 고통으로 나의 마음이 아파진다는 것입니다. 이러한 공감대를 가지고 함께 하고자 하는 이것이 불쌍히 여기는 것입니다. 그 사람을 보는 순간 좌우를 가릴 것이 없습니다. 그저 뜨거운 마음으로 부둥켜안는 것입니다. 바로 그러한 마음이 불쌍히 여긴다는 것입니다.

여기 이 사마리아 사람은 불쌍히 여겨서 가까이 갔다고 하였습니다. 불쌍히 여기는 자는 가까이 갑니다. 그로부터 멀어지는 것이 아니라 나도 모르게 몸이 움직여서 다가서게 되는 것입니다. 여기 이 자리에서 무슨 도덕을 따지고 종교를 거론할 것이 없습니다. 무조건, 애타는 마음에서 아예 본능적으로 가까이 가는 것입니다. 그리고 돌보아주었다는 것입니다. 지금 이 순간의 이 사람은 이로 인해 내가 어떻게 될 것인가 하는 자신에 대한 생각은 조금도 없습니다. 다만 내가 도와주지 않으면 저 사람이 어떻게 되겠느냐는 불쌍한 한 생명만을 생각했습니다. 상황을 본다면 그도 불안해하며 복잡한 생각을 하지 않을 수가 없습니다. 본래 위험한 외진 곳이요, 저를 해친 도적들이 어디엔가 숨어 있다가 다시 나타나서 나까지 죽이려든다면 어떻게 하겠는가? 죽어가는 사람 살리려다가 산 사람인 나까지 죽겠다며 빨리 그곳을 빠져나갈 수도 있겠습니다. 그러나 그는 다만 도와줄 뿐입니다. 그를 불쌍히 여겨 가까이 가서 기름과 포도주를 상처에 붓고 싸맨 후 자기가 타고 온 짐승에 태워 주막으로 데리고 가서 정성을 다해 돌보아줍니다. 그리고 이튿날에는 부득불 길을 떠나면서 주인에게 부탁하기를 경비가 더 들면 자신이 돌아오는 길에 갚아줄 것이니 잘 돌보아주라는 것입니다.

이 사람의 마음과 정성으로 보아 계속 거기 머무르지 못하는 것을 보면 대단히 바쁜 사람임에 틀림없습니다. 그럼에도 불구하고 이 불쌍한 사람을 위해서는 할 일을 다하고 자기가 못 다한 일은 다른 사람을 통해서라도 계속 도와줄 것을 부탁하며 그는 갑니다. 다시 말하면 도울 수 있는 만큼, 필요한 만큼, 완전히 살아남을 만큼, 여러 가지 모양으로 책임지고 도왔습니다. 한 번 돌아보고 마는 것이 아니라 끝까지 다른 사람을 통해서라도 돌아보게 해서 그 일에 책임을 집니다.

이제 결론은 여기에 있습니다. 예수님께서 율법사에게 묻기를 "이 세 사람 중에 누가 강도 만난 자의 이웃이 되겠느냐?"고 하십니다. 이에 율법사는 "자비를 베푼 자니이다" 하고 대답하게 됩니다. 이때에 예수님께서 하시는 말씀이 "가서 너도 이와 같이 하라"는 것입니다. 이것이 결론의 말씀입니다.

여기에서 우리가 오해하기 쉬운 것이 있습니다. 그것은 강도 만난 사람을 사마리아 사람의 이웃으로 생각하기 쉽다는 점입니다. 이는 흔히들 일반적으로 불쌍한 사람을 돕는 것이 이웃을 돕는 것으로 이야기하고 있기 때문인데, 오늘 본문은 그러한 이야기가 아닙니다. 오히려 그 반대로 강도 만난 자의 이웃이라는 데 초점이 있습니다. 그리고 여기에서 놓치지 말아야 하는 강조점은 사마리아 사람이라는 것입니다. 아마도 여러 모로 생각컨대 이 강도 만난 사람은 유대 사람이라는 추측이 가능해집니다. 그렇다면 이 사건을 통한 교통은 유대 사람과 사마리아 사람을 이웃되게 만들었습니다. 만약 그렇지 못하고 지금 이 유대 사람이 감기쯤 걸렸다고 상상을 해봅시다. 그리고 사마리아 사람이 와서 무엇인가 돕겠다고 했다면 어떻게 하였겠습니까? 보나마나 겉으로가 아니면 속으로라도 "에이, 부정하다" 하며 핀잔을 주어 쫓아보냈을 것입니다. 그런데 꼼짝 못하고 죽을 지경이 되었으니 이 사랑을 고맙게 받아들이는 것입니다. 이 극한의 고통이 상대가 사마리아 사람이라는 것을 잊어버리게 하고 그 강한 민족의식, 자기 우월의 벽을 깨뜨리게 하여 사마리아 사람의 진실된 사랑을 받아들이게 해주는 것입니다. 이렇게 하여 이웃이 됩니다. 이제 강도 만난 자에게 선한 사마리아인이 이웃이 됩니다. 그러므로 강조하여 말씀드리는 것은 단순한 마음으로 돕고, 단순한 마음으로 받아들이라는 것입니다. 그리고 이웃을 삼으라는 것입니다.

사마리아 사람을 이웃으로 맞아들이게 되면 거기에 생명이 있고, 구원이 있으며 영생이 있다는 말씀입니다. 잘난 사람, 못난 사람, 과거가 어떻고 현재가 어떻고 하는 것을 문제삼을 것이 아니라 고난 중에서 서로 돕고 사랑하는 거기에 이웃이 있습니다. 이렇게 사는 사람이 선한 사마리아 사람입니다. 그러므로 자기 우월의 벽을 깨뜨리기 전에는 이 사마리아 사람의 진정한 사랑을 받아들일 수가 없습니다.

오늘도 보면 사랑하는 것도 중요하지만 사랑을 받아들일 줄 몰라서 문제되는 것이 많습니다. 얼마나 잘났고 까다로운지 그 우월감 때문에 이웃이 없습니다. 나를 돕는 그의 마음을 깨끗하게 받아줄 수 있어야 합니다.

그리고 이제 본문 27절에 기록된 "네 마음을 다하며 목숨을 다하며 힘을 다하며 뜻을 다하여 주 너의 하나님을 사랑하고 또한 네 이웃을 네 몸과 같이 사랑하라" 하신 그 말씀의 뜻을 알 것같습니다.

마지막으로 여기에는 신학적인 중요한 문제가 담겨져 있습니다. 결국 이 말씀을 하시는 예수님의 의도는 이 선한 사마리아 사람과 예수님 자신을 동일시하고 있다는 점입니다. 이 율법사가 예수님께 나와 질문하는 것은 예수님을 잘 모르고 하는 짓이 아닙니다. 병 고치심, 불쌍한 사람을 돌보심, 기적, 말씀의 권위 등 듣고 보아서 잘 알고 있습니다. 그러면서도 까다롭고 복잡하게 생각하는 것입니다. "정말 메시아인가, 아닌가? 죄인의 친구로 많은 사람의 비난을 받는 사람, 갈릴리의 무식한 사람, 저의 목적은 도대체 무엇인가?" 등 마음에 걸리는 것이 한두 가지가 아닙니다.

이에 예수님께서 말씀하시는 것입니다. 내가 바로 선한 사마리아 사람이다. 강도 만난 것과 같은 너희들을 내가 돕고 있는데 무엇이 그렇게도 가릴 것이 많으냐?는 말씀입니다. 곧 내가 너희의 이웃이 아니냐는 것입니다. 이것이 오늘 말씀의 핵심이요, 복음의 핵심입니다. 도대체 복음을 받아들이고 하나님의 사랑을 받아들이는 데에도 언제까지 까다롭게 시시비비 하겠다는 것입니까? 어느 정도가 되어야 깨끗한 마음으로 받습니까? 기어이 강도를 만나서 거반 죽게 되어야 순수한 마음으로 복음을 받아들입니다. 그제야 이웃을 맞이합니다. 마찬가지로 예수 그리스도를 이웃으로 맞이한 그때에야 영생을 알게됩니다. 이 얼마나 분명한 말씀입니까? 예수님 자신이 비난받고 멸시받는 사마리아 사람으로 동일시되시면서, 또한 강도 만난 자를 돕는 주인공임을 친히 말씀하시는 것입니다. "이래도 내가 너희의 이웃이 아니냐?"는 말씀입니다. 그러므로 예수 그리스도를 선한 이웃으로 영접할 때에 비로소 영생을 얻게 됩니다. 따라서 "가서 너도 이와 같이 하라", 그러면 영생을 소유하게 될 것이라는 주님의 말씀입니다.

어리석은 부자

또 비유로 저희에게 일러 가라사대, "한 부자가 그 밭에 소출이 풍성하매 심중에 생각하여 가로되, '내가 곡식 쌓아 둘 곳이 없으니 어찌할꼬?' 하고, 또 가로되, '내가 이렇게 하리라. 내 곡간을 헐고 더 크게 짓고 내 모든 곡식과 물건을 거기 쌓아 두리라.' 또 내가 내 영혼에게 이르되, '영혼아, 여러 해 쓸 물건을 많이 쌓아 두었으니, 평안히 쉬고 먹고 마시고 즐거워하자' 하리라 하되, 하나님은 이르시되, '어리석은 자여, 오늘 밤에 네 영혼을 도로 찾으리니 그러면 네 예비한 것이 뉘 것이 되겠느냐?' 하셨으니, 자기를 위하여 재물을 쌓아 두고 하나님께 대하여 부요치 못한 자가 이와 같으니라."

(누가복음 12:16~21)

어리석은 부자

　예수님께서 하시는 말씀의 중심 주제는 언제나 하나님의 나라입니다. 그런데 오늘 성경에서는 예수님의 말씀을 듣고 있던 사람 중에 예수님께서 하시는 말씀과는 전혀 상관없는, 참으로 어처구니없는 생각을 하고 있는 한 젊은이를 보게 됩니다. 본문에서 몇 절 더 거슬러올라가 13절부터 보게되면 오늘 예수께서는 왜 이 비유를 말씀하시게 되었는가 하는 그 동기와 내용의 맥락이 설명되어 있습니다. 지금 예수님께서는 하나님의 나라에 관한 이야기를 하고 계시는데 여기 한 젊은이는 그 하나님의 나라에는 관심을 갖지 아니하고 땅의 일을 생각하면서 말씀을 듣는 중에 예수님께 너무나도 엉뚱한 부탁을 해온 것입니다.
　성경에 의하면 부탁의 내용인즉 "내 형을 명하여 유업을 나와 나누게 하소서" 하는 것입니다. 그 젊은이가 보기에 예수님께서는 놀라운 이적을 행하시고 지혜와 지식의 말씀이 무궁무진하며 그 권위가 대단한 분이시니, 저 정도면 고집스러운 우리 형님도 충분히 설득시킬 수 있겠다는 생각이 든 것입니다. 그래서 지금 자기와 형님과는 재산 문제로 싸우고있는 중인데 예수님께서 자기 형님에게 잘 말씀해 주시면 자기 몫의 유산을 나누어주지 않겠는가 하고, 이제 예수님을 재산 나누는 재판관으로 모시려는 것입니다. 그러니까 이 사람은 예수님의 말씀을 열심히 듣다가 기껏 생각한 것이 그것입니다. 여러분! 만약에 지금 예수님께서 오셔서 말씀하신다면, 그리고 그 앞에 내가 앉아서 말씀을 듣는다면, 그 시간이 얼마나 귀중한 시간이겠습니까? 역사상 한 번뿐이요 일생에 한 번 있는 기회에 가장 귀한 말씀을 듣게 되었는데 고작 생각한다는 것이 재산 나누는 문제라면 그 얼마나 유감스러운 일이겠습니까? 그러나 이 사건은 있었고 오늘 우리에게까지 이렇게 전해지고 있습니다. 뿐만 아니라 이 이야기는 먼 옛날의 남의 이야기로 끝나지 않고 오늘날에도 이러한 생각을 하는 사람이 많이 있습니다. 그래서는 하나님의 말씀을 그 의도와 주제에 따라서 듣지 못하고 자기의 의견과 고집에 집착해서 자기 중심으로 생각해버리고 마는 심령들을 볼 수 있습니다.

그런데 오늘 본문에 나타난 이 젊은이는 아마도 그 아버지가 유산 처리를 제대로 못한 채 세상을 떠난 것같습니다. 그랬으면 형님이 마땅히 동생 몫을 나누어 주어야겠는데 차일 피일 날짜만 보내고 주지를 않는 것입니다. 만약 아들이 형제뿐이라면 3분의 2는 형님이 갖고 3분의 1은 동생이 갖는 것이 정당한 방법인데, 누구한테 부탁을 하여도 욕심 많은 형님의 마음을 설득시킬 수가 없었던 것입니다. 그러던 중에 예수님을 보자마자 "아! 저러한 분이면 되겠다" 싶어서 예수님께 부탁을 합니다. 더욱 재미있는 것은 '재산을 나누는 데 좀 도와주십시오' 하는 내용이 아니라, "형님을 명해서" 유업을 나와 나누게 해달라는 부탁입니다. 이 얼마나 어처구니없는 잘못된 이야기입니까? 예수님의 생각은 상관할 바 없이 완전히 자기 중심적입니다.

그럴 때에 예수님께서 하신 대답이 "삼가 모든 탐심을 물리치라"고 하시면서 오늘 주신 비유를 말씀하시게 됩니다. 그리고 비유에 들어가시기 전에 중요한 격언으로 "사람의 생명이 그 소유의 넉넉한 데 있지 아니하니라"고 말씀하셨습니다.

여기에서 "생명"이라고 말씀하신 것은 단순히 살고 죽고의 그러한 뜻만이 아닙니다. 조금 더 넓게 의역하면, 사람의 행복이 소유의 넉넉한 데 있는 것이 아니라는 말입니다. 사람이 사람답게 사는 것은 소유의 넉넉한 데 있는 것이 아니라는 것입니다. 가난해도 행복한 사람이 있고 부유해도 죽기 직전으로 고민스러운 사람이 있다는 것입니다. 그러니 사람이 사람답게 사는 삶의 길이 그 소유의 많고 적음에 있는 것이 아니라는 말씀입니다. 이 말씀에 이어 이제 예수님께서는 비유를 말씀하시게 되는데, 앞에서도 그랬듯이 말씀의 목적과 주제를 쉽게 파악하기 위하여 본문의 마지막 부분, 즉 결론부터 먼저 이해할 필요가 있겠습니다. 그런 후에 다시 돌아와 본문을 보게되면 본뜻을 보다 쉽고 분명하게 알 수가 있습니다.

그러기 위하여 오늘 본문의 마지막 절을 보노라면 "자기를 위하여 재물을 쌓아두고 하나님께 대하여 부요치 못한 자가 이와 같으니라"고 기록되어 있습니다. 자기에 대해서는 쌓아두고 하나님께 대해서는 아무것도 쌓아둔 것이 없는 사람! 하나님께 대하여 부요치 못한 사람! 그 사람이 이와 같다는 것입니다. 이 얼마나 중요한 말씀입니까? 그러므로 오늘 본문의 주제는 자기를 위하여 재물을 쌓아두는 어리석음을 떠나 하나님께 대하여 부요한 자가 되라는 것입니다.

그러면 이제 본문의 시작으로 돌아가봅시다. 한 젊은이가 자기 몫의 재산이 돌아올 수 있도록 예수님께서 도와주시기를 바랍니다. 지금 이 젊은이의 마음은 재산에 있고 그 재산에 대한 탐심은 곧 부자가 되는 것이 목적입니다. 이를 아시는 예수님께서 "너는 재산으로 인해 부자가 되려고 하는데 굳이 형님이 안주겠다는 재산, 그렇게 달라고 안달할 것 없다. 안 주겠다면 그만두고 아예 이 세상적인 것에 대해서 부자가 되겠다는 생각은 이제 버리고 하나님께 대한 부자가 되어야 하지 않겠느냐"는 말씀입니다. 직접 이 청년을 향하여 하신 말씀이고 보면 180도 전환의 가치관, 인생관을 요구하신 말씀이 되기도 합니다. "부자"라면 어떤 부자를 말하는 것입니까? 물질로의 부자입니까? 하나님께 대한 신령한 면에서의 부자입니까?

우리의 주변을 보면 물질 면에서는 대단한 부자이지만 정신적으로는 아주 빈곤한 사람이 있습니다. 돈은 많으나 인품이 없으면 그것처럼 목불인견은 없습니다. 정신적인 것은 하루아침에 채워지는 것이 아닙니다. 머리도 가슴도 텅텅 비었는데 돈이 많다고 부자랍니다. 그리고는 입만 열면 나오는 것이 천박한 상소리인데 무슨 부자란 말입니까? 비록 초라한 차림을 하고 생활은 어려워도 교양과 인격에 있어서 훌륭하게 부한 사람이 있지 않습니까? 그렇다면 여러분은 어느 편을 택하시겠습니까? 하기야 가능하다면 둘다 가지면 오죽이야 좋겠습니까만 그게 그렇게도 힘든 것인가봅니다. 그 때문에 옛날부터 청빈낙도(淸貧樂道)라고 했습니다. 그런가하면 한 계단 더 올라가 신령한 면에서 볼 때 하나님의 말씀과 은혜에 있어서 부자가 있습니다. 모든 것을 감사할 줄 아는 사람, 그러한 사람이 영적인 부자입니다. 부자란 어떤 것입니까? 부자란 풍족한 사람이라는 뜻이요, 따라서 만족해하는 사람입니다. 부자는 아쉬워하는 것이 없어야 부자입니다. 그런데 어떻습니까? 너무 빈 것이 많아서 채우고 채워도 끝이 없답니다. 이를 경계해서 우리는 이런 말을 합니다.

자기가 가진 것을 족한 줄로 알고 자기가 가진 물건이 제일 좋은 것으로 아는 사람이 제일 큰 부자라고요. 그런가하면 자기가 가진 것을 족한 줄 모르고 시종일관 남의 물건만 좋아하며 관심을 갖는 사람이 있습니다. 이 사람은 가지고 또 가져도 부하지 못할 사람입니다. 음식을 먹어도 자기집 음식이 제일 좋은 것으로 만족해하는 그 사람이 부자입니다. 김치 하나를 먹으면서도 아무개의 집 김치를 생각하는 사람이라면 그는 참으로 가난한 사람이 아닐 수 없습니다. 왜냐하면 그는 자기 집에서는 김치 하나도 만족하게 못얻어먹고 다니는 신세이기 때문입니다.

특별히 요즈음 자가용 시대를 맞아 어떤 이는 꽤 좋은 차를 타고 다니면서도 더 좋은 차를 갖지 못해서 계속 불만입니다. 자가용 없는 사람이 더 많은 세상에서 가지고도 불만이라면 그는 분명 가난한 사람이요, 그 버릇 가지고는 죽을 때까지 가난합니다. 그야말로 빌어먹을 팔자에 지나지 않는 것입니다.

이스라엘 사람들의 격언 중에 사람에게는 자기 밥 먹는 사람과 빌어

먹는 사람의 두 부류가 있다고 합니다. 자기 밥 먹는 사람은 부자이고, 빌어먹는 사람은 거지입니다. 부자는 배가 부르나 거지는 배가 고픕니다. 어쩌다 한 번 배고픈 것이 아니라 먹어도 먹어도 배고픕니다. 그러니 거지 팔자가 아니고 무엇이겠습니까? 이것은 아주 생리적으로 거지입니다. 참으로 생각할수록 심각한 문제가 아닐 수 없습니다. 대개 문제가 있어서 찾아오는 사람들을 보아도 제가 보기에는 많은 사람들이 부러워하는 사람입니다. 그만하면 세상 사람들도 상팔자라고 불러주겠는데 뭐가 그렇게 불평이 많습니다. 그래서 "도대체 무엇을 더 바라고 왜 그러느냐?"고 물으면 "글쎄, 그것을 모르겠어요"라고 말합니다. 그러길래 그것은 병이라고 말해주었습니다. 병자가 따로 있는 것이 아닙니다. 고질적인 그 병을 가진 줄 모르는 그것이 병입니다. 아무리 먹어도 계속 배가 고프니 병자입니다.

오늘 비유의 이 부자는 병리적인 부자입니다. 농사가 아무리 잘되고 창고가 모자랄 정도가 되어도 아직도 부족합니다. 그러니 이는 불쌍한 부자란 말입니다. 우리는 본문에서 이 사람의 가난하고 불쌍한 모습을 보게 됩니다. 하나님께서는 그를 지적하여 어리석은 자라고 말씀하셨습니다. 그의 어리석음이 무엇입니까?

첫째로 그는 그 풍성한 소출에 대한 한 마디의 감사도 없이 "쌓아둘 곳이 없으니 어찌할꼬" 하며 오히려 걱정하고 있는 것입니다. 소출이 많다고 계속 쌓아두기만 하면 어떻게 되겠습니까? 본래 곡식이란 적당히 있어야지 너무 많아도 걱정인 것입니다. 미국같은 나라에서는 잉여 농산물 때문에 대단히 골치를 앓습니다. 한번은 제가 직접 목격한 것인데 굉장히 넓은 밭을 금년에는 정부에서 농사하지 말라고 했다는 것입니다. 그 대신 농사의 수확으로 생길만큼의 돈을 정부가 마련해주는 것입니다. 만약 그러지 않고 계속 농사를 지어 물량이 쌓이게 되면 농산물값이 헐값이 되고 그 때문에 농민이 망하게되면 다음 해 농사는 누가 하겠습니까? 그러기에 농민이 망하지 않게 하려면 나라에서 사들여야 합니다. 그런데 이렇게 많은 돈을 들여 사들인 곡식을 둘 데가 없어 또 걱정입니다. 그래서는 번거로운 과정을 거쳐 바다에 버리기도 하고 기름을 빼낸 굴에 집어넣는 등 그 처분하는 일이 보통 문제가 아닙니다. 그러니 돈으로 줄 테니까 제발 농사하지 말고 쉬면서 여행이나 다니며 즐기라고 한다는 것입니다.

여러분! 알고보면 이 식량이란 것은 만나와 같은 것입니다. 예수님의 말씀처럼 일용할 양식입니다. 그저 해마다 생기는 것입니다. 적당히 농사해서 적당히 먹게 되어 있는 것입니다. 만나와 같이 그날그날 걷어 먹어야 신선하고 좋은 것을 먹게 되는 것이 아니겠습니까? 지금 우리의 형편이 모자란다, 모자란다 하면서도 묵은 쌀을 먹게 되는 것은 결국 햅쌀은 저장하고, 저장했던 묵은 쌀을 먹는 것입니다. 아무튼 저장한다는 것은 쉬운 일이 아닙니다. 그리고 저장한다손치더라도 오래 가지를 못합니다. 그러고 보면 이 부자가 쌓아둘 곳을 걱정하는 것은 당연한 생각입니다. 그러나 문제는 여기에 있습니다. 나누지 않고 쌓아두려고 하니까 쌓아둘 곳이 없고, 저장의 문제가 생기더란 말입니다. 하나님께서는 필요한 만큼 주셨는데 어떤 사람은 너무 많이 가져서 문제이고, 어떤 사람은 배가 고파서 아우성입니다. 지금도 이디오피아에서는 천만 명이 굶어 죽었다고 합니다. 실로 21세기를 준비하는 인간으로서 엄청난 이야기입니다. 우리 모두가 텔레비전의 화면을 통해서 생생하게 볼 수 있었던 그 비참한 모습, 이 순간에도 지구의 한 모퉁이에서는 계속 굶어 죽어가고 있습니다. 그런가하면 어느 나라에서는 농산물이 남아돌아 버리기에도 골치를 앓고 있다는 말입니다.

이것이 바로 현대 사회의 문제요, 세계인류의 문제이며, 오늘 우리 사회의 문제입니다. 한편에서는 너무 과다한 영양 섭취로 비대해진 살을 빼느라 이런 저런 운동을 하며 야단이고, 다른 한편에서는 영양실조로 쓰러져 가고 있으니 이것이 어리석은 것입니다. 인간은 본래 같이 나누어

먹고 함께 살도록 되어 있는 존재입니다. 자기 생각만을 했기 때문에 저장할 곳을 찾지 못하는 것입니다.

예수님께서는 말씀하시기를 "너희를 위하여 보물을 땅에 쌓아두지 말라. 거기는 좀과 동록이 해하며 도적이 구멍을 뚫고 도적질하느니라. 오직 너희를 위하여 보물을 하늘에 쌓아두라. 저기는 좀이나 동록이 해하지 못하며 도적이 구멍을 뚫지도 못하고 도적질도 못하느니라"(마 6:19~20)고 하셨습니다. 보물을 하늘에 쌓아두라고 하셨습니다. 하늘에 쌓아두면 간단히 끝날 것을 땅에 쌓아두겠다니 문제가 많은 것입니다. 집에 보화가 많은 사람은 걱정이 많습니다. 그것 때문에 잠도 깊이 못자고 집을 비우지 못해 교회 출석도 안하고 맙니다. 그런데 요즈음세상같아서야 집을 지킨다고 무슨 소용이 있습니까? 마음놓고 부수고 들어와 죽이고라도 가져가겠다는데 앉아서 지킨다고 지켜지는 것이 아닙니다. 그러니까 제일 좋은 것은 문을 열고 살 수 있으면 좋고 또한 도둑이 와도 가져갈 것이 없는 집으로 아예 소문이 나면 그 이상 좋을 것이 없습니다. 그렇게 사는 것이 지혜롭게 사는 것입니다. 어차피 땅 위에는 쌓아둘 곳이 없습니다.

스위스 은행을 능가하는 그 어디에도 둘 곳은 없습니다. 오직 하늘에 쌓을 것입니다. 이것은 하나님께 꾸이는 것이요, 영원히 보존될 유산이 되는 것입니다. 곧 구제하는 것은 하나님께 꾸이는 것입니다. 재물이란 잘 벌어야 하고 잘 지켜야 하며 그리고 잘 써야 합니다. 그러나 여기 이 사람은 그것을 모르고 있었기 때문에 어리석은 사람입니다.

그리고 두 번째로 이 사람이 어리석다는 것은 자기의 영혼이 자기가 마음대로 할 수 있는 자기의 것이 아니라는 사실을 모른다는 것입니다. 19절에 보면 어리석게도 "내 영혼에게 이르되 영혼아 여러 해 쓸 물건을 많이 쌓아두었으니 평안히 쉬고 먹고 마시고 즐거워하자 하리라" 하며 대단히 근사한 말을 하고 있습니다. 하지만 이것은 통할 수 있는 이야기가 아닙니다. 내 영혼이라고 해서 내가 이야기할 수 있는 것이 아닙니다. 처음부터 내 영혼은 나의 것이 아니었습니다. 그 다음 20절에 기록된 하나님의 말씀을 보면 "오늘 밤에 네 영혼을 도로 찾으리니"라고 하셨습니다. 영혼의 주인은 하나님이십니다. 내 생명은 내가 주장하는 것이 아니란 말입니다. 그뿐만 아니라 물질로 인해서 주장되는 것도 아닙니다. 지금이라도 오라면 가야지요. 단 1분도 연기 신청은 못하는 것입니다. 그런데 이런 영혼을 두고 감히 이러자, 저러자 하겠다는 것입니까? 더욱이 "여러 해 쓸 물건"이라고 하였는데 그 여러 해는 누가 보장한 여러 해입니까?

잠언 27장 1절에 보면 "너는 내일 일을 자랑하지 말라. 하루 동안에 무슨 일이 날는지 네가 알 수 없음이니라"고 했습니다. 참으로 하루 동안에 무슨 일이 일어날지 모르는 인생입니다. 얼마 전에도 건강한 어떤 부인이 계산대 앞에서 손님으로부터 웃으면서 돈을 받는 중에 그 자리에서 숨을 거두었다고 합니다. 이런데도 여러 해를 말할 수 있겠습니까? 게다가 영혼을 향하여 먹고 마시고 즐거워하자고 하는데, 영혼이 즐거워하는 것은 먹고 마시며 즐기는 것이 아니더란 말입니다. 이 사람의 생각이 여기에 머물고 있으니 어리석다는 것입니다.

이제 세 번째로 어리석다는 것은 인간 존재는 영혼의 유무에 있고 육체의 움직임이 영혼의 지배하에 있다는 사실을 모른다는 것입니다. 다시 말하면 영혼이 육체 속에 있으므로 살아 있다는 것, 그리고 물질은 그 뒤에 따르는 것임을 알지 못하였습니다. 물질이 모든 문제의 해결책이라고 생각하는 유물사관, 물질 중심의 그 세계관이 바로 어리석은 것입니다. 물질만 있으면 모든 문제가 다 해결될 줄 알았는데 그것이 아니더란 말입니다. 그 뒤에 오는 남은 문제가 더 크고 중요하건만 어리석은 이 사람은 그것을 모르고 있습니다. 이제 하나님께서 말씀하십니다.

"어리석은 자여, 오늘 밤에 네 영혼을 도로 찾으리니 그러면 네 예비한 것이 뉘 것이 되겠느냐?" 이 얼마나 비참한 이야기입니까? 끝내는 이 물질이 내 것이 안되고 만다는 사실입니다. 지금 나에게 있다고 내 것으로 있는 것이 아닙니다. 언젠가는 없어지고 말 것입니다. 이 물질 또한 처음부터 내 것이 아니었습니다. 단지 지금 나에게 맡겨져 머무르고 있을 뿐입니다. 얼마 후에는 내 것이 아니될 것입니다. 그러므로 본래도 내 것이 아니요, 장차도 내 것이 아닙니다. 그것을 모른다면 분명 어리석은 사람입니다. 물질이 무엇인가도 모르면서 물질을 위해서 살고 물질을 벌어들이며 물질을 저장하고 있으니 어리석은 것입니다. 스스로 속고 있는 것입니다. 끝내는 아무리 발버둥쳐도 이것은 내 것이 아닙니다.

저는 가끔 대리석에 새겨진 커다란 문패를 볼 때마다 아무래도 너무 든든하게 붙였다는 생각을 하게 됩니다. 그냥 간단하게 써붙였다가 쉽게 뗄 것이지 그렇게 대리석으로 고정까지 시켜놓으면 어쩌자는 것입니까? 차라리 어떤 집처럼 종이로 써 붙이는 것이 잘하는 것이라는 생각이 듭니다. 또 어떤 사람들은 책 한 권을 가지고도 무슨 보화나 되는 것처럼 사자마자 이름 써놓고 다른 사람 보는 것도 꺼려합니다. 이름 많이 써놓은 책은 뒤에 도서관에 기증을 해도 복잡합니다. 아무 물건에나 이름 써넣는 것 즐겨할 것이 아닙니다. 내 이름 썼다고 내 것 되는 것이 아닙니다. 비록 현재에 내것이라 할지라도 이 사람 저 사람 돌아가면서 같이 쓸 것입니다. 그러다가 모자라고 닳아지면 그만두는 것입니다.

오늘 성경이 무엇이라고 말씀하셨습니까? "네 예비한 것이 뉘 것이 되겠느냐?"고 하셨습니다. "아무리 아끼며 감추고 쌓아두어도 네 영혼을 도로 찾으리니 그것이 뉘 것이 되겠느냐? 누구의 것이 될지도 모르는 것을 가지고 창고만 넓히며 앉았는 이 어리석은 인간아!" 하십니다. 그러기 때문에 그리스도인의 물질관은 첫째로, 물질은 비목적이어야 합니다. 어떠한 경우에도 물질은 목적이 될 수는 없습니다. 둘째는, 비우상화입니다. 물질을 우상으로 섬겨서는 안됩니다. 그리고 셋째가, 물질을 죄악시해서는 안된다는 것입니다. 물질은 결코 악한 것이 아닙니다. 하나님께서 주신 대단히 귀한 것입니다. 마지막 넷째는, 물질은 잠시 동안 맡아 있는 청지기적인 것이라는 이해입니다. 내것이 아닌 것을 지금 임시로 맡아 있다는 말입니다.

제가 알고 있는 훌륭한 목사님 한 분이 있습니다. 그 분은 6·25를 만나 자기의 모든 것을 버리고 피난을 가면서도 선교사가 맡기고 떠난 돈 얼마는 기어이 가지고 다니며 보관했다가 6·25가 끝난 다음에 선교사에게 그대로 갖다 바쳤습니다. 깜짝 놀란 선교사가 "그 난리통에서 어떻게 도로 가져오셨습니까?"고 말할 때에 이 목사님은 "내 것이 아닌데 왜 내가 쓰겠습니까?" 했다는 것입니다. 그 많은 재산을 버리고 가면서도 남의 것이기 때문에 가지고 다녔습니다. 남의 것을 소중히 여길 줄 모르는 사람은 격 이하의 인간입니다. 내 물건이야 없어져도 좋고 버려도 좋지만, 남의 물건이기 때문에 소중하고 책임이 큽니다. 이것은 버려서는 안되는 것입니다. 내 몸도 내것이 아니기 때문에 소중히 여겨야 합니다. 이것은 하나님의 것입니다. 내 물질도 내 것이 아닙니다. 그러기에 오히려 더 소중한 것입니다. 내 자식, 내 건강, 이 모두가 다 하나님의 것입니다. 그런데 이 어리석은 부자는 자기의 것이 될 수 없는 것을 될 수 있다고 생각하였습니다. 사실 우리가 자기의 것이라고 할 수 있는 것은 먹어버린 그것뿐입니다. 그것 외에는 내 것이라고 보장된 것은 아무것도 없습니다. 냉장고에 넣어둔 음식이 가득하다 할지라도 오늘 저녁을 다시 먹을 수 있을는지, 아니면 그 전에 인생이 끝나버리는지 누가 알겠습니까!

우리는 하나님의 것입니다. 나아가서는 우리 모두의 것입니다. 그러므로 다같이 나누어 쓰도록 되어 있고 또한 그래야 합니다. 이것을 알고 쌓아둘 곳을 찾아야 합니다. 모두를 위해 쌓아둔다는 것은 모두를 위해 쓴다는 말입니다. 나만을 위해 쌓아둔다는 것은 죄가 됩니다. 경제에 있어서도 '순환경제' 라는 말이 있듯이 축적은 좋은 것이 아닙니다. 요즈음 우리 사회의 형편이 어렵다보니 자꾸만 저축을 강조하지만, 반드시 그런 것만도 아닙니다. 사실 쓰지 않으면 막히고마는 것이니까 큰 일이 나게 마련입니다.

　마지막으로 알아야 될 것은 하나님께 대하여 부요치 못한 자의 어리석음입니다. 자기를 위해서는 쌓고 쌓으면서도, 하나님의 나라를 위해서는 너무나도 인색합니다. 내 아들, 내 명예를 위해서는 10만 원, 100만 원도 아까울 것이 없는데 하나님의 나라를 위해서는 그렇게도 벌벌 떱니다. 진실로 두려운 마음으로 깊이 생각해보아야 합니다. 우리의 생활에 비추어 나는 하나님께 대하여 얼마나 부요한 자인가를 말입니다. 언제나 하나님의 일에 대한 것과 내 자신을 위한 것과의 밸런스를 맞춰보아야 합니다. 제가 인천에서 목회를 하면서 예배당을 짓는 중에 약속한 헌금이 수금이 잘 되지 않아 공사에 어려움을 겪었던 적이 있습니다. 그 일 때문에 많은 기도를 하는 가운데 어느 날 이러한 말씀을 한 번 했습니다.

　"만약 내 아들이 병원에 입원을 하여 수술을 받아야 할 형편이라면 돈 없다고 수술받지 않겠습니까? 빚을 내어서라도 수술을 받는 것이 우리 인간의 일일진대 하물며 지금 하나님의 집이 이 모양이 되었는데 빚 좀 내면 안되겠습니까?" 하여 빚내기 운동을 전개하게 되었습니다. 그 결과 헌금이 들어와서 무사히 예배당을 완성할 수 있었습니다.

　하나님의 일을 다 쓰고 남으면 그때에야 하겠습니까? 분명히 알아둘 것은 그러한 찌꺼기는 하나님이 원치 않으십니다. 진정 우리의 마음 한 구석, 생활 한 구석이 뚝 떨어져 나가는 것같은 그 무엇이 있어져야 합니다. 어쩌다가 부스러기 돈 좀 생기면 그때에 하나님의 일을 하겠노라 한다면, 그는 여전히 가난합니다. 그래 가지고는 하나님의 사업도, 하나님의 교회도 여전히 가난합니다. 예수님께서는 말씀하십니다. "자기에 대해서는 부요하고 하나님께 대해서는 가난한 자가 이와 같으니라! 이와 같이 어리석으니라!"고 하십니다.

열매 없는 무화과

 이에 비유로 말씀하시되, "한 사람이 포도원에 무화과나무를 심은 것이 있더니, 와서 그 열매를 구하였으나 얻지 못한지라. 과원지기에게 이르되, '내가 삼 년을 와서 이 무화과나무에 실과를 구하되 얻지 못하니 찍어버리라. 어찌 땅만 버리느냐?' 대답하여 가로되, '주인이여, 금년에도 그대로 두소서! 내가 두루 파고 거름을 주리니 이 후에 만일 실과가 열면 이어니와 그렇지 않으면 찍어버리소서' 하였다" 하시니라.

(누가복음 13:6~9)

열매 없는 무화과

오늘 본문은 무화과나무에 대한 비유입니다. 어쩌면 비슷하게 느껴질지도 모르는 저주받은 무화과나무에 대한 이야기가 마태복음 21장과 마가복음 11장에 기록되어 있습니다. 그러나 그것은 엄연히 나타난 하나의 사건임에 비해 오늘 본문의 내용은 나타난 사건이 아닌 비유입니다.

이 무화과나무는 우리나라 중부 지방에서는 보기 힘든 나무이지만 남쪽 지방에서는 제법 흔하게 볼 수 있는 과수입니다. 특별히 전남의 해안 가까운 지역에서는 대단위 산지가 형성되어 있는 것과 그 가공도 기계화되어 있는 것을 볼 수 있습니다. 그런데 이 무화과나무는 몇 가지의 특징을 가지고 있습니다. 첫째, 무화과나무는 관상용 나무가 아닙니다. 그 모양이나 자라는 모습에서 아름다움을 느낄 수가 없는 볼품없는 나무입니다. 그리고 또 한 가지 특징은 재목으로 쓸 만한 나무도 못됩니다. 적어도 나무라면 곧게, 아니면 굵게라도 자라야 쓰일 데가 있을 텐데 무화과나무는 이리 저리 틀어지며 제멋대로 옆으로 퍼져 아무 데에도 쓰지를 못합니다. 나무들 중에는 비록 재목으로 쓸 만한 것은 못되더라도 아름다운 꽃을 피워 사람을 즐겁게 해주는 것이 있는가 하면 푸른 빛의 건장한 모습으로 몸과 마음에 휴식을 주는 나무들이 있습니다.

그런데 이 무화과나무는 나무 자체의 볼품도 없고, 아름다운 꽃도, 향기도 없습니다. 그렇다면 이 무화과나무의 존재 목적은 어디에 있겠습니까? 그것은 단 한 가지 열매입니다. 꽃도 나무도 아닌 오직 열매만을 위해 존재하는 나무입니다. 그 때문인지 이 무화과나무는 많은 수고를 하지 않아도 잘 자라고 열매도 많이 맺히는 것이어서 이스라엘 사람들은 길가에도 심어두고 지나가다가 시장할 때면 이 무화과를 따 먹게 된다고 합니다.

이와 같이 무화과나무의 존재 목적은 열매를 맺는 데 있습니다. 그러한 의미에서 모든 존재에는 반드시 목적이 있고, 그 목적은 곧 그 존재의 가치를 결정합니다. 따라서 목적이 없는 것은 가치 또한 없는 것입니다. 그러기에 귀한 목적이 있다면 투자할 만한 가치가 있는 것이며 희생도, 수고도 할만합니다. 그러나 그 최종 목적이 불분명하고 시원치 않다면 그것을 위해 수고하는 것처럼 어리석고 허무한 짓이 없을 것입니다. 또한 어떤 목적을 두고 열심히 수고해왔는데도 그 결과가 목적과 같지 않다면 그 실망과 피곤함은 대단한 것입니다. 이 때문에 정성들여 키운 자식이 잘못되면 부모의 마음이 아픕니다. 가을의 추수를 위해 봄부터 뜨거운 햇살도 가리지 않고 열심히 일해왔건만 그 수확이 변변치 못하면 농부의 실망감과 피곤은 더욱 무겁게 쌓입니다. 그러므로 결과가 목적을 배신하게 될 때 실망하고 낙심하며 피곤하게 됩니다. 그렇다면 그와는 반대로 아무리 많은 수고를 하더라도 좋은 결과, 좋은 열매만 얻을 수 있다면 그 수고는 결코 무거운 수고가 되지는 않을 것이라는 말씀입니다. 여기서 우리가 깨달아야 될 본문 말씀의 중요한 진리가 있습니다.

그것은 무화과나무를 심은 목적이 열매를 얻는 데 있다는 것입니다. 나무에도 각기 목적이 있어서 어떤 나무는 관상수로, 어떤 나무는 재목으로, 또 어떤 것은 꽃을 피워 제 몫을 합니다. 이제 무화과나무는 다른 것으로는 아무 데도 쓸모가 없지만 오직 한 길, 열매를 맺기 위해 살아 있는 나무입니다. 그러므로 언제 어디서나 기억해야 될 것은 모든 존재에는 목적이 있다는 것입니다.

다시 말하면 하나님의 창조에는 목적 없는 존재가 없다는 말씀입니다. 이러한 하나님의 창조의 목적과 질서를 잘 모르고 사람의 생각대로 필요와 불필요를 구분하여 손질을 하므로 생태계의 균형이 깨어지게 되고 그로 인한 자연의 보복으로 결국은 인간들에게 위기가 닥치게 되었다는 것입니다. 하나님의 창조 질서는 참으로 신비롭고 묘한 것입니다. 우리가 그렇게도 싫어하는 뱀이지만 그 뱀은 쥐를 잡아줍니다. 그런데 사람들이 오래 살겠다고 그 뱀을 잡아먹어 없애고보니, 이제는 쥐가 들끓어 아우성입니다. 생태학계의 이야기를 들어보면 우리가 필요 없는 것이라고 짜증스러워 하는 벌레 하나, 파리 한 마리까지라도 다 필요한 것이랍니다. 그래서 생태계학자들의 결론은 이 세상에 필요없는 것은 하나도 존재하지 않는다는 것입니다. 근시안적인 사람들의 생각에서 산에도, 들에도 살충제를 뿌리며 풀을 뽑는 일에까지 제초제를 사용하고 있는데 이 모든 것은 생태계에 이상을 불러일으키고 있는 것입니다. 그 결과는 인간에게 돌아오고 마침내는 죽음을 자초한 것이 됩니다. 이는 결국 저를 죽이려다가 내가 죽게 되는 것입니다.

우리가 분명히 고백하고 인정할 것은 하나님이 내신 이 세계의 모든 것은 목적 있는 존재라는 것입니다. 더욱이 하나님의 형상으로 지음받은 인간으로 태어난 나에게 목적이 없을 리가 없습니다. 여기에는 하나님의 섭리적인 목적이 있습니다. 그리고 오늘 내가 살아야 하는 이 시간의 존재로서의 시간적 존재에도 목적이 있습니다. 비록 늙어 할일 없는 인생으로 느껴지지만, 이 시간까지 살아 있다는 것은 아직도 하여야 할 일이 남아 있고 목적이 있기에 이 땅에 주신 것입니다. 그 점을 잊지 말아야 합니다. 그 어느 누구도 필요없는 자는 하나도 없습니다. 있으나마나한 존재가 아니라 꼭 필요하기에 두셨습니다. 그리고 열매맺기를 원하고 계십니다. 이 때문에 섭리적인 목적이 있다는 것입니다. 그래서 시간을 드리고, 정성을 드리며, 물자를 투자하는 등 하나님께서 크신 은혜와 여러 가지 은사를 주셔서 오늘도 열매맺기를 기다리고 계신다는 말씀입니다. 그러므로 오늘 본문을 통하여 깊이 생각할 것은 필연이 있을 뿐 우연은 없다는 것입니다. 거기에는 열매가 있어야 하고, 하나님께서는 그 열매를 기다리고 계십니다. 하나하나의 사건, 한 사람 한 사람, 그 누구에게든지 하나님이 기다리고 계시는 열매, 즉 목적이 있다는 것입니다. 그런데 오늘 본문 말씀 중의 이 무화과나무에는 열매가 없었습니다.

마가복음 11장 13절에 보면 "무화과의 때가 아님이라"는 말씀이 있습니다만, 이 무화과는 그 열매 자체의 특징이 있습니다. 다른 모든 열매들은 잘 익어야 먹을 수 있습니다. 그렇지 않으면 쓰거나 떫은 맛 때문에 먹지를 못합니다. 그러나 이 무화과 열매는 익은 것이 아니라도 이렇다 할 불쾌한 맛이 없기 때문에 열매만 맺혔으면 정 시장할 때에는 따 먹을 수도 있다는 것입니다. 이러한 특징을 가진 열매인데 어쨌든 오늘 본문의 이 무화과나무에는 꼭 있어야 할 열매가 없습니다. 오직 하나 열매만이 목적인데 그것이 없더라는 말입니다. 그리고 본문은 3년을 기다리며 열매를 구하여도 얻지 못하였다고 하였습니다. 여기서 우리가 깨달아야 할 것은, 3년을 기다렸다는 것은 인내했다는 것이요 참아주었다는 것입니다. 하나님께서는 참아주십니다. 탕자가 돌아올 때까지, 악하고 교만한 심령이 회개하고 돌아올 때까지 참으십니다. 참으로 오래오래 기다리시며 참아 주시는 하나님이십니다. 더욱 중요한 것은 그 기다림이 막연히 기다리는 정적인 기다림이 아니라 동적인 기다림이라는 점입니다. 물을 주고 거름을 주며 가꾸면서 기다리십니다. 하나님의 기다림에는 행동이 있습니다. 우리가 열매맺도록, 즉 깨달으며, 행동하며, 부지런하며, 진실하며, 겸손하도록, 그리하여 계속 열매맺도록 모든 조치를 강구하고 계십니다. 이 때문에 때로는 주시기도 하고 빼앗기도 하며, 건강하게도 하고 병들게도 하며, 높이기도 하고 낮추기도 하며, 칭찬 받게도 하고 능욕을 당하게도 합니다. 이는 하나님께서 우리가 열매맺도록 여러 모양으로 계속 역사하고 계신다는 말씀입니다.

그러나 또 한 가지 알아야 할 것은 3년을 기다렸다는 말은 기다림에 한계가 있다는 말입니다. 하나님의 인내에도 한계가 있습니다. 무턱대고

무진장 기다리시는 하나님이 아닙니다. 마냥 그렇게 기다릴 수만은 없습니다. 사랑하시지만 그러나 사랑의 한계가 있습니다. 우리는 자주 하나님의 사랑은 무한하시다고 말합니다. 하지만 그것은 잘못된 이야기입니다. 진정 그런 사람이라면 심판도 없어야 하는 것 아니겠습니까? 분명 하나님의 사랑에는 한계가 있고, 하나님의 인내에는 한계가 있습니다. 우리는 이 점을 잊지 말아야 합니다. 하나님의 사랑은 회개하고 돌아오는 자에게 무한한 사랑이지, 죄짓기를 계속하는 자에게도 무한한 것은 아닙니다. 물론 하나님께서는 죄인에 대해서 참으십니다. 그러나 죄의 경우에 따라 참기도 하시고 심판도 하신다는 사실을 알아야겠습니다. 그러므로 우리는 죄에 대한 하나님의 성향이 어떠한가를 성서의 조명을 통해 발견할 수 있어야합니다.

이를 위해 성서를 주의깊게 보노라면 사람들이 하나님을 저버리고 우상을 섬길 때에도 참아주셨고, 죄를 짓거나 탕자가 집을 나갈 때에도 참아주셨습니다. 그런데 하나님께서도 참지 않으시고 급하게 심판하실 때가 있습니다. 그럴 때가 바로 언제냐하면 하나님의 참으시는 인내를 만홀히 여길 때입니다. 말하자면 하나님께서 다 봐주실 것이라며 짐짓 고의적으로 잘못된 길을 갈 때에는 용서하지 않으신다는 것입니다. 그리고 죄를 죄 아니라고 정당화시키려 할 때 하나님은 참지 않으십니다. 죄를 죄 아니라면 그것은 하나님의 공의가 무너지는 것이기에 용서하지 않습니다. 또 하나 더욱 중요한 것은 하나님을 우상화할 때 용서하지 않으십니다. 이는 하나님의 거룩함과 살아계심을 침해하는 것이기 때문입니다. 우리는 출애굽기 32장의 금송아지 사건을 잘 알고 있습니다. 거기를 보면 광야에서의 이스라엘 사람들이 금송아지를 만들어 섬길 때에 차라리 우리가 이제 하나님을 떠나 금 우상을 섬기자 했으면 좋았을 것을, 그것이 아니고 금송아지를 만들어놓고 저들이 하는 말인 즉 "이는 너희를 애굽 땅에서 인도하여낸 너희 신이로다" 하였습니다. 이것을 보신 하나님께서는 크게 진노하셨습니다. 어쩌자고 우상을 놓고 내 이름을 부르느냐는 것입니다. 이것은 용납하지 않으시며 참으실 일이 아니라는 말씀입니다.

아무튼 하나님의 인내에 한계가 있어서 참아주실 때가 있는가하면 참지 않으시는 것이 있습니다. 오늘 본문 말씀대로 3년을 참았다는 것은 어느 정도, 충분히 필요한 만큼 참았다는 말입니다. 나아가 많이 참았다는 말입니다. 그러나 어느 한계에 가서는 참지 않으시며 여기에서 심판이 나옵니다. 그것이 노아의 홍수요, 소돔과 고모라의 멸망이며, 이스라엘의 패망입니다. 이러한 심판의 모두가 하나님의 기다림이 다한 인내의 한계점에서 왔다는 사실을 알아야 합니다. 하나님의 인내에는 한계가 있습니다. 그 한계의 절정이 곧 십자가입니다. 그러므로 십자가는 하나님의 인내의 상징이며, 사랑의 상징이요, 동시에 사랑에 한계가 있음을 상징합니다. 따라서 이 십자가는 마지막 조건입니다. 이것은 마지막 보루요, 최후의 통첩입니다. 만약 이 십자가의 은혜까지 부정하며 하나님 앞에 도전해 온다면 그는 도리 없이 용서받지를 못합니다. 십자가는 최종 복음이며 종말적 복음입니다.

이제 다시 본문으로 돌아가보면 "어찌 땅만 버리느냐?"는 말씀이 있습니다. 이 얼마나 중요한 이야기입니까? 참으로 옳은 말씀입니다. 3년 동안, 충분히 두고 보아도 열매가 없는데 어찌하여 땅만 버리느냐? 왜 쓸데없이 계속 투자만 하고 있느냐는 것입니다. 열매도 없는 것을 위해 땅도 못쓰고 거름도 버리며 수고도 헛것이 되고 마는 짓을 무엇 때문에 더 계속하겠느냐? 그러므로 "찍어 버리라"는 것입니다. 1년도 아닌 3년 동안을 기다리지 않았는가! 더 이상 허비하지 말고, 더 이상 은혜를 낭비하지 말라. 그리고 이제는 그만 찍어 버리라는 것입니다. 이것은 마침내 버려진 심판입니다. 참으로 합리적 심판이요, 백 번 마땅한 이야기입니다. 심판은 이래서 있습니다. 하나님의 은혜를 많이 받고도 계속 곁길로 나가며 은혜를 소멸합니다. 이렇게 하나님의 참으심을 만홀히 여길 때 그 끝에는 심판이 있습니다. "찍어 버리라. 어찌 땅만 버리느냐?" 이 무서운 심판 앞에 무화과나무는 할 말이 없습니다. 그대로 찍힐 수밖에 없는 운명의 직전에 왔습니다. 그런데 바로 이 순간에 복음이 있습니다.

본문에 의하면 이때에 과원지기가 나타나서 대신 말을 합니다. "주인이여, 금년에도 그대로 두소서" 하며 간절한 만류의 부탁을 합니다. 여기에서 다시 기억할 것은 이것은 비유의 말씀이라는 점입니다. 그러므로 이 무화과나무는 이스라엘을 가리키는 것이며, 과원지기는 그리스도를 말하는 것입니다. 아무튼 이처럼 기대했던 무화과나무에 열매가 없으므로 이제는 찍을 수밖에 없는 운명에 이르렀는데, 그러나 주인은 과원지기를 나무라지는 않습니다. 우리가 생각하기에는 이런 저런 것을 들추어 과원지기를 나무랄 수도 있겠으나 그러지를 않는 것을 보면, 그가 할 만큼 열심히 땀 흘리며 정성을 기울여 일하는 모습을 보아 왔던 것 같습니다. 그러기에 과원지기에 대해서는 일체 비판의 말이 없습니다. 다만 이 나무가 소망이 없으니 찍으라고만 하십니다.

그런데 전혀 잘못이 없는 과원지기가 나타나서는 그 책임을 지겠다는 것입니다. 이는 대단히 중요한 말씀입니다. "주인이여! 금년에도 그대로 두소서. 내가 한 번 더 수고하겠나이다!" 이것이 곧 복음입니다. 이때에 이 과원지기가 나타나지 않았더라면 그냥 찍히고 마는 것 아니겠습니까? 이것이 중보적 역할이요, 중보적 기도입니다. 하나님의 심판과 인간의 멸망 사이에서 대신 기도하는 것입니다. 이 중보적인 기도에 힘입어 이 무화과나무는 생명을 보존하게 됩니다. 주인의 생각으로는 소망이 없는 나무로 판단한 것에 비해 과원지기는 그것이 아닙니다. 신앙적으로 소망을 바라보며 나옵니다. 그러기에 주인이여 1년만 더 두고 보자는 것입니다. 과원지기가 보기에는 가망성이 있는 것같다는 것입니다.

다시 말하면 이 열매 없는 사건을 생리적으로 보지 않고 병리적으로 보았습니다. 병리적으로 보았다는 것은 이 병만 치료하면 된다는 것입니다. 우리가 인간관계에 있어서나, 가까이는 부부관계에 있어서도 상대의 어떤 잘잘못의 문제를 생리적으로 보아서는 안됩니다. 그렇게 되면 새로운 가능성을 위한 치료는 불가능합니다. 예를 들어 어떤 사람의 실수를 보고 아예 본래 그런 사람, 즉 원래부터 병신으로 취급을 해버린다면 그야말로 끝난 이야기가 되고, 더는 기대할 것이 없어지고 맙니다. 그러므로 함부로 그렇게 말할 것이 아니라 이를 병리적인 것으로 보아야 합니다.

오늘 이 과수원지기는 무화과나무의 열매 없음을 병리적으로 보고 있는 것입니다. 오늘 본문 말씀에 뒤이어지는 부분을 보면 참으로 눈물겨운 이야기가 나오고 있습니다. 18년간 귀신들려 미치고 꼬부라져 조금도 펼 수 없는 여자! 이 여자를 보신 예수님께서는 "이 아브라함의 딸"이라고 말씀하셨습니다. 이것이 곧 과원지기의 마음입니다. 귀신이 들려서 그렇지 귀신만 빠져나가면 누구에 못지 않는 건강하고 아름다운 여자입니다. 의젓한 아브라함의 딸입니다. 어쩌다 귀신의 노예가 되어 불쌍한 사람이 된 것뿐입니다. 이러한 눈으로 세상을 보게된다면 세상에 나쁜 사람이 없을 것입니다.

다시 말해서 이 과원지기는 이 무화과나무를 본래적으로 나쁘다고 생각지를 않았습니다. 무엇인가 잘못되어서 그렇지 조금만 치료하고 다른 방향으로 전환되면 충분히 열매를 맺을 수 있을 것이라는 생각입니다. 소망적으로 보았다는 것입니다. 그리고 더욱 중요한 것은 열매가 없는 이유에 대해서 그 책임을 과원지기가 함께 지겠다고 하는 것입니다. 사랑이란 책임을 지는 것을 의미합니다. 본문을 자세히 보면 주인은 나무를 나무랍니다. 하지만 과원지기는 "아닙니다. 내게도 잘못이 있을 것입니다" 하는 의도로 나오는 것입니다.

제가 인천서 목회할 때에 한 번은 이런 일이 있었습니다. 제가 주례해준 여자인데 결혼한지 7년만에 와서는 이혼을 하겠다고 합니다. 다 결정된 일이지만 주례해주신 목사님이시니 알려드리고 하겠다며 왔다는 것입니다. 그래서 "이혼하겠다는 이유가 무엇이냐"고 물었더니 남편의 흉이 마구 쏟아져 나옵니다. 다 듣고보니까 아무래도 어렵겠어요. 그래서 "그것이 사실이라면 못살겠구만. 그럼 헤어져야지" 했습니다. 그랬더니 막상 헤어지라고 하니까 또 주춤합니다. 그러길래 이혼할 때 하더라도 한 마디 대답해보라며, "연애 결혼이었는가? 중매 결혼이었는가?"를 물었습니다. 그랬더니 연애 결혼을 했답니다. 그것도 집에서 반대하는 것을 죽느니사느니 하면서 말입니다. 그러면 "그때에도 그 남자가 그렇게 나빴느냐?"고 하였더니 "아니지요, 그때에야 미칠 듯이 좋았으니까 결혼하였지요" 하는 것입니다. "그렇다면 이제 마지막 대답을 한 번 해보라. 그렇게 좋던 남자가 당신하고 사는 그 7년 동안에 이렇게 나쁜 남자가 되었다면 당신에게는 그 책임이 없는가?" 했더니 "조금 있겠지요, 뭐" 그럽니다. 제가 다시 하는 말이 "둘이 같이 살았는데 조금이라니 50%는 책임을 져야 하지 않겠나?" "글쎄요, 50%는 져야겠지요" 하며 좀 누그러지는 것입니다. "그래, 그러면 50%만 책임을 지고 나머지는 기도하면서 채워 보려마" 하고 보내었는데 그 후에 그럭저럭 살아갑니다. 제가 굳이 이 이야기를 하는 것은 대단히 중요한 예이기 때문입니다. 어느 때에는 내게 책임이 없다는 것이지요. 오로지 상대만 100% 나쁘답니다. 심지어는 내가 나빠진 것까지 저쪽 책임이라는 것입니다. 문제는 이렇게 나오기 때문에 있는 것입니다. 저 사람 잘못된 것에 대하여 적어도 50%는 내 책임이라는 생각을 한다면 감히 무슨 말이고 할 것이 있겠습니까? 이것이 사랑이라는 것입니다. 사랑이란 책임을 같이 지는 것입니다. 가난한 사람의 책임도, 어리석은 사람의 책임도, 병든 사람의 책임도 같이 지며 그 아픔을 같이 나누는 것입니다. 그 근본적인 책임을 같이 지는 것입니다. 그것이 "나 때문일 것이라!"고. 바로 이것이 복음입니다.

오늘 본문 말씀의 이 과원지기는 내가 잘못한 것같다는 것입니다. "1

년만 더 참아주십시오. '내'가 두루 파고 거름을 주며 한 번 더 노력해 보겠습니다"라며 나옵니다. 뿐만 아니라 나아가서는 대신 책임을 지겠다는 것입니다. 그는 나무에 대해서는 아무 말도 하지 않습니다. 나무가 나쁘다느니 두고봐야겠다는 말도 하지 않습니다. 다만 내가 1년 더 수고하겠다는 것입니다. 이것은 구체적으로 말하면 나무에게 1년의 기회가 주어진 것이 아니라 과원지기에게 1년을 수고할 수 있는 기회가 주어진 것입니다. 여기에 중요한 의미가 있습니다. 이 과원지기가 받은 은혜 때문에 나무는 뒤따라서 우선 1년을 더 살게 된 것입니다. 이 과원지기가 대신 책임을 지게 됨으로써 무화과나무는 살게 된 것입니다. 이 과원지기의 이야기는 "내"가 두루 파고, "내"가 거름을 주며, "내"가 수고하겠다는 말입니다. "이 나무 한 번 두고봅시다" 하는 그런 말이 아니라, 어디까지나 내가 수고해보겠다는 것입니다. 언제든지 열매맺게 하려면 내 편에서 달라져야 하는 것입니다. 상대방 고치려고 할 것이 아닙니다. 저 사람 변화되게 해달라는 기도를 드리기 이전에 내가 변화되기를 위해 기도할 것입니다. 내가 달라지면 저쪽에서도 서서히 달라질 것입니다. 나는 부동자세로 있으면서 저쪽만 변화되게 해주시기를 위해 "주여, 주여" 하는데 그것 가지고는 안됩니다. 자식을 바로 키우고 싶으세요? 그러면 어머니, 아버지가 달라지세요. 그리고 기다리십시오. 남편이 달라지기를 바라십니까? 아내인 내가 달라지세요. 아내가 변화되기를 바라십니까? 남편인 내가 변하면 그만입니다. 그리고 기다리노라면 저쪽에서 변화가 올 것입니다. 이것이 복음입니다. 그래서 내가 수고하며 이 책임을 대신 지겠다는 것입니다.

그 다음 결과는 본문에 나타나지 않았습니다만, 그러나 이것 자체가 참사랑이요 사랑의 열매라고 생각합니다. 죄에 대해서, 심판에 대해서 대신 책임을 지는 엄청난 중보적 희생이 여기에 있습니다. 이 마지막 제한된 기회인 1년, 이것은 더는 어쩔 수 없는 종말적 기회입니다. 이제 1년만 더 기다리셔서 그때에 가서도 열매가 없으면 찍어버리소서! 참으로 긴장할 수밖에 없는 마지막 기회가 아닙니까? 제가 믿기로는 이 무화과나무는 반드시 열매를 맺을 것이라고 생각합니다. 그것은 이 과원지기의 깨끗한 수고 때문에 말입니다. 이와 같이 자기를 대신해서 희생하는 것을 보고 가슴이 뜨거워지게 마련이며, 한 사람이 다시 살아나는 기적이 거기에 있는 것입니다. 그런 가운데 반드시 열매를 맺게 되는 것입니다.

본래 사람은 자기의 능력을 다 발휘하지 못하며 산다고 합니다. 그러나 뜨거운 사랑을 느낄 때, 감격이 치솟을 때에는 엄청난 역사를 이룰 수 있습니다. 사람이 불안한 마음을 가지면 거짓말을 하게 됩니다. 그러나 사랑을 느끼면 창의력을 발동하게 됩니다. 그러므로 모든 인간에게는 사랑의 감격이 필요합니다. 그 감격은 내 대신 희생하는 자! 나를 위해 피가 흐르는 그의 희생을 보고야 감동이 되는 것입니다. 이것 이상의 다른 묘약은 없습니다. 그로 인해 감격할 때 거기에서 새 사람이 태어나며 열매를 맺게 되는 것입니다.

내 희생, 내 수고, 내 기도로 인하여 무슨 열매가 있습니까? 나는 누구를 위하여 오늘 희생하고 있으며, 나는 누구 때문에 오늘이 있는 것입니까? 새로운 열매를 맺기 위하여 저 무화과나무의 입장에도 서 보고, 과원지기의 입장에도 서서 합동하여 아름답고 귀한 열매를 맺을 수 있기를 바랍니다.

큰 잔치 비유

함께 먹는 사람 중에 하나가 이 말을 듣고 이르되, "무릇 하나님의 나라에서 떡을 먹는 자는 복되도다" 하니 이르시되, "어떤 사람이 큰 잔치를 배설하고 많은 사람을 청하였더니, 잔치할 시간에 그 청하였던 자들에게 종을 보내어 가로되, '오소서 모든 것이 준비되었나이다' 하매, 다 일치하게 사양하여 하나는 가로되, '나는 밭을 샀으매 불가불 나가 보아야 하겠으니 청컨대 나를 용서하도록 하라' 하고, 또 하나는 가로되, '나는 소 다섯 겨리를 샀으매 시험하러 가니 청컨대 나를 용서하도록 하라' 하고, 또 하나는 가로되, '나는 장가들었으니 그러므로 가지 못하겠노라' 하는지라. 종이 돌아와 주인에게 그대로 고하니 이에 집주인이 노하여 그 종에게 이르되, '빨리 시내의 거리와 골목으로 나가서 가난한 자들과 병신들과 소경들과 저는 자들을 데려오라' 하니라. 종이 가로되, '주인이여, 명하신 대로 하였으되 오히려 자리가 있나이다.' 주인이 종에게 이르되, '길과 산울 가로 나가서 사람을 강권하여 데려다가 내 집을 채우라. 내가 너희에게 말하노니, 전에 청하였던 그 사람은 하나도 내 잔치를 맛보지 못하리라' 하였다" 하시니라.

(누가복음 14:15~24)

큰 잔치 비유

오늘 본문 말씀은 큰 잔치를 배설하는 중에 손님들을 초청하나 다같이 사양함으로써 또 다른 손님들이 채워지는 이야기입니다. 이 내용은 이미 앞서 공부한 마태복음 22장의 아들을 위한 왕의 잔치 비유와는 많은 유사점이 있습니다마는, 그러나 자세히 관찰해보면 이 두 비유는 각각 다른 의미를 가지고 있다는 것을 발견하게 됩니다.

우선 말씀하시는 그 경위가 다릅니다. 왕의 아들을 위한 잔치 비유는 그 동기부터가 대단히 종말론적인 의미를 가지고 있습니다. 그 이야기는 예수님께서 십자가에 돌아가시기 나흘 전에 하신 말씀입니다. 그러기에 그 내용 자체가 심각하며 심판적이고 종말론적입니다. 그런가하면 오늘 본문에 나타난 말씀은 그 말씀하시는 경위가 아주 특별하게 되어 있습니다. 뿐만 아니라 말씀하시는 초점도 다릅니다. 이와 같이 서로 비슷한 소재를 가지고도 의도하시는 바 말씀의 초점이 다르다는 것을 알 수 있습니다.

본문 말씀의 경위를 말하자면 어느 날 바리새인인 두령의 집에서 예수님을 초청하게 되었습니다. 이는 바리새인이 예수님을 초청했다고 하는 흔하지 않은 특별한 경우입니다. 이렇게 초청을 해서 모셔놓고 같이 떡을 나누게 됩니다. 그런데 바로 그 순간에 예수님께서는 보통으로 생각할 수 없는 이상한 분위기를 맛보게 됩니다. 누구나 다 느끼며 아는 대로 잔치에 있어서 제일 중요한 것은 분위기입니다. 뭐니뭐니해도 잔치에 있어서는 그 분위기가 기쁘고 흐뭇한 분위기로 무르익어야 잔치다운 잔치가 되는 것입니다. 거기에 조금이라도 언짢은 일들이 생기면 잔치의 분위기는 깨어지고 돋우었던 흥도 식어지게 됩니다.

그런데 14장 1절의 말씀으로 거슬러올라가 살펴보면 예수님을 청해 놓고 사람들이 엿보았다고 하였습니다. 손님으로 청했으면 손님 위주로 생각하고 손님을 기쁘게 하는 방향으로 분위기를 이끌어가야겠는데, 그와는 반대로 이상한 눈짓으로 어떻게 하나 보자는 식으로 엿보고 있다는 것입니다. 손님 청하는 자세가 아주 잘못된 이 분위기를 예수님께서 보고 계십니다. 그리고 또한 7절을 볼 것같으면 예수님 외에도 여러 사람들이 모여들면서 서로 상좌에 앉으려고 눈치를 보는 것입니다. 물론 사람이 앉는 자리에 높은 자리, 낮은 자리가 따로 있는 것은 아닙니다. 그러나 편편한 자리를 놓고도 옛날에는 아랫목, 윗목을 찾아 어른을 윗자리에 모시고 거기를 중심으로 그 다음, 다음으로 모셨던 것이 아니겠습니까? 이러한 생각에서 오늘 여기에 초청받아온 사람들 중에 적어도 내가 이 정도 윗자리는 앉아도 되겠지 해서 앉았는데 조금 있으니 좀더 윗어른이 옵니다. 그렇게 되니 부득불 주인이 나가서 미안하지만 한 자리만 밑으로 내려앉아달라는 부탁을 하지 않을 수 없게 되고, 또 그 자리에 앉았던 사람은 부끄러움을 당하게 된다는 말입니다. 아무튼 이렇게 서로 윗자리에 앉았으면 하고 신경전을 벌이는 것을 보시고 예수님께서는 못마땅하게 생각하셨습니다. 그래서 말씀하시기를 초청을 받게 되거든 그저 겸손한 마음으로 아예 말석에 가서 앉았으라는 것입니다. 그랬다가 주인이 와서 "올라앉으세요" 하면 모든 사람 앞에서 영광스럽게 올라앉지만 그렇지 않고 높은 자리에 올라앉았다가 "좀 내려앉아주세요" 한다면 반대로 얼마나 창피하겠느냐는 것입니다.

예수님께서 보시기에 그 형편이 이러한 말씀을 하실 정도까지 되었습니다. 그리고나서 가만히 살펴보니 대체로 부한 사람들이며 오히려 초청한 주인보다도 더 높은 사람들이 많더란 말입니다. 그러기 때문에 초청을 받아 왔음에도 고마운 생각은 없이 들어서면서부터 큰 기침에 여덟팔자 걸음으로 들어오는 것입니다. 누구에게든 초청을 받았으면 고마운 마음이 앞서야 하고 영광스럽게 생각해야 할 것인데 이 사람들은 그러지를 못하고 도도합니다. 예수님께서 이 모습을 보시면서 다시 말씀하십니다. "잔치를 배설하거든, 무엇이나 베풀거든, 아예 부한 사람은 청하지 말라!"는 것입니다. 왜냐하면 도로 청하여 갚을 것이기 때문입니다. 그러므로 손님을 청할 때에는 다른 생각 없이 그저 고마운 마음으로 받아들이고 찾아줄 수 있는 그러한 사람을 청할 것이지, 저렇게 도도하고 뒷날 도로 청하여 갚아버릴 사람을 손님으로 초대하지 말라는 말씀입니다. 그리고 차라리 가난한 자, 병신, 저는 자, 소경들을 청하라는 것입니다. 그렇게 하면 저들은 갚을 것이 없으므로 그야말로 완전한 선행이 될 것이라는 말씀입니다. 그러나 부자는 청하면 뒷날 더 좋은 것으로 갚아버릴 수도 있고 또한 초청한다는 본래의 좋은 의미가 장사치의 주고받는 거래처럼 완전히 잘못된다는 것입니다. 그렇게 되겠기 때문에 예수님께서는 차라리 도로 청할 능력이 없는, 받고 고맙게만 생각할 수 있는 가난하고 불쌍한 불구자들을 초청하라는 말씀입니다. 이와 같이 잔치의 분위기에 대한 예수님의 말씀이 끝나자 함께 먹고 있던 사람 중의 하나가 말하기를 "하나님의 나라에서 떡을 먹는 자는 복되도다" 하며 한 마디 합니다.

오늘 여기 잔치라고 하기는 하지만 아무래도 그 분위기가 썩 좋지를 못합니다. 이 때문에 지금 자기들이 참여하고 있는 잔치에 대한 비판의 소리로 하늘나라의 잔치에 참여하는 자가 복이 있겠다는 넋두리같은 한 마디를 한 것입니다. 그때에 예수님께서 기회를 잡으시고 하늘나라에 대한 진리를 말씀하십니다. 그 진리의 내용인 오늘 본문 말씀의 주제는 "하늘나라 잔치"입니다. 그 잔치는 만족한 잔치요, 이상한 분위기가 감도는 그러한 곳이 아니며, 주인의 마음은 단순히 손님을 가득 채워 그로 인해 기뻐하고자 하는 순수한 즐김의 잔치라는 말씀을 하고있습니다.

이에 오늘 본문 말씀을 자세히 볼 것같으면 앞서 이야기한 왕의 잔치 비유와는 다른 점이 있습니다. 왕의 잔치 비유에서는 초청받은 사람들이 간단히 사양한 것이 아니라 아주 배반을 하며, 초청의 명을 띠고 간 종들을 능욕하고 죽이기까지 초청해준 왕에 대해 악하게 나오는 것을 볼 수 있습니다. 그리고 예복에 대한 이야기가 나오고 있는데, 이는 철저하게 초청받은 사람의 자세를 비판적으로 말씀하고 있는 것입니다. 그래서 비판적이요, 종말적입니다. 그런데 오늘 본문의 말씀은 주인의 마음에 더 역점을 두고 있습니다. 또한 초청을 받은 사람들의 거절도 그냥 사양했다는 것으로 끝나고 있습니다

이제 본문으로 돌아가 생각하면 이 말씀의 주제는 "천국은 마치 잔치와 같다"는 것입니다. 예수 믿는다는 것은 마치 천국 잔치에 초청받은 것과 같다는 비유의 말씀입니다. 우리가 "잔치!"라고 할 때에 그것은 무엇을 의미하는 말이 됩니까? 그것은 기쁨을 의미하는 말이요, 축제를 연상케 합니다. 그러기에 잔치에는 슬픔이 있어서는 안됩니다. 조금 근심된 일이 있더라도 다 뒤로 미루고 우선 기뻐해야 하는 것이 잔치입니다. 따라서 신앙생활이란 기뻐하는 것입니다. 그 기쁨이란 감사가 그 마음의 받침이 되어야 합니다. 잔치에 참여하는 사람이 초청해 주었다는 그 자체를 고맙게 생각하고 만족한 마음으로 임할 때에 진정한 기쁨을 맛볼 수 있고 그래야 잔치입니다. 잔치에는 기쁨과 감사와 은혜가 있어야 합니다.

본래 은혜라는 말은 헬라어로 '카리스'라고 하는데 이는 기쁨이라는 말과 그 어원을 같이 합니다. 신령한 기쁨! 곧 하나님과의 바른 관계에서 오는 넘치는 기쁨을 의미합니다. 그러므로 신앙생활은 곧 잔치요, 우리의 예배는 축제라는 것입니다. 그 때문에 축제인 예배가 눈물겹고, 억울하며, 한숨짓는 것이어서는 안됩니다. 우리가 하나님 앞에 나올 때에는 항상 기쁨에 넘쳐야 합니다. 강단에서 말씀을 전하다보면 "지금 어떤 분이 은혜를 받는구나" 하는 나름대로의 느낌을 가질 때가 있습니다. 그러나 설교자로서 제일 흐뭇하고 반가운 것은 환한 얼굴로 웃으면서 나가는 모

습을 볼 때입니다. 많은 사람들의 틈바구니에서 한 마디의 짧은 인사도 나누지 못하고 엇갈려 나가지만 그 얼굴에 은혜받은 증거가 있다는 말씀입니다.

올 때에는 어떠한 얼굴로 왔든지 간에 하나님의 축제에 참석하고 돌아가는 모습에는 기쁨이 있어야 될 것 아니겠습니까? 우리가 기도하는 것도 그렇습니다. 물론 눈물 있는 참회의 기도도 있어야 하고 또 기도하다 보면 눈물이 흐르기도 하지요. 하지만 "아멘" 하고 나서는 울지 말아야 합니다. 만약에 "아멘" 하고 나서도 줄곧 운다면 그것은 무엇인가 잘못된 것입니다. 이는 은혜를 불신하고 기쁨을 포기하는 행위입니다. 기쁨이라는 것은 돈 들이지 않고 봉사하는 것입니다. 내가 기뻐한다는 것은 먼저는 내 마음의 만족이요 즐거움일 뿐만 아니라, 다른 사람의 마음도 밝고 편하게 해줍니다. 웃으면서 하는 이야기는 모두 좋은 이야기입니다. 그러나 한숨짓고 울면서 하는 이야기는 듣는 사람까지 마음을 상하게 하는 나쁜 이야기들뿐입니다. 그러므로 우리가 신령한 생활을 한다는 것은 곧 감사와 기쁨의 생활로 매일 매일을 축제의 기분과 마음으로 살아가야 된다는 것입니다.

그 다음에 또 한 가지 기억할 것은 잔치라는 것은 주인의 기쁨에 참여하는 기쁨을 말한다는 것입니다. 우리가 초청을 받아 어떠한 잔치에 갔다면 그것은 남의 기쁨에 내가 참여하는 것입니다. 내 아들, 내 잔치가 아니라 저들의 잔치입니다. 그러나 저들의 기쁨을 나의 기쁨으로 받아들이며 함께 기뻐하는 것입니다. 그래서 성경 말씀에도 기뻐하는 자와 함께 기뻐하고 슬퍼하는 자와 함께 슬퍼하라는 것입니다. 이는 나에게 아무리 기쁜 일이 있더라도 상대방이 슬퍼하는 것을 보게되면 그 기쁨의 표시는 중지를 하고 바로 그 아픔에 공감할 것이라는 말씀입니다. 그런가하면 내 마음에 큰 근심이 있어 슬프고 뒤틀려도 상대방이 기뻐하고 좋아하는 것을 볼 때에는 그 사람을 위해서 함께 기뻐해주는 것입니다. 그런데 어떤 이들을 보면 남 기뻐하는데 가서 찬물을 끼얹는 사람이 있습니다. 그까짓 것 가지고 뭘 그러느냐는 것이지요. 하지만 우리는 기뻐하는 자와 함께 기뻐하라는 것을 잊지 말아야 합니다. 그것이 바로 은혜입니다. 그 기쁨의 원인이 내게 있는 것이 아닙니다. 원칙적으로 기쁨의 원인은 저쪽에 있습니다. 그러나 내 잔치, 우리집 잔치처럼 기뻐해야 합니다. 남의 아들 장가가는 것을 보고 내 아들 장가가는 것처럼 기뻐할 것입니다. 다른 사람의 잔치를 나의 잔치로, 그의 기쁨을 나의 기쁨으로 받아들이며 동참할 수 있는 사람! 그 사람만이 천국에 갈 수 있는 사람이며, 그 사람만이 은혜의 생활을 할 수 있습니다.

간혹 보면 요즈음 세상은 어찌된 영문인지 자기 딸 시집가는 것 보고도 질투하는 어머니가 다 있습니다. 왜 그러겠습니까? 자기는 늙었고, 옛날 자기가 시집갈 때는 그렇게 못해갔기 때문입니다. 진정 사랑하는 사람의 마음이란 내가 못먹어도 그가 먹는 것을 보면 즐겁고, 내가 쓰지 못해도 사랑하는 사람이 쓰는 것을 보며 그가 좋아하면 나도 좋은 것입니다. 이 마음가짐이 천국가는 마음이요, 잔칫집에 있는 마음입니다. 그러니까 극단적인 개인주의, 시기, 질투하는 자기 중심적인 마음 가지고는 생전가야 웃을 수 없다는 것을 알아야 합니다. 사실 나의 기쁨도 다른 사람이 거들어주어야 완전한 기쁨이 되는 것이지 나 혼자만으로는 기뻐할 수 없는 것입니다.

어떤 분이 미국에 살다가 다시 한국에 나와 살기로 하였다기에 "왜 그렇게 되었느냐?"고 하였더니 "기분이 나빠서 나왔다"는 것입니다. 무엇이 기분나쁘냐하면 자동차를 캐디락, 좋은 것으로 샀는데 아무도 그 차에 관심을 가져주지를 않더라는 것입니다. 예를 들어 그 차가 참 좋다든지, 아니면 얼마 주었느냐는 둥 한 마디쯤 건네주는 인사가 있을 법도 한데 그저 사면 샀는가보다 하는 정도이지 어느 누구 하나 부러워해 주지를 않는다는 것입니다. 그러니 기분이 나빠서 못살겠더라는 것입니다. 어떻습니까? 우리가 집을 마련했을 때에도 손님들이 찾아가서 "집이 참 좋군요, 경치도 좋고요, 용케도 이렇게 좋은 곳에 집을 마련하셨습니다" 한다든가, 자동차를 샀다고 하면 좀 옆에 가서 만져보면서 "야, 참 좋습니다. 굉장히 비싼 것이겠지요? 이런 차 한 번 타보았으면 죽어도 한이 없겠는데" 하고 말해준다면 그것이 봉사입니다. 그러는 중에 당장 친해집니다. 그런데 잔뜩 뒤틀려가지고는 사촌이 땅을 사면 배가 아프다는 식의 마음 가지고는 천당 못갑니다. 그래서야 어떻게 천국적인 기쁨을 맛볼 수가 있겠습니까?

여기 이 잔치의 기쁨은 소유의 기쁨이 아닙니다. 이것은 다른 사람의 기쁨에 참여하는 기쁨, 곧 존재의 기쁨입니다. 다시 말하면 그 잔치에 내가 청함받았다고 하는 그 사실에 대한 기쁨이지, 내가 장가가는 것도 아니요 내가 잔치하는 것도 아니란 말입니다. 초청받은 기쁨, 인격적인 기쁨, 믿음의 기쁨, 사랑의 기쁨, 이 기쁨이 곧 잔치에 참여하는 자의 기쁨이요 또한 이 기쁨이 곧 천국적인 기쁨입니다. 좀더 깊이 나아가 생각하면 이것은 공동체적인 것입니다. 결코 개인적인 것이 아닙니다. 산에 올라가서 수도하면서 느끼는 그러한 기쁨이 아닙니다. 잔치란 본래 모여서 같이 즐기는 것이지 혼자하는 잔치는 없는 것입니다. 우리는 이 공동체적인 기쁨을 즐깁니다. 함께 모여 예배드리고, 함께 찬송하며 같이 봉사하는 것이 얼마나 즐거운 일입니까? 우리가 혼자서 기뻐하는 것과 잔치의 기쁨은 다릅니다. 그 분위기에서 오는 공동체적인 인격, 서로 마음을 모으는 거기서 오는 기쁨을 즐길 줄 아는 체질을 키워나가야 합니다. 그러지 못하고 개인적이며 자기 중심적인 생각을 가진 사람은 이러한 기쁨을 맛볼 수가 없습니다. 이 기쁨은 또한 받아들이는 기쁨이 되었습니다. 저 분의 기쁨을 내 것으로 삼는 것입니다. 내가 저 분을 좋아하고 고맙게 생각하기에 그래서 함께 기뻐하고 더불어 즐거워하는 것을 의미합니다.

그러면 이제 잔치의 격조를 한 번 생각해 보겠습니다. 잔치의 격조가 어떻게 이루어지는가 하는 것은 우선 분위기에서 출발이 됩니다. 잔치에는 기쁨과 만족이 있어야 하고 거기에는 음식이 있어야 합니다. 음식과 풍악과 분위기가 어울리는 격조 높은 잔치는 그 누구도 섭섭한 마음을 가진 사람이 없어야 합니다. 이 때문에 옛날 우리 어른들께서 잔치를 할 때에는 반드시 한쪽에 거지들을 위한 장소를 마련하고 푸짐한 대접을 하며 거지들의 잔치가 되게 했던 것입니다. 그러니까 잔치를 하는 동안 이쪽 안에서는 신랑, 신부가 좋아하며 기뻐하는데, 행여 저쪽 밖에서는 섭섭하거나 슬퍼지면 안되는 것입니다. 그래서 좀 우스운 이야기같지만 저희 교회에서 결혼식을 하는 신랑 신부에게는 꼭 두 가지 부탁을 합니다. 그것은 반주해주시는 분과 청소하는 이들에게 조금씩 사례를 하라는 것입니다. 물론 얼마든지 교회에서도 인사를 치를 수 있는 것이겠지만, 당신들 좋은 날 남 수고 시켜놓고 그 분들도 좋아야 되지 않겠느냐는 것입니다. 만약에 그렇지 않고 결혼식 끝난 후에 차 타고 떠나는 뒤에다 잘들 살아보라면서 한숨 쉬는 소리가 나서야 좋겠느냐는 것입니다. 같이 좋아하고 더불어 기뻐해야 합니다. 그러므로 잔치란 전체가 얼마나 다같이 즐기며 기뻐했는가 하는 것이 문제입니다. 어느 사람 하나라도 돌아서서 울었다면 그 잔치는 잘못된 잔치입니다. 다같이 배부르고 다같이 기뻐해야 원만한 잔치요, 격조 높은 잔치가 되는 것입니다.

그 다음 또 한 가지는 손님이 우선 많아야 합니다. 그러고 그 손님들의 생각이 순수하여야 합니다. 모처럼 잔치에 왔다가 빚 받겠다고 하면 어떻게 되겠습니까? 결코 다른 목적이 있어서는 안됩니다. 어떤 이들은 결혼식 축하하러 왔어도 밖에서 빙빙 도는 사람들이 있는데, 이는 잘못된 것입니다. 탈무드에 보면 신랑, 신부 잘 생겼다는 말은 죄가 되지 않는다고 하는데, 좀 앞자리에 나와 신랑 신부를 쳐다보면서 잔치 깊숙이에 들어가 축하해줄 마음이 없는 것입니다. 그저 부조만 내고 가면 인사는 치른 것이지 하는 사람은 값있는 손님은 못됩니다. 게다가 다른 생각이 다

소라도 있다면 그것은 불순한 것으로 본인뿐만 아니라 잔치의 순수성을 흐리게 합니다. 오직 순수한 동기, 이것만이 잔치의 격을 높여줍니다.

그리고 또 한 가지 중요한 것은 오직 주인의 마음에 들어야 한다는 것입니다. 그러기 위해서는 주인의 초청에 대해 감격하고 있어야 합니다. 참으로 그런 사람들만 모일 때에 그 잔치의 격은 높게 올라갑니다. 더욱이 잔치의 정도는 그 주인이 누구이냐? 하는 것에 달렸습니다. 그 주인이 왕이면 그 잔치는 왕의 잔치가 되는 것이고, 그 주인이 대감이면 대감집 잔치가 되는 것입니다. 그렇다면 하늘나라 잔치는 하나님 아버지를 모신 잔치입니다. 예수 그리스도 어린양, 우리의 주님을 모신 잔치입니다. 이 이상 격조 높은 잔치가 어디 있겠습니까? 이제 문제는 그 주인을 기쁘시게 하자는 데 있습니다. 나 기쁘자는 것이 아니요, 얻어먹으러 간 것도 아닙니다. 이 잔치의 근본 목적은 주인이 기뻐하기 때문에 우리가 참여하여 더 기쁘게 해드리자는 것입니다. 혼인 잔치에 갔었다면 신랑 신부를 기쁘게 해주면 끝나는 것입니다. 그들이 주인공이기에 그 외에 이 시간에 기쁨을 받아야 할 사람은 누구도 없습니다. 그 분들이 좋고 그 분들이 기쁘면 되는 것입니다. 그런데 그날 만약 신부를 울리거나 신랑의 마음을 상하게 하는 일이 있게 된다면 그 잔치가 어떻게 되겠습니까? 그러므로 초청받은 모든 사람은 오직 주인공을 기쁘게 하여야 한다는 말입니다.

그렇다면 믿는 사람이란 무엇이겠습니까? 우리 믿는 사람은 하나님의 잔치에 초청받은 사람입니다. 그 때문에 즐겁고 감사한 마음입니다. 이 기쁨은 나로 인해 기뻐하는 것이 아니라, 주인을 위해, 주인의 기쁨에 내 마음을 바치는 수용적 기쁨이 되어야 할 것입니다. 성경을 보면 탕자가 집으로 돌아올 때에 아버지가 너무 기뻐하시기 때문에 사실 그는 하고 싶은 말을 못합니다. 아버지가 "제일 좋은 옷을 입혀라! 반지를 끼워라!" 할 때에 탕자의 마음은 "아닙니다. 나는 자격이 없습니다. 외양간으로 가겠습니다" 하고 싶었지만 아버지가 너무도 기뻐하니까 그 말을 못하고 그냥 순종하고 있습니다. 이처럼 아버지의 마음을 기쁘게 하기 위한 이것이 잔치에 참여하는 마음가짐의 기본 자세라고 생각합니다.

이제 다시 본문으로 돌아가면 이 주인이 큰 잔치를 준비했습니다. 이 잔치가 혼인 잔치인지 아니면 출세한 잔치인지 그 명분은 분명히 나타나 있지를 않습니다만, 어쨌든 모든 것이 다 준비된 큰 잔치라는 점을 강조하고 있습니다. 풍성한 음식에 좋은 풍악도 갖추어 모든 것을 준비하였으니 함께 기뻐하자는 것입니다. 강권하여 데려다가라도 내 집을 가득 채워 함께 즐기자는 것입니다. 이 주인의 마음은 거기에 있습니다. 단지 함께 모여 같이 즐기고, 같이 기뻐하자는 것입니다. 그런데 이상하게도 이 더불어 기뻐하자는 일에 초청받은 사람들이 하나같이 사양하며 불응한다는 것입니다. 그 사양하는 내용을 들어보면 재미가 있습니다.

첫째 사람은 나는 밭을 샀으매 가보아야 하겠다고 합니다. 이는 내 사업이 바쁘다는 것입니다. 그래서 당신 잔치는 당신이나 기뻐할 것이고, 나는 내 사업이 먼저이기 때문에 당신의 잔치에는 못가겠다는 이야기입니다.

그리고 두 번째 사람은 소 다섯 겨리를 샀으매 시험하여야겠으니 참석하지 못하겠다고 합니다. 이는 지금은 잔치에 참석할 때가 아니라 소를 시험할 때이며, 나를 위해서 써야 할 시간인데 당신을 위해서 시간을 쓸 수가 없다는 마음입니다.

이제 세번째 사람은 나는 장가를 갔으니 못가겠다고 합니다. 내 기쁨이 지금 한창인데 남의 기쁨, 남의 잔치는 아랑곳없다는 이야기입니다. 신명기 24장 25절에 기록된 대로 결혼한 남자는 1년 동안 군대에도 내어 보내지 않고 아내와 더불어 즐겁게 지내도록 되어 있으니 지금은 내 기쁨을 내가 즐기는 날이므로 당신 잔치에는 못가겠다며 당당하게 거절을 합니다. 이상 세 사람의 이야기를 함께 모아보면 공통점이 있습니다. 그것은 전부 자기 중심적이라는 사실입니다. 내 사업이요, 내가 하여야 할 일이 따로 있고, 그리고 내 기쁨이 따로 있기 때문에 당신의 잔치에는 못가겠다는 것입니다. 이 불응의 원인은 모두가 자기 중심적인 생각에서 나왔다는 말입니다.

오늘 본문 말씀 중의 주인은 시간을 재촉하면서 이렇게 말합니다. 17절을 보면 "잔치할 시간에 그 청하였던 자들에게 종을 보내어 가로되 오소서 모든 것이 준비되었나이다"라고 합니다. 잔치는 준비가 다 되었으나 손님들은 제때에 오지를 않고 아예 못오겠다고까지 합니다. 이에 화가 난 주인은 종에게 명하여 빨리 시내와 거리와 골목으로 나가서 가난한 자들과 병신들과 소경들과 저는 자들을 데려오라고 말씀하십니다. 다시 말하면 가장 불행한 사람들, 오라는 말 한 마디면 고마워서 감지덕지할 사람들을 데리고 오라는 말씀입니다. "지금 장가가서 한창 좋은 그런 사람은 그만두어라, 밭을 샀다는 돈 많은 그 사람도 그만두어라, 출세하여 이름 높은 그 아무개도 그만두어라. 그저 배 고픈 사람, 자기 몸뚱이를 가누기에도 어렵고 힘든 그러한 사람을 데려다가 내 집을 채우라"는 말씀입니다. 그러고도 빈 자리가 남았다면 산울가에까지라도 가서 강권하여 데려다가 내 집을 가득 채우라고 재촉하십니다. 이 이야기 속에는 특별히 주인의 마음을 대변하는 세 가지 말의 표현이 있습니다. 그것은 "빨리 데려오라!" "내 집을 채우라!", "강권하여 데려오라!"는 것입니다. 주인의 마음은 기어이 손님을 꽉 채워놓고 시작한 잔치를 성대하게 끝내야만 되겠다는 것입니다. 주인의 마음은 절대로 실패할 수가 없다는 것으로 간절합니다. 이것이 바로 하늘나라입니다. 이것이 교회입니다. 이것이 구원입니다. 이 진리를 우리는 잊지 말아야 합니다.

그리고 본문 마지막에 하시는 두려운 말씀이 있습니다. 그것은 처음에 청함 받았던 사람들은 하나도 이 귀한 잔치를 맛보지 못하리라는 말씀입니다. 그들이 무슨 생각을 하면서 오지 않았든 간에 일단 와보면 생각 밖에 특별한 은혜가 있었던 것같습니다. 그래서 더는 다시 맛보지 못하리라는 것입니다. 금번 이 한번의 기회가 지나가면 그 후에 소문을 듣고 "나도 갈걸" 하며 후회를 해봤자 소용이 없다는 것입니다. 이것은 종말적 통첩입니다. 마지막 기회입니다. 딱 한 번 있는 부름입니다. 그 때문에 처음 청함받았던 사람들은 오지 않았으니 모르며, 뒤에 다른 사람들이 와서 이 잔치를 맛보게 될 것이라는 말씀입니다. 이 말씀은 곧 일찍이 선민이었던 유대 사람들은 맛보지 못하고 이방 사람들이 잔치에 참여하여 그 맛을 보게 될 것이라는 뜻으로 해석을 합니다. 먼저 초청받았던 유대 사람들은 이런 저런 이유로 모두 사양을 하고 오히려 이방 사람들이 먼저 예수를 믿어 구원에 이르며 이 큰 즐거움을 맛보게 될 것을 예언적으로 하시는 말씀인 줄 압니다.

그렇다면 이제 우리가 마지막으로 생각할 말씀은 이것입니다. "준비된 잔치의 부름에 응해야 한다"는 것입니다. 내 슬픔도 많고 내 고통도 많지만, 그러나 이 주인의 기쁨에 참여하여야겠습니다. 내 문제, 내 처지, 내 기분을 앞세우려 들지 말고 이제는 예수 그리스도를 생각하고 교회를 생각하며 하나님의 뜻을 생각하여 그 잔치, 그 주인의 기쁨에 내 마음을 바치게되면 상상밖의 큰 은혜를 받게 될 것입니다. 이러한 약속과 이러한 기쁨이 있는 축제의 마음으로 매일매일을 살아가는 것이 우리 그리스도인입니다. 그러므로 우리는 이 큰 잔치에 부름받았다고 하는 유일한 자격을 가지고, 부족하기를 말하면 가난한 자요 절름발이요 병신 소경이지만, 그러나 이 초청에 응함으로써 하늘나라 잔치에서 영원한 축복을 누리게 될 것입니다.

잃은 양 비유

예수께서 저희에게 이 비유로 이르시되, "너희 중에 어느 사람이 양 일백 마리가 있는데, 그 중에 하나를 잃으면 아흔아홉 마리를 들에 두고 그 잃은 것을 찾도록 찾아 다니지 아니하느냐? 또 찾은즉 즐거워 어깨에 메고 집에 와서 그 벗과 이웃을 불러 모으고 말하되, '나와 함께 즐기자. 나의 잃은 양을 찾았노라' 하리라. 내가 너희에게 이르노니, 이와 같이 죄인 하나가 회개하면 하늘에서는 회개할 것 없는 의인 아흔 아홉을 인하여 기뻐하는 것보다 더하리라."
(누가복음 15:3~7)

잃은 양 비유

 한 마리 양을 잃어버렸다가 다시 찾게 되는 이 잃은 양 비유는 많은 사람들이 일컬어 복음 중의 복음이라고 말합니다. 아마 그 많은 비유의 말씀 중에 대표적인 것으로 우리들의 귀에 가장 익숙하고 아름다운 복음적 비유라 말할 수 있겠습니다. 이 비유가 이처럼 귀하게 받아들여지는 데에는 몇 가지의 중요한 의미가 있기 때문입니다. 먼저는 하나님의 사랑을 우리에게 말해 주고 있습니다. 하나님께서 우리를 얼마나 사랑하시는가! 하나님의 사랑의 그 깊은 뜻을 계시해주는데 있어서 가장 적절한 비유라고 생각이 됩니다.
 그리고 또 한 가지는 이 비유에는 그리스도의 모습이 나타나고 있습니다. 잃은 양을 찾아가는 목자, 그것은 곧 예수님 자신을 말하는 것입니다. 갖은 고생과 어려움을 무릅쓰고 찾아가시는 예수 그리스도의 행동적인 사랑이 계시되어 있습니다. 이에 예수님께서는 친히 이 비유를 말씀하시면서도 그 목자는 바로 나라는 의미로 말씀하고 계시는 줄 압니다. 이와 같은 의미들이 있기에 이 비유가 중요합니다. 그리고 이렇게 높고 귀한 사랑을 그려 보이기 위해 가장 효과적인 방법으로 모두가 다 아는 익숙한 소재를 들어 비유로 말씀하셨다는 것입니다.
 비유란 다른 이야기와는 달라서 그 말씀의 소재가 참으로 중요합니다. 언제나 비유는 듣는 이 모두가 다 알 수 있는 내용이어야 합니다. 만약 그렇지 못할 경우에는 고아로 자란 사람이 어머니의 사랑을 모르는 것과 같은 결과를 낳게 되는 것입니다. 그러므로 말씀을 계시해주는 이 비유는 모든 사람이 다같이 이해하고 공감할 수 있는 내용이어야 합니다.

이렇게 볼 때에 이 잃은 양의 비유는 누구나 다 아는 것이요, 특별히 2천여 년 전의 유대 사람에게는 전부가 잘 아는 그들의 생활 현실이었습니다. 사실 우리는 아는 척은 하지만 양도, 목자도 잘 모릅니다. 그저 들은 것으로 짐작을 할 뿐, 이스라엘 사람들이 경험을 통하여 아는 것만큼은 목자와 양의 관계를 잘 알지 못합니다.

그런데 여기 예수님께서는 당시의 사람들에게 가장 적절한 소재를 취하셨습니다. 그리하여 더욱 좋은 비유가 되게 하셨습니다. 그리고 우리가 잘 아는 대로 말이란 같은 말이라 하더라도 그 하는 기회가 좋아야 합니다. 그 때문에 같은 말이지만 아침에 하는 말이 다르고, 저녁에 하는 말이 다르다는 것입니다. 따라서 같은 말이라도 어느 순간에 하느냐에 따라 그 반응과 효과가 다르게 나타난다는 것입니다. 그러기에 오늘 예수님께서는 대단히 중요하고 적절한 계기에 이 비유를 말씀하셨습니다. 그 계기가 어떠했는가는 15장 1~2절에 잘 나타나 있습니다. "모든 세리와 죄인들이 말씀을 들으러 가까이 나아 오니 바리새인과 서기관들이 원망하여 가로되 이 사람이 죄인을 영접하고 음식을 같이 먹는다 하더라." 이것이 바로 기회입니다.

예수님께서 말씀하실 때에 죄인과 세리들이 많이 나왔습니다. 이는 예수님께서 저들을 사랑하셨기 때문입니다. 그러나 바리새인들은 저들을 멸시하였습니다. 당시의 종교 지도자들은 저들을 아예 사람으로 여기지도 않았습니다. 하지만 예수님께서는 저들을 영접하실 뿐만 아니라 함께 식사도 하시고 그러한 사람의 집에 들어가 유숙하기도 하셨습니다. 그러한 예수님의 처신을 이들이 못마땅하게 여기는 것입니다. 이 때문에 본문에 기록된 대로 바리새인과 서기관들이 예수님을 원망했다고 합니다. 이 사람의 말하는 것이나 그 가르치는 것을 보면 지혜가 많고 훌륭한 분인데 하필이면 왜 저런 사람들하고 친하느냐는 것입니다. 어쩌자고 저런 사람들을 영접하며 함께 어울려 다니는지 이것이 못마땅하여 원망했다는 것입니다. 이 원망을 들으신 예수님께서는 이제 내 이야기를 좀 들어보라시며 잃어버린 양 한 마리의 비유를 말씀하시게 됩니다. 참으로 좋은 기회에 가장 적절한 소재로서 이 귀한 비유를 말씀하셨습니다.

그러면 여기 당시 사람들의 성분을 한 번 생각해보면, 일반적으로 볼 때에 종교인이 있고 비종교인이 있습니다. 이들은 물론 양쪽 다 하나님을 믿는 유대인들이지만 그러나 저들은 엄격히 이 둘을 구분하고 있었습니다. 그러니까 하나는 전문적인 종교인이요, 하나는 보통의 평범한, 요즈음 말로 표현한다면 민중 계층의 신앙인이라 말할 수 있겠습니다. 그런데 이 전문적인 종교인들이 신앙생활의 규범과 율법을 너무도 까다롭게 만들었기 때문에 보통사람들은 이 법대로 믿을 수가 없었습니다. 좌우간 안식일에 대한 것만도 917가지 규례가 있었다고 합니다. 그래서는 불을 켠 대로였으면 끄면 안된다, 꺼 있었으면 켜면 안된다, 또한 옷고름이 풀어진 채라도 매지 말라, 매었으면 풀지 말라는 등 하여간 이처럼 까다로운 항목들을 많이 만들어 가지고는 이대로 지켜야 된다는 것입니다. 안식일을 지켜야 함은 물론 하루에 세 번씩 기도해야 하고 갖가지 절기를 지켜야 합니다. 그러다가보면 먹는 것, 입는 것을 비롯하여 기거 동작 전부가 미슈나(Mishnah)라고 하는 율법에 매이게 됩니다. 그러기 때문에 보통사람들은 이 거미줄 같은 율법의 생활을 할 수가 없어서 조금 하다가는 그만 포기하고 마는 것입니다. 그저 안식일이나 지킬 정도에서 그치고 그 외의 것은 아무래도 지킬 자신이 없으니 아예 포기하고 맙니다.

그러나 그런 중에도 이 율법들을 엄격히 지키는 사람은 이것을 지킴으로 해서 교만해집니다. 그리하여 "나는 하나님의 사람이다! 나는 하나님의 말씀대로 사는 사람이다!" 하고는 그대로 못하는 사람을 멸시하는 것입니다. 스스로 율법을 만들어서 율법주의자가 되고 그 율법을 지킴으로서 교만하여 지키지 못한 자를 멸시하게 되는 것입니다. 이와 같이 종교생활이란 어느 한계에서 자칫 잘못되면 하지 않은 것만 못한 엄청난 과

오를 낳게 됩니다. 이 때문에 예수님께서는 이들의 외식주의와 율법주의 그리고 형식주의를 책망하시는 말씀을 많이 하셨습니다. 어쩌면 이러한 이유 때문에 예수님과 바리새인과의 사이가 점점 더 멀어지게 되고, 마지막에는 예수님을 십자가에 못박는 데까지 이르게 되었다 하여도 잘못된 말이 아닐 것같습니다.

그런데 이와 같이 율법을 다 지킬 수가 없어서 포기하고 사는 일반적인 사람들을 당시의 종교 지도자들은 대단히 멸시했습니다. 심지어는 너절한 낮은 인간들이라는 뜻에서 "땅의 사람"이라 부르며 스스로를 격리하였습니다. 여기에서 나온 말이 곧 바리새인이라는 말입니다. 이 '파리사이오스'라고 하는 헬라말은 본래 "구별한다"는 뜻입니다. 즉 구별되게 잘 믿고, 구별되게 종교생활을 철저히 하며 거룩하게 산다고 하여 바리새인입니다. 그러기 위하여 바리새인들은 이래야 한다는 입장에서 내세운 소위 거룩한 교훈에 보면, 일반 사람들과 어떻게 지내야 할 것인가를 보여주는 내용으로 이러한 규례까지 있는 것을 보게 됩니다.

그 몇 가지 예를 들면 "저들에게 돈을 맡기지 말라, 저들을 믿을 수가 없으니까. 저 사람들이 어떠한 문제에 부딪혔을 때에 증인으로 서주지 말라, 저들은 도대체 신실하지 못하니까. 저들 앞에서는 비밀을 말하지 말라, 그 인격이 시원치가 않아 비밀을 지키지 못하니까. 저들에게 고아를 위탁하지 말라, 처음에는 양자로 키우겠다 하고서는 나중에는 내어 버릴 테니까. 구제 단체에 회원으로 넣어주지 말라, 저들은 선한 일을 끝까지 못하니까. 저들과 함께 여행을 하지 말라, 언젠가는 손해를 볼 테니까. 그 뿐 아니라 같이 음식을 나누지 말라. 그 집을 방문하지 말라"는 등 참으로 이만저만 멸시하는 것이 아닙니다. 이토록 저들이 멸시하는 사람들, 죄인들과 세리를 영접하며 함께 먹고 마시는 예수님이 저들의 마음에는 대단히 못마땅하여 원망을 하게 되는 것입니다.

이 때에 예수님께서 오늘 본문에 기록된 한 마리의 잃은 양을 찾는 목자의 이야기를 들려주시는 것입니다. 옛날 그 당시의 목자들은 많은 고생을 하였다고 합니다. 지금도 그렇기는 하지만 요즈음처럼 목장이 있는 것도 아니고 풀이 넉넉한 것도 아닙니다. 메마른 사막에서 사막으로 이어지는 중동지역에서는 어쩌다 자연적으로 조금씩 있는 풀을 찾아 먹이느라 이곳저곳을 찾아헤매며 따라다녀야 합니다. 그야말로 목자와 양은 사투의 방황을 하게 되는데, 어떤 때에는 험준한 골짜기를 지나야 하고 또 어떤 때에는 맹수를 만나는가 하면 강도를 만나게도 됩니다. 이러한 때의 목자는 자신의 생명을 내놓은 채 맹수와 더불어 싸워야 하고 강도와도 싸워야 합니다. 더욱이 무서운 것은 폭풍과 벼락인데, 이때에는 자칫하면 많은 양이 죽음을 당하기 때문에 이 대자연의 위험으로부터 저들을 보호하기 위해 피나는 노력을 하게 된다는 것입니다. 이렇게 하여 목자는 풀이 있는 곳으로 양들을 인도하며, 계속해서 다음 초장을 찾아 위험한 길을 생명을 걸고 양들을 보호하며 안내해 나아가는 것입니다.

그런데 이렇게 위험을 무릅쓰고 함께 지내는 가운데 양과 목자는 대단히 가까워지고 아주 사랑하게 됩니다. 이것이 목자와 양의 관계입니다. 이러한 관계에서 오늘 본문 말씀은 백 마리의 양 중에서 한 마리의 양을 잃어버렸다는 것입니다. 이를 경제적으로 이야기한다면 아흔아홉 마리는 그대로 있으니 "그까짓 한 마리쯤은 없어져보았댔자" 하며 갈 길만 재촉할 수도 있습니다. 그러나 여기 이 목자는 그것이 아닙니다. 그리고 그 한 마리를 생각하며 아흔아홉 마리를 그대로 들에다 두고 찾아나섭니다. 이 목자가 이렇게 찾아나서는 것은 그 양 한 마리의 값이 귀하거나 손해볼 수 없다는 생각에서가 아닙니다. 이 양 한 마리를 찾아나섰다가 대신 목숨을 잃을 수도 있습니다.

그러면서도 이 목자가 한 마리의 양을 찾아나서는 첫째 이유는 그 양의 생명 때문입니다. "저 양 한 마리가 그만 죽겠구나! 어디선가 맹수에 찢겨 죽겠지! 무참하게 낭떠러지에라도 떨어졌다면 얼마나 고통스러워하다가 죽을꼬!" 하는, 오직 생명에 대한 안타까운 마음으로 찾아나서는 것입니다. 그러므로 이는 결코 경제적인 관점에서가 아닌, 어디까지나 양의 생명을 사랑하는 마음에서 비롯된다는 중요한 의미를 가지고 있습니다.

그 다음 두 번째 이유는 "얼마나 고통스러울까!" 하는 마음에서입니다. 지금 이 목자는 양이 처할 수 있는 갖가지의 위험과 고통스러운 장면들을 상상하며 그러기 때문에 나는 그것을 반드시 도와야 한다는 것입니다. 사랑이란 언제나 상대편을 먼저 생각하는 것임을 우리는 알아야합니다. 언젠가 한 번 우리 교회에서 4천여 명의 소록도 나환자들을 위해 3백만 원어치의 과자를 선물로 보낸 적이 있습니다. 왜 그런 결정을 내렸었는가 하면 그들로부터 과자가 먹고 싶다는 연락을 받고 가만히 생각해보니 이 과자가 그들에게는 그렇게 중요할 수가 없었습니다. 이러나저러나 나환자라도 밥은 먹습니다. 그러나 저들에게 있어서 낙이 무엇이겠습니까? 잘 보이기를 합니까, 잘 들리기를 합니까, 아니면 운동을 할 것입니까? 아무런 낙이 없습니다. 그저 낙이라고는 이 혀 끝에 있는 감각뿐입니다. 먹는 재미밖에 없다는 말입니다. 이제 와서 단 음식 한 쪽 먹는다고 당뇨병 걱정할 것도 아니고 더 이상 무서워할 병이 남아있는 것도 아닙니다. 더구나 좋은 옷, 화려한 장신구를 바라지도 않습니다. 그러한 저들에게 있어서는 오히려 이 작은 사탕 한 알이 최고의 값진 위로가 된다는 말입니다. 그래서 저의 생각에 그분들에게 실컷 한 번 과자를 대접해야겠다고 마음먹고 과자만 몽땅 3백만 원어치를 사 보낸 적이 있습니다. 여러분! 이것이 중요합니다. 그 분의 입장에서, 지금 그분의 처지에서 생각할 수 있는 것이 사랑입니다.

그리고 세 번째로 더욱 중요한 것은 양은 제 발로 찾아오지 못한다는 것입니다. 스스로 돌아올 능력이 없으니 내가 돕지 않으면 저는 죽는 것입니다. 이는 결정적인 사건이요 보나마나한 결과입니다. 이 양이라는 동물은 순하기도 하지만 멍청합니다. 그래서 갔던 길도 돌아오지 못하고 제 집도 못 찾아옵니다. 그러니까 이 목자의 입장에서 생각하면 내가 저에게 가지 않으면 저는 내게로 올 수가 없습니다. 구원은 오직 예수 그리스도께 있는 것이지 우리 자신이 스스로 하나님께 나아갈 길은 없습니다. 이는 전혀 불가능한 일이요, 전적으로 타락했습니다. 그러기 때문에 하나님께서 이 땅에 오시는 것입니다. 지금 목자의 입장에서는 바로 그 점이 중요한 것입니다. 그가 지금 불쌍한 처지에 있을 뿐더러 내가 가지 않으면 저는 죽는다는 것입니다.

이제 여기서 생각할 문제는 이 양이 유독 혼자서만 왜 길을 잃었나 하는 점입니다. 그 이유를 여러가지로 생각해 볼 수 있겠지만 분명한 것은 첫째, 이 양이 멍청하다는 것입니다. 어쩌다가 이 큰 대열에서 떨어졌다면 이것은 어리석다기보다는 멍청한 소치란 말입니다. 그리고 또 한 가지 이유는 유혹에 빠졌다는 것입니다. 유혹에 빠져서 목자와 그 많은 다른 양들이 가는 것을 몰랐습니다. 풀이 여기도 있고 저기도 있는데 아무리 맛있는 풀을 먹고있다 하더라도 목자가 "가자" 하면 가야 되는 것입니다. 또한 "안된다"고 하면 가지 말아야 하고 먹지 말아야 합니다. 내가 보기에 저기 좋은 풀, 맛있는 풀이 있는 것같지만 그러나 거기에는 독초가 있다는 것을 알아야 합니다.

얼마 전에도 제주도에서 사슴을 놓아 먹이다가 고사리를 먹고 죽었다는 기사를 읽은 적이 있습니다. 좌우간 독초를 분별하는 것은 대단히 중요한 일입니다. 그러므로 풀이 좀 빈약하더라도 목자가 지시하면서 먹으라는 대로 먹어야지, 저기도 좋은 것이 있고 여기도 좋은 것이 있다면서 마음대로 먹어 치우다가는 독초를 먹겠으니 그래서는 안된다는 것입니다.

우리의 신앙생활에 있어서도 은혜를 사모한답시고 이상한 데를 찾아다니며 마음을 들뜨게 하곤 하는데 이는 참으로 위험한 일입니다. 거기에는 좋은 말씀도 많지만 위험이 있고, 여기에는 재미가 없고 불편해도 안전합니다. 저기에는 무엇이 있는 것처럼 희한하게 보이지만 거기에 위험한 독소가 있고 함정이 있습니다. 그러기에 위험한 일을 버리고 다소 불편하더라도 목자의 인도를 받으며 안전한 길을 갈 것입니다. 사실 이리 가라, 저리 가라는 안내가 단조롭기도 하고 때로는 거추장스럽기도 합니다. 그러나 그것이 안전한 길이라는 사실을 명심해야 합니다.

그런데 오늘 본문의 이 양은 이런 저런 유혹에 끌려 한눈을 팔다가 그만 대열에서 이탈하게되어 길을 잃고맙니다. 다시 말하면 자기 도취에서 향락을 찾았습니다마는 거기에는 위험이 도사리고 있습니다. 목자의 인도보다 세상 즐거움을 더 좋아하며 따라갔더니 헤어나지 못할 독소가 있더라는 말입니다. 여기에서 우리가 생각할 것은 목자의 마음과 그 태도입니다.

만약 목자가 생각하기를 "네가 잘못했으니 그렇게 벌을 받아야 옳지 않느냐? 인과응보다" 하고 만다면 그의 생명은 그것으로 끝나는 것이 아니겠습니까? 그러나 목자는 그러지를 않았습니다. 저를 원망하거나 심판하지 않습니다. 오직 초조한 마음으로 찾아나섭니다. 그리고 찾을 때까지 찾아 헤매는 것입니다. 오늘 본문 말씀에는 "찾도록 찾아다니지 아니하느냐?"고 말씀하셨습니다. 이것이 복음입니다. 험준한 골짜기를 뒤지며 찾을 때까지 끝까지 찾아다닙니다. 그러다가 찾은 즉 너무도 즐거워서 본문에 의하면 어깨에 메고 집으로 돌아왔다고 하였습니다. 그리고는 벗과 이웃을 불러 모으고 하는 말이 "나와 함께 즐기자 나의 잃은 양을 찾았노라" 하며 목자의 충만한 기쁨을 노래하고 있습니다.

앞에서도 말씀드린 적이 있습니다마는, 여기에서 이 기쁨의 잔치를 할 때에 무엇을 먹었겠습니까? 별 수 없이 그들의 주식에 속하는 양고기를 먹었을 터이고보면 그 잃은 양 한 마리를 찾고 가만히 잘 있던 양 한 마리를 잡아먹었는지 모를 일입니다. 멍청해서 길을 잃었던 시시한 양 한 마리 찾은 기쁨에 양 한 마리 값이 지불되었는지 모릅니다. 그러나 그런 것 따위는 상관이 없습니다. 내 마음이 이렇게 즐거우니 여타의 것은 많고 적고 간에 문제될 것이 없다는 것입니다. 우리의 신앙생활에서도 이와 비슷한 재미있는 한 현상이 있습니다. 그것은 평소 건강할 때 건강의 감사 헌금을 내면 얼마나 좋겠습니까? 그런데 꼭 병원에 입원을 했다 나와야 냅니다. 그것도 죽을 뻔하고 나와서 입원비가 모자라 빚까지 내었는데도, 거기에다 감사 헌금까지 드리는 것입니다. 보세요! 이것은 경제적으로 따질 문제가 아닙니다. 있다, 없다, 그것이 문제가 되지 않습니다. 감격이 되면 집이라도 팔 수 있습니다. 죽었다 살았고, 잃었다 얻었는데 여기에 무슨 타산이 필요한 것이겠습니까? 따지고 계산할 것도 없으며 다른 사람의 말에 귀를 기울일 필요도 없습니다. 적어도 "다 없어져도 좋아! 나는 즐거우니까!" 하는 이 정도의 감격이라면 정말 멋진 것 아니겠습니까? 저는 이러한 생각을 합니다.

일생 중에 이러한 경험을 한 번도 못해보았다면 그가 누구든 그 동안 살아온 것은 헛산 것이라고 말입니다. 도대체 어떻게 살았길래 한 번의 순수한 기쁨, 그 감격도 맛볼 수가 없었다는 것입니까? "이제는 이대로 죽어도 좋아! 다 주어도 좋아! 다 바쳐도 좋아!" 하는 이러한 즐거움 말입니다. 이처럼 어떠한 타산이나 이기주의적 생각을 다 잊어버리고 즐거워하는 기쁨, 그것이 바로 목자의 감격이요 목자의 기쁨이었다는 말씀입니다.

이제 오늘 비유의 말씀이 우리에게 전하고자 하는 그 뜻이 무엇이겠습니까? 먼저는 하나님은 찾으시는 하나님이십니다. 가만히 앉아 기다리시는 하나님이 아니십니다. 멀리서 팔짱을 끼시고 불쌍한 인간들이 언제고 돌아오기를 기다리고만 계시는 하나님이 아니란 말입니다. 찾아가시는 하나님! 찾기 위해 행동하시는 하나님이십니다.

탕자의 비유에서는 기다리는 아버지로 묘사되어 기다리는 하나님을 상징하고 있지만, 그러나 본 비유에서의 목자는 찾아갔습니다. 학자들이 연구한 것을 모아보면, 탕자 비유 하나만이 기다리시는 하나님을 말하고 그 외의 모든 비유는 다 찾아오시는 하나님으로 되어 있다는 것입니다. 이는 일리가 있는 이야기입니다.

사랑이란 그저 감상적으로 기다리기만 하는 정도 가지고는 안됩니다. 여러분이 진정으로 화해를 원하신다면 내가 친히 화해하러 가야지 화해가 오기를 기다려서는 안됩니다. 찾아가세요. 찾아가서 손을 잡으세요! 기다리는 마음 정도 가지고는 안됩니다. 먼저 찾아가며 그에 따라서 행동하여야 합니다. 행동 중에는 많은 희생이 따릅니다. 자존심을 버리고 명예를 버려야 합니다. 때로는 경제적인 손해를 보게 됩니다. 보이게, 보이지 않게 이런 저런 손해를 보면서 그리고 사랑하는 것입니다. 사랑을 너무 쉽게 생각할 것이 아닙니다. 이렇게 희생하면서 구속함을 주어야 합니다. 다시 말하면 비판하는 것이 아닙니다. 왜 그랬느냐고 잘했다, 잘못했다를 따지거나 말할 것이 아니라는 말입니다. 지금은 그런 것을 묻는 시간이 아닙니다. 우선 구원하여야 하고 속량하여야 합니다. 그래서 의롭다 하시는 저스티파이 러브(Justify Love)입니다.

여기에서 이 목자의 의를 지금 양에게 지불하고 있는 것입니다. 목자의 사랑으로 양의 전부를 완전히 덮었습니다. 그저 찾은 것만으로 너무도 반갑고 기뻤기 때문에 책망도, 원망도, 훈계도 하지 않고 즐거운 마음으로 신나게 둘러메고 돌아오는 것입니다. 이것이 의롭다 하는 사랑입니다. 이 의롭다 하는 사랑으로 의로울 수 없는 양의 모습을 완전히 덮었다는 사실입니다. 이 때문에 양은 감히 주인의 기쁨이 될 수 있었습니다.

또 한 가지 오늘 본문에 나타난 중요한 복음은 한 마리 양이라는 점입니다. 이 목자는 아흔아홉 마리의 양으로 만족하지 않고 그 한 마리의 잃은 양을 찾는다는 것은 사랑은 개인적인 것임을 말해주는 것입니다. 진정 사랑은 전적으로 개인적인 것입니다. 그러므로 나 하나가 지금 필요할까, 안할까? 하는 스스로의 저울질은 다 부질없는 못난 생각입니다. 사랑의 하나님께는 다 필요한 것입니다. 만약 지금 내가 어려운 처지에 있다면 그러기에 하나님께서는 나를 더 사랑하십니다. 제가 오래 전에 읽은 책을 통하여 항상 귀하게 생각하는 한 이야기가 있습니다. 그 이야기는 캐시라고 하는 한 젊은 여성이 대학 졸업 후에 연애를 하다가 실패를 하자 집을 나간 후 10년 동안 돌아오지 않습니다. 그녀는 방탕한 가운데 창녀가 되었고 알코올 중독에, 마지막에는 아편 중독까지 되었습니다. 그간 10년의 세월을 보내고나니 나이도 먹어 35세쯤 되자 이제는 아무 남자도 거들떠보지를 않습니다. 그래서 이제는 죽어야겠다고 생각하며 그는 강가에 나갑니다. 이제 주위를 살피며 막상 투신자살을 하려고 합니다. 그런데 문득 어머니 생각이 납니다. 그리고 강물을 내려다 보노라니 거기에 어머니의 얼굴이 비추입니다. 이때에 그녀는 "죽는 것은 서두를 것이 없다. 10년 동안에 어머니가 얼마나 늙으셨을까! 먼 빛에 숨어서라도 어머니의 얼굴이나 한 번 보고 죽으리라!"는 생각으로 집을 향하여 갑니다. 무수한 생각들을 머리 속으로 스쳐 보내면서 집에까지 왔는데 무슨 일이라도 있는지 밤인데도 불구하고 온 집이 환하게 앞뒤로 불이 밝혀져 있습니다. 오늘 무슨 일이 있는가 하고 살펴보아도 사람은 없습니다. 하도 이상해서 대문을 조금 밀어보았더니 대문이 열려 있습니다. 조금 더 미니까 삑하고 소리가 납니다. 그런데 이 소리가 나자마자 어머니가 맨발로 뛰어나오시면서 "캐시냐!" 합니다. 여기서 이 캐시는 꼼짝 못하고 어머니께 붙들렸습니다. 그러면서 어머니께 물어봅니다. "오늘 무슨 일이 있기에 이렇게 불을 켜놓으셨으며, 어떻게 내가 올 줄 알고 계셨습니까?"라고 하자 어머니의 대답이 네가 집을 나간 지난 10년 동안 문을 잠근 적도 없고 불을 끈 일도 없다는 것입니다. 캐시 자신으로 볼 때는 나 같은 인간은 버려진 것이라고 포기해 왔었는데 그것이 아니더란 말입니다. 어머니는 여전히 불을 켜놓고 문을 열어둔 채 10년을 하루같이 기다렸단 말입니다.

거기에 진정한 사랑이 있는 것입니다.

　오늘 여기 이 하나, 잃어버린 양 한 마리, 어떻게 보면 이것은 이미 찢기고 병신이 되었는지도 모릅니다. 그러나 그런 것은 다 상관이 없습니다. 목자는 이 하나를 사랑합니다. 극히 개인적입니다. 한 인격과 한 인격, 1대 1의 사랑입니다. 이처럼 하나님께서는 나를 개별적으로 사랑하신다는 것을 잊지 말아야 합니다. 우리가 어떠한 처지에 있든지, 더구나 멀리 떠나 있거나 비참한 상태에 놓였다면 목자되신 우리 주님은 그를 더욱 사랑하시는 것입니다. 비록 곁길로 갔던 한 마리의 양과 같이 죽을 수밖에 없었던 이 죄인이지만, 이제 주님의 앞에 나와 회개할 때에 주님은 감격하시며 잔치를 베풀어 기뻐하시는 것입니다.

　본문 마지막 절을 보면 "죄인 하나가 회개하면 하늘에서는 회개할 것 없는 의인 아흔아홉을 인하여 기뻐하는 것보다 더하리라"고 하였습니다. 죄인 하나가 회개하고 돌아올 때의 그 감격스러운 기쁨! 주님의 만족하신 즐거움! 이로 인해 하늘 나라에서는 잔치가 베풀어진다는 것입니다. 여기에 은총이 있고 여기에 구속의 기쁨이 있으며, 이것이 사랑의 복음입니다.

잃어버린 은전

"어느 여자가 열 드라크마가 있는데, 하나를 잃으면 등불을 켜고 집을 쓸며 찾도록 부지런히 찾지 아니하겠느냐? 또 찾은즉 벗과 이웃을 불러 모으고 말하되, '나와 함께 즐기자. 잃은 드라크마를 찾았노라' 하리라. 내가 너희에게 이르노니, 이와 같이 죄인 하나가 회개하면 하나님의 사자들 앞에 기쁨이 되느니라."

(누가복음 15:8~10)

잃어버린 은전

오늘 본문 말씀은 바로 앞서 공부한 잃은 양 비유와는 쌍둥이 비유라 할만큼 그 유사점이 많습니다. "잃어버렸다가 찾는다" 하는 입장에서 그 테마(theme)가 같고 "찾도록 찾는" 과정, 그리고 마지막에는 다시 찾는 그 기쁨과 죄인 하나가 하나님께 돌아오는 그 기쁨을 비교하며 동일시하여 말씀하신 것 등입니다. 그러니까 소재가 다르고 찾는 범위에 차이는 있지만 주제나 과정, 결론은 같다는 이야기가 됩니다. 그런 의미에서 이 두 비유는 같은 내용, 같은 진리를 설명하는 두 가지 형식의 비유라고 말합니다.

이제 본문을 살펴보면 한 여자의 이야기를 내용으로 하여 그 여자의 사랑스런 애정의 모습을 말해주고 있습니다. 여자의 삶에 있어서 제일 중요한 것은 뭐니뭐니해도 애정입니다. 흔히들 여자에게 있어서 두 가지를 빼어버리면 휘청거리게 된다고 말하는데, 그 하나가 아름다움이요, 다른 하나는 사랑이라고 합니다. 만약에 여성에게 있어서 사랑스러운 것도 없고 아름다운 것도 없다면, 이는 끝난 이야기가 되고맙니다. 그러기에 여성이 억세다는 것은 좋은 표현이 아니며, 목소리가 큰 것도 자랑할 것이 못됩니다. 역시 여성은 아름답고 부드럽고 그런 가운데 뜨거운 사랑을 할 수 있는 그것이 가장 중요하다고 생각합니다. 뿐만 아니라 나아가서는 이것이 여성의 재산이요, 장점인 것입니다. 그런데 성경에서는 교회를 여성으로 표현한 곳이 많이 있습니다. 즉 교회를 여성으로 하여 예수 그리스도와 우리와의 사랑을 한 남자와 한 여자의 사랑으로 설명하고 있습니다.

그리하여 에베소서 5장에는 교회가 그리스도께 복종하듯, 또한 그리스도가 교회를 위하여 십자가를 지신 것처럼 그렇게 남자가 여자를, 여자가 남자를 피차에 사랑하라고 말씀하셨습니다. 이처럼 교회를 여성에 비유하고 그리스도는 신랑에 비유함으로 여성은 교회를 설명하는 상징적인 표현으로 많이 쓰여지고 있습니다.

교회는 성령의 인도로 잃은 자를 찾고 키우며 성장케 하는 곳입니다. 이는 마치 어머니가 자식을 낳아 애써 돌보며 애지중지 키워 성장시키는 것과 같습니다. 이에 교회도 하나님의 백성을 낳아 그 정도대로, 즉 어리면 어린 대로, 자랐으면 자란 대로 돌보아 더욱 성장시켜 나가는 것입니다. 때문에 처음 믿는 사람에게는 아무래도 많은 손이 가야 하고 더 많은 친절이 필요합니다. 이렇게 애지중지 돌보는 중에 조금 자라게되면 훈련도 시키고, 좀더 자라면 봉사도 하게 하여 성인으로 활동할 수 있을 때까지 키워나가는 것입니다. 그래서 교회는 마치 한 여인, 특별히 한 어머니와 같은 모습으로 비유해서 말하게 되는 것입니다. 다시 말하면 교인을 돌보는 모습이 자식을 돌보는 어머니의 애정과도 같은 모습이라는 것입니다.

초대 교회의 기록 가운데에는 성령을 모성으로 표현한 것들을 많이 발견할 수 있습니다. 그 중 제롬(Jerome)이라는 교부는 말하기를 "그리스도께서 자기 자신을 설명하고 있을 때에 어머니의 마음으로 설명을 하였고, 또 우리를 구원하시는 그 모습을 하나의 여성적, 모성적 애정으로 설명한 때가 있다"는 것입니다. 이는 무슨 뜻이냐 하면 누가복음 13장 34절 말씀에 "암탉이 제 새끼를 날개 아래 모음같이 내가 너희의 자녀를 모으려 한 일이 몇 번이냐" 하신 말씀을 두고 하는 이야기입니다. 암탉이니 여성이요 모성입니다. 마치 어머니가 어린 자식을 돌보는 것처럼, 암탉이 새끼 병아리를 날개 아래 품듯이 그리스도께서 하나님의 백성을 그렇게 사랑하시고 보호하신다는 말씀입니다.

오늘 본문에는 여성의 이러한 애정이 잘 나타나고 있습니다. 본문에 의하면 이 여자에게는 열 드라크마가 있었다고 합니다. 이 드라크마라고 하는 것은 동그란 모양의 엽전과 같은 헬라의 화폐 단위입니다.

이 드라크마의 모양은 한 면에는 왕의 얼굴이 그려져 있고, 다른 한 면에는 글자가 새겨져 있는 은전입니다. 이러한 은전 열 개를 오늘 본문의 이 여인이 가지고 있었다는 것인데, 그러나 단순하게 교환 가치의 돈으로 가지고 있었던 것같지를 않습니다. 아마도 그 구멍에다 예쁜 실을 꿰어 장식용으로 사용하며 보화처럼 아껴 간직하는 그런 것이었다고 생각이 됩니다. 어쨌든 이 여인에게 있어서 이 열 개의 드라크마는 얼마짜리의 돈 몇 푼이 아니라 노리개나 보화처럼 귀하고 소중한 것이었으며, 그러기에 이 돈을 무척 사랑했습니다. 그러고보면 이 여인은 다른 진귀한 보화를 가질 만큼 넉넉치 못한 좀 가난한 형편의 사람이었던 것같습니다. 그래서 이것을 보화로 삼아 만지고 사랑하며 소중히 여길 뿐만 아니라, 이것이 자신에게 주는 기쁨 또한 적지 않았습니다. 이 열 드라크마를 결혼할 때 어머니가 준 것인지 아니면 사랑하는 사람이 준 것인지 알 수는 없으나, 성경에 나타나는 대로 보면 분명 그렇게 함부로 쓰는 돈이 아닙니다. 이는 사랑과 기쁨과 관심을 담고 있는 하나의 애물이요, 보화의 은전이었습니다. 그런데 그 중 하나를 잃어버렸습니다.

여기에서 상상을 해본다면, 밤에 혼자서 다시 한번 그 열 드라크마 묶음을 만져보는 중에 꿰었던 줄이 끊어지거나 풀어져 그만 드라크마 열 개가 바닥에 모두 떨어지게 되었는데 그 중 아홉 개는 쉽게 찾았으나 한 개는 없다는 이야기입니다. 어쨌든 이 여인은 그 중 하나를 잃어버려서 고민하게 됩니다. 그러면 여기서 한 가지 생각하여야 할 것은 자기의 부주의로 잃어버렸다는 것입니다. 반면에 양 한 마리 잃어버린 것은 양이 떠나 도망간 것입니다. 때문에 그 책임도 양에게 있습니다. 그러나 이 여인이 드라크마를 잃은 것은 자기의 부주의로 그 책임이 자신에게 있습니다. 그러기에 마음이 더욱 괴롭고 초조한 것입니다. 어떻게 해서라도 찾아야겠다는 생각뿐입니다. 그래서 등불을 켜 들고 열심히 찾는 것입니다.

우리가 아는 대로 사물을 보기 위해서는 밝은 눈이 있어야 합니다. 하지만 눈만 밝다고 볼 수 있는 것은 아닙니다. 더욱 중요한 것은 빛이 있어야 본다는 것입니다. 내가 눈을 뜨고 아무리 보려고 하여도 이 빛이 꺼지면 그 후로는 볼 수가 없으며, 그렇게 되면 눈이란 있으나마나한 것이 되고맙니다. 이 때문에 빛이 중요하고 빛이 있어야 합니다.

이제 이 여인이 잃어버린 한 드라크마를 찾는 데에도 등불이 있어야 했다는 사실을 우리는 잊지 말아야 합니다. 이 빛은 곧 말씀의 빛이요 생명의 빛이며, 진리의 빛이요 그리스도의 빛입니다. 이 빛이 있어야만 내가 잃은 것을 다시 찾을 수 있습니다. 이 빛이 아니고서는 잃은 것을 찾을 수도, 가진 것을 볼 수도 없는 것입니다. 그런데 이 여인은 등불을 밝혀 들고는 온 집안을 뒤지며 찾습니다. 잃은 양을 찾을 때에는 멀리 들로 나가 찾았으나, 오늘 주신 이 말씀은 안에서 찾는 것입니다. 좀더 깊이 말씀드린다면 이는 나 자신에게서 찾는 것입니다. 나 자신 속에서 잃어진 것이 무엇인가를 발견하고 그것을 찾아야 한다는 것입니다.

여기에서 한 가지 생각할 것은 당시 이스라엘 사람들의 집은 일차적으로 어둡다는 것입니다. 본래 창문이 많지 않은 어두운 구조에 불을 켰다고는 하지만 조그만 등잔불의 어두침침한 빛을 가지고 잃은 은전 한 닢을 찾겠다고 애를 쓰는 것입니다. 게다가 바닥에는 갈대로 엮어 만든 돗자리같은 것이 두툼하게 깔려 있어서 작은 물건을 떨어뜨리게되면 찾기가 힘이 듭니다. 이러한 환경 속에서 이 여인은 본문에 의하면 등불을 켜 놓고 쓸며 부지런히 찾았다고 하였습니다. 차례차례 빠뜨리지 않고 열심히 쓸어 뒤지며 찾은 다음에는, 너무 좋아서 벗과 이웃을 불러모으고는 "잃은 드라크마를 찾았으니 함께 즐기자"며 즐겼다는 것입니다. 앞서 잃은 양의 비유에서도 말씀드렸듯이 이 여인이 즐긴다면서 몇 냥어치나 먹었는지 모르겠습니다. 기쁨에 도취하여 은전 다 날려보냈는지도 모를 일입니다. 아무튼 동네 잔치를 할 정도의 큰 기쁨이었으니 다른 것은 문제 될 것이 없습니다.

그런데 본문의 문장을 자세히 보면 대단히 재미있는 것을 발견할 수 있습니다. 앞서 잃은 양을 찾아온 목자는 말하기를 "'나'의 잃은 양을 찾았노라" 하며 "내 양"이라고 하는 것이 강조되어 있습니다. 거기에 비해 오늘 본문은 우리 말로는 "잃은 드라크마를 찾았노라"로 기록되어 있지만, 헬라 원문이나 영어 성경에는 부정관사가 아닌 정관사가 앞에 있어서 "그 드라크마를 찾았다"로 되어 있습니다. 그러니까 여기에서는 "그 드라크마", "그 은전"이라고 하는 것을 강조하고 있습니다. 은전은 여기도 있고 저기도 있습니다. 그러나 내가 찾는 것은 내가 잃어버렸던 바로 그 은전을 찾는다는 것입니다. 그것이 아니면 나를 기쁘게 할 수가 없습니다.

가령 내가 잃어버린 은전으로 인해 눈물을 흘리며 괴로워할 때 딱하게 생각한 어떤 사람이 은전 열 개를 준다고 하여도 싫다는 것입니다. 그것을 가지고는 내 마음의 공허를 채울 수가 없어 안된다는 것입니다. 어디까지나 잃어버렸던 바로 그것을 찾아야 한다는 말입니다. 그러기 때문에 "그 은전"입니다. 이것이 곧 아무 것을 주고도 바꿀 수 없는 중요한 가치의 그것입니다.

우리는 흔히 어린이들이 인형을 가지고 놀다가 잘못되어 인형의 팔이라도 부러뜨려버리게되면 그 어린이는 자기의 팔이라도 떨어져나간 것처럼 아파하며 우는 모습을 볼 때가 있습니다. 이럴 때에 생각 없는 어른들은 쉽게 하는 말이 "내버려라, 다른 것 사줄게. 혹은 더 좋은 것 사줄게." 아니면 더 낮은 수준에서는 "더 비싼 것 사줄게" 하며 달래려 하는데 이것은 한마디로 잘못된 것입니다.

외국에서는 물론 요즈음은 우리나라에도 인형 병원이 있는데 우선은 교육적인 측면에서 고장난 인형 부위에 응급조치를 하여 붕대를 감고 치료를 합니다. 그렇게하여 우선 하룻밤만 집에서 재우자 하고서는 뒷날 인형 병원에 가지고 간다는 것입니다. 이렇게 하여 그 인형을 고쳐나올 때 이 어린이의 마음은 대단히 기쁜 것입니다. 이것은 돈을 주고도 바꿀 수 없는 것입니다. 그 인형을 고쳐야지, 다른 어떤 인형으로도 해결될 문제가 아닌 것입니다.

이 여인의 이야기가 그렇습니다. 돈이야 어디 그것뿐이겠습니까? 그러나 이 여인의 마음은 다른 것으로는 위로가 되지를 않습니다. 오직 잃어버렸던 바로 그 돈이라야만 합니다. 그 은전이 아니고는 내 마음이 기뻐질 수 없다는 것입니다. 이 얼마나 중요한 의미가 있는 것이겠습니까? 이것은 마음의 문제이지 돈으로 계산할 경제적인 문제가 아닙니다. 이것은 진정한 마음이요, 가장 여성적인 사랑의 진실입니다. 이것은 아무래도 자기가 가지고 있다는 것에만 의미가 있는 것이 아니라, 사랑하는 사람이나 어떤 특별한 사람으로부터 받은, 돈 이상의 의미가 있었다고 생각됩니다. 분명히 돈으로만 취급될 수 없는 깊은 의미가 있는 것으로 보여집니다. 그 때문에 이것은 잃어버려서는 안되는 것이며 다른 것으로 그 자리를 채워서도 안된다는 것입니다.

이제 여기서 오늘 우리에게 주는 교훈을 한 번 생각해보아야겠습니다. 먼저는 나의 생활 중에 잃은 것이 없나를 살펴볼 것입니다. 한 사람의 인격은 온전하여야 합니다. 그래서 흔히들 말하기를 교육의 최고 목적은 온전한 인격을 갖추게 하는 데 있다고 합니다. 정신적으로 온전하며, 지식과 의지면에서 그리고 경제적으로, 사회적으로 다 온전하여야 합니다. 그러나 더욱 중요한 것은 신앙적으로 온전하여야 합니다. 우리는 이 온전함을 향해 그렇게 성장하고 그렇게 가르치며 그렇게 노력하는 것입니다. 신앙은 온전하여야 합니다. 너무 감상적인 신앙이 좋은 것이 못되는가 하면, 너무 쌀쌀해도 안되고 너무 뜨거워도 안됩니다. 그 때문에 말하기를, 머리는 차갑고 가슴은 뜨거워야 하며 그리고 힘은 있어야 된다고 하는 것입니다. 그렇다면 나에게는 무엇이 빠져 있는가를 생각해보아야 합니다.

요한계시록 2장을 보면 에베소교회를 향하여 주시는 말씀이 있습니다. 거기에 보면 에베소교회는 참으로 칭찬할 것이 많은 교회였습니다. 에베소교회는 많은 수고를 하였습니다. 그리스도를 위하여 인내하며 조금도 게으르지 않았습니다. 악과 거짓을 선별하는 데에도 능숙합니다. 이처럼 잘했고 훌륭했습니다. "그러나 너를 책망할 것이 있나니 너의 처음 사랑을 버렸느니라"고 하셨습니다. 첫사랑을 잃은 것에 대한 책망입니다. 수고하고 인내하며 악한 사람, 잘못한 사람을 비판하여 꼬집어내는 등 여기까지는 좋았는데 사랑을 잃었다는 것입니다. 무엇보다도 가장 중요한 사랑을 말입니다. 그러고도 언제 잃었는지조차 모르고 있는 것입니다. 그래서 이 에베소교회를 향하여 명령하시는 말씀이 "그러므로 어디서 떨어진 것을 생각하고 회개하여 처음 행위를 가지라"는 것입니다. 이는 원점으로 돌아가서 다시 처음 사랑을 회복하여 가지라는 말씀입니다. 우리가 어떻게 살다보면 어디서 무엇을 잃었는지조차 모르게 되고 맙니다. 그러나 오늘 본문의 이 여인은 자기가 잃은 것을 알고 그리고 부지런히 찾는 것입니다. 문제는 무엇을 잃었는지 모르는 것에 있습니다. 그것을 모르는 사람은 회개하지도 않습니다. 그 때문에 "뭐니뭐니해도 자신이 무엇을 모른다는 것을 아는 것이 지혜의 시작"이라는 말을 하게되는 것입니다. 어떤 사람들은 자기가 모른다는 사실을 모르고 떠들다가 더 큰 실수를 하게 됩니다. 어느 사이에 자신도 모르게 잃어버린 것, 이것은 어디까지나 자신의 실수요 책임입니다. 우리는 언제나 그러한 현재의 자신과 가능성을 생각하여야 합니다.

　여기서 우리는 신약성서 속에 한 사건을 기억해봅시다. 도저히 잃어버려서는 안될 아들 예수를 잃고도 몰랐던 마리아와 요셉의 이야기말입니다. 유월절을 지킨 다음 친척들과 이웃들에 휩싸여 분주하게 내려갔는데, 하룻길을 간 후에 찾아보니 가장 중요한 어린 아들 예수가 없더란 말입니다. 겨우 12살난 어린 예수가 없어졌건만 그것도 하룻길을 간 후에야 발견했다니, 이 얼마나 어처구니없는 일입니까? 결국 마리아와 요셉 부부는 사흘 후에 예루살렘 성전에서 아들 예수를 만나게 됩니다. 정말 가장 귀중한 것을 잃어버리지나 않았는지 깊이 생각하여야 되겠습니다. 이것은 결코 외적 상실이 아닌 내적으로 오는 자기 상실입니다. 만약에 돈을 얻고라도 믿음을 잃었다면, 그것은 가장 큰 손해요 실패입니다. 성공을 했다지만 진실을 잃고 인격을 잃었다면, 그것은 성공이 아닙니다. 그러므로 우리는 잃은 것이 무엇인가를 깊이 생각하는 자기 성찰의 안목이 있어야 하겠습니다.

그 다음에 중요한 것은 오늘 본문의 이 여인은 하나를 잃은 상태로는 만족할 수가 없었습니다. 지금 아홉은 그대로 자기 손 안에 있습니다. 그러나 이 아홉이 있는 것으로 하여 잃어버린 그 하나를 잊어버리거나 포기할 수는 없다는 것입니다. 그런데 우리는 있는 아홉 때문에 잃어버린 하나를 못발견할 때가 많습니다. 하지만 여기 이 여인은 잃어버린 하나를 알았을 뿐더러 그 잃은 것을 꼭 찾아야 하겠다는 것입니다. 어떻게 해서라도 기어이 찾아 열이라고 하는 본래의 숫자에 채워야지, 그렇지 않고 하나 빠진 아홉으로서는 그 아홉의 가치도 없는 것으로 생각한 것입니다. 그래서 그는 기어이 찾아 열의 모습으로 맞추어야겠다는 것입니다. 여러분! 적당히 믿고, 적당히 신앙생활 하려들지 맙시다. 진정 우리의 신앙생활은 열이 꽉 찬 생활을 목표로 하여야 합니다. 대체로 "이만하면 되지 않았나! 아홉도 여덟보다야 낫지!" 하는 그러한 식의 생각은 하지 맙시다. 우리의 목표는 어디까지나 열입니다. 열을 다 가져야 하고, 하나 없는 아홉은 아홉 모두 무의미하다는 것입니다. 이러한 확고한 믿음의 목표를 두고 나아가야 할 것입니다.

그리고 다시 한 번 생각할 것은 빛이 있어야 볼 수 있다는 것입니다. 무엇이고 나 자신의 노력에 의해서 찾게 되는 것으로 생각지 말 것입니다. 아무리 애를 쓰며 수고를 하여도 빛이 없어서는 불가능합니다. 이는 마치 농사하는 사람에게 있어서 햇빛이 없으면 어떠한 수고도 필요없는 것과 같습니다. 빛! 곧 마음에 빛이 있어야 합니다. 특별히 우리의 잃은 것을 찾기 위해서는 말씀의 빛이 비추어져야 합니다. 오직 그 빛 안에서만이 잃어버렸다는 사실을 발견할 수가 있으며, 또한 잃어버린 자와 잃어버린 그것을 찾을 수 있다는 것을 잊지 말아야 하겠습니다. 그러므로 우리는 이 말씀의 빛을 떠나서는 아무것도 바라볼 수가 없습니다. 따라서 우리는 하나님의 말씀을 계속 상고하여 이 말씀의 빛 앞에 가까이 나아가야 합니다. 빛으로부터 멀리 있는 사람은 자기가 어둠 속에 있다는 것을 모릅니다. 그 때문에 자기의 허물을 모르고 자기의 부족함을 모릅니다. 그래서는 이만하면 되었다는 자만의 생각을 합니다마는, 그러나 빛 앞에 나서게되면 모든 것이 숨김 없이 환하게 드러나고 맙니다. 이처럼 빛 앞에서는 가까이 가면 갈수록 더욱 더 완전하게 자기의 모습이 드러나게 됩니다. 그러기에 우리는 좀더 밝은 빛 앞에서 살아야겠다는 말씀입니다. 그렇게 함으로 우리의 모든 수고도 실효를 거둘 수 있게 됩니다. 그렇지 않으면 갖은 수고가 다 무효로 돌아갑니다. 마음에 빛이 없으니 마음이 흐려지고 혼미해질 수밖에 없습니다. 그러한 어둠의 상태에서는 아무리 노력을 하여도 소용없는 일이 되고맙니다. 우리는 언제나 예수 그리스도의 빛! 진리의 그 빛 안에서만이 우리의 모든 수고가 열매맺을 수 있음을 알아야 합니다.

다음으로 생각할 것은 이 여인의 마음이 무척 조급하다는 것입니다. 본문을 보노라면 왜 이렇게 조급해야 하는지 알 수가 없을 정도입니다. 하지만 사랑은 이렇게 조급한 데가 있습니다. 오늘밤에 잃어버렸다면 한밤 자고 내일 아침에 찾아도 될 것인데 그것을 못참아 이토록 급하게 찾으려는 것입니다. 이 여인의 심정으로는 내일 아침까지 기다릴 수가 없습니다. 단순히 경제적인 생각만 한다면 못참을 일이 아닙니다. 그러나 애정적인 입장에서 생각하는 이 여인에게 있어서는 지금 이 시간에 꼭 찾고야 말겠다는 것입니다. 사랑은 그렇습니다. 괜히 조급하고 기다릴 수가 없어서 더욱 조급합니다. 그 때문에 때때로 안달을 하며 일부러 말썽을 부리게 되는지도 모르겠습니다. 어쨌든 다른 것이라면 몰라도 특별히 우리의 잃어버린 것들을 찾기 위해서는 이렇게 서둘러 애써야 합니다. 내가 잃어버린 믿음, 내가 잃어버린 진실, 내가 잃어버린 사랑을 찾기 위해서 정말 급하게 서둘러야 합니다. 좀 더 있다 기도하지, 좀 더 있다 봉사하지, 좀 더 있다 전도하지, 좀 더 있다 불쌍한 이웃을 돌보지 하고 시간이 흐르기만 기다릴 것이 아닙니다. 이것은 서둘러야 합니다. 이후의 시간은 나를 위해 보장되어 있는 것이 아닙니다. 그러므로 대단히 적극적이고 종말적인 자세로 애를 써야 되겠습니다.

예수님께서는 안식일에 병 고치신 일로 인해 자주 시비를 받아 오셨습니다. 그 한 예가 누가복음 13장에 기록된 18년간 귀신들렸던 여인을 고치신 일입니다. 이때에도 예수님께서 안식일에 병을 고치시는 것을 문제로 삼아 분을 내며 시비를 하게 됩니다. 문제삼는 저들의 말인즉 일할 날이 엿새가 있는데 왜 하필이면 안식일에 일을 하느냐는 것입니다. 그러나 예수님의 생각은 그것이 아니라는 것입니다. 그래서 하시는 말씀이 "너희가 각각 안식일에 자기의 소나 나귀나 마구에서 풀어내어 이끌고 가서 물을 먹이지 아니하느냐? 그러면 십팔 년 동안 사단에게 매인 바 된 이 아브라함의 딸을 안식일에 이 매임에서 푸는 것이 합당치 아니하냐?"고 하시는 것입니다. 안식일에 한 마리의 가축도 물을 찾아먹이고 구덩이에라도 빠졌으면 건져내는 것이 도리라면, 이 여인이 사탄에게 매여서 18년 동안이나 고생을 해왔는데 단 한 시간이라도 빨리 풀어 주는 것이 합당치 않느냐는 것입니다.

이 얼마나 중요한 이야기입니까? 이것이 사랑하는 사람의 마음입니다. 언뜻 생각하기에는 18년간 그렇게 살아온 것이라면 하루 지나서 고친다고 하여 안될 것도 없습니다. 그러나 예수님의 마음은 그렇지를 않고,

그럴 수가 없다는 말씀입니다. 하루이틀 더 지난들 어떠리 하는 생각을 하지 말라는 말씀입니다. 사랑의 행위는 미루어지는 것이 아닙니다. 잃어버린 자를 찾기 위해 애쓰는 마음, 그의 구원을 위하여 전도하는 마음이 이렇게 급한 것이어야 한다는 것입니다. 내일 일은 내가 알 수 없는 것이니 오늘 전도하여야 합니다. 바로 오늘 이 시간에 찾을 것입니다. 이는 결코 뒤로 미룰 일이 아닙니다. 잃은 양도, 잃은 드라크마도 오늘 이 시간 급하게 찾아야 합니다. 그리고 꼭 찾아야 하겠습니다. 내일 아침까지 기다리지 못하는 이 여인의 애정으로 잃어버린 하나님의 사람들을 찾아서 구원에 참여하도록 하여야 한다는 말입니다. 그런 후에는 너무도 기뻐서 친구와 이웃을 불러 모아 잔치를 하며 즐긴다는 것입니다. 이와 같이 잃었다가 찾은 마음의 기쁨은 굉장한 것입니다.

우리는 한 사람이 하나님 앞으로 돌아올 때마다 이러한 기쁨의 감격이 있어야 합니다. 이 기쁨을 맛보지 못한 사람은 하나님의 일에 대한 진정한 의미를 모를 것입니다. 잃어버린 자를 찾기 위해 애쓰며 안타까워하는 마음! 잃은 자를 찾아 하나님께로 돌아왔을 때의 기쁨과 그 감격! 이것이 바로 그리스도인의 마음이요, 그리스도인의 기쁨이며, 그리스도인의 행복이라고 생각합니다.

여러분! 우리 주위에는 잃어버린 자가 너무도 많습니다. 이 시간 이 자리에 나와 함께 꼭 있어야 할 그 사람이 여기에 없습니다. 나와 함께 기도하여야 할 그 사람이 오늘 여기에 없습니다. 같이 예배하여야 할 그 사람이 이 자리에 없습니다. 진정으로 사랑하는 그 사람이 없단 말입니다. 우리는 이럴 때에 안타깝게 생각을 하여야 합니다. 어디에고 돌아다니다가 언젠가는 돌아오겠지 하는 안일한 생각을 할 것이 아닙니다. 우리는 잃어버린 자를 기어이 찾아야 하겠습니다. 그가 여기 함께 하지 않고는 내 마음이 충만할 수가 없습니다. 나의 사랑하는 사람을 나와 같이 구원의 반열에 있게 하고 나서야 만족할 수 있듯이 그러한 사랑의 마음으로 전도할 것입니다. 여기 이 여인처럼 애지중지하던 열 드라크마 중에서 하나를 잃고는 애를 쓰다가 찾게되자 너무도 기뻐하는 그 감격! 그 감격이 곧 우리의 감격이 될 수 있도록 잃은 것을 찾고 또 찾는 신앙생활이 되어야 하겠습니다.

제 일의 탕자

또 가라사대, "어떤 사람이 두 아들이 있는데, 그 둘째가 아비에게 말하되, '아버지여, 재산 중에서 내게 돌아올 분깃을 내게 주소서' 하는지라, 아비가 그 살림을 각각 나눠 주었더니, 그 후 며칠이 못되어 둘째 아들이 재물을 다 모아 가지고 먼 나라에 가 거기서 허랑방탕하여 그 재산을 허비하더니, 다 없이한 후 그 나라에 크게 흉년이 들어 저가 비로소 궁핍한지라, 가서 그 나라 백성 중 하나에게 붙여 사니 그가 저를 들로 보내어 돼지를 치게 하였는데, 저가 돼지 먹는 쥐엄 열매로 배를 채우고자 하되 주는 자가 없는지라, 이에 스스로 돌이켜 가로되, '내 아버지에게는 양식이 풍족한 품군이 얼마나 많은고? 나는 여기서 주려 죽는구나!' 내가 일어나 아버지께 가서 이르기를, '아버지여, 내가 하늘과 아버지께 죄를 얻었사오니 지금부터는 아버지의 아들이라 일컬음을 감당치 못하겠나이다. 나를 품군의 하나로 보소서' 하리라 하고, 이에 일어나서 아버지께로 돌아가니라. 아직도 상거가 먼데 아버지가 저를 보고 측은히 여겨 달려가 목을 안고 입을 맞추니 아들이 가로되, '아버지여 내가 하늘과 아버지께 죄를 얻었사오니 지금부터는 아버지의 아들이라 일컬음을 감당치 못하겠나이다' 하나, 아버지는 종들에게 이르되, '제일 좋은 옷을 내어다가 입히고 손에 가락지를 끼우고 발에 신을 신기라. 그리고 살진 송아지를 끌어다가 잡으라. 우리가 먹고 즐기자. 이 내 아들은 죽었다가 다시 살아났으며, 내가 잃었다가 다시 얻었노라' 하니 저희가 즐거워하더라."

(누가복음 15:11~24)

제 일의 탕자

오늘 본문의 탕자 비유는 너무나도 잘 아는 비유입니다. 그 때문에 설교학에서는 웬만하면 탕자의 비유를 본문으로 하는 설교는 하지 말라는 이야기가 나올 정도입니다. 그러나 비유 강해에서 이 이야기를 빼놓을 수는 없습니다. 이 탕자 비유가 그렇게 유명한 것은 그 내용이 우리의 생활상과 너무도 같기 때문입니다. 그러한 친근감이 우리로 많이 생각하게 하고, 게다가 자주 들음으로 잘 아는 것으로 여겨집니다. 그러나 알고보면 이 말씀은 그렇게 단순한 내용이 아닙니다. 이 탕자의 비유 하나 속에 기독교의 가장 중요한 진리가 다 들어 있습니다. 이렇게 성경으로 우리에게 말씀해주는 이 방법론은 히브리적입니다. 따라서 논리적으로나 합리적 혹은 체계적인 방법으로 설명하지 않고 상징적인 한 사건을 통하여 비유적으로 말씀합니다. 그리고 이 탕자의 비유가 또 한 가지 유명한 것은 다른 비유들의 초점은 보통 하나인 것에 비해 이 비유는 그 초점이 셋이나 됩니다. 그 첫째가 탕자입니다. 이것은 죄인이 돌아오는 모습입니다. 두번째로, 아버지는 하나님을 말씀하시는 것이며, 세 번째로는 둘째번 탕자인 형에 대한 이야기입니다. 여기에서 첫번째 탕자가 이방인이라면, 두번째 탕자는 유대인을 말합니다. 이렇게 볼 때에 하나님의 귀한 진리가 이 비유를 통하여 폭넓게, 그리고 깊게 다루어지고 있다는 것입니다. 더욱이 누구나 쉽게 알아들을 수 있도록 이렇게 생생하게 설명되었다는 점에서 가장 우수하고 중요한 비유가 됩니다.

본 비유의 배경은 이미 앞에서의 두 비유를 위해 설명되었기 때문에 다시 말씀드릴 필요가 없겠습니다. 본 비유 역시 누가복음 15장 1~2절의 말씀을 그 배경으로 하고 있습니다. 어쨌든 버려진 자가 돌아오며 세리와 죄인들이 하나씩 회개하고 하나님께로 나아오는 것이 얼마나 소중하고 기쁜 일인가를 강조하시는 말씀으로 한 마리의 잃은 양, 하나의 잃은 드라크마의 비유에 이어 오늘 본문에서는 탕자가 돌아오는 이야기까지 하시게 됩니다.

오늘 본문의 소재는 너무도 잘 아는 이스라엘 사람들의 풍속입니다. 이것은 또한 동양 사람들의 이야기로 우리들로서도 흔히 겪는 문제 중의 하나입니다. 서양 사람들은 지금도 아버지의 재산이 반드시 아들의 것이 된다는 보증이 없습니다. 비록 아들이 하나뿐이라 하더라도 다소 얼마를 주거나 자동차라도 한 대 사주면 다행한 일이고 그렇지 않으면 그만두는 것입니다. 그러나 동양권적 가정 풍속으로는 그렇지가 않습니다. 특별히 대가족 제도하에 생활하기 때문에 아버지가 죽으면 그 재산은 으레 그 아들의 것이 됩니다. 그리고 이것을 당연한 권리로 생각하고 있습니다.

이제 예수님께서는 이 동양적인 가정을 배경으로 하여 두 아들이 아버지의 유산을 나누어 갖는 이야기를 하십니다. 유산이란 부모가 세상을 떠나야 나누어 가지게 됩니다만, 대개는 아버지가 세상을 떠나기 전에 분배하게 마련입니다. 거기에는 통속적인 규례가 있습니다. 더구나 이스라엘 사람들은 성경의 가르침대로 하는 것을 원칙으로 하게 됩니다. 신명기 21장 17절에도 기록되어 있습니다만 아들이 그 유산을 분배받을 수 있는 기준은 아들이 둘이라면 형이 3분의 2를 받고, 동생은 3분의 1을 받습니다. 그러니까 동생은 형의 절반을 유산으로 받게 되는 것입니다. 그런데 여기에 약간의 문제가 있는 것은 아버지가 세상을 떠난 다음에는 자동적으로 나누어 갖게 되겠지만 살아 있는 동안에도 아버지가 미리 나누어 줄 수 있다는 것입니다. 그러나 이때에 한 가지 문제가 되는 것은 아버지가 보기에 저 아들은 불량한 불효자로 아들 자격이 없다고 생각할 때에는 그 유산을 끊어버리는 것입니다. 그런가 하면 잠언 17장 2절에 있는 말씀처럼, 종도 슬기롭게 잘하였으면 아들들만큼 많이 주지는 않겠지만 그 유산의 얼마를 나누어 줄 수가 있습니다. 이는 아버지가 자기의 재산을 통속적인 규례에 따라 분배하기는 하지만 결국은 자기 살아 생전에 마음대로 유산 처리를 할 수 있다는 것입니다.

이러한 것이 유산인데 오늘 본문에 나타난 아들은 대단히 불량한 아들입니다. 유산이란 아버지가 줄 때까지 기다려야 하는 것인데, 아버지의 유산을 빼앗는 것처럼 강요해서 얻게 됩니다. 문제는 여기에 있습니다. 감히 아버지에게 내게 올 몫을 미리 달라며 대드는데 이것이 좋지 않다는 말입니다. 아버지의 유산은 아버지의 마음대로 언젠가는 자식에게 주어지게 마련입니다. 어차피 아버지 본인은 세상을 떠나게 될 테니까요. 그런데 이 아들은 아직도 건강한 아버지 앞에서 내게 올 몫을 미리 내어놓으라니 참으로 좋지 못한 아들입니다. 이는 동서고금을 막론하고 불량한 아들입니다. 그러면서도 이 아들은 자기는 당당히 받을 권리가 있다는 것입니다. 시간적으로 조금 이르기는 하지만 기왕에 줄 것 지금 내놓으라며 떼를 쓰는 것입니다. 하지만 이 아버지는 아들을 향해 말싸움을 벌이지도 않고 제지할 자세도 아닙니다.

성경에 의하면 한마디의 꾸지람도 없이 그저 이 재산을 내어줍니다. 여기에서 우리가 생각할 수 있는 문제는 주지 않으면 나가지는 못하는 것 아니냐는 것입니다. 그 대신 집에 있으면서 아주 못된 불량자가 되겠지요. 아니면 빈 손으로라도 나가서 어디서 무슨 짓을 할는지 모를 일입니다. 이에 누구보다도 아들을 사랑하는 아버지는 그 마음의 초점을 "이 재산은 다 없애도 좋으니 제발 내 아들만 되어주었으면" 하는 것에 두었습니다. 아들의 입장에서는 재산이 중요합니다. 그러나 아버지에게 있어서는 중요하지 않습니다. 아들은 아버지보다도 재산을 중요하게 여겨서 그 재산을 죽기 전에 내놓으라는 것입니다만, 아버지는 재산이 중요한 것이 아니라 아들이 중요합니다. 그래서는 이까짓 재산 어차피 네게 갈 것인데 가지고 가보라는 것입니다. 문제는 다 없애고라도 좋은 아들이 되어달라는 것입니다. 다시 말하면 재산 때문에 아버지와 아들 사이에 나쁜 감정이 있지 않기를 바라는 것입니다. 그리고 적어도 아버지의 생각에는 재산보다는 아들을 더 사랑한다는 아버지의 마음을 보여주고 싶은 것입니다. 참으로 좋은 아버지입니다. 내게는 재산이 중요한 것이 아니라 아들이 중요하다는 그것을 보여주기 위해서 그 증명으로, 그 사랑으로, 이 재산을 아들에게 미리 주는 것입니다.

이와 같이 해서라도 아버지의 간절한 사랑을 그 아들에게 가르쳐주고 싶은 것입니다. 그러고보면 여기에는 상당한 교육적 의미가 있습니다. 언젠가는 반드시 알게 되리라는 것입니다. 그리하여 이 아들은 재산을 받아 가지고 집을 나가게 됩니다.

오늘 본문을 보면 재산을 받은지 며칠이 못되어 재물을 다 모아서 먼 나라로 떠나고 맙니다. 그러니까 이 아들은 아버지의 간섭을 싫어하는 것입니다. 따라서 가까이 있는 것도 싫다는 것입니다. 재산은 좋고, 아버지는 싫고, 더구나 아버지의 간섭은 더욱 싫다는 것입니다. 아시는 대로 부모의 간섭은 사랑의 증거입니다. 생각해보면 이 세상에서 무관심처럼 무서운 증오는 없습니다. 그런데 이 아들은 아버지의 간섭이 싫어서 먼 나라로 가버립니다. 다시는 연락이 없을 것처럼 미련없이 아주 시원한 기분으로 뒤도 돌아보지 않고 떠나는 것입니다. 요즈음 세상 같으면 그래도 전화라도 하고 편지를 띄울 수도 있겠지만, 그 옛날에는 다시 돌아오지 않는 한 한 번 떠나면 그만입니다.

여기에서 생각할 것은 사랑을 사랑으로 받지 못하고 간섭으로 받는 거기에 문제가 있다는 말입니다. 아버지의 가까이에서 아버지의 음성을 듣는 것이 사랑이지만, 그는 아버지로부터 멀리 떨어져 있는 곳에서 돈 가지고 마음대로 한 번 살아보겠다는 것입니다. 이제 아버지는 싫고 재산과 향락만이 그의 추구하는 바가 되었습니다. 이 때문에 그는 멀리 떠나갑니다. 이것이 불신앙입니다. 아버지에게서 멀리 떨어지고 싶은 마음! 그는 자유와 방종을 구분하지 못하는 아들입니다. 이것은 자유라고 생각하고 싶어도 분명 자유가 아닌 방종입니다. 이 아들은 아버지의 사랑의 권 내에, 아버지의 간섭의 권 내에, 아버지의 주권의 권 내에 사는 것이 얼마나 큰 행복이라는 것을 모르는 사람입니다. 그러기에 이 영역을 떠나서 방종하려고 드는 것입니다. 하지만 방종하는 그 순간부터 그는 방종의 종, 방탕의 종이 됩니다. 그러다가 마침내는 정말로 현실적인 종이 되고 마는 것을 본문에서 볼 수 있습니다.

본문에 의하면 "다 없이한 후"에는 별수없이 남의 집 종이 되고 맙니다. 아무리 많은 돈이라 할지라도 돈을 쓰기에만 여념이 없는 이 부잣집 아들의 재산이 언제까지나 남아날 리가 있겠습니까? 돈이란 사실 버는 데서부터 배워야 하는 것이지 쓰는 것만 가지고는 배울 수가 없습니다.

그래서 이스라엘 사람들은 돈의 가치를 모를 때에 자식에게 돈을 주는 것은 그 자식을 죽이는 것이라며, 가정 교육에 있어서 제일 중요한 부분으로 생각하고 있습니다. 이를 다르게 말하면 돈의 가치를 모를 때에 돈을 주는 것은 자식을 저주하는 것과 마찬가지라는 말이 됩니다. 그렇다면 어떻게 하여야 돈의 가치를 가르칠 수 있겠습니까? 그것은 돈을 벌어보는 길밖에 없습니다. 땀 흘려서 벌어보아야 이 돈이 얼마나 귀한 것인가를 알게 됩니다. 버는 데에서 알고, 그것을 지키는 데에서 알며, 그 다음에는 쓰는 데에서 그 가치를 압니다.

이 세 가지를 알아야 돈의 필요성도, 돈의 의미도, 그리고 돈의 귀중함도 알게 됩니다. 그러므로 돈은 성실히 벌 줄도 알아야 하고, 보관하면서 그 가치를 알며 또한 잘 쓸 줄도 알아야 합니다. 있는 돈 쓰지 못하면 그것은 수전노요, 형편없는 사람이 되고 맙니다. 그 쓰임에 있어서도 좋은 일에 쓰면서 그 가치를 알게 됩니다. 그런데 오늘 본문의 이 사람은 부잣집 아들입니다. 그는 돈 버는 일에 대해서는 모릅니다. 보관할 줄도 모릅니다. 한 가지 알고 있는 것은 쓸 줄을 아는 것입니다. 하지만 그나마 좋은 데 쓸 줄은 모르고, 못된 것에만 쓰는 데 익숙합니다. 그러자니 이 사람은 돈 버리고, 몸 버리고, 체통 버리고, 인격 버리고, 인간 버리고, 다 버린 것입니다. 돈과 함께 한 인간을 몽땅 버렸습니다.

　이렇게 되자 그래도 연명은 해야겠으니 그 타국의 어느 집에 일군으로 붙어 살면서 들에 나가 돼지를 치게 됩니다. 본래 돼지를 치는 일이란 이스라엘 사람으로서는 불가능한 일입니다. 저들은 돼지를 기르지도 않을 뿐더러 먹지도 않습니다. 어쩌면 이 사람이 이스라엘 사람인 줄 알고는 일부러 돼지를 치게 했는지도 모를 일입니다. 아무튼 이스라엘 사람으로서 도저히 할 수 없는 일을 지금 이 사람이 하고 있는 것입니다. 이제는 자기 민족적인 권위와 관습도 포기했다는 것입니다. 이는 곧 이스라엘 사람으로서 살지 못했다는 것입니다. 방탕하여 가난하고 병들어 굶어죽을 지경이 된 바로 이 시간에는 그 자랑스럽던 이스라엘의 선민권마저 포기했다는 말입니다.

　그렇다면 더는 이스라엘 사람도 아니요, 물론 부잣집 아들도 아닙니다. 인격자도 아니요, 청년이란 의미도 없습니다. 완전히 버려진 신분, 버려진 인격이 되어 이스라엘 사람으로서는 할 수 없는 일을 합니다. 더구나 비참한 것은 흉년이 너무 크게 들어서 돼지를 치면서도 사람이 먹는 양식을 얻어 먹지 못하고 돼지가 먹는 그 음식을 먹으면서 배를 채우고자 했으나 그것마저 주는 자가 없었다고 하였습니다. 이러한 상황은 6·25를 지난 우리로서는 그렇게 이해하기 어려운 이야기가 아닙니다. 배고프면 무엇이나 다 먹게 되어 있고 그 맛 또한 기가 막히는 것입니다. 맛있는 음식이 따로 있는 것이 아닙니다. 배가 고프면 다 맛이 있습니다. 그 때문에 무엇을 먹고, 맛이 있고 없고 하는 것은 문제될 것이 없습니다. 문제는 돼지가 먹는 음식을 같이 먹을 수밖에 없는 지경에까지 들어갔다는 데 있습니다. 참으로 죽을 지경이 되었고 진짜 종이 된 것입니다. 아버지를 떠나 마음껏 자유하고 방종하더니 이제는 정말 종으로서도 가장 처절한 종이 되어버렸습니다. 그러면서 그는 오늘 본문에 의하면 스스로 돌이켜 생각을 합니다.

여기에서 "스스로 돌이킨다"는 것은 대단히 중요한 말입니다. 우리의 생각이라는 것이 언제나 그런가봅니다. 이처럼 죽을 지경이 되어야 생각하는 것이 제대로 돌아가게 되는 거기에 문제가 있는 것입니다. 이러한 생각이 술집에 있을 때에는 안난단 말입니다. 칭찬받을 때에도, 성공할 때에도 이러한 생각이 나지를 않았는데, 이제 정말 죽을 지경에 이르고보니 제 정신이 돌아가는 것입니다. 이런 경우를 두고 하질 인간이라고 합니다. 돈이 좀 있을 때에 생각이 제대로 돌아간다면 얼마나 좋겠습니까?

저는 미국에서 한 빵집에 들렀다가 그 집 주인인 교포의 탄식하는 이야기를 들은 적이 있습니다. 한국에서 대학 교수를 하던 부부가 거기에서 샌드위치를 만들고 있는 것입니다. 처음 보는 분인데 제가 주문한 샌드위치를 갖다놓고는 의자를 당기더니 옆에 앉아 엉엉 울면서 자기 이야기를 하는 것입니다.

그 분의 말인즉 모 대학 영문학 교수로 있으면서 미국 온다는 생각으로 돈을 좀 모아 가지고 왔는데 그 돈 있을 때에, 집 팔아 가지고 온 돈 있을 그때부터 이렇게 앞치마 두르고 빵장사를 했으면 얼마나 좋았겠느냐는 것입니다. 그런데 그때에는 체면이 있어서, 그래도 내가 영문학 교수인데, 영어도 좀 하는데 하면서 이것을 할까, 저것을 할까 망설이는 중 다 까먹고 이제는 죽는구나 했답니다. 차마 자살도 못하고 이젠 정말 죽는다 하는 그 순간에 가서야 팔을 걷어붙이고 이렇게 빵집을 시작했다는 것입니다.

그 분의 거듭하는 말이 돈 몇 푼 있을 때에 이 일을 시작했더라면 얼마나 좋았겠느냐는 것입니다. 그리고 정말 죽는 줄로만 알았는데 이제는 먹고 살 정도는 되었다며 크게 후회하는 것을 보았습니다.

조금 더 여유가 있을 때에 제 정신 차리면 얼마나 좋겠습니까! 그것도 젊었을 때에 말입니다. 다 늙어가지고 별볼일없을 때에 정신을 차리겠다니 그것이 걱정입니다. 여러분 그렇지 않습니까? 그때엔 정신 차려봤자 도리가 없어요, 시간이 없습니다. 그저 겨우 천당갈 정도이지 무엇을 어떻게 할 수가 없습니다. 건강도 젊음도 없지요, 지식도 돈도 없습니다. 이제 와서 무엇을 하겠습니까? 그 때문에 눈물만 흘리다가 겨우 천당 들어가는 것입니다. 비록 천당은 간다지만 참으로 비참하지 않습니까? 조금만 더 일찍 깨달았으면 얼마나 좋았겠어요?

여기 이 사람이 가진 돈 절반이라도 남았을 때에 제 정신을 차렸다면 오죽이나 좋았겠습니까? 결국은 정 죽을 지경에 이르러 밑바닥 인생으로 떨어져 앉고보니 이제서야 생각이 제대로 돌아갑니다. 그리하여 첫째로 생각나는 것이 '나는 이제 죽었구나' 하는 죽음의 실존을 발견하게 됩니다. 이것은 심각하면서도 매우 중요한 종말적 생각입니다. 인간 종말의 죽음에 대한 인식이야말로 인간 실존의 시작입니다. 죽음의 문제를 생각해보지 않은 사람은 그가 누구라 할지라도 아직은 철나지 않은 사람입니다. 인간의 죽음, 그리고 나도 죽는다는 사실, 그러므로 "나는 어떻게 할 것인가?" 하는 물음과 요청이 인간 실존의 시작입니다.

오늘 본문의 이 사람은 이제야 비로소 죽음의 문제를 생각하며 죽는다는 사실을 자기의 것으로 받아들이게 됩니다. 그리고 두 번째로는 아버지를 생각하며 아버지의 집을 그리워하게 됩니다. 그 다음 세 번째는 아버지만 생각하는 것이 아니라 하늘을 말합니다.

여기에서의 "하늘"은 이스라엘 사람들이 하나님을 너무 조심스러워하고 두려워하는 나머지 사용하는 하나님에 대한 대명사입니다. 그런데 이 사람이 비록 돌이키는 마당이라고는 하지만 하늘과 아버지께 죄를 지었다며 엉뚱하게도 하나님을 생각합니다. 여기에서 이 사람의 이런 점은 참으로 귀한 것입니다. 이제 죽음을 생각하고 아버지를 생각하며, 그리고 하나님을 생각합니다. 마지막 네 번째는 자기를 생각합니다. 이후로 나는 집에 돌아가더라도 아들이라고 할 수가 없다는 것입니다. 이는 스스로 완전히 자격 상실이라는 생각입니다.

지난날 아버지께 재산을 달라며 조를 때에는 당당한 자격이 있다고 생각했었습니다. 나는 부잣집 둘째 아들이니 나의 몫을 주어야 할 것이 아니냐는 것이었습니다. 그러나 지금에 와서는 나는 자격이 없으며, 설령 집에 돌아간다고 하더라도 이제는 "제가 아들입니다" 하고 말할 수 없다는 것입니다. 그러니 아버지의 집 어느 구석에서 무슨 일을 해도 좋으니 그저 품군의 하나로서, 종의 하나로서 남은 생을 살게 해달라는 것입니다. 아들 노릇은 할 수도 없고, 못해도 좋으니 아버지 집에서 살고 싶다는 이야기입니다. 나는 죄인입니다. 나는 자격이 없습니다. 그러나 아버지 집에서 살고 싶습니다. 이것이 바로 회개입니다. 이러한 마음을 가지고 지금 이 사람은 돌아오게 됩니다.

그런데 이와 같이 극한 상황 중에서도 이 사람에게 훌륭한 점이 있었다면 그것은 자살을 하지 않고 돌아왔다는 것입니다. 이는 참으로 중요한 이야기입니다. 왜냐하면 자살은 반항입니다. 하나님께 대한 반항이요, 부모님께 대한 반항이며, 자기에 대한 살인행위입니다. 그러므로 자살은 용납될 수 없는 행위이며 그것은 불신앙의 소치입니다. 그런 의미에서 이 아들이 죽지 않고 돌아왔다는 것은 굉장한 용기요, 대단한 결단입니다. 여기에서 조금이라도 체면을 생각하며 이제 와서 감히 무슨 낯으로 돌아가겠느냐는 식으로 나오면 그는 영원히 아버지 집에는 돌아갈 수가 없습니다. 죽을 지경에서 무슨 체면이 필요한 것이겠습니까? 회개하는 자에게는 체면이란 있을 수 없습니다. 회개에 있어 무슨 자격이 있다, 없다 문제되는 것 아닙니다. 그저 그대로 손들고 돌아오는 것입니다. 그 돌아오는 용기! 이것은 그야말로 대단한 믿음이라고 보아야 합니다. 뿐만 아니라 이것은 우리가 가져야 할 마지막 보루입니다.

이제 무엇보다도 중요한 것은 오늘 본문에 나타난 아버지의 모습입니다. 본문에 의하면 "아직도 상거가 먼데 아버지가 저를 보고 측은히 여겨 달려가 목을 안고 입을 맞추니"라고 하였습니다. 그러니까 이 아버지는 이 아들을 내어보내 놓고는 분명히 거지가 되어서 돌아올 줄 알고 있었다는 것입니다. 보나마나 저애가 가서는 다 없애고 거지가 되어 돌아올 터인데 "어쨌든 제발 살아서 돌아만 와다오" 하는 심정으로 기다려온 것입니다. 이제나 저제나 하고 길목을 바라보며 눈과 목이 지칠 정도로 기다려왔습니다. 그 때문에 저만큼 거리가 먼데도 알아보고 달려간 것입니다.

이는 매일매일을, 순간순간을 기다렸다는 것을 말해줍니다. 기다렸고 기대했으며 어떤 의미에서 확신한 것입니다. 그러기에 아직도 거리가 먼데 벌써 알아보고 측은히 여겼다고 하였습니다. 불쌍히 여겼다는 말입니다. 여기서 우리는 생각해보아야 합니다. 어찌생각하면 당연히 분노할 수 있습니다. "그래 이 아버지가 뭐라고 하더냐? 심은 대로 거두었구나. 인과응보인데 당연한 것이지" 하며 마음껏 책망하고 채찍이라도 들 수 있습니다. 그러나 이것은 복음이 아닙니다. 여기 이 아버지는 전혀 비판이 없습니다. 한 마디의 묻는 말도 없습니다. 그저 목을 끌어안고 입을 맞추며 감격해할 뿐입니다. 이것이 복음입니다. 만약에 이 아버지가 분노하며 이것저것을 물어 책망할 것으로 생각되었다면, 이 아들은 자살이라도 하든지 아니면 그런대로 굶어죽고 말았지 집으로 돌아오지는 않았을 것입니다. 이 아들이 집을 나갈 때에 적어도 그 아버지의 모습은 알고 있었습니다. 이 아들의 마음에 아마 내가 이런 모습이 되어 돌아가면 우리 아버지는 문간에서 만나자마자 때려 죽이려 할 것이라는 생각이 들었다면 이 아들은 돌아오지 못합니다. 그러나 오늘 본문에서 밝히는 중요한 것은 이 아들은 그 아버지를 믿고 있다는 것입니다. 그 때문에 이처럼 용기있게 돌아오는 것입니다. 그리고보면 이는 그의 용기에서보다는 그의 아버지가 그에게 준 사랑의 인상 때문이라는 생각이 듭니다. 정말 아들이 생각한 대로 아버지는 측은히 여기며 아무것도 묻지 않고 냄새나는 아들의 목을 안고 입을 맞추었습니다. 이것은 아버지가 아들로 영접하는 환영을 의미하는 것입니다.

그뿐만 아니라 본문을 자세히 보면 아들은 율법적으로 나오는 것에 비해 아버지는 은혜로 나옵니다. 아들은 말하기를 "내가 하늘과 아버지께 죄를 얻었사오니 지금부터는 아버지의 아들이라 일컬음을 감당치 못하겠나이다" 하면서 차라리 외양간의 머슴으로 살아가겠다는 의사입니다. 이것은 엄연한 율법입니다. 그리고 당연히 그래야 합니다. 생각해보면 그 자격도 없는 것입니다. 그 일도 해본 사람이 하는 것이지 아무나 하는 것은 아니기 때문입니다. 그런데 이 아버지는 아들이 그러한 말을 더 이상 이어갈 기회를 주지 않고 들은 척도 하지 않습니다. 그리고는 종들에게 명하여 "제일 좋은 옷을 입히라"고 합니다. 옷은 영광과 신분을 말해 줍니다. 아들에게는 아들의 옷이 있고, 주인에게는 주인의 옷이 있습니다. 또한 "가락지를 끼우라"고 하였는데 이는 권세를 말합니다. 이 가락지는 도장을 겸한 것으로 옛날에는 어인으로 만들어졌기 때문에 권세의 상징입니다. 그리고 "신을 신기라"는 것은 아들을 말하는 것입니다. 그 옛날 노예들에게는 신발이 없었습니다. 주인의 가족들만 신발을 신을 수 있었습니다. 그러므로 신을 신었다는 것은 아들의 신분을 나타내는 것입니다. 너는 종이 아니라 아들이라는 말입니다. 나아가 "잔치를 베풀었다"고 하는 것은 아버지의 마음에 큰 즐거움이 있음을 표현한 것입니다. 조금도 어두운 그림자가 없이 생명을 얻었다는 것에 대한 충만한 기쁨, 그 즐거움을 말해주는 것입니다.

이 얼마나 놀라운 이야기입니까? 아들의 죄스러워하는 이야기는 들은 척도 하지 않고 너는 자랑스러운 내 아들일 뿐이라는 것입니다. 죽었다가 다시 살았고, 잃었다가 다시 얻은 내 아들! 이 아버지는 살았다는 것, 그리고 다시 얻었다는 것만 생각하고 있습니다. 이 때에 만약 아들이 다시 율법으로 돌아가서 "아버지 이러지 마십시오. 나에게 차라리 매질을 하든지 책망이라도 크게 해주셔야지 이렇게 대하시면 저의 마음은 더욱 고통스러워 죽을 지경입니다" 하고 아버지를 말리려 든다면 이 아들은 끝끝내 율법주의가 되고 맙니다. 그렇게 되면 아들 자격이 없습니다. 이제 이 아들은 자기가 이러한 대우를 받을 자격이 없다는 것을 누구보다도 잘 알고 있습니다만, 그러나 아버지가 이 자격 없는 자를 자격있게 사랑해 주기 때문에 아버지의 사랑을 그대로 받아들이고 있습니다. 어떤 의미에서는 아버지가 너무 기뻐하기 때문에 그 앞에서 다른 말을 할 수가 없는 것입니다. 도무지 죄송해서 앉아 있을 수가 없지만 아버지가 원하시고 기뻐하시니 염치불구하고 앉아 있는 것입니다.

우리가 은혜를 받아들인다고 하는 것이 그런 것입니다. 잘 모르는 입장에서 율법적 관계로 본다면 예수 믿는 사람은 정말 체면 없는 사람들입니다. 누구 못지않게 죄많은 사람들이 앉아서 "나는 하나님의 아들이요, 딸이요" 하고 있으니 말입니다. 하지만 은혜나 사랑이란 본래 그런 것입니다. 저쪽에서 나를 사랑하면 그만이지 이쪽에서 자격이 있고 없고가 어디에 있습니까? 사랑받는다면 사랑받는 줄 알고, 사랑한다면 사랑하는 줄 알 것입니다. 사랑 받을 자격이 있건 없건 그것은 상관할 바가 아닙니다. 이것이 바로 은혜에 대한 믿음입니다

우리는 이제 여기에서 참으로 중요한 교훈을 생각하게 됩니다. 흔히들 걸핏하면 나갔던 탕자가 돌아왔으니 얼마나 훌륭한가라며 탕자를 영웅시하는데 그럴 것이 아닙니다. 여기 탕자가 잘난 것은 하나도 없습니다. 본 비유의 주인공은 탕자가 아니라, 탕자의 아버지입니다. 용서하시는 아버지! 재산을 다 없애고라도 아들이 되어주기를 바라는 사랑의 아버지! 그러고보면 이 아버지는 아들이 나갈 때에 오히려 더 큰 사랑을 베풀어준 것이기도 합니다. 떠나보내면서 무슨 말을 했는지는 모르겠습니다.

그러나 바로 거기에 아버지의 사랑이 있고, 그리고 기다립니다. 돌아오기 때문에 기다린 것이 아닙니다. 돌아오기 때문에 용서한 것이 아닙니다. 용서하고 기다린 것입니다. 벌써 용서했으니 돌아만 오면 된다는 것입니다. 이것이 바로 아버지의 사랑이요, 아버지의 뜨거운 마음입니다. 오늘 본문을 자세히 보면 아들은 돌아올 때에 진정으로 회개한 것이 아니었습니다. 차마 회개할 용기도, 회개할 믿음도 없었습니다. 하나님께서 믿음을 주어야 회개할 수 있는 것입니다. 이는 왜냐하면 내가 아들이라고 할 수 없기 때문입니다.

이와 같은 처지에서 아들이 되게 하고, 아들 노릇을 할 수 있게, 아들 됨을 받아들일 수 있도록 한 것은 순전히 아버지의 사랑이었습니다. 아버지가 너무도 감격스럽게 그를 영접하기 때문에 이 아들은 자기가 죄인이라는 생각을 다 잊어버린 채 그대로 아버지의 사랑을 받아들이고 맙니다. 여기에서 우리는 가장 중요한 교리를 발견하게 됩니다. 그것은 오직 믿음으로 말미암아 의롭다 함을 얻는다는 것입니다.

이 탕자는 아버지의 사랑을 믿습니다. 뿐만 아니라 그 사랑을 믿으며 집으로 돌아옵니다. 그리고 아버지가 아무런 구김살없이 자기를 아들로 영접해 주시며 다 용서하셨다는 것을 믿고 그것을 사실로 받아들입니다. 그랬더니 그는 그대로 아들이 됩니다. 당장에 아들이 되고 당당한 아들이 되었습니다. 이것이 곧 믿음으로 말미암아 의롭다 함을 얻는 진리입니다. 믿음으로 말미암아 죄인이 하나님의 자녀가 되는 것입니다. 이 순간, 이것은 탕자의 자기 윤리가 아닙니다. 자기의 도덕 생활, 자기의 선행 때문이 아닙니다. 그에게는 전혀 자격이 없습니다. 그러나 오직 믿음으로, 이 탕자의 마음속에 있는 그 믿음으로 말미암아 그는 아들이 됩니다.

"오직 의인은 믿음으로 말미암아 살리라!"는 이 진리가 사람을 구원케 합니다. 여기에 복음이 있고, 여기에 하나님의 은총이 있으며, 여기에 우리가 가져야 할 믿음이 있습니다. 우리는 모두가 죄인입니다. 그러나 믿음으로 하나님의 자녀가 되어 이제는 당당하게 그 권세를 누리며 살아가는 것입니다.

제 이의 탕자

"맏아들은 밭에 있다가 돌아와 집에 가까왔을 때에 풍류와 춤추는 소리를 듣고 한 종을 불러 이 무슨 일인가 물은대 대답하되, '당신의 동생이 돌아왔으매 당신의 아버지가 그의 건강한 몸을 다시 맞아들이게 됨을 인하여 살진 송아지를 잡았나이다' 하니 저가 노하여 들어가기를 즐겨 아니하거늘, 아버지가 나와서 권한대 아버지께 대답하여 가로되, '내가 여러 해 아버지를 섬겨 명을 어김이 없거늘, 내게는 염소 새끼라도 주어 나와 내 벗으로 즐기게 하신 일이 없더니, 아버지의 살림을 창기와 함께 먹어버린 이 아들이 돌아오매 이를 위하여 살진 송아지를 잡으셨나이다.' 아버지가 이르되, '얘, 너는 항상 나와 함께 있으니 내 것이 다 네 것이로되, 이 네 동생은 죽었다가 살았으며 내가 잃었다가 얻었기로 우리가 즐거워하고 기뻐하는 것이 마땅하다' 하니라."

(누가복음 15:25~32)

제 이의 탕자

어떤 학자는 예수님께서 말씀하신 탕자의 비유에서 자그만치 세 사람의 탕자를 볼 수 있다고 말합니다. 집을 나가 탕자가 되어 돌아온 둘째 아들은 이미 밝혀진 탕자입니다. 그런가하면 집을 나가겠다는 부랑아에게 재산을 나누어주고는 그것으로 끝내지 못하고 다시 돌아오기를 기다리고 기다리며, 게다가 거지가 되어 돌아온 아들을 위하여 큰 잔치를 베풀어 즐기는 이 아버지! 어떻게 생각하면 정신나간 짓을 하는 것같은 아버지도 하나의 탕자로 해석을 하는 것입니다. 이는 결국 아들 잘못둔 바람에 아버지까지 탕자가 되고만 처지를 말합니다.

그리고 또 하나의 탕자는 오늘 본문에서 보게 되는 형님 탕자입니다. 그는 집을 나가지도 않았고 재산을 축내지도 않았습니다. 그러나 그는 집안에 있으면서도 집을 나간 마음으로 살았습니다. 아버지의 마음을 아프게 하지는 않았지만 진정으로 아버지를 사랑하며, 아들된 특권에 대한 감격이나 고마움 같은 것은 전혀 없었습니다. 이와 같이 부모에 대한 사랑도 없이 억지로 집안에 남아 있는 것이라면 아무래도 그 목적이 다른 데 있다고 볼 것입니다. 그리하여 아버지의 유산에 대한 탐욕으로 아버지의 죽을 날만 기다리며 살아가는 아들이라면 이 또한 엄청난 탕자입니다. 이 사람 또한 몇 번이나 회개해야 할 사람인지 모릅니다. 이렇게 정신적인 차원에서 볼 때에 형 역시 탕자라는 말입니다.

이제 여기에서 다시 한 번 동생이 돌아오는 동기를 생각해보면 그가 진정으로 철저히 뉘우치고 변화된 마음에서 출발하는 것이 아닙니다. "아버지의 집에서 종들도 풍족하게 사는데 나는 여기서 주려 죽는구나. 그러니 이제는 돌아가서 아들이 아닌 품군이나 종으로서라도 배불리 먹다가 죽어야겠다"는 본능적인 생각, 다시 말하면 반드시 그렇다고는 할 수 없지만 상당한 부분이 배가 고파서 돌아오는 것으로 나타나고 있습니다. 어쨌든 그 동기는 그렇게 깨끗한 것이 아닙니다만 그가 집을 향하여 어정어정 돌아오고 있는데 아버지는 멀리서부터 아들을 알아보고 달려가 목을 안고 입을 맞추며 완전한 아들로 영접을 합니다. 그리고 제일 좋은 옷을 입히고 가락지를 끼우며 신발을 신겨 다시금 권세와 신분을 보장하여 세웁니다. 이것은 결코 그가 아들 자격이 있어서가 아닙니다. 오로지 아버지의 사랑과 긍휼이 그를 온전히 감싸 덮어서 그를 아들되게 하는 것입니다.

이렇게 볼 때에 우리는 여기서 대단히 중요한 신학적 문제를 생각하게 됩니다. 이 아들은 아들인 자기의 의로 아들된 것이 아닙니다. 어디까지나 아버지의 의를 아들이 힘입어서, 즉 아버지의 의가 아들에게 옮겨져서 아들이 되는 것입니다. 그것을 우리가 분명히 알아야 하고 꼭 깨달아야 할 교리입니다. 아버지의 뜨거운 사랑이 아들을 감싸 덮어서 아버지의 의로 인하여 부랑아요 탕자인 이 아들이 비로소 아들되는 것입니다. 그렇다면 이 아들의 입장에서는 그냥 아버지의 의를 받아들였을 뿐입니다. 아무런 수고나 행동, 체면도 없이 받아들인 아버지의 의가 있을 뿐입니다. 생각할수록 몸둘 바를 모를 처지이지만 이제는 그저 아버지의 마음을 기쁘게 해드려야겠다는 마음에서 뻔뻔스러운 것같지만 좋은 옷을 입고 앉아서 잔치를 받아먹고 있는 것입니다.

이것이 믿음입니다. 이 염치없는 아들! 이 뻔뻔스러운 아들! 이것이 바로 믿음이라는 말입니다. 그래서 예수 믿는 사람은 염치없고 뻔뻔스러운 것입니다. 우리 또한 우리의 의로 하나님 앞에 나아가는 것이 아닙니다. 하나님의 의를 힘입어서 나아가게 되고 하나님의 자녀가 되는 것입니다. 이 의는 오직 믿음으로 받아들이게 되며, 그렇게 할 때에 동시적으로 하나님의 의를 힘입게 되는 것입니다.

이를 신학적인 용어로는 "믿음으로 말미암아 의롭다 함을 얻었다"고 말합니다. 이 탕자는 그 아버지의 긍휼과 사랑과 그 의를 받아들이는 믿음으로 말미암아 다시금 아버지의 아들이 되는 것입니다. 즉 의롭다 함을 얻은 것입니다. 이것이 구원하는 복음의 핵심입니다.

그래서 마틴 루터(Martin Luther)는 말하기를 "구원이란 오직 믿음에 의해서 이루어진다"고 하였습니다. 그러면 오직 믿음이라는 말은 오직 긍휼이요, 오직 은혜라는 말입니다. 그러므로 구원이란 오직 하나님의 은혜로, 오직 하나님의 긍휼로 이루어지는 것입니다. 그런데 이러한 구원의 은총이 나의 것이 되기 위해서는 이것을 받아들이는 "오직 믿음"을 필요로 합니다. 이 믿음에 의해서 의롭다 함을 얻고, 다시 하나님의 자녀가 되는 것입니다. 여기에 구원의 역사가 있습니다.

이러한 동생의 입장에 비해 이제 형의 태도를 생각해봅니다. 두 형제를 비교하기 위해서 먼저 결론부터 말씀드리면, 동생은 오직 믿음으로 은혜의 관계에서 아버지 앞에 나아갔고 이 형은 율법적 관계에서 아버지를 대하고 있습니다. 그러니까 동생은 은혜파요, 형은 율법파인 셈입니다. 언뜻 보기에 동생은 집을 나가 방탕하며 돌아다니다가 거지가 되어 돌아왔으니 형편없는 것같지만 그래도 그는 은혜 안에 있는 사람입니다. 그러나 이 형은 집을 나가지도 않았고 재산을 축내지도 않았으며 특별히 아버지의 마음을 아프게 하지도 않았습니다. 그는 당당한 아들이요, 깨끗한 아들로 보입니다. 하지만 내적인 그는 아버지를 율법적 관계에서 만나고 있습니다. 그러기 때문에 그는 또 하나의 무서운 죄를 짓고 있는 것입니다. 이것이 바리새적인 죄요, 이스라엘의 죄입니다.

다시 말하면 이 율법적 관계에서 자기의 의를 가지고 하나님 앞에 나아가는 것입니다. 따라서 나는 구원받을만하며, 나는 아들의 자격이 있다는 것입니다. 나는 사랑받을 만한 사람이니 당연히 복을 받아야 한다는 이야기입니다. 이보다 더 악하고 잘못된 생각은 없다고 봅니다. 그러기에 동생을 이방 사람에 비교한다면, 형은 유대 사람으로 비교합니다. 동생을 은혜라고 한다면 형은 율법입니다.

그리고 좀더 깊이, 좀더 가까이 말씀드린다면, 동생은 방금 예수를 구주로 영접하고 감격하여 은혜에 충만한 그 사람을 말합니다. 그런가하면 형은 예수믿은 지 오래되어 믿는 것이 습관화되었고, 어느 사이에 믿음으로 시작한 것이 율법으로 치닫고 있는 것입니다. 처음에는 오직 믿음으로 구원을 얻는다고 생각했으나, 이제 선한 일을 조금 하면서 신실하게 살겠다고 노력하며 살아가는 중에 어느 사이에 자기도 모르게 율법주의자가 되어버렸습니다.

다시 말하면 처음 예수를 믿어서 구원을 받았다고 생각할 때에는 누구나 다 탕자가 돌아올 때와 같은 마음입니다. 그러다가 이 탕자가 집에서 1년, 2년, 계속 지내는 중에 형이 실수하는 이 실수에 빠지기 쉽다는 것입니다. 이 점을 우리가 깊이 생각하여야 합니다. 지금 우리가 바로 거기에 걸려 있습니다. 예수믿은 지 오래된 교인일수록 전도하지 못하는 이유가 바로 그 때문입니다. 10년, 20년이 되면 이제는 다 굳어져서 누구에게도 예수믿으라는 소리가 나오지를 않습니다. 교회에도 나가봤자 시원찮고 안나가자니 꺼림칙하여 그저 들락날락하게 된다는 말입니다. 이는 참으로 두려운 상태입니다. 그러기에 동생으로 출발하여 형으로 끝난다면 그야말로 무서운 결과가 아닐 수 없습니다.

그러면 이제 형 중심의 이야기를 좀 더 구체적으로 해봐야겠습니다. 본문을 살펴보면 이 형의 등장이 대단히 극적(dramatic)입니다. 밭에 나가있던 맏아들이 돌아오는 길인데 집 가까이 와보니 웬 풍류 소리와 춤추는 소리가 떠들썩합니다. 그래서 가까이 있는 한 종을 불러 "이 무슨 일인가?"고 묻습니다. 그럴 때에 그 종이 대답하는 말이 "당신의 동생이 돌아왔으매 당신의 아버지가 그의 건강한 몸을 다시 맞아들이게 됨을 인하여 살진 송아지를 잡았나이다"라고 합니다. 이 종은 분명 "당신의 동생"이 돌아왔다고 하였는데, 성경을 보면 이 형은 "저가 노하여 들어가기를 즐겨 아니하거늘"이라고 하였습니다.

그렇다면 이 형이 왜 노한 것이겠습니까? 여러분! 이는 간단하게 알아 볼 수 있는 문제가 아닙니까? 동생이 돌아오지 않았다면 노하지도 않을 것이라는 말입니다. 그리고 여기에 보면 여러 가지 불만이 나타나고 있는데, 그 동안은 그래도 잘 참으며 살아왔습니다만 이제 와서 이 불만이 터지는 것은 동생이 돌아와 환영을 받기 때문입니다.

세상에는 이와 같이 못된 심사가 많습니다. 내가 못살아서 문제가 아니라 남이 잘살아서 문제입니다. 이 때문에 사촌이 땅을 사면 배가 아프다는 속담이 우리 사회의 수치스러운 한 심성을 대변해주는 말이 되어 있는 것입니다. 바로 그것이 큰 문제입니다. 그래서 구약성서의 여러 곳에 기록하기를 "시기하지 말라, 질투하지 말라, 특별히 악인의 형통함을 부러워하거나 시기하지 말라"고 합니다.

어쨌든 이 형이 지금 화나고 불쾌한 것은 동생이 너무 환영받기 때문입니다. 동생이 너무 사랑을 많이 받으니 못마땅하다는 것입니다. 세상에 제일 치사한 것과 더러운 죄가 질투하는 죄입니다. 내가 고생하는 것은 억울하지 않지만 다른 사람이 잘사니까 억울하고 분해서 못살겠다는 것입니다. 참으로 조심할 것은 다른 사람들로 인해서 내가 교만하지도 말아야 하고 이렇게 분노하는 자리에 들어가서도 안될 것입니다. 지금 형인 이 사람은 크게 잘못하고 있습니다.

그런데 오늘 본문을 보면 그가 노하게 되는 것은 가장 중요한 두 가지 사실을 생각하지 못했기 때문입니다. 첫째로, 그는 돌아온 동생 생각을 못하고 있습니다. 아버지가 생각하듯이 죽었다가 다시 살았고, 잃었다가 다시 얻은 이 내 동생으로 생각하고 반가워했으면 좋았겠는데, 그 순간에도 그는 동생 생각을 하는 것이 아니라 자기 생각을 하는 것입니다.

그리하여 고작 생각한다는 것이 못난 동생을 위해서는 돌아오자마자 잔치를 베풀어주고, 아버지를 모시고 수고하며 살아가는 나를 위해서는 잔치 한 번 없었다는 것입니다.

이와 같이 나를 중심으로 생각하기 때문에 동생이 돌아온 그 큰 기쁨도 전혀 기쁨으로 받아들일 수가 없었습니다. 이 얼마나 중요한 이야기입니까? 동생이 돌아왔으면 동생만 생각할 것입니다. 그 순간까지 나를 생각하고 나의 처지를 앞세울 것이 아닙니다. 동생만 생각했다면 그 큰 기쁨이 곧 나의 기쁨이 될 것 아니겠습니까? 그럼에도 그러지를 못하니 그 큰 기쁨을 놓치게 되고 오히려 노를 발하게 되는 것입니다.

그리고 또 하나 생각지 못한 것은 아버지입니다. 늘 기다리며 한숨짓던 아버지! 괜히 서성거리며 길목을 지키던 아버지의 모습을 몇 번이고 보면서 슬퍼하는 아버지의 마음을 읽어왔을 터인데 어쩌면 이렇게도 아버지의 마음을 모른단 말입니까? 아버지의 그 마음을 조금이라도 생각했더라면 이 아들이 이렇게 망령된 태도로 나오지는 않았을 것입니다. 그러고보면 이 형은 동생의 마음도, 아버지의 마음도 생각하지를 않았습니다.

사실 형이 이런 식으로 나오면 동생인들 얼마나 고통스럽고 거북하겠습니까? 그러잖아도 몸둘 바를 모를 지경인데 이렇게되면 바늘방석에 올라앉은 심정이었을 것입니다. 정녕 형이 환영해주지 않는다면 탕자인 이 동생은 죄스럽고 부끄러워 이 집 안에 머물 수가 없습니다. 생각하면 이 큰아들이야말로 형의 입장에서 형 노릇도 못하고, 아들 노릇도 못하는 답답한 형이요, 답답한 아들이 아닐 수 없습니다.

이제 그가 그렇게 된 내용이 여기에 있습니다. 본문에 의하면 아버지께 하는 형의 말 가운데 특별히 "이 아들이 돌아오매" 하는 말이 있습니다. 아버지의 재산을 다 없이 한 이 아들이 돌아오매 이를 위하여 살진 송아지를 잡으셨다는 것입니다. 이 말을 조금 바꾸어 표현하면, '당신의 이 못난 아들이 돌아왔을 때에 잔치를 베풀었습니다' 하는 이야기입니다. 아버지의 아들이면 내 동생이건만 형의 못된 마음은 이렇게 내뱉고 있는 것입니다. 그런데 아버지는 이르기를 "이 네 동생은 죽었다가 살았으며 잃었다가 얻었기로" 합니다. 아버지는 말하기를 "네 동생이"라고 하는데, 이 형은 "당신의 아들이" 하고 나옵니다.

앞서 한 종도 "당신의 동생이 돌아오매" 하고 갖추어 말을 하는데, 형은 왜 동생이라 하지 못하고 굳이 "당신의 이 아들"이라고 말하느냐 말입니다. 문제의 발단이 이렇게 되고보면 일은 점점 더 어려워집니다.

제가 어느 때에 친구의 결혼 중매를 한 적이 있습니다. 지금까지 잘 살고 있습니다만, 한 번은 그 장모되시는 분이 저에게 일부러 부탁을 하시면서, 자기 사위의 말버릇 한 마디만 좀 고치게 해달라는 것입니다. 그 한 마디가 무슨 말이냐하면 이 분이 사위와 함께 살고 있는데 "어머니"라 불러주었으면 정말 좋겠는데 꼭 "장모님, 장모님" 하고 부르는 것이 기분이 나쁘다는 것입니다. 그렇게 꼭 장모님이라고 해야 하는 것이겠습니까? 어머님이라고 불러서 안될 이유가 무엇입니까? 그저 아내의 어머니는 내 어머니요, 아내의 동생이면 내 동생이라는 생각을 하여야지, 그렇게 반드시 당신의 어머니, 당신의 아들 해서야 되겠습니까?

좀 거북한 이야기입니다만 무려 20년을 같이 살다가 70살에 이혼하는 것을 보았는데 물론 이 가정은 계속 문제가 있어온 가정입니다. 전처의 자식이 여덟이나 되는 가정에 들어온 계모인 후처는 자기가 낳은 아이는 없는 가운데 전처의 자식들 때문에 항상 불편한 생활을 해왔습니다. 그런데 헤어지게 된 그 결정적인 마지막 장면이 이런 것입니다. 나가 살고 있는 막내 아들이 잠깐 다니러 왔는데 점심 때가 되어서 그 어머니가 자장면을 시켜주었다는 것입니다. 그래서 막내 아들은 자장면 한 그릇을 먹고는 돌아갔습니다. 그런데 자기 남편인 아버지가 돌아오자 이 어머니가 하는 말이 "당신의 막내 아들이 왔었는데 내가 점심 사주었소. 그러니 그 자장면 값을 내놓으시오" 하더라는 것입니다. 그래서 이 70된 노인이

"남은 생이라도 좀 편하게 삽시다" 하고는 헤어진 것입니다.

이 관계라고 하는 것은 언제나 나와의 관계가 되어야 합니다. 요즈음에 와서는 남편을 보고도 "아빠"라고들 하는데 그것은 좋은 말도, 바른 말도 아닙니다. 만약 아이가 없다면 무슨 관계가 될 것입니까? 나하고 직선적인 관계에서 여보, 당신이어야 하는 것이지 무엇 때문에 아무개 엄마, 아빠가 상관이 됩니까? 모르고 부르는 것이기에 상관은 없는 일이지만 말로 따지고 보면 "당신의 아들이" 하는 것과 같은 말인 것입니다. 이는 1대1의 만남이 아닌 한 다리 건너서 오는 굴절 관계를 뜻하는 것입니다. 이 점을 우리는 바로 알아야 합니다.

오늘 본문의 이 형 이야기가 바로 그것입니다. "내 동생이 왔습니다"가 아니라, "당신의 아들이 왔습니다"라는 것이지요. 그런데 아버지는 네 동생이 돌아오지 않았느냐, 네 동생인데 어찌 내 아들이냐, 내 아들은 곧 네 동생이 아니냐는 것입니다. 사랑이 없는 관계는 이렇게 빗나가는 것입니다. 그가 진정 내 동생이라면 귀한 것입니다만, 아버지의 아들이기 때문에 저는 이렇게 대하게 되는 것입니다.

그리고 이제는 그 동안의 불평이 노출되기 시작합니다. 그래서 나는 여러 해 동안 아버지를 섬겼다는 것으로 말머리를 끄집어냅니다. 여기서 여러 해가 몇 해인지는 모르겠지만 동생이 나간 동안은 분명하나 "여러 해"란 말은 과장된 표현입니다. 그 다음에 "섬겨"라고 하였는데, 헬라 원문 성경에 보면 좀더 강한 뜻으로 "두류오"라는 말을 사용하고 있습니다. 이는 종살이하였다는 말입니다. 그러니까 이 아들은 여러 해 동안 내가 아버지 집에서 종살이를 했다는 것입니다. 분명히 아버지 집에서 살았건만 얼마나 억지로 살았던지 종살이한 것이 되고 말았습니다. 그렇다면 이 아들은 오히려 집나간 아들만도 못합니다. 종살이하는 마음 가지고 억지로 살 바에야 차라리 뛰쳐나가고 말 것이지, 무엇 때문에 집 안에 남아서 계속 불평, 불만을 삼키며 아버지 죽을 날만 기다리고 살았겠어요? 이보다 몹쓸 아들이 어디 있겠습니까? 이게 무슨 아들입니까? 이 아들이야말로 더 무서운 탕자란 말입니다. 이 아들은 아버지와 아들의 그 은혜로운 관계를 이 율법적인 관계로 바꾸어 놓았습니다. 그래서는 종과 주인의 관계에서 자기가 스스로 지금 종이 되는 것입니다. 그러면서 또한 스스로 불평스럽게 생각하는 것입니다. 억지로, 종살이하는 마음으로, 어렵게 어렵게 살아갔습니다.

그러나 그런 마음과 동시에 율법적 관계이기 때문에 여기에 교만이 덧붙습니다. 그 교만이 이렇게 나타나고 있습니다. 본문을 보면 아버지를 섬겨 명을 어김이 없었다고 하였습니다. 이는 생각해보면 참으로 어처구니없는 말이 아닐 수 없습니다. 아버지가 그렇게 명령으로 말하는 것이겠습니까? 설령 아버지가 명령조로 말한다 하더라도 아버지의 말씀은 어디까지나 사랑의 충고요, 사랑의 교훈입니다. 아버지의 말씀을 주인이 종에게 명하는 폭군적인 말로 받아들이고 생각했다면 이 아들은 정말 나쁜 아들이 아닙니까? 그런데 이 아들이 하는 말인즉 "나는 아버지의 명을 어긴 일이 없습니다. 나는 다 지켰습니다"는 것입니다. 이럴 때에 생각나는 한 사람이 있습니다. 예수님 앞에서 어릴 때부터 율법을 다 지켰다고 말할 수 있었던 젊은 율법사 말입니다. 그가 지켰다는 율법은 바로 소극적 의미에서의 율법을 지켰다는 것입니다.

여러분, 보십시오. "도적질 하지 말라" 했으면 도적질 안할 정도까지는 지켰을지 몰라요. 그러나 "네 이웃을 네 몸과 같이 사랑하라"는 말씀은 지키지 못했을 것입니다. 이것을 소극적으로 생각하니까 살인한 것도 없고, 간음한 것도 없고, 도적질한 것도 없다고 말할지 모르지만 빈둥거리고 놀았으면 이미 도둑질한 결과나 마찬가지입니다. 내가 노력하여 벌어먹지 않고 남의 것을 먹었으니까 말입니다. 더구나 예수님께서 말씀하신 대로 "여인을 보고 음욕을 품은 자마다 이미 간음하였다" 하였는데 그 앞에서 무엇을 얼마만큼 지켰다는 것입니까?

이렇게 자기의 의에 빠지고, 자기의 의에 집착할 때 터무니없는 엉뚱한 생각을 하게 됩니다. 나는 율법을 다 지켰다, 그러므로 나는 깨끗하다는 이러한 마음! 나는 아버지의 명을 다 지켰나이다 하는 교만한 마음입니다. 이 정도로 율법주의에 빠져 교만해지면 대체로 보아 불만스러워 합니다. 내가 이렇게 의로운데 하나님께서는 왜 나에게는 더 큰 은혜를 주시지 않느냐는 것입니다. 그리고 저러한 사람은 악해도 부자로 잘사는데 신앙적으로 깨끗이 사는 나는 왜 이렇게 가난하느냐는 등의 엉뚱한 생각과 불만을 하게 되는 것입니다. 그런가하면 이것을 뒤집으면 죄의식에 매이고 맙니다. 그래서는 항상 저주 의식에 매여 두려워하며 절망하게 되는 것입니다. 아무튼 율법주의에 매인 이 사람은 자기의 의를 내세운 결과로 이러한 불만을 가지고 살았습니다.

그러면서 계속하는 말이 "내게는 염소 새끼라도 주어 나와 내 벗으로 즐기게 하신 일이 없더니" 합니다. 이것 또한 대단한 이야기입니다. 아버지는 나를 즐겁게 한 일이 없었다는 것입니다. 아버지 집에 산다는 그 자체가 즐거움이어야 하고 일하는 자체가 기쁨이어야 하지 않겠습니까? 아들의 자격으로 내 일을 내가 한다는 의미에서의 특권적인 즐거움이 있어야 할 것입니다. 그런데 어찌하여 마시고 노는 것만 즐거움으로 생각한단 말입니까? 이와 같이 즐거움의 진정한 의미를 모르는 사람이 불만이 많습니다.

여러분! 엔조이(enjoy)라는 그 즐거움이 무엇입니까? 흔히들 행복이나 즐거움은 돈이 많아 이곳저곳으로 여행을 다니며 잘 먹고 잘 입는, 그리고 향락적인 것으로 생각을 합니다만 그게 그런 것이 아닙니다. 진정한 즐거움은 돈으로, 물질로 보이는 것으로 갖추어지는 것이 아닙니다. 아버지의 집에서 아버지와 더불어 살면서 아버지의 아들로서 일하는 즐거움이 그것입니다. 하나님의 집에서 하나님의 자녀로서 일하는 그 즐거움! 이 즐거움은 누구도 빼앗아갈 수 없는 영원한 즐거움인 것입니다. 교회학교 선생님들을 보면 쉬라고 있는 공휴일을 하루 종일 교회에서 수고하며 보내면서도 즐거워하고 있습니다. 누가 돈 주면서 하라고 하면 안할 것입니다.

휴식이 따로 없습니다. 하고 싶은 일을 하면 그것이 곧 휴식입니다. 듣고 싶은 소리를 들으면 그것이 음악입니다. 음악이 따로 있는 것이 아닙니다. 피아노를 가르치며 사는 분의 말이 자기는 전축이 있어도 듣지 않고 피아노 소리가 "땅" 하고 나기만 해도 몸서리가 쳐진다고 합니다. 그분은 이미 음악을 잃어버린 사람입니다. 그 때문에 사실은 음악을 전공하지 않은 아마추어(amateur)가 진짜 음악을 즐긴다는 것입니다. 진작 음악을 전공하여 음악을 직업으로만 하는 사람은 음악의 즐거움을 빼앗기고 사는 불행한 사람입니다. 진정한 즐거움이 어디에 있습니까? 듣고 싶지 않은 것을 억지로 들으면 그것은 음악이 아닙니다. 거기엔 즐거움 대신 고통이 있을 뿐입니다.

오늘 이 사람이 아버지는 나를 즐겁게 한 일이 없다고 말합니다. 그러나 어찌 없을 리가 있겠습니까? 이렇게 자기 중심적인 생각으로 살며 자기 의를 내세우다보니 진정한 행복을 잃어버렸습니다. 그러기에 여기에 보면 아버지의 대단한 인내가 있습니다. 역시 아버지가 아버지입니다. "아무것도 안주다니 그게 무슨 말이냐? 내 것이 다 네 것인데!" 내 것이 다 네 것이라면 이제 다 내 것이 아닙니까? 사랑은 내 것이 다 네 것이고, 네 것이 다 내 것인 것입니다. 전체를 흥정하고 하나로 묶는 것이 사랑입니다. 그런데 내 것이 다 네 것인데도 받은 것이 없다니 무슨 소리입니까? 우리의 신앙세계를 본다고 하여도 온 세계가 하나님의 세계라면, 온 세계 또한 나의 세계인 것입니다. 이는 곧 아버지의 것이 나의 것이기 때문입니다.

저는 아파트에 살면서 정원을 아쉬워하는 분들에게 궁색한 변명이지만 농담삼아 이런 말을 합니다. "그럴 것 뭐 있습니까? 문만 열면 다 정원인데요." 그래서 저는 싫어하는 것 중의 하나가 정원 잘 가꾸어놓고는 담장을 높이 쌓은 집입니다. 정원을 아름답게 잘 가꾸었으면 담장을 좀 낮게 해서 나도 보고 다른 사람들도 같이 보며 즐거워할 수 있도록 한다면 그 얼마나 좋겠습니까? 그것을 나만 보겠다고 담장을 높이 해놓으니 감옥이 어디 따로 있던가요? 그곳이 감옥이지. 스스로 감옥에 갇혀 있는 것입니다. 동물원의 그 무엇과 다를 바가 없습니다. 임자가 따로 있나요? 보는 사람이 임자입니다. 어차피 먹을 것이 아니라면, 남의 저고리를 보고도 좋다 하면 그 순간은 내 것입니다. 한강을 내려다보고도 즐거워하면 그 긴 강줄기가 다 내 것입니다.

    그러므로 소유에 대해서 너무 그렇게 집착하지도 말고 협소하게 생각할 것도 아닙니다. 아버지의 세계가 다 내 것이고, 내 것이라고 쥐어보았자 나 하나 숨지면 끝입니다. 내 것이 안될 뿐더러 사실은 내 것도 아닙니다. 그렇다고 남의 것도 아닙니다. 그러나 아버지의 것이 내 것이기에 다 내 것인 이것이 바로 신앙인의 생각입니다. 그럼에도 이 아들은 그것을 이해하지 못하는 고로 아버지가 답답해서 하는 말입니다. 그리고 동생을 비난하기를, 아버지의 살림을 창기와 함께 먹어버린 아들이라며 그런 아들을 왜 환영하느냐는 것입니다. 여기를 보면 아버지의 재산을 아끼는 것처럼 보이지만 사실은 그것이 아니랍니다. 바로 여기에 이 아들의 문제가 있습니다. 그는 지금 재산에만 신경을 쏟고있는 것입니다. 3분의 1은 이미 동생이 먹어버렸으니 3분의 2는 자기 것입니다. 아버지가 세상을 떠나면 이 전체가 내 것이 될터인데, 이 동생 녀석이 다시 들어왔으니 또 빼앗기겠다는 생각입니다. 지금 이 사람이 아버지의 살림을 걱정하는 것은 딴청을 부리는 것이지 절대로 아버지의 살림을 아껴서 하는 소리가 아닙니다. 내 것을 빼앗길 것같아서 하는 말입니다. 그 때문에 여기 사랑 없는 비판이 있습니다.

    비판에는 언제든지 사랑이 따라야 합니다. 그렇지 못한 비판은 함정이요 가시와 같은 것입니다. 창기와 함께 먹어버린 이 아들! 형제간의 우애가 아무리 없기로소니 이렇게 마구 말할 수 있는 것이겠습니까? 정말 좋은 형이라면 그와는 정반대의 말을 할 것같습니다. 적어도 "아버지, 용서해주세요! 동생도 잘해보겠다고 여러 가지로 애를 써보았겠지만 마음먹는 대로 일이 잘되지를 않아서 이렇게 된 것 아니겠습니까?" 하는 정도가 되어야 형의 자격이 있다고 볼 것입니다. 그런데 여기 형, 이 사람은 일언반구의 그런 말이 없습니다. 몇 년만에 보는 동생이건만 인사말 한마디도 없이 일언지하에 "창기와 함께 먹어버린 이 아들"이라며 가시돋친 비판을 합니다. 추호도 용서할 마음이 없으며 전혀 사랑이 없습니다.

이와 같이 사랑 없는 비판처럼 무서운 것은 없습니다. 전부를 다 한꺼번에 매도해버리고 마는 것입니다. 그렇다고 모두 다 창기에게 준 것은 아니지 않습니까? 그런데도 창기와 함께 먹어버린 아들이라고 한마디로 잘라버립니다. 이것은 실로 무서운 비판입니다.

여러분! 우리는 무엇이 좀 나쁘게 보인다고 해서 전체를 나쁘게 보아서는 안됩니다. 베드로전서 4장 8절에 보면, "사랑은 허다한 죄를 덮느니라"고 하였습니다. 그리고 이 형은 동생의 미래를 보지 않습니다. 과거를 보고 현재를 보면서 끊어버리려고 합니다. 앞으로 회개하여 좋은 동생이 되고, 좋은 아들이 될 수 있다는 생각은 전혀 하려고 하지를 않습니다. 이것이 바로 형의 가혹한 판단입니다.

그러나 아버지는 그렇지 않습니다. 과거와 현재가 아닌 미래를 보고 그 미래를 기대하는 것입니다. 지난날이야 어떻든 앞으로 회개하고 좋은 아들이 되어줄 것을 기대합니다. 재산을 다 잃어버려도 살았으니 반갑고, 기대할 미래가 있으니 그것으로 족하고 즐겁다는 것입니다. 하지만 형은 물질만 생각하고 자기 몫이 다시 빼앗기게 될 것을 염려하는 것입니다. 생명의 소중함을 보지 못하고 동생이라는 귀한 존재를 볼 수 있는 눈도 없었습니다. 끝까지 냉혹한 율법만이 있을 뿐입니다. 그 속에서 결코 동생만 정죄하고 있는 것이 아닙니다. 자기 자신을 정죄하게 되었으며, 그 심판 앞에서 자기가 또 하나의 노예로 전락하고 있다는 사실을 저는 미처 몰랐습니다.

율법과의 관계가 이렇게 무서운 것입니다. 이미 주어진 은혜로운 관계를 이해하지 못하고 율법으로 받아들이는 동안 그는 회개하지도 못합니다. 사실 동생은 탕자가 되었으므로 회개하였지만 형은 자기가 탕자라는 것을 모르기 때문에 회개도 없습니다. 어쩌면 이 불만 가지고 이대로 살아가게 되는지도 모릅니다.

이제 오늘 본문 마지막을 보면 참으로 귀한 말씀이 있습니다. "이 네 동생은 죽었다가 살았으며 내가 잃었다가 얻었기로 우리가 즐거워하고 기뻐하는 것이 마땅하다." 너와 내가 함께 기뻐하는 것이 옳지 않으냐? 나는 기쁜데 너는 왜 기쁘지 않느냐?며 이 아버지의 마음에 큰 아들도 동의해 주기를 바랍니다. 참으로 답답한 이야기가 아닐 수 없습니다. 형이라면 동생이 돌아왔으니 당연히 기뻐해야지요. 죽었던 동생이 살아왔는데 재산이 문제란 말입니까? 당연히 기뻐해야 할 시간에 기뻐하지 못하는 이 사람! 이것처럼 불쌍한 탕자가 없습니다.

우리는 나 자신으로 인해 기뻐하는 것도 중요하지만, 다른 사람의 기쁨에 동참하며 더불어 이 기쁨을 나눌 줄 아는 사람이 되어야 합니다. 마음으로는 섭섭한 일이 있더라도 다른 사람의 기쁨을 내 기쁨으로, 다른 사람의 즐거움을 내 즐거움으로 여기어서 다시 한 번 생각해보는 것입니다.

"우리가 다같이 즐거워하고 기뻐하는 것이 마땅치 아니하냐?" 하나님이 기뻐하신다면 나도 기쁜 것입니다. 아버지가 그렇게도 기뻐하시는데 낸들 왜 기쁘지 않겠습니까? 여러분! 우리가 더불어 기뻐하는 마음으로 충만해 있을 때에 우리는 항상 기뻐할 수 있을 것입니다. 특별히 아버지의 기쁨을 헤아려 짐작하고 그 기쁨을 내 기쁨으로 삼을 줄 알 때에 형제의 기쁨을 더하게 하고, 나 자신의 계속되는 기쁨으로 크나큰 행복을 누리게 될 것입니다.

불의한 청지기

또한 제자들에게 이르시되, "어떤 부자에게 청지기가 있는데 그가 주인의 소유를 허비한다는 말이 그 주인에게 들린지라. 주인이 저를 불러 가로되 '내가 네게 대하여 들은 이 말이 어찜이뇨? 네 보던 일을 셈하라. 청지기 사무를 계속하지 못하리라' 하니 청지기가 속으로 이르되, '주인이 내 직분을 빼앗으니 내가 무엇을 할꼬? 땅을 파자니 힘이 없고 빌어 먹자니 부끄럽구나. 내가 할 일을 알았도다! 이렇게 하면 직분을 빼앗긴 후에 저희가 나를 자기 집으로 영접하리라' 하고, 주인에게 빚진 자를 낱낱이 불러다가 먼저 온 자에게 이르되, '네가 내 주인에게 얼마나 졌느뇨?' 말하되, '기름 백 말이니이다.' 가로되, '여기 네 증서를 가지고 빨리 앉아 오십이라 쓰라' 하고, 또 다른 이에게 이르되, '너는 얼마나 졌느뇨?' 가로되, '밀 백 석이니이다.' 이르되, '여기 네 증서를 가지고 팔십이라 쓰라' 하였는지라. 주인이 이 옳지 않은 청지기가 일을 지혜 있게 하였으므로 칭찬하였으니, 이 세대의 아들들이 자기 시대에 있어서는 빛의 아들들보다 더 지혜로움이니라. 내가 너희에게 말하노니, 불의의 재물로 친구를 사귀라. 그리하면 없어질 때에 저희가 영원한 처소로 너희를 영접하리라."

(누가복음 16:1~9)

불의한 청지기

　오늘 보게 되는 이 비유를 이름하여 불의한 청지기 비유라고 합니다. 이 비유는 그 해석상 무리가 있는 난해한 비유 중의 하나라고 말합니다. 그 때문에 어떤 이들은 아예 이 비유와의 접근을 포기해버리는 사람들도 있다고 합니다. 그런데 이 비유가 이렇게 어렵게 생각되는 것은 이 불의한 청지기가 주인의 칭찬을 받았다는 데에 있습니다.
　오늘 본문을 보면 "주인이 이 옳지 않은 청지기가 일을 지혜있게 하였으므로 칭찬하였으니" 하는 거기에 문제점이 있는 것입니다. 불의했으면 책망을 받아야 마땅합니다. 그런데 이 불의한 청지기가 칭찬을 받았습니다. 그러한 점에서는 어쨌든 부도덕한 청지기에게 칭찬을 한 결과가 됩니다. 그래서 내용이 부도덕한 것을 칭찬을 하였으니 불의를 정당화하는 셈이라는 점에서 그 해석이 어렵다는 말을 하게 됩니다. 그러나 다시 한번 깊이 생각해보면 그렇게 어려운 비유도 아닙니다.
　지금까지 비유를 공부해온 바와 같이 비유를 해석하는 그 원칙에 따라서 해석을 하게되면 아주 쉽게 풀이될 수 있는 것이라고 생각합니다. 이미 잘 아는 바와 같이 특별한 경우를 제외하고는 비유가 가리키는 초점은 하나입니다. 그러므로 그 비유가 지적하고 있는 초점을 분명히 알면 그 초점에 의해서 풀이할 때에 그 비유의 내용이 쉽게 해석된다는 것입니다.
　본 비유의 주제는 지혜입니다. 지혜있는 자가 되라는 것이 주제입니다. 여기 시작과 끝을 잘 미루어볼 때에 예수님께서 말씀하시는 의도는 특별히 지혜입니다. 어리석은 사람이 되지 말고 특별히 말세에 있어서 지혜로운 사람이 되라는 것입니다. 그렇다면 그 지혜는 어디, 무엇으로부터라도 얻어야 합니다. 이에 솔로몬은 말합니다. 잠언 6장 6절, 30장 24절 이하에 보면 개미에게로 가서 지혜를 얻고 사반, 메뚜기, 도마뱀에게서 지혜를 배우라고 하였습니다. 가장 작은 벌레나 짐승으로부터도 지혜는 배우라는 것입니다. 그뿐만 아니라 예수님께서는 "뱀같이 지혜롭고 비둘기같이 순결하라"(마 10 : 16)고 하셨습니다. 여기에서 뱀은 악을 상징하는 말입니다. 그러니까 이는 악으로부터도 지혜만은 배워야 한다는 말씀입니다. 우리가 필요로 하는 지혜를 선한 자로부터 배울 수가 있었으면 좋겠습니다마는, 그 소재가 반드시 그렇지 못하다고 하면 부득이 악한 사람으로부터라도 지혜만은 배울 줄 아는 지혜를 가져야 합니다. 따라서 지혜를 배우기 위한 소재로서는 그 무엇이든지 등장할 수 있는 것입니다.

그런 의미에서 오늘 본문의 이 불의한 청지기도 지혜를 배우게 하는데 좋은 교본이 될 수 있다는 말입니다. 그러므로 다른 이유로 인해 문제될 것이 아니라는 말씀입니다. 더구나 이 말씀은 16장 1절에 의하면 제자들에게 하신 말씀입니다. 이 이야기는 아무에게나 하신 말씀이 아닙니다. 예수님과 동행하며 말씀을 배워온 상당한 수준급에 있는 제자들에게 하신 말씀입니다. 그러니까 아무나 듣기에는 어려운 것같지만 제자들은 소화할 수 있는 그런 말씀이었다고 생각합니다.

그리고 또 한 가지 생각할 것은 이렇게 어려운 본문을 만나게 될 때에 우리는 긍정적으로 보아야 한다는 것입니다. 다시 말하면 부정적인 입장에서 이것은 잘못되었다, 이것은 부도덕하지 않은가하여 비관하는 눈으로 볼 것이 아니라, 예수님께서 이 말씀을 하신 의도가 무엇이겠는가? 예수님께서는 분명히 우리에게 유익한 좋은 것을 주시기 위하여 이 말씀을 하셨을 것이라는 확실한 믿음을 가지고 대할 것입니다. 그럴 때에 그 말씀 속에서 중요한 진리를 발견하게 되는 것입니다.

이 세상은 악합니다. 따라서 선한 사람의 이야기를 들어서 지혜를 말하기에는 너무도 부족합니다. 어떤 의미에서는 악한 세상에 살기 때문에 악한 세계의 것을 소재로 하여 지혜를 얻는 그러한 지혜로운 자가 될 때에 어디서나 지혜로운 자가 될 수 있을 것입니다. 가령 우리가 선한 사람에게서만 지혜를 배우고자 한다면, 아마도 일생 동안 지혜는 배우지 못하고 말 것입니다. 세상에 선한 사람이 어디 있어야지요! 하지만 악한 사람으로부터도 지혜를 얻는 방법을 터득할 수 있다면 이제는 어떠한 세계에 살아도 무궁 무진한 지혜를 깨닫고 배우며 익혀나갈 수 있을 것입니다. 그런 의미에서 예수님의 이 불의한 청지기를 소재로 한 지혜의 교훈은 대단히 수준 높은, 효과적인 교본이라 생각됩니다.

오늘 본문에는 청지기라는 말이 나오고 있습니다. 이 청지기란 말을 헬라 원어 성경에는 '오이코노모스'라고 기록하였는데, 이를 요즈음의 우리 말로 표현한다면 집사라고 해도 좋을지 모르겠습니다. 이것은 종이 아닙니다. 주인이 아니라는 점에서는 종의 입장이 될 수도 있겠지만 그러나 부림을 받는 종은 아닙니다. 종은 종이로되 종을 다스리는 종입니다. 종들을 많이 거느린 주인이 그 많은 종들을 감독하며 일을 시키는 것이 귀찮고 복잡하니까 바로 그 일을 위하여 사람을 두는 그것이 여기에서 말하는 청지기입니다. 이 청지기는 자기 재산이 아닌 주인의 재산을 자기의 재산처럼 관리를 합니다. 그뿐만 아니라 상당한 자율성이 있습니다. 물론 주인의 명령을 받았을 때에는 절대 순종하는 타율성에 속해야 하고 또한 그래야 합니다. 그러면서도 사람을 다스리며 일을 맡기고 감독하는 일에 있어서는 주인의 권위를 가지고 행사하게 됩니다. 이것이 청지기의 신분이요, 청지기의 기능입니다.

이러한 청지기가 오늘 본문에 보면 주인의 소유를 낭비한다는 것입니다. 아마도 좋지 않은 방법으로 이래저래 돈을 헤프게 쓴 것같습니다. 그러자니 소문이 퍼져서 주인도 그 사실을 알게 되었고 이에 주인이 이 사람을 불러 말을 하게 됩니다. 도대체 어떻게 된 것인지 한 번 셈을 해보자는 것입니다. 다시 말하면 그 동안 어떻게 일을 처리하며 살림을 살았는지 요즈음 말로 표현하여 증빙 서류, 영수증 등을 대조하여 회계 감사를 하자는 것입니다. 주인이 이렇게 나오자 이 청지기는 "이제는 틀렸구나" 하는 생각을 하지 않을 수 없게 되었습니다. 그 동안에 자기가 한 짓도 있고 불의한 것은 분명히 드러날 것이니 이제는 도리가 없다는 생각입니다. 일이 이렇게 되었으니 청지기 생활은 여기에서 끝난 것이고, 그렇다면 남은 시간을 어떻게 보낼 것인가를 염려하게 됩니다. 본문을 보면 이 청지기는 참으로 맹랑한 사람입니다. 그가 하는 말인즉 "내가 무엇을 할꼬? 땅을 파자니 힘이 없고 빌어먹자니 부끄럽구나!" 이 사람 정말 별스러운 사람입니다. 그래도 청지기랍시고 거들먹거리며 살다가 이제 와서 땅을 파자니 힘도 없고 그렇다고 빌어먹자니 부끄럽고 창피하니 어떻게 했으면 좋을까 하고 그 지혜를 짜냅니다. 그 결과 꾸민 일이 다름아닌 이것입니다.

    그 동안에 주인에게 빚을 진 많은 사람들을 낱낱이 불러들여서는 그 빚진 정도를 얼마씩 감해주는 것입니다. 그래서는 기름 100말을 빚진 사람에게는 그 증서에 50말로 쓰게 하고, 밀 100석을 갚아야 할 사람에게는 80석을 쓰도록 하여, 이런 식으로 돌아가면서 탕감해 주는 것입니다. 지금 이 청지기는 주인의 것을 가지고 자기 마음대로 상당한 부분을 탕감해 주고 있는 것입니다. 이 사람이 이렇게 하는 데에는 이 사람다운 계산과 생각이 있기 때문입니다. 즉 이렇게 선심을 베풀었으니 내가 청지기직을 박탈당하더라도 저들이 이 은혜를 생각하여 언젠가는 나에게 좋은 것으로 돌아올 것이 있으리라는 속셈입니다. 이는 어처구니없는 행사이면서도 또한 대단한 결단이 아닐 수 없습니다. 그런데 이를 두고 하시는 예수님의 말씀은 대단히 비약적인 데가 있습니다.

    이 청지기는 이미 불의한 짓을 한 사람입니다. 게다가 지금 하고 있는 일도 보통으로 잘못된 것이 아닙니다. 이와 같이 분명히 잘못된 것임에도 불구하고 이 청지기가 그 일을 지혜롭게 하므로 이 주인이 오히려 칭찬을 하였다는 것입니다. 여기에서 칭찬이란 이 불의한 청지기인 사람에 대한 칭찬이 아니라 그 지혜만을 칭찬하였다는 말입니다. 그로 인해 다시 복직이 되었는지 그대로 끝났는지에 관해서는 성경에 기록되지 않았습니다만, 좌우간 불의한 청지기가 칭찬을 받았다는 내용입니다. 묘한 이야기 같지만 여기에서 우리가 배워야 할 것은 앞서 말씀드린 대로 지혜입니다.

그러면 이 사람이 가진 지혜는 어떠한 지혜이겠습니까?

먼저는 지난날의 잘못을 곧 시인했다는 점이 그의 지혜입니다. 자기의 잘못을 주인이 추궁하며들자 당장에 그 잘못을 시인하고 맙니다. 그 점이 참으로 훌륭합니다. 우리가 어떤 경우에 보면 본인 스스로 그 잘못을 알면서도 어떻게 해서라도 자기의 잘못이 아니라는 변명을 하려드는 약점이 있음을 보게 됩니다.

어떤 모임에서도 보게되면 분명 저 분이 잘못했고, 잘못했다는 사과 한 마디만 하면 모든 문제가 깨끗이 처리되겠는데 그 한 마디를 안함으로 전체의 분위기를 흐려놓거나 사과를 하더라도 아주 구질구질하게 합니다. 잘못했으면 잘못한 것이지 거기에 다시 꼬리를 붙여 변명을 한다는 말입니다. 그런데 여기 이 사람은 그런 것이 없습니다. 주인이 불러 "네게 대한 이러한 소문이 어떻게 된 것이냐? 더는 청지기 직을 계속하지 못할 것이다" 하는 주인 앞에서 이 사람은 깨끗이 자신의 잘못을 시인합니다. 그리고 그 직책에 대해서 미련을 갖지 않습니다. 구차한 변명도, 앞으로는 그런 일이 없을 터이니 한 번만 용서해달라는 애원도 하지 않습니다. 일이 이미 틀린 것을 알았습니다. 어쩌면 그 동안 양심적으로는 내가 이래서는 안되지 안되지 하면서 일을 해왔는지도 모르겠습니다. 그러다가 덜컹 하고 일이 이렇게 터지고보니 올 것이 왔고 이제는 끝났다는 것으로 모든 것을 깨끗이 시인하며 그 현실을 그대로 받아들이는 것입니다. 잘못된 사실을 사실대로 시인한다는 것, 한마디의 변명도 없이 시인한다는 이것이 얼마나 어려운 일인지 모릅니다.

여러분, 사과를 하려거든 깨끗이 하세요! 어떤 사람들은 사과하러 갔다가 다시 한바탕 싸우고 오는 경우까지 있습니다. 사과는 해놓고, 사실은 뭐 그게 어쩌고 하다가 다시 싸움이 되는 것입니다. 잘못한 것은 잘못한 것입니다. 잘못한 것을 이야기하는 동안에는 잘한 이야기는 하지 말아야 하는 것입니다. 백 마디의 할 말이 있더라도 하지 않는 것입니다. 사과하는 시간에는 사과 하나로 끝나야 합니다. 이 사람도 말을 하자면 할 말이 있는 사람입니다. 왜냐하면 내가 잠깐 실수는 했습니다만 그 동안에 내가 열심히 잘한 것도 많지않습니까? 그 공로를 참작하시어 이것쯤은 한 번 봐주실 수 있지 않겠습니까? 내가 청지기하는 동안에 당신은 이만한 부자가 되었습니다. 내가 떼어먹기로 들면 이 정도만 해먹었겠습니까? 등등 얼마든지 할 말이 많건만 더는 말이 없습니다. 이 점이 참으로 훌륭한 것입니다. "당신 잘못했소" 할 때에 "예, 잘못했습니다" 하고 사실을 솔직하게 인정합니다. 누구 때문이라고 하지도 않고, 무엇 때문에 혹은 부득이한 일로 인해서 이러한 일이 생기게 되었다며 자기 변명을 늘어놓지도 않았습니다. 그 점이 바로 이 사람의 지혜입니다.

흔히들 죄를 짓게 되면 보통 사중죄를 짓게 됩니다. 처음에는 죄를 짓고 그리고 죄를 반복합니다. 그러다가 죄가 탄로나면 변명하게 되고, 마지막에는 그 죄를 다른 사람에게 전가시킵니다. 이것은 일찍이 아담 때부터 있어온 역사가 깊고 족보가 있는 뿌리 깊은 죄입니다. 그러나 여기 이 사람은 그런 구지레한 것 없이 아주 깨끗한 점이 있습니다. 그리하여 하는 말이 "내가 할 일을 알았도다"라는 것입니다. 이 "알았도다"라는 말은 '에그논'이라는 헬라어로 부정과거형입니다. 그러니까 이는 아주 순간적인 결정입니다. 나타난 결과는 당연지사로 돌려버리고, 바로 그 순간에 할 일도 알았다며 결정적으로 말해 버립니다. 그 점이 지혜로운 것이라고 생각합니다. 그는 주인의 판정을 인정했고, 주인의 옳음을 인정했습니다. 그리고 그 심판을 받아들였습니다.

참된 회개는 내가 잘못한 것에서 오는 주인의 심판을 수락하는 것에 있습니다. 회개는 한다고 하면서도 내가 지은 죄의 대가로 주어지는 심판을 받아들이지 않겠다면 그것은 회개가 아닙니다. 내가 지은 죄의 대가가 10배의 벌로 내려진다 하더라도 당연히 받을 자세로, 심판과 주인의 판단을 수락하는 이 마음이 회개입니다. 그런 의미에서 이 사람은 깨끗한 사람이었고 지혜로운 사람이었습니다.

다음 두 번째로, 이 사람의 지혜는 마지막, 곧 한계가 있다는 것을 인정했습니다. 주인이 내 직분을 빼앗을 것이며, 그 결과 내 직분은 없어질 것이라는 사실을 알았습니다. 건강도, 지위도, 재물도 다 한계가 있습니다. 없어지기도 하고 빼앗기기도 하며, 때로는 옮겨가기도 합니다. 내가 가진 이 재산, 이 지위가 항상 내 손에 있는 것은 아닙니다. 빼앗기고 옮겨가며 한계가 있는 것입니다. 이 사람에게는 종말을 아는 지혜가 있습니다. 그 때문에 그는 주인이 인정한 종말에 대하여 아무런 연기 신청 없이 그대로 깨끗하게 받아들입니다. 역시 그 점이 훌륭하고 지혜로운 처사입니다.

그리고 세 번째로 이 사람의 지혜는 남은 시간, 남은 권한을 잘 선용할 생각을 합니다. 언제든지 중요한 것은 남은 시간, 남은 기회입니다. 어떤 사람이 병으로 인해 6개월밖에 살 수가 없다는 사형선고를 받게 되었습니다. 그렇게 되자 이제는 몸과 마음이 풀어져서 살 용기가 없어지고 당장에 아무 일도 할 수가 없었습니다. 그런 가운데 방황하며 괴로워하고 있는 어느 날 조그만 어린아이 하나가 바로 앞에 앉아서 인형을 팔고 있었습니다. 그래서 아무에게도 말 못한 답답한 심정을 이 아이를 붙들고 말을 해봅니다. "애야, 나는 앞으로 6개월밖에 못산다는구나." 그랬더니 이 철없는 아이가 하는 말이 "그러면 6개월은 살잖아요" 하는 것입니다.

그 때에 이 사람이 정신을 차립니다. "맞아! 6개월은 있지" 했다는 이야기입니다. 6개월밖에 못사는 것이 아니라 6개월은 산다는 말입니다. 정신차려서 그 6개월 동안에 어느 때보다 더 훌륭한 일을 하게 됩니다.

저에게 대단한 경험이 되었던 일이었기 때문에 자주 말씀드리는 이야기가 있습니다. 한번은 미국의 로스앤젤레스 파사디나에서 피아노 독주회에 참석할 기회가 있었습니다. 그런데 놀랍게도 그 연주자는 왼손 하나만으로 장장 한 시간 반 동안 땀을 물 쏟듯 하며 연주를 하는 것입니다. 작품은 특별히 그분을 위해서 편곡을 한 것인데 그 팜플렛(pamphlet)에 이 연주자의 철학을 소개하기를, 다른 사람은 한 손이 없다고 생각하는데 이 사람은 한 손이 있다고 생각한다는 것입니다. 한 손이 없는 사람이 아니라 한 손이 있다는 것입니다. 그 한 손으로 그는 피아노를 쳐댑니다.

우리는 이것을 잊어서는 안됩니다. 없어진 것 중에 남은 것, 끊어진 중에서도 있는 것, 모르는 중에 아는 것, 할 수 없는 것 중에서도 가능한 것, 그것을 소중히 여길 줄 알아야 합니다. 흔히들 보면 할 수 있는 일은 시시해서 안하고, 할 수 없는 것은 못해서 못합니다. 그러다보니 아무것도 못하고 마는데 지혜로운 사람은 그렇게 하지 않습니다. 할 수 없는 것은 기다립니다. 그리고 할 수 있는 것은 극대화시켜 나갑니다. 세상에서 제일 행복한 사람은 자기가 가진 것을 제일 소중한 것으로 아는 사람이요, 그 사람이 부자입니다. 가지고 가졌으면서도 못가진 것만 생각하며 불만스러워하는 사람, 그 얼마나 불행한 사람인지 모릅니다.

구약성경에 보면 우리가 잘 아는 아합왕의 이야기가 있습니다. 특별히 열왕기상 21장에 나타난 아합왕에 대한 기록은 그가 얼마나 멍청한 왕인가를 말해주고 있습니다. 그 내용을 보면 왕의 궁전 옆에 나봇이라는 사람의 포도원이 하나 있는데 이 아합왕이 그 포도원을 갖고 싶어합니다. 그래서 나봇에게 팔거나 더 좋은 것과 바꾸자고 했더니, 조상 때부터 내려오는 유업이기에 그렇게 할 수가 없다고 합니다. 그러자 이 아합왕은 속이 상해하면서 음식도 먹지 않고 아예 머리를 돌려 들어눕고 맙니다. 왕 치고는 이만하면 정말 멍청한 왕이 아닙니까? 이것을 알게 된 그 부인 이세벨은 '내가 얻어 드리지요' 하고서는 결국은 나봇을 죽이고 그 포도원을 빼앗아 남편 아합왕이 가지게 합니다. 언제나 이 이세벨은 악의 산실입니다마는, 가만히 보면 아합왕은 그렇게 나쁜 사람은 아닙니다. 그 대신 아주 못난 멍청한 사람입니다. 그 하는 일이 꼭 이러한 바보짓만 하고 앉았는 것입니다. 그래 왕이 얼마나 못났으면 남의 포도원을 빼앗아 나물 밭을 삼겠다며 투정을 부린다는 말입니까? 그리고 못가질 것은 안 가지면 되는 것이지, 무엇 때문에 그것을 기어이 가지려고 하느냐는 말입니다. 가진 것만도 너무 많아 그것도 다 못먹고 죽을 텐데 말입니다.

여러분! 중요한 것은 무엇을 가졌느냐 하는 것을 아는 것입니다. 가능한 것이 무엇이냐? 그것만 알고, 그것을 제일로 아는 것입니다. 내게 주신 은사가 제일이요, 내게 주신 분깃이 최고인 줄 아는 그 사람이 제일 부자이며, 제일 행복한 사람입니다. 이제 지혜롭게 생각할 것은 할 수 없는 것과 할 수 있는 것, 있는 것과 없는 것, 남은 시간과 남은 그것을 어떻게 선용하는가의 문제입니다.

그 다음에 이 사람은 과거를 후회하지 않았습니다. 이미 지나간 잘못이 이제와서 운다고 해결될 것은 아닙니다. 그러므로 과거를 후회하는 것은 또 하나의 남용입니다. 왜냐하면 이는 미래를 과거로 인해 소비하는 것이기 때문입니다. 그런가하면 미래에 대한 환상, 허황한 소리도 또한 더 많은 남용이 됩니다. 이것은 새로운 남용의 시작으로 다시 한 번 망조에 드는 길입니다. 따라서 우리가 명심할 것은 현재 가진 바의 가능성을 수습하여 그것을 통하여 오늘 내가 무엇을 할까를 결정하며, 그로 인해 하나님의 큰 역사가 이루어지도록 힘쓸 것입니다. 이것이 지혜로운 사람입니다.

오늘 본문에 "네 보던 일을 셈하라"는 주인의 말이 있습니다. 그러니까 셈할 수 있는 시간, 셈할 수 있는 기회가 남아 있습니다. 이 사람은 이것을 기회로 삼아 그 기간을 잘 이용함으로써 미래를 준비하고 있습니다. 이 얼마나 중요한 문제인지 모르겠습니다. 오늘 내가 하는 조그마한 이 일, 이 짧은 시간을 잘 활용하여 영원한 생을 위해 준비하는 그러한 지혜를 가지라는 말씀인 줄 압니다.

이제 마지막으로 예수님께서 주신 결론의 말씀이 "불의의 재물로 친구를 사귀라"는 것입니다. 이 "불의"라는 말을 헬라 원어로는 '아디키아스'라고 하는데 이는 불의하다, 불합당하다, 혹은 부정, 악함, 나쁜 짓 등의 뜻을 가지고 있는 말입니다. 그런데 오늘 본문에 나타난 이 비유 자체가 바로 이것을 말하고 있습니다. 여기 이 사람이 남의 재산을 가지고 증서를 위조해가면서까지 빚을 탕감해주고 벌어들인 이러한 돈이 바로 불의한 돈이요, 불의한 재물입니다. 그러나 이 사람은 그 불의한 재물을 가지고 선한 일을 했습니다. 그러기에 그가 지혜로운 사람이라는 것입니다. 어차피 없어질 것을 가지고 당분간이라도 내 손에 있을 때에, 나 죽기 전에 선한 일을 하라는 그 말입니다. 이 사람은 그것으로 친구를 사귀었습니다. 선행을 하였습니다. 그리고 미래를 준비하였습니다. 생각해보면 돈을 가져서 미래를 준비한 것이 아니라 선심을 베풀어 미래를 준비했습니다. 그 점이 이 사람의 지혜로움입니다.

우리는 흔히 돈을 벌어야 저축을 한다고 생각을 합니다만 사실 진실한 저축은 선행입니다. 그래서 예수님께서도 말씀하시기를 구제하는 것은 하나님께 꾸이는 것이라고 하셨습니다. 따라서 하나님의 은행에 저축하는 것입니다. 성서적 근거에서 분명히 말씀드리면 내가 선한 일을 많이 해두면 내 자식이 절대로 굶지 않습니다. "의인의 자손이 걸식함을 보지 못하였다"(시 37:25) 하였습니다. 또한 "저는 종일토록 은혜를 베풀고 꾸어주니 그 자손이 복을 받는도다"(시 37:26) 하였습니다. 그러므로 자식에게 정말 안전하게 좋은 것으로 주려고 하거든 선행을 하여야 합니다.

이것이야말로 안전한 하나님의 은행에 저축했다가 자식에게 주는 것입니다.

오늘 본문의 이 사람은 남의 재산이요, 불의한 재물이라 하더라도 선행을 하여 미래를 준비하려 합니다. 그 점이 착하고 선한 일이었다는 말입니다.

여러분! 우리는 악한 시대를 삽니다. 게다가 제한된 시간을 살아가고 있습니다. 돌이켜보면 과거에 잘못된 후회가 많습니다. 그러나 지난 일을 후회하는 데 머물러서는 안됩니다. 문제는 오늘이요, 지금에 있습니다. 그리고 미래가 있을 뿐입니다. 오늘, 아니 미래를 위해서 우리는 과연 무엇을 해야 할 것인가? 그 지혜가 필요한 것으로 압니다. 이 불의한 청지기처럼 얼마 남지 않은 이 짧은 기회를 잘 수습하여 무엇인가 선행을 이루어 나감으로써 미래를 준비하는 지혜로운 사람이 되어야 하겠습니다. 여기 이 사람은 불의한 자, 불의한 청지기로서 지혜가 있었습니다. 그러나 우리 믿음의 사람들은 선한 청지기로서 누구보다 지혜로운 자가 되어야 할 것입니다.

부자와 나사로

"한 부자가 있어 자색 옷과 고운 베옷을 입고 날마다 호화로이 연락하는데, 나사로라 이름한 한 거지가 헌 데를 앓으며 그 부자의 대문에 누워 부자의 상에서 떨어지는 것으로 배불리려 하매, 심지어 개들이 와서 그 헌 데를 핥더라. 이에 그 거지가 죽어 천사들에게 받들려 아브라함의 품에 들어가고, 부자도 죽어 장사되매, 저가 음부에서 고통 중에 눈을 들어 멀리 아브라함과 그의 품에 있는 나사로를 보고 불러 가로되, '아버지 아브라함이여, 나를 긍휼히 여기사 나사로를 보내어 그 손가락 끝에 물을 찍어 내 혀를 서늘하게 하소서! 내가 이 불꽃 가운데서 고민하나이다.' 아브라함이 가로되, '얘, 너는 살았을 때에 네 좋은 것을 받았고 나사로는 고난을 받았으니, 이것을 기억하라. 이제 저는 여기서 위로를 받고 너는 고민을 받느니라. 이뿐 아니라 너희와 우리 사이에 큰 구렁이 끼어 있어 여기서 너희에게 건너가고자 하되 할 수 없고, 거기서 우리에게 건너올 수도 없게 하였느니라.' 가로되, '그러면 구하노니, 아버지여! 나사로를 내 아버지의 집에 보내소서. 내 형제 다섯이 있으니 저희에게 증거하게 하여 저희로 이 고통받는 곳에 오지 않게 하소서!' 아브라함이 가로되, '저희에게 모세와 선지자들이 있으니 그들에게 들을지니라.' 가로되, '그렇지 아니하니이다, 아버지 아브라함이여, 만일 죽은 자에게서 저희에게 가는 자가 있으면 회개하리이다.' 가로되, '모세와 선지자들에게 듣지 아니하면 비록 죽은 자 가운데서 살아나는 자가 있을지라도 권함을 받지 아니하리라' 하였다" 하시니라.

(누가복음 16:19~31)

부자와 나사로

본 비유는 읽어서 아시는 바와 같이 그리 쉽게 이해되지 않는 점이 몇 가지 있습니다.

그 첫째는 예수님께서 비유로 말씀하실 때에는 언제나 사실적이고 실제적인 것을 예로 드셨는데, 오늘 여기 본문은 그렇지가 않다는 점입니다. 2천여년 전 예수님 당시에는 가르치는 교훈의 대부분의 내용이 신화적이고 설화적이었습니다. 그러한 시대 속에서도 예수님의 교훈하시는 방법의 특징은 언제나 실제적인 사건과 사물을 소재로 말씀하셨다는 것입니다. 그 때문에 어떤 이들은 당시의 사람들과 비교하여 예수님의 교훈은 가장 과학적인 것이었다고 말하기도 합니다. 그런데 오늘 이 말씀은 그 많은 예수님의 말씀 중에서 단 하나 사실성을 벗어난 예외로 나타나고 있다는 점입니다. 그러면서도 대단히 계시문학적인 내용입니다. 하늘나라에서 되는 이야기, 아브라함의 이야기, 죽은 다음의 사람들 이야기를 하십니다. 이것은 당시 이스라엘 사람들이 익숙히 잘 아는 계시문학의 한 토막이기도 합니다. 그러니까 예수님의 모든 비유가 다 실제적인 것을 소재로 하고 있는 것에 비해, 오늘 이 비유만은 저들이 잘 알고 있는 전승적인 계시문학을 그 소재로 하여 말씀하고 계신다는 것입니다.

그리고 두번째로는 오늘 본문에 의하면 부자는 지옥에 가고 가난한 사람은 천당을 갔다는 이야기인데, 그렇다면 이 부자의 죄가 무엇이냐는 것입니다. 성경에 보면 이 거지가 부자의 밥상에서 떨어지는 것을 먹었다고 하였습니다. 한 상에서 먹지는 못했어도 내어쫓지는 않은 것같으니 그만하면 그래도 괜찮은 것같습니다. 사실 거지를 끌어들여서 같이 산다는 것은 참으로 어려운 이야기입니다. 우리가 구제한다는 것도 그렇습니다. 가서 하거나 지나가다가 하는 것이지 집 안에 데려와서 같이 자면서 하지는 않습니다. 만약에 그러한 구제를 논한다면 이 세상에 구제한 사람이 몇이나 되겠습니까? 우리가 거지를 도와주는 것까지는 좋지만, 한 상에서 먹으라는 그것은 어쩌다 한 번이지 그렇게 해야 구제가 되는 것으로 한다면 모르긴 해도 아무도 구제하지 못했고, 또 못할 것입니다. 그런데 이 부자는 헌데를 앓으며 냄새나는 거지를 내어쫓지 않은 것을 보면 제법 괜찮은 부자입니다.

그런가하면 나사로의 의는 무엇이냐는 것입니다. 부자는 무슨 죄를 지었기에 이렇게 지옥에 있어야 하고 나사로는 무슨 의로 아브라함의 품에 있느냐는 말입니다. 이 거지가 예수를 믿은 것도 아니고 그 동안 신실하게 살아왔는지는 모르지만 남달리 특별한 의가 있는 것인지 아니면 가난 자체가 의라도 되느냐? 하면 그런 것도 아니란 말입니다. 또한 부 자체가 죄가 되는 것도 아닙니다. 적어도 하나님 앞에서는, 가난하면 자동적으로 천당가고 부하면 지옥간다는 이야기는 없습니다. 부자도 의인이 있고 가난해도 죄인이 있습니다. 그러므로 부와 가난에 의와 불의를 직결시키는 것은 잘못된 교리입니다. 요즈음도 그런 경향이 없지는 않은데 그것은 비성서적인 것으로 전혀 잘못된 생각입니다. 바로 그런 입장에서 오늘 본문이 주는 인상은 문제점이 있다라는 것입니다. 얼핏보면 이 본문의 내용이 가난한 사람은 자동적으로 천당가고 부자는 자동적으로 지옥가는 것처럼 꼭 그렇게 나타난다는 말입니다. 그 때문에 가난한 자의 의가 무엇이며 부자의 죄는 무엇인가 하는 의문을 낳게 하는 것입니다. 따라서 이는 간단하게 쉬 넘어갈 수 있는 대목이 아닙니다.

이럴 경우에 성경을 해석하는 우리의 태도는 대단히 중요합니다. 성경 말씀의 해석은 어디까지나 하나님이 주시는 은혜와 지혜의 범위 내에서 해석할 수 있는 데까지만 할 것이며, 해석상 무리가 있고 잘 되지 않는 것은 그냥 두는 것이 좋은 것이요, 옳은 것입니다. 풀리지 않는 것을 억지로 풀 필요가 없습니다. 이해가 잘되면 고맙고 안되더라도 구원을 받기에는 아는 말씀만으로도 충분합니다. 그것을 알고 어느 대목 하나 해석하지 못했다 하여 안달할 필요는 없습니다. 그러나 하나님께서 우리에게 주시는 지혜를 다하여 해석할 수 있는 데까지는 할 수 있을 것입니다.

그러면 이제 여기서 우리가 먼저 한 가지 알아야 할 사항이 있습니다. 그것은 도대체 이 비유는 누구를 대상으로 말씀한 것이냐? 하는 문제입니다. 우리가 지금까지 그래왔듯이 어떤 장소에서, 어떤 계기에, 누구에게 하시는 말씀인가를 생각해보면 이 비유를 푸는데 많은 도움이 됩니다. 오늘 말씀은 본문 전후의 문맥상으로 보아 아무래도 바리새인들을 두고 하신 말씀 같습니다. 이에 16장 14절을 보면 "바리새인들은 돈을 좋아하는 자라 이 모든 것을 듣고 비웃거늘" 하는 말씀이 있습니다. 바리새인들은 돈을 좋아했고 그리고 비웃었다는 것입니다. 그래서 지금 예수님께서 말씀하시는 것입니다. 돈을 좋아하고, 그러면서도 거룩한 체 위선적이며 외식적인 바리새인들을 상대로 이 말씀을 하시고 있는 것같습니다. 끝까지 회개하지 않는 위선과 교만의 바리새인들을 향하여 "네가 이 부자와 같다", "네가 지금 이 부자와 같은 운명에 들어가고 있지 않느냐?"는 뜻에서 하신 말씀으로 보아집니다.

그렇다면 이제 이 부자와 거지 나사로를 비교해보겠습니다. 여기 본문에 의하면 부자는 자색 옷을 입었다고 하였는데 이는 대단한 귀족의 신분임을 말해줍니다. 옛날에는 신분에 따라 옷의 모양도, 옷의 색깔도 가려 입었습니다. 요즈음도 특별히 서양에서는 로얄 컬러(royal colour)라 하여 몇 가지의 색깔을 구별하여 말하고 있는데, 이 자색 옷은 왕실의 옷이요 귀족의 옷입니다. 따라서 옛날 서민들은 이러한 색깔의 옷을 입을 수가 없었습니다. 그런데 이 부자는 그러한 자색 옷과 게다가 고운 베옷을 입었다고 하였습니다. 이는 사치스러운 것을 말하며, 그 다음에 한 가지 크게 강조되는 것은 날마다 호화로이 연락했다는 것입니다.

우리는 10계명의 제 4계명을 기억할 때에 "안식일을 기억하여 거룩히 지키라"는 부분만을 생각하려 합니다. 그러나 이것은 잘못된 것입니다. 그 전에 엿새 동안은 힘써 네 모든 일을 행하고 지키라는 것입니다. 엿새 동안 아무것도 하지 않고, 그리고 또 안식일은 쉬라는 것이 아닙니다. 그것은 잘못된 것입니다. 그러기 때문에 엿새 동안 힘써 일하라는 그것도 계명입니다. 그런데 이 부자는 날마다 호화로이 연락했다는 것입니다. 이는 계명을 어기며 날마다 놀고 먹는 사람입니다. 놀고 먹되 단순히 놀고 먹는 것이 아니라 호화로이 연락을 즐겼으니 이는 사치요, 방종이며, 낭비입니다.

여기에 비해 거지 나사로의 지금 형편은 처절하기 그지없습니다. 그런 가운데서 약간의 의미를 발견하게 하는 것은 나사로라는 그의 이름입니다. 나사로라는 이름의 헬라말 뜻은 "하나님은 나의 도움이십니다"라는 것입니다. 이것을 조금 다르게 의역을 하면 "하나님 외에는 나를 도울 자가 아무도 없습니다"라는 말이 되기도 하는데, 이것이 이 거지 나사로의 이름이 지닌 의미입니다. 그러고보면 이 사람에게는 괜찮았던 신앙의 그 무엇이 흐르고 있는 것같습니다. 우선 그 이름 자체로 보아 자신이 믿지 않았다면 그 부모라도 믿음이 있었던 것 같습니다. 그러기에 아들에게 그런 이름을 지어주지 않았겠습니까?

여기에서 우리가 미루어 생각할 수 있는 것은 부모가 믿은 것이 틀림없다면 그 아들인 본인도 믿었다고 생각해야 옳을 것입니다. 그가 얼마나 잘 믿었는지, 얼마나 기도를 하고, 얼마나 봉사를 했는지는 모르지만 그 이름 자체는 신앙의 가정에서 태어난 사람임을 증명하고 있는 것입니다. 그런데 이 사람은 거지요 게다가 헌데를 앓고 있습니다. 피부병이란 참으로 괴로운 병입니다. 겉으로 나타나는 병이기 때문에 불쾌하고 나쁜 인상을 주며 그 때문에 사람을 가까이에서 만나지를 못합니다. 그래서 피부병을 가지고는 사랑받는 사람이 될 수 없다고 말하는 것입니다. 어쨌든 이 불쌍한 나사로라는 사람은 헌데를 앓으며, 그 헌데를 개가 핥는 가운데 부자의 대문간에서 개와 더불어 지내면서 부자의 상에서 떨어지는 부스러기를 얻어 먹으며 연명을 하는 처절한 사람이었다는 것입니다.

한 사람은 날마다 호화로이 연락을 하고 한 사람은 이렇게 비참하게 살았다는 것인데, 문제는 이 두 사람이 모두 죽었다는 것입니다. 그리고 죽은 다음에는 그 처지가 바뀌게 된 것입니다. 그래서는 이 부자는 지옥에서 고통스러워하며 이 혀에 물 한 방울만 적셔달라며 애원을 하고, 거지 나사로는 아브라함의 품에 안겨서 기쁨을 누리며 지내는 것입니다. 이와 같이 바뀌어진 처지에서 고통스러워진 부자는 살았을 때 생각을 하며 아브라함에게 부탁하기를 나사로를 보내어 손가락 끝에 물을 찍어 내 혀를 좀 시원하게 해달라고 합니다. 이렇게 말할 때에 아브라함이 하는 대답이 아주 위트(wit)가 있습니다. 25절 이하를 보면 "얘, 너는 살았을 때에 네 좋은 것을 받았고 나사로는 고난을 받았으니 이것을 기억하라. 이제 저는 여기서 위로를 받고 너는 고민을 받느니라." 너는 세상에 있을 때에 실컷 향락을 했으니 이렇게 되는 것이 당연하지 않느냐? 이것을 기억하라! 이렇게 말씀하시는 것입니다. 그리고 이제는 서로 교통할 수가 없다는 것입니다.

여기에서 아브라함의 품에 있다는 것 역시 계시문학에 있는 내용입니다. 이스라엘 사람들의 사후에 대한 생각은 사람이 죽으면 그 영혼이 천사에 옹위되어 하늘로 가서는 먼저 간 믿음의 조상들과 같이 지낸다는 것입니다. 그 때문에 여기서도 믿음의 조상인 아브라함의 품에 안긴 것으로 나타나고 있습니다. 그러고보면 오늘 본문에는 이스라엘 사람들의 내세관이 잘 반영되어 있는 것입니다.

다음으로 생각할 중요한 문제는 본문이 주는 의미가 무엇인가 하는 것입니다.

그 첫째는 가치관의 문제입니다. 예수님께서 말씀하시는 근본 의도가 거기에 있다고 봅니다. 그러니까 누가 복되고 누가 행복한 사람이냐는 것입니다. 로마서 8장 18절에 보면 "생각컨대 현재의 고난은 장차 우리에게 나타날 영광과 족히 비교할 수 없도다"라고 하였습니다. 문제는 최종 승리에 있는 것입니다. 하나님 앞에 서는 그날 어떻게 되느냐는 것이 결정적인 문제입니다. 세상살이를 두고 보더라도 젊어서 하는 고생은 문제가 아니고 늙어서 하는 고생을 불행이라고 합니다. 마찬가지로 세상에서 아무리 잘살면 무엇하겠습니까? 그것은 잠깐의 꿈과 같이 지나가고마는 것입니다. 그러므로 영원한 하늘나라에서 길이 영광을 누릴 수 있는 자가 복되다는 것입니다.

다시 말하면 영원한 것에 근거한 가치관, 천국에 기준을 둔 그러한 가치관을 가지고 오늘을 살아야 한다는 말씀입니다. 그러니까 오늘이 좀 고통스럽고 가난하며 병신이 되어 멸시를 당한다 하더라도 그것은 중요한 것이 아닙니다. 매를 맞고 순교를 해도 문제될 것이 아닙니다. 이는 오직 그리스도인의 가치관은 영원한 하늘나라에 있어야 하기 때문입니다. 이것이 주님께서 하신 말씀의 의도입니다. 다른 예로서 예수님께서 친히 여덟 가지 복을 말씀하실 때에도 그렇게 말씀하십니다. "심령이 가난한 자는 복이 있나니 천국이 저희 것임이요", "의를 위하여 핍박을 받는 자는 복이 있나니 천국이 저희 것임이라." 핍박당하는 것은 매를 맞는 것 아닙니까? 재산을 빼앗기는 것 아니겠습니까? 능욕을 당하는 것 아닙니까? 그럼에도 핍박당하는 자가 복이 있는 것은 천국이 저희 것이기 때문입니다. 천국에 기준할 때 그가 복이 있다는 것입니다.

예수님께서는 이 문제에 대해서 너무나도 엄격하게 말씀하신 적이 있습니다. 만일 네 손이 너를 범죄케 하거든 찍어버리라. 만일 네 발이 너를 범죄케 하거든 찍어 버리라. 만일 네 눈이 너를 범죄케 하거든 빼어버리라. 이것들을 가지고 지옥에 던지우는 것보다는 불구의 몸으로 영생에 들어가는 것이 낫다고 하셨습니다(막 9 : 43~47). 이를 바꾸어 표현하면 손 하나 없는, 발 하나 없는, 눈 하나 없는 병신으로 살다가 하나님 앞에 가는 것이 온전한 몸으로 죄짓다가 지옥으로 가는 것보다 낫다는 말씀입니다. 이것은 온전한 하늘나라에 기준을 둔 그러한 가치관입니다. 따라서 순간순간 잘살고 못살며, 행복하고 불행한 것에 대해서 너무 신경쓸 것이 아니라 영원한 미래, 영원한 가치의 것에 기준을 두고 오늘을 사는 사람이 되어야 한다는 말씀의 의도입니다.

이제 두번째로는 지옥의 고통입니다. 그곳은 대단히 뜨거운 곳이요, 참을 수 없이 고통스러운 곳이며 후회스러운 곳입니다. 고통의 절정은 후회입니다. "왜 내가 예수를 믿지 않았던가!" 하며 불꽃 가운데서 고통하며 후회하는 그것이 지옥이라는 이야기입니다.

그럼 세번째로 생각할 것은 이 부자의 죄가 무엇이냐? 하는 것입니다. 여기에서 본문을 중심으로 깊이 생각해보면 먼저는 날마다 호화로이 연락했다는 것입니다. 이는 사치하고 방종하며 낭비하는 나날을 보냈다는 말입니다. 시간적인 낭비요, 물질적인 낭비이며, 정욕적인 낭비입니다. 뿐만 아니라 사치와 방종, 낭비, 이 모두가 죄입니다. 우리는 그것을 알아야 합니다. 내가 필요 이상으로 먹으면 다른 한 사람에게는 먹을 수 없는 현상이 생깁니다. 그러기 때문에 연락과 사치스러운 생활은 도둑질과 같은 것입니다.

그리고 다음으로 이 부자의 죄는 부의 의미를 모르고 있다는 것입니다. 부란 곧 사명에 있는 것입니다. 결코 나 혼자만을 위해서 주어진 것이 부가 아니란 말입니다. 이 주어진 부를 가지고 무엇인가 중요한 일을 하라는 것입니다. 그런데 이 사람은 부에 따르는 그 사명을 모르는 사람이었습니다. 돈이든, 지식이든 묻어두어서는 안되고 잘못 사용해서도 안됩니다. 주신 은사는 받은 바대로 쓰여져야 합니다. 그렇지 못할 때 이는 죄가 되는 것입니다. 여기 이 사람은 부를 가지고 아무 일도 하지 않고 오히려 사치와 연락으로 낭비했습니다. 이것이 죄가 됩니다.

　이제 또 하나는 그의 긍휼이 문제가 됩니다. 잠언 17장 5절에 기록하기를 "가난한 자를 조롱하는 자는 이를 지으신 주를 멸시하는 자"라고 하였습니다. 긍휼이 없는 것, 도와야할 사람을 돕지 않는 것은 죄입니다. 살인이나 도둑이 죄인 것만은 아닙니다. 선한 사마리아 사람의 비유에서처럼 레위 사람이나 제사장은 지나갔을 뿐 살인을 하거나 도둑질을 하여 해를 끼친 것은 없습니다. 그러나 죽어가는 사람을 보고도 돕지 않았기 때문에 그것이 죄가 됩니다. 보다 높은 차원에서 말씀드린다면 죽어가는 사람을 보고도 외면하며 지나간 행위 자체 그대로가 곧 살인죄가 된다는 것을 알아야 합니다. 이것이 예수님께서 말씀하시는 죄의 정의입니다. 그러므로 이 사람이 얼마나 거지 나사로를 도왔는지 모르나, 그는 진정한 하나님의 형상으로서의 이웃으로 그를 돕지 못했고 긍휼을 베풀지도 않았으니 그것이 죄입니다.

　그리고 또 하나의 죄가 있습니다. 부와 의를 혼돈하는 것입니다. 부와 의는 별개의 것입니다. 부자가 곧 의로운 사람은 아닙니다. 부자가 되었다고 하여 어떤 선행이나 하나님 앞에서의 신실함 때문에 축복받은 결과로 착각할 것이 아닙니다. 부와 의는 별개의 것으로 죄인도 얼마든지 부자가 될 수 있고 또한 사실이 그렇습니다. 흔히들 무엇이 좀 잘되면 "하나님 내게 복을 주셔서 감사합니다." 하지만 생각해보면 오히려 회개할 일이 많습니다. 사실은 그 돈을 벌기 위해 지은 죄가 얼마입니까? 그럼에도 불구하고 사업 잘되고 돈 많이 벌게되면 회개하지 않습니다. 그런가하면 돈 다 잃어버리면 그때에는 죄 생각을 하며 내 죄 때문이라고 하는데 그러나 그럴 것도 아닙니다. 내가 가난하고 실패했다고 해서 그것이 곧 죄인인 것은 아닙니다. 조심할 것은 가난을 곧 죄의 결과와 저주로 생각해서는 안된다는 것입니다. 나사로가 비록 거지는 되었을지언정 그가 죄인은 아니며 저주받은 사람도 아니었습니다. 또한 부자는 부자였지만 의인이 아니라 그가 오히려 죄인이었습니다. 그러기 때문에 부와 의를 혼돈해서는 안될 것입니다.

이제 가난하다고 죄인 취급할 것이 아닙니다. 자신에 대해서도 가난으로 인해 비굴해질 것이 아닙니다. 가난하든 부하든 내가 하나님 앞에서 얼마나 의롭게 사느냐 하는 것과는 별개의 문제입니다. 그러므로 사업에 실패했다고 해서 스스로 죄인으로 취급하며 자신을 학대할 것도 아니고 또 돈이 좀 벌렸다고 하여 하나님이 나를 축복하신 결과라며 "오, 하나님, 감사합니다" 하고 끝내려 하지 말 것입니다. 바로 그때에 진실한 회개를 할 수 있어야 할 것입니다. 그런데 오늘 이 부자는 그런 의미에서 불신앙의 사람입니다.

그 다음에 보면 이 부자는 지옥에 떨어져서는 이제 후회를 합니다. 분명 후회와 회개는 다릅니다. 지금 이 사람은 회개하고 있는 것이 아니라 후회하고 있는 것입니다. "이럴 줄 알았으면 나도 예수믿을 것을!" 이제 와서 아무리 후회해봤자 소용이 없습니다. 기회는 이미 지나갔습니다. 어떤 의미에서는 가룟 유다도 후회는 했습니다. 예수를 판 것은 후회했으나 돌이킬 수가 없었습니다. 기회는 지나갔습니다. 그러기에 회개는 역시 회개의 기회가 있습니다. 살았을 때에, 회개할 수 있었을 그 때에 회개했어야 합니다. 그 기회를 놓치면 이제는 회개할 수 없게 됩니다. 어떤 경우에 보면 정말 회개하여야 할 사람이 회개하지 않고 있다가 그만 정신이 몽롱해지고 마는데, 이는 옆에서 보기에도 참으로 답답한 일이 아닐 수 없습니다. 그러므로 우리는 지상에서 회개할 수 있는 바로 지금, 오늘이라 하는 때에 회개할 바를 깨끗이 회개하여 남겨둔 회개가 없는 준비된 생을 살아야 할 것입니다.

이제 다시 본문을 보면 이 부자가 그의 형제들을 염려하는 장면이 있습니다. 자기는 비록 이런 처지에 놓이게 되었지만 아직 살아 있는 그 다섯 형제들은 이런 곳에 오지 않았으면 좋겠다는 것입니다. 그러니 나사로를 자기 집으로 좀 보내어 이곳의 형편을 알리고 저들은 이곳에 오지 않도록 해달라는 것입니다. 그러자 아브라함이 대답하는 말이 모세와 선지자, 즉 복음과 전도자들이 있으니 그들에게서 들을 것이고 또 이미 들었다는 것입니다. 그러니 이제는 그럴 필요도 없고 안된다는 것입니다. 이 때에 이 부자가 마지막으로 하는 부탁의 말이 대단히 걸작입니다. 그의 말인즉 "죽은 자 중에서 누가 다시 살아 가서 말하면 믿을 것입니다. 그러니까 죽은 나사로를 어떻게 좀 보내주십시오" 하는 것입니다. 그러나 이 때의 대답은 죽었다가 다시 살아온 사람이 있어도 믿지 않을 사람은 믿지 않는다는 것입니다.

　문제는 여기에 있습니다. 우리는 흔히 무엇인가 기적을 보여주면 믿겠다는 이야기를 듣습니다. 그래서는 병이다, 사업이다, 입시다 하며 이런 저런 조건을 내어걸고 기적을 요구합니다. 거기에 비하여 이제 죽은 자가 살아났다면 이는 기적 중의 더 큰 기적이 될 것입니다. 그렇게 되면 모두가 믿을 것같습니다. 그러나 예수님의 말씀은 그렇지 않습니다. 모세와 선지자들의 말을 듣지 않는 자는 이것도 믿지 않는다는 것입니다. 죽은 자, 산 자의 이야기가 문제되는 것이 아니라는 말입니다. 예수님 당시에 얼마나 많은 기적이 있었습니까? 그 많은 기적을 예수님께서 친히 행하셨습니다. 그러나 우리가 잘 아는 대로 그 기적에 따라 믿었던 것은 아닙니다.

　어디까지나 믿을 사람만 믿었고 믿지 않을 사람은 믿지 않았습니다. 그러면서도 밤낮으로 따라다니며 하늘로부터의 표적을 요구했습니다. 보여주고 보여주어도 또 다른 것을 원하며 따라다녔습니다. 그래서 예수님께서 결론적으로 말씀하시기를 "악하고 음란한 세대가 표적을 구하나 선지자 요나의 표적밖에는 보일 표적이 없느니라"(마 12 : 39)고 하셨습니다. 이는 내가 십자가에서 죽었다가 다시 살아나는 부활의 표적밖에는 보일 것이 없다고 하신 말씀입니다. 이와 같이 기적은 어떤 사람으로 하여 믿음을 가지게 하는 결정적인 영향을 주지는 못합니다.
　사실 알고보면 기적을 경험하지 않은 사람이 어디 있습니까? 죽을 뻔하지 않은 사람이 어디 있으며, 하나님이 살아계신 증거를 맛보지 않은 사람이 어디 있습니까? 그러나 그때의 그 감격을 쉬 잊어버리고, 며칠 있다가 보니 아예 그것이 아닌 것같더란 말입니다. 그러기에 기적은 믿음을 주는 결정적 역할을 하지 못합니다. 믿음의 역사는 오직 하나님의 말씀과 성령의 능력으로 나타나는 것입니다. 우리는 예수님의 그 많은 기적을 보고도 예수를 십자가에 못박는 바리새인과 사두개인들을 보고 있습니다. 그런데 또 무슨 죽은 자가 살아나기를 바라며 믿겠다는 것입니까? 그야말로 이 말은 착각입니다. 기적이란 사실 믿는 자에게만 기적일 뿐이요, 또한 말씀이기도 합니다. 그러나 믿지 않는 자에게는 아무 소용이 없습니다. 오히려 하나님의 능력을 비방하는 또 한 번의 죄를 짓게 하는 결과만을 만들어주고 맙니다. 그러면 여기에서 우리가 마지막으로 생각할 것은 무엇이겠습니까? 그것은 전도하는 일입니다. 오늘 본문 중 지옥에 가있는 이 사람의 애원입니다. 자기는 비록 이렇게 지옥에 와있지만 자기의 형제들은 오지 않도록 해달라는 간절한 소망입니다. 그렇다면 우리의 할 일이 무엇이겠습니까? 그것은 결국 전도입니다. 만약 우리가 저들에게 전도하지 않는다면, 그래서 믿지 못하고 말았다면 그 책임도, 그 원망도 대단한 것입니다. 그러므로 열심히 전도할 것입니다. 이제는 더욱 종말론적인 가치관을 가지고 언제나 저 영원한 세계에서 되어질 일을 마음에 깊이 새기면서, 오늘을 믿음으로 진실하게 살아야 할 것입니다. 그리고 열심히 전도하는 하나님의 사람들이 되어야 할 것입니다.

무익한 종

"너희 중에 뉘게 밭을 갈거나 양을 치거나 하는 종이 있어 밭에서 돌아오면, 저더러 '곧 와 앉아서 먹으라' 할 자가 있느냐? 도리어 저더러 '내 먹을 것을 예비하고, 띠를 띠고 나의 먹고 마시는 동안에 수종들고, 너는 그 후에 먹고 마시라' 하지 않겠느냐? 명한 대로 하였다고 종에게 사례하겠느냐? 이와 같이 너희도 명령 받은 것을 다 행한 후에 이르기를, '우리는 무익한 종이라, 우리의 하여야 할 일을 한 것뿐이라' 할지니라."

(누가복음 17:7~10)

무익한 종

모든 말씀이 다 그러하지만 특별히 오늘 본문은 대단히 실제적인 말씀으로 우리들의 하루하루 생활 자세에 기준이 되는 소중한 말씀이라고 생각됩니다. 가다가 우리들의 믿음이 없어지기도 하고 신앙생활에 피곤을 느끼기도 하며 혹은 가정생활, 사회생활에 무력함이 오는 이유가 있다면, 그것은 바로 오늘 본문에서 지시하는 바와 같은 믿음을 가지지 못했기 때문이라 생각합니다. 더러는 하나님의 일을 하겠다며 좋은 뜻으로 시작하였다가 낙심하며 돌아서는 나약한 사람들을 봅니다. 그 또한 이유를 찾는다면 오늘 본문에서 말씀하고 있는 그러한 믿음을 가지지 못했기 때문이라 여겨집니다.

그런데 오늘 본문은 논란의 여지가 많은 말씀이기도 합니다. 그것은 왜냐하면 오늘 본문의 내용을 문맥대로만 두고 보면 마치 예수님께서는 노예제도를 옹호하거나 인정하는 것같은 내용이 된다는 것입니다. 그렇게 되면 사랑의 예수님이요, 누구보다도 인권을 중요하게 말씀하시는 예수님께서 어찌하여 노예제도를 지지하고 인정하며, 혹은 묵인하느냐 하는 질문이 나오게 됩니다. 그러나 그것은 성경을 잘못 보았기 때문입니다. 왜냐하면 오늘 본문의 말씀은 결코 사회제도를 개선하기 위한 교훈으로 주시는 내용이 아닙니다. 이는 어디까지나 하나님의 나라에 대한 말씀이며, 제자들에게 필요한 참된 믿음을 가르쳐주시는 데 목적이 있습니다.

그리고 이 말씀을 두고 먼저 생각할 것은 이 이야기 역시 하나의 비유라는 점입니다. 이 내용을 비유로 하여 어떤 진리를 설명하고 있는 것입니다. 그러기 때문에 비유 자체인 그 내용, 그 소재에 대해서는 달리 신경쓸 필요가 없습니다. 그런 의미에서 비유란 앞에서도 누누이 말씀드린 바와 같이 가장 구체적이요, 누구나 다 아는 사건이며 매일같이 경험하는 사건이라야 합니다. 그럴 때에 가장 효과적인 비유가 될 수 있습니다. 그러므로 백만인에 한 사람이 경험하는 것이거나 전 역사 중에 한 번 있을까 말까한 이야기는 비유적인 가치가 없는 것입니다. 왜냐하면 그 자체는 희한하게 들을 수 있지만 내 사건 속에서 그것이 현실적으로 사건화될 수 없기 때문입니다. 그래서는 납득이 잘 가지 않는 먼 이야기가 되고 마는 것입니다.

따라서 오늘 본문에 나타난 이 비유 역시 그들의 생활풍속과 경험 속에서 익히 잘 아는 내용입니다. 지금 예수님께서는 이 잘 아는 비유의 내용을 소재로 하여 하시고자 하는 말씀을 설명하시려는데 그 의도가 있습니다. 다시 한번 말씀드리자면 이 내용은 노예제도에 대한 관심과는 상관이 없는 이야기입니다. 오로지 이 사건, 이 비유를 통하여 하나님의 진리를 설명하며, 하나님과 우리와의 관계를 설명하려는 것뿐입니다. 그 사건 자체를 논하여 옳고 그름을 말하자는 것이 아닙니다. 그런 입장에서 오늘 본문은 아주 일반적인 이야기인 노예제도에서의 한 면을 예로 들어 진리의 말씀을 설명하시는 것입니다. 그러므로 오늘 본문을 비유라는 점에서 이해하면 문제될 것은 하나도 없습니다.

그러면 이제 예수님께서 오늘 본문을 통하여 하시고자 하시는 말씀의 목적이 어디에 있는가를 살펴보겠습니다. 그 목적은 본문 말씀 5절에 기록되어 있습니다. "사도들이 주께 여짜오되 우리에게 믿음을 더하소서"라고 하였는데 바로 그것 때문입니다. 믿음을 더하소서! 진정 믿음이 있으려면, 믿음이 자라려면, 믿음이 점점 온전해지려면, 이러한 마음과 이러한 자세가 되어야 한다는 것을 설명하시기 위해 이 말씀을 하시는 것입니다. 그러고보면 제자들이 믿음의 소중함을 알았다는 것만 해도 이제는 제법 상당한 수준에 왔다고 생각합니다. 우리는 구약성서에서 솔로몬이 하나님께 지혜를 구하는 이야기를 잘 알고 있습니다. 기브온 산당에서 일천 번제를 드린 솔로몬의 꿈에 나타나신 하나님께서 "내가 네게 무엇을 줄꼬 너는 구하라"(왕상 3 : 5) 하실 때에 솔로몬은 치리자로서의 필요한 지혜를 구하게 됩니다. 그럴 때에 "그 말씀이 주의 마음에 맞은지라"(왕상 3 : 10) 하였습니다. 그로 인해 솔로몬은 지혜뿐만 아니라 전무후무한 부와 영광을 누리며 살았습니다.

여기서 우리가 생각할 것은 지혜를 구하는 지혜 자체가 상당한 것이요, 믿음을 구하는 믿음 자체도 상당한 것이 아니겠느냐는 말씀입니다. 만약 하나님께서 지금 이 시간 우리에게 나타나시어 단 한 가지만 구하라 하신다면, 여러분은 단번에 무엇이라고 이야기할 것이 있습니까? 아마도 그렇게 잘될 것같지 않습니다. 어쩌면 하나님, 잠깐만 기다려주십시오 해 놓고는 굉장한 준비를 하고서 나올 것입니다. 좌우간 자꾸만 길어지는 문장을 한마디로 줄이느라 아쉬움도 많고, 시간도 제법 걸릴 것입니다. 어쨌든 우리의 소원은 복잡하고 그래서 기도가 긴 것입니다. 소원이 복잡하다는 것은 모두가 다 진실치 않다는 것과 같습니다. 진실한 말은 외마디로 끝납니다. 오늘 이 마지막 하나밖에 없는 소원! 거기에 진실이 있습니다. 진실한 소원은 하나뿐입니다. 마치 솔로몬이 지혜를 구한 것처럼 말입니다.

이제 이 제자들이 믿음을 구하고 있습니다. 믿음을 구하는 정도라면 저들의 수준이 상당히 높아졌다는 말이 됩니다. 저들 역시 돈, 명예, 출세 등 이 모든 것을 생각했던 사람들입니다. 그러나 3년 동안 예수님과 동행하다보니 배운 것이 많습니다. 아직도 무엇인지 잘 모르기는 하지만 역시 믿음이 제일이라는 생각이 들었던 모양입니다. 가만히 보니 예수님의 믿음이 대단하시더란 말입니다. 저는 예수님께서 나사로를 살리실 때를 생각하며, 혼자 짓궂게 웃을 때가 있습니다. 만일에 "나사로야, 나오너라" 해서 나오지 않으면 어쩌시려고 그렇게 큰 소리를 지르시는 겁니까? 그것도 사람이 없어 좀 조용할 때라면 몰라도 많은 사람이 밀려와 둘러 서 있는 판인데 말입니다. 아무리 사람의 편에서 생각하는 것이라 해도 그것은 참으로 대단한 믿음입니다. 이는 도저히 상상도 할 수 없는 믿음입니다. 이러한 믿음! 이것을 이 제자들이 배운 것입니다.

생각해 보면 제자랄 것도 없고 도대체 상대도 되지를 않습니다. 그런 가운데 이제 믿음이 귀하다는 것을 스스로 깨달은 것입니다. 믿음의 필요성을 절감한 것입니다. 그래서 "주여, 우리에게 믿음을 더하소서!" 라는 청원을 하게 된 것입니다. 이것을 바꾸어 표현하면 "기도"라 말할 수 있을 것입니다. 사실 우리의 기도 제목이 많고도 길지만 어느 때이고 한 번쯤 이러한 기도를 해볼 수 있으면 좋겠습니다. "이제 아무 소원도 없습니다. 주여! 믿음을 더하소서. 아멘." 이 얼마나 정확하고 똑바른 기도입니까? 믿음 하나면 모든 것이 다 가능합니다. 이상한 것은 밤낮으로 믿음, 믿음 하면서도 기도할 때는 딴소리 하는 것입니다. 도대체 복잡하고 청구서가 많은 것이 문제입니다.

"믿음을 더하소서!" 실족치 않으려면 믿음이 있어야 합니다. 남을 용서하려면 믿음이 있어야 합니다. 사랑을 하는 데에도 믿음이 있어야 합니다. 전도를 하려 해도 믿음이 있어야 합니다. 이적을 행하는 것도 그 결정적 열쇠가 믿음에 있습니다. 그러기에 이 믿음의 절대적 필요성을 깨달은 저들 제자들이 바로 이 믿음을 구하고 있는 것입니다. 그럴 때에 예수님께서는 너희에게 겨자씨 한 알만한 믿음이 있어도 좋겠다고 하십니다. 대단한 믿음, 바윗덩이처럼 큰 믿음이 아니라 이 작은 겨자씨, 요 살아 있는 조그만 믿음만 있어도 이 뽕나무더러 뿌리가 뽑혀 바다에 심기우라 하면 순종할 것이라는 믿음의 위대성을 설명하십니다.

오늘 본문을 비유로 믿음이란 이러한 마음을 가지고 있어야 한다는 것을 말씀하시는 것입니다. 그 마음이란 다른 것이 아니라 철두철미하게 종이라고 하는 자기 의식을 가지고 있어야 한다는 것입니다. 예수님께서는 언제나 종이라고만 부르신 것은 아닙니다. 요한복음 15장에 보면 제자들을 향하여 너희는 "내 친구"라 하시며, 내가 내 아버지께 들은 것을 다 너희에게 알게 하였다고 말씀하셨습니다. 이렇게 예수님께서는 제자들을 친구로까지 높여 대우하셨습니다.

그러나 우리가 잊어서는 안될 것이 있습니다. 그것은 예수님께서는 우리를 향하여 친구라 할 수 있어도 우리가 예수님을 대하여 친구라 할 수는 없다는 것입니다. 그것은 진정 상것들 사이에서나 오가는 말입니다. 그 때문에 저는 찬송가 가사에서도 "예수는 내 친구" 하는 표현을 보면 이것은 삼강오륜을 모르는 서양 사람들이나 부르는 찬송가라는 생각을 하게됩니다.

여러분! 그렇지 않습니까? 예수님께서 우리를 대하여 너는 내 친구다 해주신다면, 그야 우리에게는 영광이요 정말 고마운 일입니다. 하지만 우리가 예수님을 쳐다보면서 당신은 내 친구요 한다는 것은 있을 수 없는 일입니다. 이는 방자하기 그지 없는 무례한 짓입니다. 그런데도 예수님께서는 한 번도 너희는 내 종이라는 말씀을 하신 적이 없습니다. 오히려 우리를 향하여 다정하게, 너희는 내 친구라고 하셨습니다.

오늘 본문은 매우 분명하게 말하고 있습니다. 너희들이 스스로 생각하기를 "나는 오로지 종일 뿐입니다" 하는 그 마음을 가져야 믿음이 자란다는 예수님의 말씀입니다. 이 종이라는 의식에 대해서는 누구보다도 사도 바울이 철저한 사람이었습니다. 그의 편지 가운데에는 언제나 "나는 사도요, 그리스도의 종"이라는 말이 빠지지를 않았습니다. 그는 노예라는 것이 어떤 것인가를 잘 아는 사람이었습니다. 그럼에도 그는 자기를 예수 그리스도의 종이라고 누누이 강조합니다. 생각해보면 베드로가 예수님을 모른다고 한 것이나 제자들이 실수한 그 모든 것은 바로 이러한 의식, 이러한 마음가짐이 없었기 때문입니다.

이제 그러한 일들을 머리속에 새기며 오늘 본문에 나타난 종의 모습을 생각해봅니다.

　종이란 첫째, 소유권이 없습니다. 가진 것도 없지만 자기의 생명마저도 자기의 것이 아닙니다. 그 때문에 마음대로 죽지도 못합니다. 자기의 재능은 물론 심지어 자식을 낳아도 주인의 것이 되고맙니다. 모두가 주인의 것일 뿐 나의 것은 하나도 없습니다. 이런 마음을 가지고 있어야 믿음이 자란다는 것입니다. 우리는 내 것을 내 것이라 주장하고, 거기다가 하나님께 기도하여 더 많은 복을 받아 하나님의 것을 내 것으로 삼겠다고 합니다. 하지만 그 마음을 가지고 있는 동안은 믿음이 자라지는 않음을 알아야합니다. 모두가 다 하나님의 것입니다. 내 것은 아무것도 없습니다. 내가 무엇인가 좀 했다고 생각이 되십니까? 내가 기적을 나타냈다 하더라도 그것은 주님께서 나를 통하여 나타내신 것일 따름입니다. 또한 내가 말씀을 전했다 해도 주님께서 내 입술을 통하여 역사하신 것입니다. 그 아무것도 내가 한 것은 아니란 말입니다. 물질도, 기능도, 내 자신마저도 나에게는 전혀 소유권이 없습니다. 이것이 종의 모습이요, 종의 의식입니다.

　종은 절대 순종합니다. 무슨 일을 왜, 언제, 어디서, 어떻게 하며 묻거나 따지는 것이 아닙니다. 가라면 가고, 오라면 오는 것입니다. 폭우가 몰아치는 악천후에도 종에게는 이유가 없습니다. 오늘 본문에 보면 하루 종일 밖에서 고된 일을 하다가 돌아왔습니다. 그래서 지금 배도 고프고 피곤도 합니다. 그런데 주인은 다시 말하기를, 음식을 준비하고 내가 먹는 동안에 수종을 들며 심부름을 한 다음에 먹으라고 한다는 것입니다. 종은 이렇게 이치를 따지거나 판단할 권리가 없습니다. 그저 주인이 양을 치라면 양을 치고, 밭을 갈라면 밭을 갈아야 합니다. 하루 종일 일하고 돌아왔더라도 또 일하라면 해야 합니다. 밤을 새우라면 밤을 세워야할 뿐 거절이란 없습니다. 여기에 무슨 불평이 있고 질문이 있겠습니까?

　이러한 마음으로 주님을 섬길 때 여기에 바로 믿음이 있고 그 믿음은 자라나게 되는 것입니다. 여기에 비해 우리는 너무나 가리고 따지는 것이 많습니다. 그러기 때문에 우리의 믿음이 자라지를 않는다는 것을 알아야 합니다. 진정으로 믿음이 자라기를 바란다면 주님에 대한 절대 순종, 절대 위탁이 있어야 합니다. 그럴 때에 주인의 말씀이 종에게서 능력화되어 그것이 종으로 하여금 능력을 생산하게 된다는 것입니다. 종에게는 지혜가 없습니다. 그러나 주인이 지혜롭게 주신 말씀대로 하면 지혜로운 자가 됩니다. 또한 종에게는 능력이 없습니다. 하지만 주인이 하라는 대로 할 때에 거기에 능력이 나타난다는 말씀입니다.

이제 세 번째로 생각하는 종의 특징은 보상이 없다는 것입니다. 일을 시킨 일군에게는 그 대가로 삯을 줍니다. 그러나 종에게는 보상이 없습니다. 뿐만 아니라 한 마디의 고맙다는 인사도 없는 것이 이 종입니다. 보상은 없더라도 알아주기라도 해야겠는데 그것도 아닙니다. 모두들 보면 결국은 안알아준다고 불평들 아닙니까? 그런데 정말 종의 마음을 가지고 있는 사람은 알아주기를 바라지 않습니다. 그런 마음까지도 깨끗이 없습니다. 그러니 낙심할 리도 없지 않습니까? 우리가 낙심하는 이유는 무엇인가 다소라도 받고자 하는 마음에 있습니다. 처음에는 주고자 하다가 나중에는 받고자 하고, 처음에는 무조건 바친다고 했다가 뒤에는 조건으로 바치며 점점 달라지게 됩니다. 사람의 마음이 조석변개라고는 하지만 가는 마음과 오는 마음이 그렇게도 다르다는 것입니다. 그 때문에 수고를 시작할 때에는 그러지 않았는데 제법 하다가보니 무엇인가 좋은 반응, 최소한 칭찬이라도 받아야 될 것이 아니냐는 당위성을 말하게 됩니다. 그러나 그 마음 가지고는 믿음이 자랄 수가 없다는 것입니다.

예수님께서는 오히려 그와는 반대로 말씀하셨습니다. 너희가 택함을 받아 하나님의 일을 함으로 세상은 당연히 너희를 미워하고 핍박하게 될 것이라는 말씀입니다. 더욱이 나를 먼저 핍박하였으니 너희도 핍박할 것이며, 따라서 내 제자가 되었다면 핍박받는 것은 당연하다는 말씀입니다.

중요한 것은 그럼에도 불구하고 핍박을 받는 자가 복이 있고 천국이 저희 것이라는 약속이 있습니다. 그러므로 사례도 없고, 보수도 없는 이것이 바로 예수 그리스도의 종이요, 노예입니다. 어떠한 경우에 있어서도 칭찬이나 보수를 전혀 바라지 않는 깨끗한 마음! 그 마음으로 살아가는 자에게 믿음의 능력이 있습니다. 여기에 적합한 유명한 이야기가 있습니다. 중국에서 선교를 하던 한 선교사가 홍수에 떠내려가게 되었습니다. 그때에 어떤 중국 사람 하나가 이 선교사를 건져내어 구해주었습니다. 이에 이 선교사가 너무 고마워서 일생 동안 이 은혜를 기억하며 살겠으니 이름을 좀 가르쳐달라고 하였습니다. 그랬더니 그 사람이 껄껄 웃으면서 "선한 사마리아 사람에게 이름이 있소? 있다면, 내 이름을 말해주겠소" 하더니 그대로 가버리더랍니다.

 이 얼마나 멋이 있습니까? 우리가 남을 도울 때에도 그렇습니다. 자기 개인의 이름이 나오면 모처럼 좋은 일을 했지만 그것은 무효입니다. 왜냐하면 이는 내 이름을 파는 것이요, 내가 인사받는 것이 되었기 때문입니다. 그러므로 참다운 믿음이 자라기 위해서는 아예 처음 기분에서부터 어떠한 보상이나 알아주는 인사같은 것은 바라지도 않는 깨끗한 마음이어야 합니다. 종은 이와 같이 어떠한 보상도 기대하지 않습니다.

 다음 네 번째로 생각하는 것은 종은 불평이 없다는 것입니다. 피곤이나 불평, 원망이 전혀 통하지를 않습니다 여기에는 절대 의무, 절대 순종이 있을 뿐입니다. 때와 장소, 성격도 가릴 것이 없습니다. 여러분! 힘들다는 말은 할 것이 아닙니다. 하는 데까지 하다가 죽게 되면 죽는 것입니다. 하나님의 일을 하면서 그런 말을 하는 것 아닙니다. 우리가 주님의 이름을 위하여 일하는 데에는 이미 앞선 수많은 순교가 있습니다. 그렇다면 우리의 죽음도 순교 아니면 순직이 될 것 아니겠습니까? 그러기에 하나님의 일을 하는 사람은 무엇이라고 딴소리 하거나 불평할 마음이 없어야 합니다. 이것이 참된 종의 마음입니다.

이제 참으로 중요한 결정적인 말씀이 오늘 본문의 마지막 부분에 나타나 있습니다. 그것은 이렇게 수고하였으나 그 마지막 생각은 "우리는 무익한 종이라"는 것입니다. 지칠 만큼 많은 수고를 하고도 한 것이 없다는 말입니다. 했다고 하더라도 마땅히 하여야 할 일을 한 것뿐이라는 이야기입니다. 이것은 우리네 동양인의 겸손한 마음과 생각의 표현 방법이기도 합니다. 그래서 진수성찬을 준비해 놓고서도 차린 것이 없다는 것은 주인의 당연한 인사말로 되어 있습니다. 그 때문에 한국 가정에 초대받은 미국인이 "차린 것은 없으나 많이 먹으라"는 이 말이 이해되지 않아 어리둥절한다는 이야기가 아니겠습니까? 이렇게 차린 것이 많은데 없다는 말은 무슨 뜻이며, 없다면 못먹는 것이지 왜 먹기는 많이 먹으라는 것인가 말입니다. 이는 서양 사람들의 합리적인 이론을 가지고 그 깊은 뜻을 알 수가 없습니다. 오직 동양 사람들의 의식으로만 이해가 가능한 것입니다.

오늘 본문의 마지막은 바로 이 점을 말하고 있는 것입니다. 죽도록 수고하고도 일한 것이 없다는 마음! 이 마음으로만 살아간다면 무슨 일을 하더라도 아무런 불평이 없을 것입니다. 우리가 가정생활을 하는 데 있어서도 자식을 위해 수고하는 부모의 마음이, 그리고 아내의 마음, 남편의 마음이 이렇게만 된다면 아무런 불평이나 문제가 없을 것입니다. 그러므로 내가 하는 일은 무엇이나 부족하다고 생각하는 마음, 수고하고도 부족하고 주고도 부족하며 오히려 죄송해지는 마음이 되는 거기에 진실이 있고 믿음이 있는 것입니다. 쉼없는 수고를 하고도 부족하기에 나는 무익한 종이라는 것입니다. 나아가서는 당연히 하여야 할 일을 했을 뿐이니 무익하다는 것입니다.

종은 언제나 그러한 마음을 가지고 있어야 합니다. 당연히 하여야할 일을 했고, 일을 했다고는 하나 부족하게 하였으며, 더 충성했어야 할 것을 다하지 못했습니다. 돌이켜 사실을 말하자면 얼마든지 더 할 수 있었고, 잘할 수 있었던 것을 하지 않았습니다. 그러기에 사도 바울의 고백처럼 나의 나된 것은 오직 하나님의 은혜로 된 것입니다. 내게 주신 은혜가 헛되지 아니하여 오늘 내가 여기 있다는 말입니다. 단 한 가지라도 선한 일을 했다면 그것은 은혜의 열매일 뿐 내가 한 것이 아니라는 겸손한 마음, 그러한 충성심을 가지고 역사해 나가야 할 것입니다. 여기에 비추어 우리 자신을 한 번 생각해 본다면 내 자신은 지금 어떤 자리에 서 있는 것이겠습니까? 어떻게 자녀를 대하고, 어떻게 남편을 대하며, 어떻게 아내를 대합니까?

교회를 대하는 마음가짐은 어떠하며 특별히 하나님 앞에서의 나의 자세는 어떤 상태입니까? 심지어 어떤 사람은 목사님께 전화를 걸어 이런 이야기까지 한다고 합니다. 그 내용인즉 하나님께서 십일조를 바치면 창고가 넘치도록 복을 주신다고 하셨는데, 내가 십일조를 다 바쳤는데도 왜 사업이 잘 안되느냐며 따진다는 것입니다. 이러한 마음으로 헌금하고, 이러한 마음으로 수고한다는 것은 있을 수 없는 일입니다. 그러한 마음으로 백 년을 수고한들 믿음과는 상관이 없는 일입니다. "나는 무익한 종입니다. 나는 아무 데도 쓸모 없는 종입니다. 종 중에서도 가장 부족한 종입니다" 하는 그런 마음으로 임해야 합니다.

충성된 자의 자기 의식은 곧 무익한 종의 의식입니다. 주님은 나를 친구라 하시고 하나님은 나를 자녀로 아들, 딸이라 부르십니다. 그래도 나는 종입니다. 참으로 무익한 종입니다. 우리는 끝까지 이러한 마음 자세로 살아가야 합니다. 그렇게 될 때에 불평이나 원망이 있을 수가 없습니다. 이것도 감사하고 저것도 감사하며, 부족한 중에도 감사하고 심지어는 실수를 하고도 감사합니다. 이는 지금의 이 모두도 하나님의 은혜요, 하나님의 축복이기 때문입니다. 진정한 겸손은 바로 여기에 있습니다. 어떠한 보상도 바라지 않는 가운데 다만 순종이 있을 뿐이요, 당연한 일을 할 뿐입니다. 이러한 겸손과 이러한 충성심이 있을 때에 믿음은 자라게 됩니다. 신앙이 자라고, 인격이 자라며, 경건이 자라서 능력의 사람이 됩니다. 예수께서는 말씀하십니다. 진정 믿음이 더하기를 바란다면, "나는 무익한 종입니다" 하는 자기 의식을 가지라고 말입니다. 그렇게 되면 믿음은 자라게 된다는 것입니다. 이제는 우리의 믿음도, 우리의 충성심도, 우리의 겸손도, 우리의 종됨도 "우리는 무익한 종입니다" 하는 자기 의식 속에서 보다더 성장해갈 수 있기를 바라는 것입니다.

불의한 재판관

항상 기도하고 낙망치 말아야 될 것을 저희에게 비유로 하여 가라사대, "어떤 도시에 하나님을 두려워 아니하고 사람을 무시하는 한 재판관이 있는데, 그 도시에 한 과부가 있어 자주 그에게 가서 '내 원수에 대한 나의 원한을 풀어 주소서' 하되, 그가 얼마 동안 듣지 아니하다가 후에 속으로 생각하되, '내가 하나님을 두려워 아니하고 사람을 무시하나 이 과부가 나를 번거롭게 하니 내가 그 원한을 풀어 주리라. 그렇지 않으면 늘 와서 나를 괴롭게 하리라' 하였느니라." 주께서 또 가라사대, "불의한 재판관의 말한 것을 들으라. 하물며 하나님께서 그 밤낮 부르짖는 택하신 자들의 원한을 풀어 주지 아니하시겠느냐? 저희에게 오래 참으시겠느냐? 내가 너희에게 이르노니, 속히 그 원한을 풀어 주시리라. 그러나 인자가 올 때에 세상에서 믿음을 보겠느냐?" 하시니라.
　　　　　(누가복음 18:1~8)

불의한 재판관

　이 비유 말씀 역시 내용 자체의 윤리성이나 사회 부조리적 측면에서 볼 것이 아니라, 예수님께서 당시에 있었던 현실 사건을 한 예로 들어 비유로 말씀하시고 있다는 점을 생각해야 합니다. 그러지를 못하고 왜 이렇게 불의한 재판장을 그대로 두었는가? 그러한 세상을 왜 나쁘다고 말씀하시지 않았나? 그리고 어찌하여 가난하고 억울한 사람을 돌보라는 말씀도 없는가? 하며 부정적인 반문을 해서는 안될 것은 이 본문은 어디까지나 비유라는 점입니다. 따라서 이 비유를 말씀하시는 목적이 비유의 내용인 자체 사건의 윤리성이나 사회 질서, 도덕을 논하려는 데 있는 것이 아님을 다시 한 번 인식해야 합니다. 이는 특별히 누가복음 17장 후반부를 읽어보면 그 의미를 알 수 있습니다.

　거기에 보면 예수님께서 마지막 때에 있을 환난에 대하여 예언적인 말씀들을 하시며 하나님의 백성에 대한 경고를 하고 계십니다. 장차 이 세상은 점점 더 극악해져 소돔과 고모라와 같이 될 것이며, 노아의 때와 같이될 것이다. 홍수가 범람한 때까지 계속 범죄했던 것처럼, 세상 끝이 다가온 줄도 모르고 세상이 끝나는 그 시간까지 많은 사람들이 여전히 불의한 가운데 있으면서 죄를 지을 것이라는 말씀입니다. 그러니 너희들은 이런 환난의 때에 노아의 홍수를 생각하고 롯의 처를 생각하며, 앞만 바라보고 바른 신앙생활을 해야 할 것이라는 경고의 말씀입니다. 이는 또한 예수님의 재림이 임박해지면 세상에는 악의 세력이 더욱 홍왕해져서 신앙의 사람들에게는 대핍박이 있을 것이며, 그로 인해 바르게 살려는 많은 믿음의 사람들이 큰 고통을 치르게 되리라는 예언적 말씀입니다. 이러한 말씀을 하신 다음 예수님께서는 오늘 본문의 이 비유를 이야기하시는 것입니다.

그렇다면 그때에 하여야 할 일이 무엇인가? 기도해야 할 것이라는 말씀입니다. 진정 환난 때에는 기도할 뿐, 이제는 어쩔 수가 없습니다. 그러기에 전적으로 기도해야 되겠는데, 그 기도를 끝까지 인내로 하라는 말씀입니다. 이에 오늘 본문은 항상 기도하되 낙심하지 말아야 될 것을 말씀하고 있습니다. 그러므로 오늘 본문의 주제는 기도요, 기도를 하되 쉬지 말고 계속하라는 것입니다. 어떤 경우에도 낙심치 말고, 더욱이 환난이 심할 때에, 세상 끝이 가까워질수록 더욱 열심히 기도하라는 말씀입니다. 여러분이 잘 아시는 대로 데살로니가전서 5장 17절에는 "쉬지 말고 기도하라"는 말씀이 있습니다. 모든 생활, 모든 관계는 다 끊어져도 기도 생활만은 끊어서는 안된다는 것입니다.

저는 요즈음 우리 교회 새벽기도회에 천 명이 넘는 교인들이 참여하면서, 그것도 매일처럼 증가하는 것을 보고 감사를 드리면서도 슬그머니 걱정이 될 때가 없지않아 있습니다. 물론 기도를 강요하거나 천 명, 이천 명 하며 수치에 기준을 두고 기도회를 갖는 것은 결코 아닙니다. 문제는 이 분들의 기도에 대한 열정이 언제까지 갈 것인가? 끝까지 주의 전에서 기도할 수 있을 것인가? 아니면 며칠 나오다가 그만둘 것인가? 하는 노파심이 생긴다는 이야기입니다. 제가 드리고 싶은 이야기는 다른 일은 다 중단하여도 기도를 중단해서는 안된다는 것입니다. 이는 왜냐하면 맨 마지막, 최후에까지 있어야 할 우리의 자세이기 때문입니다.

여러분! 생각해보세요. 우리가 세상 떠나는 그 최후의 순간에 할 것이 무엇이겠습니까? 그 순간까지 아직도 무엇을 달라고 하겠습니까? 어떤 사람들처럼 땅문서를 베고 돈을 허리춤에 끼운 채 죽겠습니까? 오직 그 시간에 할 것은 기도밖에 없습니다. 우리의 생명 마지막까지 지켜야 할 우리의 생활 자세는 기도입니다. 그러므로 기도는 단단히 훈련이 되어져서 어느 때 어느 곳에서 무슨 일을 당하더라도 먼저 "주여" 하고 기도할 수 있는 아예 체질적인 기도가 되게 해야 합니다. 그러지를 못하고 잘 나가다가 어려운 일을 만나게 되어 도로아미타불이라도 하게되면 어떻게 되겠습니까? 그러기에 이 기도를 끝까지 할 수 있는 체질이 되어야 한다는 것입니다.

기도는 쉴 수가 없고, 끊을 수가 없습니다. 다른 일은 다 중단할 수 있어도 기도를 끊을 수 있는 핑계는 없습니다. 여기에는 다른 이유가 있을 수 없습니다. 구제야 하다가 돈 없으면 못하고, 몸으로 하는 봉사도 병들고 힘 없으면 못합니다. 하지만 기도를 쉴 수 있는 이유는 없지 않습니까? 사무엘상 12장 23절에 보면 사무엘이 이스라엘 백성들 앞에서 "나는 너희를 위하여 기도하기를 쉬는 죄를 여호와 앞에 결단코 범치 아니할 것이라"고 하였습니다. 우리는 기도하기를 쉬는 것이 죄가 된다는 사실을 알아야 합니다.

그러면 우리가 기도를 하다가 쉬게 되는 이유가 무엇이겠습니까? 이제 그것이 왜, 얼마나 죄가 되는지를 살펴보겠습니다.

그 첫째는 자기는 기도의 응답을 받을 만한 자격이 없다고 생각될 때 기도를 쉬게 됩니다. 아무리 생각해보아도 나는 복을 받을 만한 사람이 못된다는 것입니다. 죄가 많고 허물도 많으며, 성격도 나쁘고, 회개하고 또 죄짓고, 계속 이렇게 악순환인데 어떻게 구원을 받겠는가? 구원받지 못할 바에야 그까짓 기도가 따로 필요할게 없지 않는가? 하는 생각입니다. 자기의 부족함을 아주 극단적으로 꾸짖게 될 때에 자기의 무자격함을 생각하면서 그만 기도를 쉬게 됩니다. 이는 나의 부족함을 알고 하나님 은혜의 그 크심을 모르는 행위입니다. 내 자신이 얼마든지 후회하고 뉘우치며 자책할 수는 있겠지만 그렇다고 십자가의 사랑을 부정해서는 안됩니다. 하나님의 은혜를 부정할 만큼 자기를 꾸짖어서는 안된다는 말입니다. 그것은 새로운 출발을 위한 뉘우침이 아니라 자학행위입니다. 그럴 경우에 좋아하는 것은 마귀일 뿐입니다.

그러므로 오늘 주신 말씀은 깊이 생각할 것입니다. 그리고 기억할 것은 기도를 쉬게 되는 이유가 하나님께서 나의 기도를 멀리하시기 때문이 아니라 스스로 너무 무능하고 너무 부족하여 구제불능한 것처럼 느껴 자기가 자기에게 실망하는 데에 있다는 것입니다.

두 번째 이유로는 지나친 역경과 환난으로 인해 하나님을 향한 신앙이 희미해졌다는 것입니다. 내가 당하는 환난이 너무도 심하고, 내가 겪는 사건이 하도 어려워 이제는 사방이 꽉 막힌 것같단 말입니다. 그래서는 하나님에 대한 신앙마저 희미해져 이 정도되면 하나님도 도리가 없지 않은가? 그러니 기도하여도 별 수가 없을 것이라는 생각입니다. 이것은 하나님의 능력에 대한 부정입니다. 여기 히브리사람들이 하는 말이 있습니다. "앞이 막히고, 뒤도 막히고, 옆도 막혔다. 그러면 위를 보라"는 것입니다. 앞, 뒤, 옆, 뺑둘러 꽉 막혔으면 위를 보라! 위는 언제나 뚫려 있다는 것입니다. 그런데도 사람들은 이제는 꽉 막혔으니 하나님도 별 도리가 없다는 어처구니없는 생각을 합니다. 이는 결국 내가 할 수 있으면 하나님께서도 할 수 있고, 내가 못하면 하나님께서도 못하신다는 생각입니다. 그 때문에 낙심하게 되고 그래서 기도하지 않게 됩니다. 그러니까 어느 정도까지는 기도하다가도 정 급해지면 오히려 기도를 포기하고 안 한단 말입니다. 이젠 도리가 없다! 다 끝났다! 하는 생각 때문입니다. 이것이 나아가 심하게되면 소위 말하는 사신론(死神論)에 이르게 됩니다. 진정 하나님이 살아계신다면 이럴 수가 있겠는가? 하나님의 살아계심이 사실이라면 히틀러가 6백만 이스라엘 사람들을 참혹하게 죽일 당시 하나님은 무엇을 하셨단 말인가? 하나님이 살아계신다면 왜 죄없는 하나님의 종들이 계속하여 순교의 피를 흘려야 하는가? 이것이 사실이요 현실이라면 과연 하나님은 살아계시는가, 살아 계시지 않는가? 하는 등의 의혹을 갖게 됩니다. 이와 같이 환난과 고통이 너무 심하여 하나님의 능력마저 불신하는 경우, 여기에서 낙심하며 기도를 끊게 되는 것입니다.

　　이제 세 번째는 하나님께서 나를 버리셨나 하는 생각입니다. 이는 왜냐하면 너무 오랫동안 기도의 응답이 없었다는 것입니다. 그 때문에 지금은 스스로 지쳐 아무래도 하나님께서는 나를 버리셨다는 생각에 그만 기도할 힘이 없어지고 마는 것입니다.

　　마지막 네 번째로 가장 무서운 이유가 되는 것은 교만입니다. 이것은 의식적이건 무의식적이건 간에 하나님 없이도 살 수 있을 것같은 교만 때문입니다. 하나님의 능력이 아니고라도 무엇인가 할 수 있을 것같단 말입니다. 허구한날 기도해봤자 무슨 특별한 수라도 있었던가? 예수 안 믿고 기도 안하는 저 사람이 더 잘살지 않는가 하는 생각, 이것이 교만입니다. 그래서 성경은 누누이 악인의 형통함을 부러워하지 말라고 가르치고 있습니다. 그러므로 하나님 없이도 될 것같은 이 무서운 교만이 기도하는 것을 쉽게 하는 시험에 들게 한다는 사실을 기억할 것입니다.

　　이제 본문으로 돌아가보면 낙심하지 말아야 할 이유를 자세하게 설명하고 있습니다. 예수님께서는 본문 중의 이 불의한 재판관을 하나님에 비유하고 있습니다. 이것은 비록 비유라고는 하지만 하나님에게는 너무나 희생이 큰 비유가 아닐 수 없습니다. 아무려면 하나님을 어찌 불의한 재판관에 비유하여 설명한단 말입니까? 그러나 이는 바꾸어 말하면 하나님을 불의한 재판관에 비유할 만큼 우리가 하나님 앞에 악하다는 이야기입니다. 여기에서 예수님께서 얼마나 답답하셨으면 이렇게까지 설명을 하셨겠는가 하는 생각을 하게 됩니다.

　　오늘 본문은 재판관과 과부의 이야기를 그 내용으로 하여 비교하고 있습니다. 이는 그 당시 사회의 일면으로 재판관 하면 가장 권세있는 자요, 과부 하면 이는 아주 약한 사람입니다. 옛날 당시의 사회상이란 힘을 위주로 하는 남성 위주의 생활을 영위했습니다. 목축이나 농사일 모두가 남자들의 힘으로 가능했기 때문입니다. 그러기 때문에 여자편은 언제나 나약하고 보호받는 입장인 것입니다. 게다가 남편이라도 잃게되면 남자만이 밖에서 일하는 사회라 생계까지 어려워지게 됩니다. 그러니까 과부는 외로운 사람이요, 무의무탁하여 사회적으로나 경제적으로 모든 면에서 의지 없는 사람이 되는 것입니다.

그런데 오늘 본문에 나타난 이 재판관은 대단히 나쁜 사람입니다. 그래서 오늘 본문에는 이를 단적으로 표현하여 말하기를 "하나님을 두려워 아니하고 사람을 무시하는 한 재판관"이라고 하였습니다. 이는 더 설명할 것도 없는 끝난 인격의 사람입니다. 하나님을 두려워할 줄 모르는 사람! 대개는 하나님을 모르는 사람이 사람을 무시하게 마련입니다. 자기 위에 창조주 하나님, 심판의 하나님이 계시는 줄 아는 사람이 어떻게 사람을 무시할 수 있겠습니까? 그러기에 하나님을 믿는 사람은 결코 다른 사람을 무시할 수가 없습니다. 그러나 이 재판관은 하나님도, 사람도 다 무시하는 몹쓸 인격의 사람이었다는 것입니다. 바로 이러한 재판관 앞에서 한 과부가 자기의 억울한 사정을 하소연하는 것입니다.

성경에 그 억울한 사정의 내용은 기록되지 않았지만 강제로 재산을 빼앗겼든지 아니면 빚으로 아들을 노예로 붙들어갔든지, 좌우간에 대단히 억울한 사정이 있는 사람입니다. 그리하여 이 재판관에게 와서 내 원수에 대한 나의 원한을 풀어달라며 호소를 하고 있는 것입니다. 이 과부의 호소인 즉 재판관에게 구제해달라는 이야기가 아니라 당연히 해야 할 일을 해달라는 것입니다. 재판관의 하는 일이 무엇이며, 왜 있는 것입니까? 이는 선한 사람을 보호하고 악을 제거하며 하나님의 공의를 세우기 위하여 있는 것 아니겠습니까? 따라서 이 과부로 말하자면 당연히 도움을 받아야 할 권리가 있으며, 반면에 이 재판관은 마땅히 이 과부를 도와야 할 의무가 있습니다. 그래서 이 과부는 재판관된 당신이 당연히 하여야 할 일을 해달라는 것입니다. 그럼에도 불구하고 이 재판관은 들어주지를 않습니다. 아마도 이 사람은 하나님을 두려워하지 않는 대신에 권력은 두려워했을 것같습니다. 그리고 공의와 진리에 대해서는 관심이 없지만 돈에 대해서는 흥미가 있었을지 모릅니다. 그러니까 권력의 배경이 있든지 아니면 뇌물이라도 좀 많이 가지고 왔더라면 들어주었을지 모르겠습니다만, 어쨌든 하나님도 무섭지 않고 공의도 상관없는 가운데 자기 기준이 따로 있기 때문에 들어주지 않는 것입니다. 잘못된 자기 중심적인 생각에서 자기가 하여야 할 마땅한 의무나 하나님의 공의, 진리, 심판 등에는 아랑곳하지 않는 참으로 불의한 재판관이었다는 것입니다.

그 앞에 하소연하는 이 과부는 그야말로 무기력합니다. 그저 자주 와서 도와달라는 하소연만 할 뿐이지 저를 설득시킬 만한 아무런 능력도 없었다는 것입니다. 이에 본문에 의하면 "자주 그에게 가서 내 원수에 대한 나의 원한을 풀어주소서" 하였다는 것입니다. 억울한 한 여인의 원한을 풀어준다면 이는 곧 하나님의 공의를 세우는 일이 되기도 하고 재판관으로서는 당연히 들어주어야 할 의무임에도 불구하고 전혀 들어주지 않고 있는 것입니다. 앞서 밝힌 대로 이 재판관은 하나님을 두려워하지도 않고 사람을 무시하기 때문에 그 중에서도 이 과부쯤은 아주 무시해버렸다는 것입니다. 그렇게 자주 와서 하소연을 하였지만 관심 밖의 일로 여겨 들어줄 생각을 안하고 있었다는 이야기입니다

그러나 이제 이 재판관에게도 이 과부의 원한을 풀어주어야겠다는 결단의 시간이 오게 되었다는 것입니다. 오늘 본문을 보면 그가 하는 말이 "내가 하나님을 두려워 아니하고 사람을 무시하나 이 과부가 나를 번거롭게 하니 내가 그 원한을 풀어주리라"는 것입니다. 들어주지 않을 것이었지만 계속 와서 너무 번거롭게 하니 들어주지 않았다가는 귀찮고 피곤해서 못견디겠다는 것입니다. 그러고보면 들어주는 그 동기가 대단히 불순합니다. 공의도 아니고 진리도 아니며 구제도, 선행도 아닙니다. 그렇다고 당연한 의무로 생각한 것도 아닙니다. 다만 귀찮고 번거로워서 들어주었다는 동기입니다.

여기에서 우리가 조심할 것은 그렇다면 하나님께서도 우리가 자꾸만 기도하면 그저 귀찮아서 들어주시는 것은 아니겠는가 하는 생각입니다. 결단코 그렇게 생각할 것이 아닙니다. 더욱이 하나님을 귀찮게 하여 응답받으려는 것은 잘못된 생각입니다. 여기에서 주는 교훈은 너무도 기도를 안하는 것에 대한 경종으로, 이런 사람의 기도를 이런 동기에서라도 들어주는데 왜 안들어주겠느냐, 그러므로 낙심하지 말고 항상 기도하라는 말씀입니다. 동기는 불순하지만 이 불의한 사람도 번거로워서 도와주었다는데, 그렇다면 그 다음의 이 "하물며" 하는 말씀은 참으로 중요합니다.

"하물며" 하는 여기에 오늘 말씀의 초점이 있습니다. "하물며 하나님께서 그 밤낮 부르짖는 택하신 자들의 원한을 풀어주지 아니하시겠느냐?"는 말씀입니다. 또한 마태복음은 7장 11절에서도 "너희가 악한 자라도 좋은 것으로 자식에 줄줄 알거든 하물며 하늘에 계신 너희 아버지께서 구하는 자에게 좋은 것으로 주시지 않겠느냐?"고 하셨습니다. 이 "하물며"라는 말씀, 안주실 이치가 없다는 것입니다. 우리가 낙심하며 기도를 중단하는 이유는 하나님께서 나의 기도를 들어주시지 않을 것같고 못 받을 것같아서인데, 그러나 그럴 리가 없다는 것입니다.

이제 그러면서도 더 깊은 설명을 여기에 더하십니다. "저희에게 오래 참으시겠느냐?" "속히 그 원한을 풀어주시리라." 이 악한 재판관은 대단히 오랫동안 괴롭히며 들어주지를 않았습니다. 그러나 하나님께서는 오래 참으시지 않으시겠답니다. 그렇게 번거로울 때까지 이 못된 재판관처럼 오랫동안 괴롭히지 않을 것이라는 말씀입니다. 그러니 기도하라 속히 그 원한을 풀어주시겠다는 것입니다. 이것은 약속입니다. 여기에는 주시고자 하는 뜻이 있고, 간절한 마음이 있습니다. 그러므로 못받는 것은 우리의 책임이요, 우리가 잘못되었기 때문입니다. 물론 하나님께서는 구하기 전에 다 아십니다. 그러나 "구하라 주실 것이요, 찾으라 찾을 것이요, 문을 두드리라 열릴 것이니"라고 하셨습니다. 구하기 전에 다 아시는 하나님, 그러나 구한 다음에야 주시겠답니다.

그러면 이 구한다는 것, 이 기도한다는 것이 무엇이겠습니까? 왜 꼭 구해야 주시겠다는 것입니까? 그것은 다른 이유 때문이 아니라 그것이 바로 겸손이기 때문입니다. 구하는 마음! 그 마음이 있어야 받는 바가 소중해집니다. 나아가서는 받은 바를 소중히 여길 수가 있습니다. 그리고 구함으로 얻어내어야 내 것이 되는 것입니다. 수고하지 않고 얻는 것은 소중하지가 않습니다. 한마디로 말하면 하나님께서 내 소유권을 만들어 주시는 것입니다. 즉 네가 구해서 네가 얻고, 그래서 네 것 삼으라는 그것 뿐입니다. 그러면서 그 가치를 아는 지혜와 그것을 받아 사용할 수 있는 능력을 말하는 것입니다. 예를 들어 돈을 구한다면 돈이 무엇이라는 것을 알고, 돈 쓸 줄도 아는 거기에 도달하는 것을 의미합니다.

이 구한다는 것을 좀 더 나아가 생각해보면 이는 하나님을 영화롭게 하는 것입니다. 우리는 하나님을 영화롭게 하는 것이 무엇인가에 대하여 많은 생각을 합니다만, 하나님 앞에 간구하는 이것이 하나님을 영화롭게 하는 것입니다. 이는 마치 자녀들이 무엇을 달라고 할 때에 척척 줄 수 있는 부모의 심정과도 같은 것입니다. 줄 것이 없고 주어서는 안되겠기에 못줄 뿐이지 세상에 믿고 달라는 말처럼 좋은 것은 없는 것입니다. 그 때문에 아내는 남편 몰래, 남편은 아내 몰래 주지 않아야 될 것까지 애들에게 주었다가 부부싸움까지 하는 것 아니겠습니까? 이는 주는 재미가 좋기 때문입니다. 여기에서 생각할 것은 사람도 하나님을 닮아 그런 것이라면 하나님께서는 먼저, 더 좋은 것으로, 더 많이 주실 마음이 있으시다는 것입니다. 하나님께서도 주시는 재미를 보시려고 한단 말입니다. 그런데 달라고 하지를 않으니 이걸 어떻게 하면 좋아요. 그만 못주고마는 것입니다.

저는 어느 때 한번 이런 경우를 직접 보았습니다. 아이들이 여덟인 어느 가정에 그 어머니가 세상을 떠나고 새 어머니인 계모가 들어왔습니다. 그런데 이 애들이 새어머니를 어머니라고 부르지를 않고, 무엇이 필요하면 쿡 찌르며 그냥 손을 내미는 것입니다. 그러니까 이 어머니가 기분이 나빠서는 내의며 양말 등 필요한 것들을 한 곳에 넣어두고는 "어머니" 하고 한 마디 하여야 내어주지 그러기 전에는 절대로 주지 않겠다고 하는 것을 보았습니다. 그것을 본 일가 친척들은 그렇게도 어머니 소리가 듣고 싶은가라며 쉽게 말을 하지만, 그러나 그것은 기막힌 사정입니다.

하나님께서는 "구하라"고 하십니다. 우리가 하나님 앞에 구한다는 것은 단순한 요청 이상의 관계성 때문입니다. 우리가 자녀를 키우면서도 어렸을 때는 "엄마, 엄마" 하며 마구 조르지만 그래도 그때는 엄마 없이는 못살 것으로 압니다. 그러다가 조금 커지면 "어머니"라 부르고, 성인이 되어 출가하여 가정이라도 이루게 되면 이제는 "어머님" 하며 점잖게 부릅니다. 그저 엄마 때가 좋은 것이지 문제는 어머님 소리가 나오게되면 1년에 몇번 못듣는다는 것입니다. 결국 자꾸만 더 멀어지고 만 것입니다. 그러므로 우리가 하나님 앞에 기도하는 것이 잦으면 잦을수록 하나님과 나와는 깊은 관계, 없어서는 안될 절대적인 관계임을 말하는 것입니다. 그것을 하루에 한 번도 안하겠다면, 이는 온당한 하나님의 자녀라 할 수가 없을 것입니다. 다시 한 번 분명히 기억할 것은 우리가 하나님 앞에 나와 간구하는 이것이 하나님을 영화롭게 하는 것이라는 사실입니다. 그렇게 함으로써 하나님을 인정하는 것이며, 나아가서는 받을 그릇이 준비됨을 아뢰는 것입니다. 그러기 때문에 기도는 계속하여야 합니다.

오늘 이 불의한 재판관을 예로 들어 말씀하시는 그 결론이 무엇입니까? 이렇게 불의한 재판관도 들어주었거든 하물며 주시기를 즐겨하시는 하나님 아버지께서 왜 주시지 않겠느냐는 것입니다.

이제 그러면 우리가 기도할 때에 어떻게, 어떤 자세로 하여야 되는 것이겠습니까? 먼저는 꼭 주실 줄로 믿을 것입니다. 그 다음에는 받은 줄로 믿을 것이며, 그리고 기도한 다음에 되어지는 일은 그대로가 응답임을 알아야 합니다. 또한 마지막으로 기억할 것은 기도는 반드시 이루어지기 때문에 응답받을 인내를 가지고 살아야 하는 것입니다. 여기 이 순간은 응답에서 제외된 것이 아니라 지금 응답의 길로 가고 있는 것입니다. 내가 기도한 대로의 그 길을 가고있는 확실한 과정임을 우리는 알아야 합니다. 그러므로 우리는 인내로써 기도하며 쉬지 않는 가운데 이미 받은 줄로 믿고 미리 감사하며 하나님 앞에 나아가는 신앙생활이 되도록 하여야 될 것입니다.

이제 오늘 본문의 맨 마지막, 예수님의 결론적인 말씀을 보면 "그러나 인자가 올 때에 세상에서 믿음을 보겠느냐 하시니라"고 하였습니다. 여기에서 "믿음"이란 말은 헬라어로 '피스틴'이라고 하는데 이는 믿음이라고도 번역할 수 있고, 믿는 자라고도 번역할 수 있는 말입니다. 그렇다면 믿는 자를 보겠느냐로 하여 지금까지의 말씀과 연결해보면 무슨 말씀이 되는 것이겠습니까? 직결하면 믿고 기도하는 사람을 보겠느냐는 말씀이 됩니다. 다시 말하면 끝까지 기도하는 믿음을 볼 수 있겠느냐는 참으로 무서운 경고의 말씀입니다.

환난이 심해지면 기도마저 안하는 사람이 늘어나게 되고 끝까지 낙심하지 않고 기도하는 사람을 만나보기가 힘들 것이라는 경고입니다. 그러니 조심할 것이며 쉬지 말고 기도하라는 말씀입니다. 내가 다시 올 세상 끝날, 환난이 극심할 그 때에 정말 깨끗한 믿음을 가지고 끝까지 기도할 사람을 보겠느냐는 것입니다. 우리가 개인적으로 보아도 그렇습니다. 어떤 때에 병에 걸리면 기도합니다. 그리고 조금 나으면 감사합니다. 또 걸리면 다시 기도합니다. 이제는 기도하고 기도해도 낫지를 않습니다. 그러면 마지막엔 기도할 마음도 없어지고 맙니다. 그리고 죽어갑니다. 원망합니다. 그러기에 다시 말씀드립니다. 끝까지 기도할 믿음의 사람이 있겠느냐? 우리는 내 기도가 응답되지 않은 채 그대로 세상을 떠난다 하더라도 "하나님, 감사합니다" 하며 끝까지 기도할 수 있어야 합니다. 그리고

"내 영혼을 아버지 손에 부탁합니다" 하는 그 기도까지 하여야 되는 것입니다. 쉽게들 "주실 줄로 믿습니다", 다 죽어가는 사람보고도 "살아날 줄로 믿습니다" 하는 소리는 잘하면서도 마지막 기도를 잊어버립니다. "영혼을 부탁합니다. 하나님 나라에 고이 가게 해주십시오" 하는 그 기도는 왜 못하는 것입니까?

진정, 우리의 생명이 끊어지며 마지막 숨을 몰아쉬는 그 순간까지, 이 세상 마지막의 환난과 어떠한 죄악 중에서도 기도만은 절대로 중단하지 않아야 하고 낙망치 말아야 합니다. 이는 예수님의 부탁이요, 약속입니다. 구약성경 다니엘서에 보면 왕의 신상에 절하지 않은 죄로 극렬히 타는 풀무에 들어가게 된 다니엘의 세 친구들은 말하기를, 우리가 섬기는 우리의 하나님이 우리를 구원해주실 줄을 믿는다고 하였습니다. 그러나 구원해주시지 않는다 하더라도 우상에게 절하지는 않겠다는 것입니다(단 3:17~18). 그렇습니다! 하나님께 감사하고 갈 것입니다. 이것이 쉬지 않는 기도입니다. 어떤 환경에서도 끊어지지 않는, 이러한 기도를 드릴 수 있어야 합니다. 단순히 내 소원대로 되면 좋고, 안되면 그만이고 하는 식의 이야기가 아닙니다. 어떤 환난이나 수난으로 내 생애가 일시에 끝난다 하더라도, 내 기도는 이것이 내게 주신 가장 큰 축복으로 믿으며 내 영혼을 아버지 손에 부탁할 것입니다. 그리하여 끝까지 주를 찬양하는 기도를 하게 될 때에 이 기도가 진정으로 쉬지 않는 기도요, 낙망치 않는 기도가 될 것입니다.

바리새인과 세리

또 자기를 의롭다고 믿고 다른 사람을 멸시하는 자들에게 이 비유로 말씀하시되, "두 사람이 기도하러 성전에 올라가니, 하나는 바리새인이요, 하나는 세리라. 바리새인은 서서 따로 기도하여 가로되, '하나님이여, 나는 다른 사람들 곧 토색, 불의, 간음을 하는 자들과 같지 아니하고 이 세리와도 같지 아니함을 감사하나이다. 나는 이레에 두번씩 금식하고 또 소득의 십일조를 드리나이다' 하고, 세리는 멀리 서서 감히 눈을 들어 하늘을 우러러보지도 못하고 다만 가슴을 치며 가로되, '하나님이여 불쌍히 여기옵소서! 나는 죄인이로소이다' 하였느니라. 내가 너희에게 이르노니, 이 사람이 저보다 의롭다 하심을 받고 집에 내려갔느니라. 무릇 자기를 높이는 자는 낮아지고 자기를 낮추는 자는 높아지리라" 하시니라.

(누가복음 18:9~14)

바리새인과 세리

　오늘 주신 말씀은 앞서 불의한 재판관의 비유와 연결하여 생각하면 그 후편이라 할 수 있는 말씀입니다. 불의한 재판관의 비유에서는 항상 기도하며 낙망치 말아야 할 것을 주제로 말씀하셨습니다. 거기에 비해 오늘 본문의 내용은 진실하게 기도하라는 말씀입니다. 항상 기도한다고만 되는 것이 아닙니다. 그러면 어떻게 하여야 되겠는가? 진실하게 하라는 것입니다. 그러니까 항상 기도하라는 말씀이 양적인 의미의 말씀이라면 오늘 본문의 말씀은 질적인 의미의 말씀입니다. 양적인 기도도 중요하지만 질적인 기도가 더욱 중요합니다. 하나님이 들으실 만한 바른 자세에서 나온 농도 짙은 진실된 기도, 질적으로 수준이 높은 그러한 기도라야 한다는 말씀입니다. 기도는 무조건, 오래, 열심히, 끈질기게 한다고 되는 것은 아닙니다. 중요한 것은 우리가 기도할 바에는 좀 진실하게 좀더 바른 자세로 해야 된다는 말씀입니다.

　여기에서 먼저 한 가지 생각하고 지나갈 것은 이 비유는 비유인 동시에 사실이라는 점입니다. 예수님의 비유는 창작도, 설화도 아닙니다. 언제나 사실을 들어 상징적 비유로 설명하시고 있습니다. 그러기 때문에 그 비유의 내용은 사실인 것입니다. 그러지 않고 만약 사실이 아닌 가운데 선한 사마리아 사람의 비유같은 것을 이야기했다면 이는 이미 공부한 바대로 돌을 던져도 할 말이 없습니다. 그러나 이 일이 사실이요, 모두가 다 아는 사건이었기 때문에 아무 말도 못합니다. 그리고 그대로 받아들일 수밖에 없는 것입니다.

　이제 오늘 본문 말씀도 마찬가지입니다. 여기에 보면 두 사람, 곧 바리새인과 세리가 기도하러 성전에 올라갔다는 것입니다. 그리하여 기도를 이런 저런 내용과 모습으로 하였는데, 문제는 그 마지막 말씀에 있습니다. 본문 14절에 보면 "내가 너희에게 이르노니 이 사람이 저보다 의롭다 하심을 받고 집에 내려갔느니라"고 하였습니다. 이 말씀은 곧 하나님께서 바리새인의 기도는 안들어주시고 세리의 기도는 들어주셨다는 말씀이 됩니다. 이것은 참으로 큰일날 소리요, 문제의 발언이 됩니다. 당시의 종교 지도자들과 바리새인들에 대해 이런 욕이 있을 수 없습니다. 이는 크나큰 모독이며 명예훼손입니다. 그런데 이것도 사실이기 때문에 도리가 없는 것입니다. 아마도 이런 일이 많았고 예수님께서는 환히 보신 것을 말씀하신 것입니다. 그 때문에 이 이야기를 듣는 모든 사람들이 "그래, 맞아", "옳은 말씀이야" 하며 그대로 긍정해 버리고 맙니다. 속으로는 못마땅해하며 오히려 분해하는 사람도 그 자리에 있지만 그러나 사실이 사실이니만큼 어찌할 도리가 없었다는 것입니다. 그러므로 오늘 본문 말씀은 비유이면서 동시에 그 소재 자체가 사실이었다는 점을 알아야 할 것입니다.

이제 오늘 본문을 중심으로 생각해보면 여기에 나타난 바리새인은 유대 사람을 뜻합니다. 그런가 하면 세리라고 하는 것은 유대 사람일 수도 있습니다만 이방인 취급을 받는 사람들입니다. 이는 복받지 못할 사람, 저주받은 족속으로 저들이 멸시하는 사람을 지칭하는 말입니다. 그러나 여기에서 알아야 할 것은 사람의 세계에서는 이스라엘이다, 이방이다, 택함받은 자와 버림받은 자, 의인과 죄인, 부자와 가난한 자 등 이런 저런 모양으로 구분을 합니다만 하나님 앞에서는 모두가 다 마찬가지입니다. 그럼에도 이스라엘 사람들은 큰 착각을 일으키고 있었습니다. 저들은 이스라엘 사람으로 태어나면 자동적으로 선민 이스라엘이 되는 것으로 알고 그렇게 행세하는 것입니다.

그러나 예수님께서 말씀하시는 구원은 어디까지나 개인적입니다. 기도도 개인적입니다. 그러기 때문에 세리도 진실하게 기도하면 하나님이 들어주시고, 비록 바리새인이라 하더라도 진실치 못한 기도는 듣지 않으신다는 것입니다. 여기에 무슨 지위의 높고 낮음이나 신앙 생활의 길고 짧음이 문제되지 않습니다. 어느 때, 그 누구의 기도라도, 문제는 진실된 기도를 들으시는 하나님이시라는 것입니다. 지금 예수님께서는 바로 이 점을 강조하고 계십니다. 그러니까 하나님께서는 진실만이 통하고, 기도는 개인적이라는 것입니다. 이에 오늘 본문에는 극단적인 두 인물을 비교하고 있습니다. 이렇게 되면 여기에는 모든 사람이 다 포함됩니다. 당시 이스라엘에는 바리새파를 비롯하여 에세네파, 헤롯당에 이르기까지 갖가지의 당파들이 있었습니다만, 그 중에서도 바리새인이라고 하면 그런대로 이스라엘 사람들에게 가장 존경받는 사람들이었습니다. 구별한다는 뜻의 그 이름이 말하듯이 종교생활에 권위가 있는 사람들입니다. 저들은 먹는 것, 입는 것, 움직이는 생활 전부를 거룩한 방향으로 구별하여 삽니다. 그렇다고 산으로, 광야로 떠나는 것이 아니라 사회 속에 살면서 거룩하고 깨끗하게 살겠다며 모여진 단체입니다. 그런데 이것이 종교적인 단체로 권위와 힘을 가지게 되었고 뿐만 아니라 정치적인 성격까지 내포하고 있는 것입니다.

다르게 말하면 이들 바리새인들은 전문적인 종교생활을 하는 사람들입니다. 무엇보다도 종교가 최우선이기 때문에 보통사람들은 바리새인이 될 수가 없습니다. 왜냐하면 그렇게 다 지키자면 직업을 가지고는 살아남을 수가 없기 때문입니다. 아무튼 이 바리새인들은 당시의 복잡하고 까다로운 크고 작은 종교적 규례를 철저히 다 지키는 사람들입니다. 이래서 바리새인이요, 전문적인 종교인이라는 것입니다. 어쨌든 그 시작은 하나님의 뜻대로 살아보겠다는 것이었습니다. 그러던 것이 시간이 흐르는 동안 형식만 남고 내용은 없어지게 된 것입니다. 이 때문에 바리새주의라고 하면 형식주의, 외식주의라는 뜻으로 해석이 되고 맙니다. 그러니까 종교적인 거창한 의식은 있는데 그 내용은 다르단 말입니다. 겉과 속이 아주 달라요. 그 때문에 예수님께서는 크게 책망하시고는 했습니다. 율법을 지켜도 형식적으로만 지킬 뿐 내용적으로는 지키는 것이 없단 말입니다. 하나님이 주신 율법의 그 본뜻은 잊어버리고 제도적인 형식만 열심히 지키려고 애를 쓰는 사람들입니다. 그렇게 하다 보니 하나 더 덧붙는 것이 있는데, 그것이 다름아닌 교만입니다. 나는 하나님의 율법을 다 지키고 그리고 하나님의 사랑을 받는 자라는 것입니다. 나는 바리새인이라는 구별된 생각! 그 때문에 종교적 교만의 대표자가 바리새인이 되었습니다.

여기에 비하여 세리라는 것은 말할 수 없이 천대받는 죄인들입니다. 이들은 유대 나라를 점령하고 있는 로마나라를 위하여 세금을 받아들이는 사람들입니다. 그런데 이 세금제도 자체가 잘못되었다기보다는 악한 것이어서 로마에 보낼 세금만 받아들이는 것이 아니라, 거기에 덧붙여 수세관이나 세리들이 착취할 몫까지 받아들일 수 있게 했다는 것입니다. 이는 세금을 강제로 받아들이기 위한 한 수단이었습니다. 그리하여 이 세리들은 포악하게 해서라도 빼앗듯이 세금을 받아들였습니다. 그러니까 이 세리들은 반민족주의자요, 착복자며 포악한 자요, 그리고 율법과는 상관이 없는 사람들이었습니다. 그러면서 저희들끼리 모여 타락했던 것입니다. 한마디로 이들은 로마의 정권을 등에 업고 이스라엘 백성을 괴롭히는 사람들입니다. 이거야말로 마땅히 천대받아야 할 대상들입니다. 이에 저들은 정신적으로, 종교적으로, 물질적으로 그리고 민족적으로 대단한 천대를 받습니다. 그래서 세리는 죄인의 대명사가 되어, "세리와 죄인"이라는 말은 항상 같이 따라다니는 말이 되기까지 한 것입니다. 어쨌든 이 세리라는 것은 이렇게 멸시받고 천대받는 죄인 세리였다는 것입니다.

그러면 이제 본문으로 돌아가 이 두 사람, 바리새인과 세리가 하나님 앞에 나아가 기도를 했다는 것입니다. 이에 예수님께서는 이 두 사람의 기도를 비교하시며 잘못된 기도와 바른 자세의 기도를 말씀하고 계십니다. 문제는 아무리 오래, 길게 기도하여도 이런 기도는 하나님께서 듣지 않으신다는 것입니다.

첫째로, 자기를 의롭게 여기는 기도는 하나님께서 듣지 않으십니다. 이는 왜냐하면 사람은 의롭지 못하기 때문입니다. 죄인이면서도 자기의 의를 내세우고 자기의 자랑, 자기의 공로, 자기의 선행을 내세우는 것입니다. 자기를 의롭다고 생각하며 그 의로써 하나님 앞에 나아가려 할 때 하나님께서는 그 기도를 듣지 아니하신다는 말씀입니다. 그것은 왜냐하면 우리가 약간의 선한 일을 한다고 하여도 죄인이 하는 선한 일은 선한 일이 되는 것이 아닙니다. 근본적으로 하나님과 등졌고 원수되었기 때문에 우리의 선행 또한 근본적으로 우리의 것이 될 수 없음을 알아야 합니다.

그 비근한 예로서, 어떤 사람이 누구하고 마음이 틀렸다고 생각해 보십시다. 그런데 마음을 아프게한 상대가 찾아와서 돈을 준다고 하여서 마음이 풀어지겠습니까? 아니면 칭찬을 해준다고 화해가 되겠습니까? 여기에는 아무것도 소용이 없습니다. 일단 그 마음의 중심에서 화해가 되는 것이지 물질공세로 되는 것은 아닙니다. 오히려 이런 선심은 상대방에 대한 모독이 될 뿐입니다. 그러기 때문에 죄인의 선행이 공로가 되지는 못합니다. 우리는 때때로 이런 식의 생각을 합니다. 내가 그 동안 도둑질을 했으니 이제는 구제해야지! 하는, 그러나 쓸데없는 생각입니다. 인간들이 자기 의를 하나님 앞에 내세우는 것처럼 잘못된 자세는 없습니다.

그러므로 바른 자세의 기도는 자기의 의를 포기하는 데 있습니다. 다 내어버리고 "나는 죄인이로소이다" 할 것이라는 말입니다. 바로 그런 이유에서 우리의 기도 마지막을 "예수님의 이름으로 기도합니다"로 하라는 것입니다. 이는 우리의 의를 포기하고 예수님의 의로 나가는 것입니다. 그러므로 처음부터 끝까지 우리의 기도는 우리의 의를 완전히 버리고 그리스도의 의를 힘입어서 나가야 한다는 말씀입니다.

그 다음 오늘 본문을 보면 "다른 사람을 멸시하는 자들에게"라고 하였습니다. 사람을 멸시하며 기도해서는 안됩니다. 베드로전서 3장에 보면 아내를 업수이 보고 귀히 여기지 않으면 기도가 막힌다는 것입니다. 그러니 기도가 막히지 않기 위해서 사랑하라고 하셨습니다.

여러분! 그것을 알아야 합니다. 누구든지 미워하는 마음을 가지고 있는 한 기도는 절대로 하나님 앞에 상달될 수가 없습니다. 예수님께서는 이 문제에 대하여 아주 극단적으로 말씀하셨습니다. "예물을 제단에 드리다가 거기서 네 형제에게 원망들을 만한 일이 있는 줄 생각나거든 예물을 제단 앞에 두고 먼저 가서 형제와 화목하고 그 후에 와서 예물을 드리라"(마 5 : 23~24)고 하였습니다. 불화하고 미워하며 원수시하는 가운데 밤새껏 "주여" 하며 떠들어보았자 소용이 없다는 말씀입니다. 이것이 기도의 윤리성입니다. 누구를 멸시한다면 이는 그를 지으신 자를 멸시하는 것이 됩니다(잠 14 : 31). 그러므로 누구든 사람을 멸시하는 마음이 있어서는 안됩니다.

여기 어느 아버지에 대한 이야기가 있습니다. 이제 큰 아들이 집을 나가버리고 없는 가운데 회갑을 맞아 둘째 아들이 회갑잔치를 잘 마련하였습니다. 그런데 이 아버지는 아무래도 마음이 괴로워서 울적해합니다. 그러니까 이 둘째 아들이 형 때문에 그러시는 것을 알고는 "그까짓 집 나간 형은 잊어버리십시오. 아버지의 회갑에도 돌아오지 않는 형을 무엇하러 생각하십니까? 제가 형님 몫까지 다 해드릴께요" 하며 아무리 위로를 해도 아버지는 여전히 눈물만 흘리고 있더랍니다. 보세요. 어떻게 하여야 아버지를 기쁘게 해드릴 수가 있겠습니까? 누구 누구를 멸시한다면 하나님의 마음이 괴로우심은 물론 바로 그를 지으신 이인 하나님을 또한 멸시하는 것이 된다는 말씀입니다. 따라서 사람을 멸시하고는 기도의 응답을 받을 수가 없습니다. 언제, 어디서, 누구든지 마음으로부터 사랑하고 존경할 수 있을 때에 비로소 우리의 기도가 응답됩니다.

이제 성전에 기도하러 올라간 이들의 모습을 한 번 생각해보기로 합니다. 여기에 보면 바리새인은 "서서 따로 기도하여"라고 하였습니다. 이 얼마나 교만한 태도입니까? 아무렇게나 여러 사람들 속에 끼이는 것이 괴롭고 싫어서 좀 따로 섰다는 말입니다. 나는 특별하니까 따로 서서 기도하겠다는 것입니다. 언제든지 이 특별하다는 것이 문제입니다. 이 특별이라는 것은 좋은 면으로도 특별이고, 나쁜 면으로도 특별입니다.
　사람은 그저 보통 사람이 좋은 것입니다. 자기를 이렇게 별개시하는 것처럼 잘못된 것은 없습니다. 누구나 많은 사람 중에 하나일 뿐입니다. 이는 교육적으로도 그렇고 목회적으로도 그렇습니다. 어떤 사람을 보면 자기는 항상 특별하다고 생각하며 또 특별한 사랑을 받으려고 합니다. 그래서 심방을 요청하면서도 다른 집은 몰라도 우리 집에는 꼭 와야 된다는 것입니다. 여기에 문제가 있지 않습니까? 많은 사람 중에 하나이지 결코 특별한 내가 아닙니다.
　여러분! 바리새인이 따로 있는 것이 아닙니다. 그가 특별하다고 생각한다면 그것이 바리새주의요, 그가 바로 바리새인입니다. 그저 감사한 마음에서 생각하기를 "나는 남들보다 은혜를 많이 받은 사람인가보다" 하는 것은 좋겠지요. 그런데 여기에 보면 같이 앉을 수가 없었습니다. 그 때문에 아예 따로 서서 기도를 하는 것입니다. 아무 옆에나 같이 섞이면 어떻단 말입니까? 그 누구든 하나님 앞에서는 특별도, 차별도 없는 것입니다. 더욱이 교회에서는 모두가 다 하나님 앞에서의 죄인이요, 동시에 똑같이 구원받은 의인입니다. 그러므로 스스로 별도로 취급할 생각은 버려야 합니다. 그런 사람의 기도는 하나님께서 듣지 않으신다는 말씀입니다.
　또 하나의 문제는 이렇게 따로 서서 하는 이 바리새인의 기도가 사람 앞에서의 기도라는 점입니다. 본문을 살펴보면 그 기도의 내용이 하나님께서 들으시라고 하는 것이 아니라 사람이 듣기를 바래서 하는 것입니다. 사람들에게 신경을 쓰고 있다는 말입니다. 여기에 문제가 있습니다. 간간이 보면 하나님과 나와 만난 그러한 기도가 아니라 사람 듣기에 좋게 하려는 기도가 있습니다. 그런가 하면 기도로 온갖 저주와 욕을 다하고 있는 경우도 보게 됩니다.

여러분! 기도는 오직 하나님께 하는 것입니다. 하나님과 나와의 직선적 관계에서 진행되는 것입니다. 그러므로 옆의 사람의 기도를 들을 필요도 없고 내 기도를 들어주리라 생각할 것도 아닙니다. 그러기에 제가 생각하는 것은 소리를 너무 크게 내어 하는 기도는 좋지 않다는 것입니다. 여러분! 아무리 생각해도 그렇지 않습니까? 하나님이 귀머거리도 아닌데 말입니다. 도대체 그렇게 악을 써가지고 어떻게 하겠다는 것입니까? 그러니 조금은 문제가 있다는 말입니다. 우리가 이 "간절히"라고 하는 말, 즉 "간절히" 기도한다 했을 때 이 "간절하다"는 말은 음성이 낮아야 간절한 것이지 고함을 지르는 간절함은 없는 것입니다. 그것은 협박이지 간절함이 아닙니다.

예수님께서는 사람 앞에 보이기 위한 기도를 하지 않기 위해서 금식을 하더라도 머리에 기름을 바르고 얼굴을 씻어 초췌한 모습이 없게 하라고 하셨습니다(마 6 : 16). 그러지 않고 사람 앞에 들어난 기도는 이미 그 상을 받았다고 하셨습니다. 받았다는 말의 헬라말 원문 '아페쿠신'은 "지불 완료"라는 뜻을 가지고 있습니다. 그러니까 사람 앞에서 인정받고 칭찬받았으면 그것으로 끝난 것이지 하나님 앞에서 계산할 것은 없지 않느냐는 말씀입니다. 그것은 곧 하나님께서 듣지 않으신다는 것입니다.

그 다음에 보면 이 바리새인이 자기의 공로를 내세웁니다. 나는 이레에 두 번씩 기도한다는 것입니다. 성경에 기록된 대로 보면 이 금식은 1년에 한 번, 온 백성이 하나님 앞에 죄를 자복하는 속죄일에 하게 되어 있습니다. 그 외에 특별히 하나님께서 금식을 요구하시는 것이 아닙니다. 그런데 이 사람들은 이것을 보태고 더하여 일 주일에 두 번을 하는 것입니다. 그래서 이 정도로 나는 금식을 한다는 것입니다. 하지만 이것은 누가

하라고 한 것이 아닙니다. 하나님의 명령이 아닙니다. 자기들 마음대로 정했을 뿐입니다. 금식만이 하나님이 기뻐하시는 일이 아니지 않습니까? 요즈음 우리 주위에 40일 금식기도하는 사람이 적지 않은데, 고의로 이렇게 40일씩이나 금식기도를 하다가 죽는 사람이 많다는 것입니다. 특별히 금식 끝난 다음 뒷처리를 잘못해서 그렇다는 것인데, 아무튼 이렇게 되면 이것은 자살입니까? 타살입니까? 참으로 문제가 많습니다. 누가 하라는 것을 하면서 그러는 것이겠습니까? 그러고도 나는 40일을 금식했다면서 보통사람이 아닌 행세를 하는 것입니다.

그리고 이제는 십일조 이야기를 합니다. 창세기 28 : 22를 비롯한 여러 곳에서 십일조 이야기를 하고 있는데 이것은 당연한 것입니다. 하나님의 백성으로서 십일조를 바치는 것은 당연한 것이지 어떤 공로가 될 아무 것도 아닙니다. 이는 매우 기초적인 것이요, 신앙인의 상식에 불과합니다. 내 수입의 10분의 1, 이것도 못하는 사람이 많아서 문제이지 십일조는 공로가 아닙니다. 그럼에도 무슨 큰 일이나 하는 것처럼 십일조 하는 것을 떠벌이려 하는데 그럴 것이 아닙니다. 미국의 럭키 사장은 10의 9조를 바친다고 합니다. 수입의 9할을 하나님께 드리는 사람도 있는데 당연한 10의 1조를 가지고 그럴 것이 아니란 말입니다.

그런데 이 바리새인은 나는 금식을 하고 십일조를 한다는 것입니다. 게다가 더욱 무서운 이야기는 "나는 이 세리와도 같지 아니함을 감사하나이다"라는 말입니다. 이 사람이 지금 누구를 보고 기도하는 말입니까? 이것은 보통 교만한 기도가 아닙니다. 지금 이 사람은 저 세리와 같지 아니한 자기 자신을 자랑하고 있는 것입니다. 실로 하나님 앞에 드리는 기도가 아니라 사람 앞에서 자기를 내세워 자랑하고 있는 것입니다. 그러나 이런 기도는 하나님께서 듣지 아니하신다는 것입니다.

여기에 비해 세리의 모습은 너무나도 대조적입니다. 이제 이 세리는 멀리 서서, 나는 다른 사람보다 더 큰 죄인이기 때문에 가까이 갈 수가 없었다는 것입니다. 나는 참으로 흉악한 죄인이요, 무자격한 인간이기 때문에 이렇게 멀리 서서 두려워하는 마음으로 기도한다는 것입니다. 그리고 이스라엘 사람들의 기도는 눈을 뜨고 하늘을 우러러 쳐다보며 하는 것이 보통인데, 이 세리는 감히 눈을 들어 하늘을 우러러보지도 못하고 고개를 숙인 채 가슴을 치며 "나는 죄인이로소이다" 하며 회개했다는 것입니다. 내가 죄인이라고 할 뿐 다른 사람 이야기는 하지 않습니다. 누구 때문이라는 말도, 세상 탓도 하지 않습니다. 중요한 것은 "내가 죄를 지었습니다. 내가 죄인입니다" 하는 이것입니다. 우리는 흔히들 회개한다고 하면서도 하나님 앞에서까지 "나는 원통합니다. 억울합니다" 하며 그 원수 풀이를 하나님께 부탁하려고 합니다. 진정한 회개는 "다 나 때문입니다. 내가 죄인이로소이다! 불쌍히 여겨주시옵소서!" 하는 회개의 기도와 더불어 이루어지는 것입니다. 계속 회개하며 "불쌍히 여겨주시옵소서!" 하는 이것보다 더 중요한 기도는 없습니다.

여러분! 우리들의 기도가 구구하지만 그 내용을 보면 별말이 아닙니다. 그러므로 "불쌍히 여겨주시옵소서" 이 한마디면 족합니다. 그 이상 다른 말이 있을 것이 없습니다.

이제 오늘 본문 마지막을 보면 예수님께서 말씀하시기를 이 세리가 저 바리새인보다 의롭다 하심을 받았다고 하셨습니다. 우리는 여기에서 중요한 진리를 발견하게 됩니다. 그것은 기도의 마지막 응답은 "의롭다 하심"을 받는다는 것입니다. 내가 어떤 처지에 있든지간에 하나님께서 나를 의롭다 여기시면 나머지 문제는 아무것도 아닙니다. 이제는 건강도, 사업도 문제될 것이 아닙니다. 오직 하나님께서 의롭다 인정하시는 그 의가 우리 기도의 마지막 목표가 되는 것입니다. 하나님께서는 이와 같은 기도를 들으시기에 오늘 이 세리는 의롭다 함을 얻었고, 사랑을 확증받아 돌아갔다는 것입니다.

이제는 우리의 기도가 이렇게 되어서 하나님 앞에서 항상 "의롭다

함"을 받을 수 있어야 할 것입니다.

곽선희 목사 설교·강해집

설교집

- 물가에 심기운 나무
- 최종 승리의 비결
- 종말론적 윤리
- 참회의 은총
- 행복한 가정
- 궁극적 관심
- 한 나그네의 윤리
- 모세의 고민
- 두 예배자의 관심
- 이 산지를 내게
- 자유의 종
- 하나님의 얼굴
- 환상에 끌려간 사람
- 생명의 길
- 복받은 사람의 여정
- 좁은문의 신비
- 내게 말씀을 주소서
- 약속의 땅을 바라보며
- 결단이 있는 자의 행로
- 이세대에 부한 자
- 행복한 사람의 정체의식

강해집

- 희락의 복음 – 빌립보서 강해
- 은혜의 복음 – 갈라디아서 강해
- 진정한 사랑의 의미 – 고전 사랑 장 강해
- 이적으로 계시된 말씀 – 예수님의 이적 강해
- 사도들의 신앙고백 – 사도신경 강해
- 참믿음 참경건 – 야고보서 강해
- 예수의 잠언 – 예수님의 잠언 강해
- 교회의 권세(상·하) – 사도행전 강해
- 믿음에서 믿음으로 – 로마서 강해
- 복음의 능력 – 고린도전서 강해
- 생명에로의 길 – 고린도후서 강해
- 하나님의 나라 – 예수님의 비유 강해(상)
- 이 세대를 보라 – 예수님의 비유 강해(중)
- 생명에로의 초대 – 예수님의 비유 강해(하)

기타

- 생명의 말씀 • 곽선희 편성 성경요절집
- 참회의 기도 • 곽선희 목사의 참회기도
- 영성신학 • 쉽고 재미있는 영성 이야기
- 종말론의 신학적 이해